拥有超高人气的南北朝史

彪悍南北朝

之铁血后三国

云淡心远 作品

中国出版集团　现代出版社

图书在版编目（CIP）数据

彪悍南北朝之铁血后三国 / 云淡心远著. —— 北京：现代出版社, 2018.6

ISBN 978-7-5143-7007-2

Ⅰ.①彪… Ⅱ.①云… Ⅲ.①中国历史—南北朝时代—通俗读物 Ⅳ.①K239.09

中国版本图书馆 CIP 数据核字（2018）第065788号

彪悍南北朝之铁血后三国

作　　者	云淡心远
责任编辑	张　霆　邸中兴
出版发行	现代出版社
地　　址	北京市安定门外安华里 504 号
邮政编码	100011
电　　话	010－64267325　010－64245264（兼传真）
网　　址	www.1980xd.com
电子信箱	xiandai@vip.sina.com
印　　刷	三河市南阳印刷有限公司
开　　本	710mm×1000mm　1/16
字　　数	370 千字
印　　张	20.75
版　　次	2018年6月第1版　2018年8月第2次印刷
书　　号	ISBN 978-7-5143-7007-2
定　　价	48.00元

历史背景

公元 420 年，东晋大将刘裕废晋恭帝自立，国号宋，史称南朝宋。

公元 439 年，鲜卑拓跋部建立的北魏统一了中国北方。

中国从此进入了南北对峙的南北朝时期。

此后南朝又经历了公元 479 年萧道成建齐代宋、公元 502 年萧衍建梁代齐两次改朝换代。

在北方，公元 5 世纪末北魏在孝文帝的带领下大举进行汉化改革，都城也由平城（今山西省大同市）迁到了中原的洛阳。

公元 534 年，北魏孝武帝元修与当政的丞相高欢产生矛盾，逃到关西大行台（西北地区最高军政长官）宇文泰控制的关中地区；不久，高欢另立清河王元亶之子、十一岁的元善见为帝。

自此，北魏正式分裂成东魏和西魏。

东魏定都邺城（今河北临漳），皇帝为孝静帝元善见；西魏定都长安（今陕西西安），孝武帝元修、文帝元宝炬先后为帝。

但不管是元善见还是元修、元宝炬，都只是太监娶媳妇——纯粹挂个名而已。

实际上，东魏的所有实权都在丞相高欢的掌握中；西魏的朝政则控制在权臣宇文泰手里。

两魏先后经历了多次大战，互有胜负。

公元 543 年邙山一战以后，双方暂时休战，出现了短暂的和平。

西魏的宇文泰开始实行军制改革，府兵制初具雏形。

他融合鲜卑旧制和汉人古代的周礼，设立了六军以及八柱国和十二大将军。

八柱国分别为：宇文泰、广陵王元欣、李虎（唐高祖李渊的祖父）、李弼、独孤信、赵贵、于谨和侯莫陈崇。除宇文泰和元欣外，其余六大柱国每人各统一军，督率两位大将军，因此共有十二大将军。

十二大将军分别是：元赞、元育、元廊、宇文导、侯莫陈顺、达奚武、李远、豆卢宁、宇文贵、贺兰祥、杨忠（隋文帝杨坚之父）、王雄。

同时，为了增强凝聚力，他还对部分汉人勋贵赐予鲜卑姓，比如，李虎被赐姓大野氏，杨忠被赐姓普六茹氏……

一个融合胡汉双方文化的新集团就此横空出世。

这个集团以西魏的八柱国、十二大将军为核心，被后来的史学家称为"关陇军事贵族集团"。

与此同时，东魏的高欢也没闲着，他任命自己的长子高澄为大将军、领中书监，总领朝政。

高澄重用御史中尉崔暹等人，雷厉风行，铁腕治贪，一时间，东魏的官场风气为之一振，贪污腐败的现象得到了明显遏制。

主要人物

东魏—北齐

高　欢（496—547），出生于代北怀朔（今内蒙古固阳），鲜卑化汉人，东魏实际控制者，北齐帝国奠基人。北齐建立后，被追尊为神武帝。

娄昭君（501—562），出身于鲜卑大族，高欢结发妻子。北齐建立后，被尊为太后。

高　澄（521—549），高欢长子，娄昭君所生。公元547年高欢死后，继父位掌控朝政。公元549年被刺杀，北齐建立后，被追尊为文襄帝。

高　洋（529—559），高欢次子，娄昭君所生，北齐首任皇帝。公元549年高澄死后继掌大权。公元550年建立北齐，在位初期励精图治，但后期变得荒淫暴虐。公元559年病逝，死后谥文宣帝。

高　演（535—561），高欢第六子，娄昭君所生，北齐第三任皇帝。公元560年与高湛等人发动政变，掌控朝政，不久废掉高洋之子高殷，自己称帝。公元561年病逝，在位仅一年多。死后谥孝昭帝。

高　湛（537—568），高欢第九子，娄昭君所生。北齐第四任皇帝。公元561年继位，公元565年禅位给太子高纬，成为太上皇，公元568年去世，死后谥武成帝。

高　纬（556—577），高湛次子，也是嫡长子，胡皇后所生，北齐末任皇帝。公元565年继位，公元569年亲政，公元577年正月北齐被北周所灭，高纬被俘，半年后被杀。

高长恭（约541—573），高澄第四子，被封为兰陵王。北齐名将，和段韶、斛律光一起被后人并称为"北齐三杰"。公元573年被后主高纬赐死。

高延宗（？—577），高澄第五子，被封为安德王。公元577年北齐灭亡后，高氏宗族大多被杀，他吞椒自尽。

杨愔（511—560），出身于大族弘农杨氏，北魏司空杨津之子。杨家被灭门后投奔高欢，后尚高欢次女太原长公主为妻，高洋在位时担任尚书令，辅佐朝政。公元560年高演、高湛发动政变时被杀。

陈元康（507—549），高欢、高澄的重要谋士。公元549年高澄遇刺时，他挺身护主而被杀。

慕容绍宗（501—549），东魏名将。高欢死后，他击败东魏叛将侯景。公元549年在围攻被西魏占领的颍川城时，为免被生擒，投水而死。

段韶（？—571），高欢妻子娄昭君的外甥。北齐名将，和斛律光、高长恭一起被后人并称为北齐三杰，公元571年病逝。

斛律光（515—572），东魏大将斛律金之子，北齐名将，精于骑射，人称落雕都督。和段韶、高长恭一起被后人称为"北齐三杰"，公元572年被后主高纬冤杀。

和士开（524—571），北齐佞臣，其先祖是西域胡人，因擅长"握槊"（一种博戏）而得到高湛的宠爱，高湛即位后他深受重用，公元571年被后主高纬的弟弟琅玡王高俨所杀。

陆令萱（？—576），高纬的乳母，北齐佞臣，被封为女侍中。她善于逢迎，在北齐后宫中有很大影响。公元576年年底，因其子穆提婆投敌而被高纬所杀。

祖珽（生卒年不详），北齐弄臣，高湛在位时得到重用，高纬即位后官至宰辅，是斛律光被杀的主要责任者之一。后因与陆令萱争权失败被贬为北徐州刺史，死于任上。

西魏—北周—隋

宇文泰（507—556），出生于代北武川（今内蒙古武川）。西魏实际控制者，北周帝国奠基人，关陇军事贵族集团创始人，公元556年病逝。北周建立后被追尊为文帝。

宇文觉（542—557），宇文泰第三子，母北魏孝武帝元修之妹冯翊公主。北周首任皇帝。公元557年正月在堂兄宇文护的扶持下称帝，半年多后被废，不久被宇文护所杀，后被追谥为孝闵帝。

宇文毓（534—560），宇文泰长子，北周第二任皇帝。公元557年九月权臣宇文护废掉宇文觉，立宇文毓为帝。因与宇文护产生矛盾，公元560年被宇文护派人毒死，谥明帝。

宇文邕（543—578），宇文泰第四子，北周第三任皇帝。公元560年四月，权臣宇文护毒死宇文毓，立宇文邕为帝。公元572年诛杀宇文护后亲政，公元577年灭掉北齐，统一北方。公元578年六月病逝，谥武帝。

宇文赟（559—580），宇文邕长子，北周第四任皇帝。公元578年即位，公元579年禅位给太子宇文阐，自称天元皇帝，仍掌控朝政。公元580年病死，谥宣帝。

宇文宪（544—578），宇文泰第五子，后被封为齐王，北周名将。公元578年被周宣帝宇文赟所杀。

宇文护（515—572），宇文泰之侄，宇文泰死后受命辅政，迫使西魏恭帝元廓退位，拥立宇文觉为帝，建立北周。后把控朝政15年之久，先后杀死三个皇帝。公元572年被周武帝宇文邕设计诛杀。

尉迟迥（516—580），宇文泰的外甥，西魏、北周大将，曾率军攻取巴蜀，封蜀国公。公元580年周宣帝宇文赟死后，杨坚矫诏辅政，他起兵反抗，兵败自杀。

李　虎（？—551），出生于代北武川，西魏大将，八柱国之一，唐高祖李渊的祖父。公元551年病逝，北周建立后，追封为唐国公。

李　弼（494—557），辽东人，西魏、北周大将，八柱国之一。北周建立后封魏国公。公元557年病逝。

于　谨（493—568），河南洛阳人，出身于鲜卑贵族，西魏、北周名将，八柱国之一。北周建立后封燕国公。

独孤信（502—557），代北武川人，西魏、北周大将，八柱国之一。北周建立后封卫国公，不久被宇文护逼令自尽。

赵　贵（？—557），出生于代北武川，西魏、北周大将，八柱国之一。北周建立后封楚国公，不久被宇文护处死。

侯莫陈崇（514—563），代北武川人，西魏、北周大将，八柱国之一，北周建立后封梁国公，公元563年被宇文护逼令自尽。

杨　忠（507—568），出生于代北武川，西魏、北周大将，十二大将军之一。559年被封为随国公，公元568年病逝。

王思政（生卒年不详）出身于大族太原王氏，西魏名将，公元548年以八千人坚守颍川，抗击最多达二十余万人的东魏军，在坚守一年多后终因寡不敌众而被俘。

韦孝宽（509—580），出身于关中大族京兆韦氏，西魏、北周名将，公元546年曾在玉壁挫败了东魏丞相高欢率领的数十万东魏军连续五十多天的进攻。公元570年被封为郧国公，公元572年用反间计除掉北齐名将斛律光。公元580年杨坚辅政后，他率军平定尉迟迥的叛乱，同年病逝。

李　穆（510—586），西魏、北周大将，历仕西魏、北周、隋三朝。

早年与其兄长李贤、李远一起追随宇文泰，屡立战功。北周建立后被封为中国公，公元580年杨坚辅政，他表态支持。隋朝建立后，被封为太师。

杨　坚（541—604），北周大将杨忠之子，袭爵随国公，周宣帝宇文赟的岳父。公元580年宇文赟去世后，他矫诏担任辅政大臣，平定了尉迟迥等人的叛乱。公元581年接受北周静帝宇文阐的禅让称帝，建立隋朝。

梁—陈

萧　衍（464—549），南兰陵（今江苏武进）人，南梁首任皇帝。公元502年，代齐称帝，公元547年，接纳东魏叛将侯景，公元548年八月，侯景起兵叛梁，次年三月，侯景攻入都城建康。同年五月，萧衍被饿死在台城，死后谥武帝。

萧　纲（503—551），萧衍第三子，南梁第二任皇帝。因长兄萧统早死，他在公元531年被立为太子，公元549年梁武帝萧衍死后即位，但他只是傀儡而已，实权均操纵在侯景手中。公元551年被侯景杀死，死后谥简文帝。

萧　纶（约507—551），萧衍第六子，封邵陵王。曾先后任扬州刺史、郢州（治所今湖北武昌）刺史。侯景叛梁时，被任命为征讨大都督，率军讨伐侯景。失败后回到郢州，后郢州被其弟湘东王萧绎攻占，他逃到汝南，被西魏大将杨忠所杀。

萧　绎（508—554），萧衍第七子，封湘东王。后出任荆州（治所今湖北江陵）刺史。侯景占领台城后，他先后攻占湘州、郢州等地，之后又派部将王僧辩、陈霸先等人平定侯景，公元552年在江陵称帝，公元554年西魏军攻破江陵，萧绎被俘，后为萧詧所杀。死后谥元帝。

萧　纪（508—553），萧衍第八子，封武陵王，后出任益州（治所今四川成都）刺史，侯景叛梁时，他按兵不动，公元552年在成都称帝，后率军东下，导致西魏乘虚而入攻占益州。萧纪进退失据，被萧绎击败，兵败被杀。

萧詧（519—562），萧衍的孙子，昭明太子萧统第三子，封岳阳王，后出任雍州（治所今湖北襄阳）刺史。因惧怕萧绎进攻而称藩于西魏。公元554年西魏攻江陵，萧詧率军作为先导。后被西魏立为梁主，仅有江陵一州之地，为西魏之附庸国，史称后梁或西梁。

侯景（503—552），羯族人，原为东魏大将，高欢死后起兵叛乱，失败后逃到梁朝，公元548年起兵叛梁，公元549年攻入都城建康。公元551年称帝，公元552年兵败被杀。

王僧辩（？—555），湘东王萧绎麾下大将，后被任命为大都督讨伐侯景，与陈霸先等人合力击败侯景，收复建康。萧绎死后，他在建康把持朝政，公元555年遭盟友陈霸先袭击，被杀。

王琳（526—573），本为湘东王萧绎部将，萧绎死后，他占据湘州、郢州等长江中游一带，与陈霸先对抗。公元560年兵败后逃到北齐。公元573年陈宣帝派兵北伐，王琳奉命防守寿阳（今安徽寿县），城破被俘，旋即被杀。

陈霸先（503—559），吴兴长城（今浙江长兴）人，南陈首任皇帝。出身低微，侯景乱梁时，他从岭南起兵，和王僧辩一起平定了侯景之乱。公元555年袭杀王僧辩，掌握朝政，率军击败北齐的入侵，公元557年称帝，国号陈。公元559年病逝，谥武帝。

陈蒨（522—566），陈霸先的侄子，南陈第二任皇帝。公元559年继位，在位期间，先是击败了占据长江中游的王琳，后又平定了各地叛乱。公元566年病逝，谥文帝。

陈顼（530—582），陈蒨之弟，南陈第四任皇帝。公元559年陈蒨死后掌控朝政，公元569年废掉当时的皇帝陈伯宗（陈蒨的长子），自立为帝。公元582年病逝，谥宣帝。

陈叔宝（553—604），陈顼的长子，南陈末任皇帝。公元 582 年继位，公元 589 年陈为隋所灭，陈叔宝被俘。公元 604 年病死，追封长城县公，谥炀。史称陈后主。

侯安都（520—563），南陈名将，始兴曲江（今广东韶关）人。他追随陈霸先东征西讨，屡立战功。后因居功自傲而被陈文帝赐死。

周文育（509—559），南陈大将，义兴阳羡（今江苏宜兴）人。本是南梁新州（治所今广东新兴）刺史卢子雄的部将，后归顺陈霸先。公元 559 年在江西平叛时被部下所杀。

吴明彻（512—578），南陈大将，秦郡（今江苏六合）人。公元 554 年加入陈霸先麾下，颇受重用。公元 573 年率军北伐，收复淮南。但在公元 578 年与北周军作战时失利，被俘，不久忧愤而死。

萧摩诃（536—604），南陈大将，以骁勇著称。公元 549 年归顺陈霸先，先后隶属侯安都、吴明彻等人麾下，屡立战功，公元 589 年与隋军贺若弼部在白土冈决战，兵败被俘。

目　录

引　子

公元 546 年九月，东魏丞相高欢大举西征，却受阻于西魏大将韦孝宽镇守的玉壁（今山西稷山西南）而被迫退兵，不久就忧愤成疾，卧床不起。

自知不久于人世，他开始考虑后事，把世子高澄召到了自己的身边。

高澄是高欢的长子，时年二十六岁。他不仅长得帅，而且从小聪颖过人，高欢对他非常喜爱，很早就刻意栽培。在高澄十二岁时就为他成婚，娶孝静帝妹冯翊长公主为妻；十六岁时，就任命他为尚书令、领军、京畿大都督，让他入朝辅政。

一个小孩怎么可能当此重任？

当时所有人心里都有这个疑问。

然而高澄的表现却让人心悦诚服。

他少年老成，办事既有能力又有魄力，既有胆略又有策略，朝廷内外没有人敢轻视他。

不久高澄又兼任吏部尚书，他整肃朝纲，提拔人才，做得相当出色。

公元 544 年，高澄二十四岁时，又被擢升为大将军、领中书监，总领朝政。在父亲高欢的授意下，他大力反贪，打击权贵，树立了自己的威信，也提拔了一批自己的亲信。

然而，高欢却依然很担心。

虽然高澄已经历练多年，但毕竟还年轻，如果自己不在了，他能掌控这个庞大而纷乱的帝国吗？那些与他一起打天下的元老们会心甘情愿地听命于他吗？

高澄看起来也忧心忡忡，对于这么早就要接班，显然他并没有足够的准备。这种感觉有点像第一次被男人追求的少女，既满怀期待又惴惴不安。

高欢问他：虽然我病了，可是我觉得你担心的并不是这个。你到底担心什么啊？

高澄低头不语。

高欢再问：是侯景吧？

高澄点了点头。

侯景是羯人，也是高欢的同乡好友。由于左脚生了一个肉瘤，所以他走路有点跛，但正如个儿矮没有影响梅西成为足坛巨星一样，他这个缺陷也并没有影响他成为一员名将。

侯景善于骑射，骁勇无比，更重要的是他头脑敏捷，足智多谋，因此得到高欢的重用——让他担任河南道大行台（河南地区最高军政长官），手握重兵，专制河南。

侯景性格桀骜不驯，目空一切，除了高欢，几乎谁也不服。

高澄年轻气盛，做事强势，难免与侯景产生矛盾。

两年前高澄铁腕肃贪，牵涉到侯景，从此他们更加水火不容。

据说侯景曾经说过，高王在，我不敢有异心；如果高王没了，我绝不与高澄这个鲜卑小儿共事！

高欢对侯景的所作所为也了如指掌，但他自信能驾驭侯景，如果侯景是孙悟空，那么他就是如来佛，侯景无论如何也翻不出他的手掌。

当然，高欢一直都很清楚，在他的手里，侯景是良药；然而在高澄的手里，侯景则毫无疑问是毒药。

该怎么为自己的儿子解决侯景这颗毒药呢？

高欢早就准备好了解药——慕容绍宗。

他对高澄说，侯景专制河南，已有十四年，常有飞扬跋扈之志。非你所能驾驭。可以与侯景相匹敌的，唯有慕容绍宗，我故意不予重用，现在你正好起用他。

慕容绍宗出身名门，是十六国时期前燕名将慕容恪之后，他擅长兵法，侯景当年曾经师从于他。但自投奔高欢以来，却一直担任闲职，被雪藏了整整十三年。

高欢的心机之深，谋划之远，真是令人叹为观止！

第一章 爱江山更爱菩萨

侯景叛魏

公元 547 年正月初七，东魏大丞相高欢去世，享年五十二岁。

世子高澄秘而不宣，只有陈元康（高澄的亲信谋士，时任行台左丞，大致相当于秘书长）等少数几个心腹知道此消息。

相府一切如常，然而高澄的心里却一直很不安，他最担心的自然是侯景。

事实上，前段时间高欢还在弥留之际，他就已经在为解决这个心腹大患做准备了。

他以父亲高欢的名义写了一封信，召侯景回来议事。

他觉得只要把这个跛脚羯人骗到到晋阳，事情就好办了——干掉他比干掉一杯酒还要容易。

然而，这却是一步臭棋。

非常臭的臭棋。

侯景是个非常精明的人，个子不高，心眼不少；腿脚不好，脑子极好。从来只有别人上他的当，他绝不会轻易上别人的当。

对于伪造书信，他早有防范。他与高欢有过约定，为防止别人搞鬼，两人的来往信件要加一个小黑点作为暗号。

这次收到的信没有黑点，他当然不会相信。

从这封信里，他得出了两个结论：

一、高欢已经去世，或者说已濒临死亡。

二、高澄就要对自己下手了。

鉴定完毕。

怎么办？

他找来了自己最信任的谋士颍川人王伟一起商量。

王伟意味深长地说了八个字：既然如此，只能如此。

随后他用手指蘸水，在桌子上写下一个"反"字。

侯景再问：只能如此？

王伟斩钉截铁地说：只能如此。

侯景狠狠地点了一下头。

不反，只能坐以待毙；反了，还可能会有一线生机。

他不得不反，而且不得不马上反。

想到这里，他下定了决心：反！大丈夫生居天地间，岂能久居人下？

然而还有个大问题：尽管他是河南地区的最高长官，但要征集各州的兵马就需要各地刺史的支持，而河南各州的刺史大多是高欢的铁杆，要想让他们心甘情愿地跟自己造反似乎也不是件容易的事。

不过这难不倒侯景。

他设计诱捕了豫州（今河南汝南）刺史高元成、襄州（今河南方城）刺史李密、广州（今河南鲁山）刺史暴显等人，颍州刺史司马世云则举城响应侯景。

但他在西兖州（今山东定陶）却碰到了麻烦。

他派了200名特种兵偷袭西兖州。没想到却被西兖州刺史邢子才（著名才子，与魏收、温子昇并称为"北地三才"）所察觉，并把这些人全部抓住，随即向各地发出檄文。

侯景的阴谋就此暴露！

这一天是公元547年一月十三日，距高欢去世仅有五天！

消息传到晋阳，高澄大为震惊。

他也许曾经想到过侯景可能会造反，但他绝对没有想到侯景会这么快就造反！

父亲的死讯并未对外公开，侯景怎么会敢于举起反旗，难道他已经知道了消息？

如果是这样的话，这个侯景实在是太可怕了。

他心里感到了一阵阵凉意。

晋阳的鲜卑权贵们则纷纷把矛头指向了崔暹（高澄的亲信，曾任御史中尉，曾主持反贪，得罪了很多人，包括侯景），认为正是他对功臣们不知道体谅关照，只知道乱啃乱咬，才冷了功臣们的心，最终逼反了侯景这个创业元老，如今必须杀崔暹以谢天下！

群情汹汹，众口铄金，高澄心乱如麻，一时拿不定主意。

关键时刻，陈元康为迷茫的他指明了方向：西汉景帝年间，曾经爆发过以"诛晁错，清君侧"为口号的七国之乱。然而汉景帝杀了晁错，七国却并没有退兵。难道大将军您杀了崔暹，侯景就会不反吗？更何况，崔暹打击权贵是受了您的指使，如果您这次杀了他，那么别人就会想，崔暹是您的左膀右臂，您都可以把他当成卫生纸一样用完就弃，以后还会有谁愿意追随您呢？

停了一下，陈元康接着说，形势越是紧张，越是不能慌张。任凭风浪起，把握住自己。

陈元康的这番话像一道阳光，穿透了浓重的乌云，周围的一切都一下子变得明朗而清晰。

高澄恍然大悟，眼神也变得坚毅起来：多谢先生指教。我知道自己该怎么做了。

他立即传下命令，派司空韩轨率军讨伐侯景。

随后他让表兄段韶（其母娄氏是高澄生母娄昭君之姐）和丞相功曹赵彦深留守晋阳，分管军事和民政，并让陈元康预作高欢手令数十条交给两人，让他们定期颁布，以制造高欢还在晋阳的假象。

他自己则立刻出发前往首都邺城，以便稳住皇帝和群臣。

在邺城，孝静帝元善见举行盛大的宴会为高澄接风。

高澄看起来心情不错，面带笑容，兴致勃勃，席间还即兴跳了一段舞蹈，根本不像父亲刚刚去世的样子。

他的表现让孝静帝和群臣对丞相高欢还活着这一点深信不疑。

到京城后，高澄依照高欢生前的嘱托，做了不少人事上的安排，提拔了不少高家的铁杆心腹，他任命自己的姑父库狄干为太师，汾州刺史贺拔仁为太保，领军将军可朱浑道元为司空，他的二弟高洋为尚书令，领中书监，徐州刺史慕容绍宗为尚书右仆射……

在高澄的努力下，京城的局势没有受到侯景反叛的影响，依然稳定和谐。

白天，高澄坐镇中枢，指挥若定，谈笑风生，然而到了晚上没人的时候，他却不免潸然泪下：父亲还尸骨未寒，侯景就叛于河南，前路是如此艰难，何时才能越过这道坎儿？

与此同时，四十五岁的侯景也在为自己的未来殚精竭虑。

造反有风险，做事需谨慎。

稍微有点粗心大意，就会死无葬身之地。

他必须三思而后行。

下围棋的人都有这么个常识：金角银边草肚皮。这是因为边角地带最容易做眼（围棋术语）、最容易成活，也最适合作为根据地，而棋盘中央则是最难做眼、最难成活、最容易被对手剿杀。

而河南在中国版图上就处在"草肚皮"这么一个尴尬的位置——地处中原，四面受敌，没有战略纵深，又是一马平川，易攻难守。

而且由于西兖州刺史邢子才识破了侯景的意图，并及时通知东方各州做好了防备，侯景出师不利，全取河南十三州的计划并没有完全实现，他手中可以控制的部队也仅有区区四万人。

凭借这么点兵力，要想抵挡东魏举国之兵的攻击，守住河南这块无险可据的四战之地，显然这不能叫难，也不能叫很难，而只能说是比登天还难。

经过反复思考，侯景觉得：要在这种险恶的环境下生存，就必须找人结盟。当然，结盟的目的只是利用他们。

找谁呢？西魏还是南朝梁？

首选当然是西魏。因为西魏的宇文泰是高家的死敌。

他立刻派人前往长安表示愿意归降，请求派兵支援。

宇文泰陷入了沉思。

四十一岁的宇文泰已经主宰西魏朝政整整十三年之久。

他出身于武川（今内蒙古武川县）鲜卑豪族，北魏末年的乱世中，他的父亲宇文肱和大哥宇文灏、二哥宇文连先后战死，他和三哥宇文洛生加入了葛荣的起义军。葛荣失败后，宇文洛生也被杀了，四兄弟中硕果仅存的他则加入了政府军将领也是他的武川老乡贺拔岳的部下。

后来他跟随贺拔岳平定关中，并很快成为贺拔岳最倚重的亲信，公元534年贺拔岳遇刺身亡，他受到大将赵贵等人的拥戴，接掌了关中军团的指挥权。

同年北魏孝武帝从洛阳西奔长安，东西魏正式分裂。宇文泰成为西魏的实际控制者。

然而西魏相比东魏，可谓地狭人贫，但在宇文泰的率领下，在小关、沙苑两战中以弱胜强，战胜了占有绝对优势的东魏军，巩固了初生的西魏政权。之后虽然他在河桥、邙山两战中败给了东魏军，但并未伤及根本。

他和老对手——东魏丞相高欢可谓是并世双雄，两人多次交手，合演了一幕幕惊天动地的巅峰对决，留下了一场场荡气回肠的经典战役，谱写了一曲曲峰回路转的不朽传奇，然而两人最终却谁也奈何不了谁，始终没能分出胜负！

现在老对手高欢去世了，侯景主动投诚，他该怎么应对？

经过仔细考虑，宇文泰有了决定。

他对侯景知根知底——这个羯人最善于捣浆糊，奸诈莫测，不可轻信。还是先观望一段时间再说吧。

因此他只是给了侯景太傅、河南道行台、上谷公的虚衔，却没有任何实际行动。

侯景等了将近一个月，没想到等来的却是这样的消息，不免大失所望。

这就好比满怀希望地向心上人求婚，得到的回答却是：让我们做朋友吧。

让人怎么能不感到受伤？

在这种情况下，如果有一个备胎，很多人都会转移自己的求婚目标。

侯景就有这么一个备胎——南方的梁朝。

于是，他派遣使者前往建康，表示愿意献出河南十三州归降。

菩萨皇帝

梁武帝萧衍此时已八十四岁高龄，在皇帝的宝座上他已经坐了整整四十五年。

在战乱频繁的魏晋南北朝，这绝对是个让人难以企及的天文数字。不信你可以对比一下高欢的一生：高欢童年的时候，萧衍就是梁朝皇帝；高欢结婚的时候萧衍也是皇帝；高欢当上丞相的时候，萧衍依然是皇帝；高欢死了，萧衍居然还是皇帝……

这次萧衍会做出怎样的选择呢？

还是让我们先来了解一下萧衍这个人吧。

他出身于著名世家大族——南朝四大侨姓"王谢袁萧"之一的兰陵萧氏。萧衍的父亲萧顺之是南齐开国皇帝萧道成的族弟，因功封临湘县侯。

他年轻时就博学多才，很有声望，与沈约、谢朓、王融、萧琛、范云、任昉、陆倕等人并称竟陵八友。能与谢朓、沈约这样的大诗人、大学者齐名，可见他的学问之高。

他善于审时度势，判断精准。

公元493年，齐武帝去世后，他把宝押在齐高帝的侄子萧鸾身上，并为其出谋划策，最终使萧鸾如愿以偿地当上了皇帝，是为齐明帝。从此，他深受信任，开始担任中书侍郎等要职。

他精于骑射，胆识过人，富有军事才能。

公元495年，北魏军队南侵，他被任命为冠军将军，作为江州刺史王广之的副手援救义阳(今河南信阳)。当时其余的援军迫于北魏军的声势，都畏缩不前。

他却自告奋勇，担任前锋，乘夜登上贤首山（今河南信阳西南），占据有利地形，随后与城内的齐军里应外合，大败北魏军。后来他又数次率军与北魏军作战，并以军功被任命为雍州（今湖北襄阳）刺史，成为手握重兵的一方诸侯。

公元498年，齐明帝去世，十六岁的萧宝卷即位。

萧宝卷是著名的小暴君，对于当皇帝，他的体会是：治国很无聊，旅游很好玩，淫乱很带劲，杀人更刺激……

因此他穷奢极欲，杀人无数，淫乱无度，到处大兴土木。

他还滥杀功臣，被杀的包括萧衍的大哥——尚书令萧懿。

在这种情况下，如果萧衍还不造反的话，要么是二百五，要么是林黛玉。

公元500年十一月，萧衍从雍州起兵，势如破竹，很快就攻入建康，干掉了萧宝卷。公元502年四月，他废掉他所立的傀儡皇帝萧宝融，自己登上了皇位，改国号为梁。

从此萧衍就成了梁武帝。

如果从个人的能力和品德上来讲，萧衍的表现堪称完美。

他文武全才，德艺双馨，是德智体美劳全面发展的典型。

他是个学者。尤以经学、史学的研究最为卓著。在经学方面，他曾撰有《周易讲疏》《春秋答问》《孔子正言》等二百余卷。在史学方面，他不满汉书等断代史的写法，认为那是割断了历史，因而主持编撰了六百卷的《通史》，不过可惜的是，此书到宋朝时即已失传。

他是个诗人。其中以《东飞伯劳歌》最为著名："东飞伯劳西飞燕，黄姑织女时相见。谁家女儿对门居，开颜法艳照里闾。南窗北牖挂明光，幄帷绮帐脂粉香。女儿年几十五六，窈窕无双颜如玉。三春已暮花从风，空留可怜与谁同。"

他是个才子。兴趣广泛，多才多艺。围棋，他达到国手水平；书法，他达到国家一级书法家水平；骑马射箭，他达到全运会冠军水平；最厉害的是他还有个很奇葩的爱好——算命，史称其：阴阳纬候，卜筮占决，并悉称善。

他是个劳模。工作极其勤奋，不分冬夏春秋，他总是五更天就起床批改公文奏章，在冬天甚至把手都冻裂了。

他非常节俭。据说他一个帽子戴了三年，一床被子用了两年，饭菜也很简单，只吃蔬菜和豆类，而且每天只吃一顿饭，太忙的时候，就喝点粥充饥。

他风度翩翩。无论多么酷热的天气，他都不会袒胸露背。无论接见的是多么渺小的一个人物，他都是文质彬彬，极为庄重。正所谓：人是铁，范儿是钢。他要的就是那种贵族的范儿、名士的范儿。

他不近女色——不过有点让人不那么佩服的是：他是在五十岁后才这样的，

年轻时他还是很色狼的。

他在治国上似乎做得也还不错，正如庾信所说，"五十年中，江表无事"——这将近五十年的和谐和稳定，就是对他功绩的肯定。

看起来，梁武帝似乎是个完美无缺的人。

而且，他本人好像也是这么认为的。

然而，这并不是事实。

上天不可能让一个人完美，就像上天给了西藏清澈的天空，也给了它稀薄的氧气。

实际上，梁武帝也有不少缺点，尤其在他的晚年表现得更为明显。

其一，佞佛无度。

公元 519 年，梁武帝亲受佛戒，法名冠达。从此他成了一个虔诚的佛教徒，甚至可以说是一个极端的佛教徒。

他不但自己笃信佛教，还利用自己的强势地位对佛教的戒律做了一些富有中国特色的修改，比如，撞钟、吃素等——从此中国的佛门弟子就失去了吃肉的权利。

他为了弘扬佛法，在全国大建寺庙，广收僧人，大兴佛事，花费无度，搞得国库越来越空虚。而且由于塑造佛像金身需要大量的铜，因此市面上的铜越来越少，无奈，梁武帝只能罢铜钱改用铁钱，由于铁钱容易伪造——谁家没有锄头、钉耙等铁器啊，结果导致物价飞涨，百姓苦不堪言。

他干出的最惊世骇俗的事情是曾先后四次舍身同泰寺——不当皇上，偏要当和尚。大家以后不要叫我陛下，我是出家人冠达。

然而大臣们不干了，毕竟国不可一日无君，只好出巨资（几乎每次都在一亿钱以上）把他赎回来。

信佛本无可厚非，但晚年的梁武帝做得显然是过了。

他把自己有限的精力和国家有限的财力，全部投入到了无限的佛教事业中，尽心向佛，无心治国。在他的观念中，为寺庙办事不用考虑钱，为百姓办事考虑不用钱。

这一切造成的后果是朝政日益混乱、国库日渐空虚、百姓日益窘困，因此后来的史家称其为"佞佛"，小子我认为并无不妥。

其二，纵容子弟。

有鉴于了南朝宋、齐两代都是因皇室内部自相残杀而导致国家败亡的历史教训，梁武帝决定按照"家和万事兴"的原则，努力营造"和谐皇家"和"五好家庭"的良好氛围，显然这个出发点是很好的，然而他却走向了另一个极端——

对兄弟子侄等家人过于纵容，过于溺爱，为此甚至不惜损害制度法规。

然而梁武帝忘了，水满则溢，过犹不及。爱太多就不是爱，而是巨大的伤害。

他的这些做法造成了皇族内部的严重腐化和政治昏暗，最终的结果不是他想象中的"家和万事兴"，而是事实上的"家和万事休"。

梁武帝对其亲属的纵容达到了无限制、无底线、无原则的三无程度。

以其六弟萧宏为例，此人怯懦贪鄙，却被梁武帝任命为主帅率军讨伐北魏，由于他胆小如鼠临阵脱逃，导致梁军大败，损失惨重，北魏军讥讽他为萧娘。

然而他却没有受到任何处分，依旧官运亨通。

他家里有库房百间，有人密告里面藏有铠甲武器。梁武帝心中怀疑，便亲自前往探视，打开一看，却发现其中30余间堆满铜钱，其余库房则全是绢帛珍宝。

看到不是武器，梁武帝放心了，他不仅没有责备萧宏，反而竖起了大拇指：阿六，汝生活大可——老六，你日子过得真爽。

萧宏这人本领小，胆子小，野心却不小。

有一次，梁武帝在路上抓住了一个刺客，刺客供认主谋是萧宏。这么大的事，梁武帝只是把六弟找来说了一通就算了事。

没想到萧宏依旧不知收敛。

后来，他又和梁武帝的大女儿永兴公主私通，并密谋杀害梁武帝自立。萧宏这个人脑子不行，做好事没脑子，做坏事也没脑子，所以理所当然地没有得手——刺杀未遂。

这一次梁武帝对萧宏却依旧没有任何惩罚。

两次犯下谋逆大罪仍然毫发无伤，梁武帝对皇族的纵容无度由此可见一斑。

对于他的家人来说，我觉得，也许应该叫他"谅无底"更合适。

其三，用人不当，国无良将。

在用人方面，晚年的梁武帝更注重门第出身而不注重实际才能。

门第最高的当然是皇族。

他觉得，既然有他这样高水平的皇帝，那就必然没有低水平的皇族。

因此其兄弟、子侄大多被他委以重任，为他镇守各个重要地区，掌握实权，拱卫皇家。大军出征时的最高统帅通常也由皇族担任。

除了皇族，他重用的人大多是出身于世家大族。

在他看来，如果说士族是头，那么庶族就是枕头，永远只能被士族压在下面。如果说士族是弹琴的，那么庶族就只能是抬琴的，永远只能替士族干苦力活。

秦末的陈胜曾说过，王侯将相，宁有种乎。这句话梁武帝是绝对不相信的，他相信的是：王侯将相，必有种也。

然而现实却很无情——他所信任的皇族和士族几乎全都难堪大用。

这帮人吟诗作赋很行，治理国家却很不行；贪污腐败很在行，带兵打仗极外行。

举个例子，出身士族的建康令王复，只要看到马就吓得花容失色，娇喘连连，翘着兰花指，心惊胆战地说，这明明是老虎，怎么会是马呢？——这么娘的人，你能指望他会骑马吗？能打仗吗？

据说当时有首歌是这么形容他们的：士族豪门，早已腐烂。十个贵族，九个笨蛋。还有一个，精神错乱。

然而梁武帝不信这个邪，他偏要重用这些靠祖宗吃饭的士族，文官大多是官二代，甚至官 N 代；武将大多是将二代，甚至将 N 代。

这一切导致的结果是内无良臣，外无良将。

当然梁朝早期还是有过一些名将的，像韦睿、曹景宗、裴邃等，不过这几位都是在前朝就已崭露头角，梁武帝自己培养的仅有陈庆之、兰钦堪称名将，而他们两人能够脱颖而出其实也是各有原因，陈庆之是他跟随多年的随从，算是任人唯亲；兰钦则是将门之子。

在陈庆之和兰钦死后，偌大的大梁帝国似乎就再也没有可以独当一面的大将了——其实并不是真的没有，只是这些高手在民间，在梁武帝的统治下无法脱颖而出而已。

其四，吏治腐败。

梁武帝后期，贪官遍地，腐败横行，史书上称之"天下宰守，罕有廉白者"——所有当官的，几乎没有清廉的人。

朝廷官员富甲一方，地方小吏人人小康，普通百姓只能吃糠。

当时有个太守叫鱼弘，此人财大气粗，穷奢极欲，侍妾有万余人，家中金玉翡翠、华服宝马应有尽有。他恬不知耻地扬言：我当郡守有四尽，水田鱼鳖尽，山中獐鹿尽，田中米谷尽，村里人庶尽！

在梁武帝的统治下，这样的 "四尽"太守不但没有被勒令自尽，反而连连升官，荣华富贵享受不尽，由此可以想象，此时梁朝的政治已经腐败到何等程度！

而除了这些问题以外，梁武帝心里还有一件让他纠结的事，那就是令所有帝王都感到头疼的继承人问题。

梁武帝有八个皇子。

长子萧统，理所当然地被立为太子，因其死后谥号为"昭明"，故后世称其为昭明太子。他是著名的才子，曾主编过我国第一部文学作品选集——《昭

11

明文选》。

萧统博学多才、孝顺仁爱，可惜天不假年，年仅三十一岁就英年早逝。

顺便说一句：昭明太子萧统在民间名声很好，在江南一带至今依然有不少跟他有关的遗迹和传说。在我的老家就流传着他和小尼姑慧如的凄美爱情故事，附近还有一棵红豆树，相传是萧统亲手栽种，历经千年风雨，今天仍然枝繁叶茂。

如此贤明的太子死了，也给梁武帝留下了一道难题，立谁呢？

如果按照中国传统的嫡长子继承制度，梁武帝应该立萧统的长子萧欢为太子，然而他却没有这么做——他立的是三子萧纲。

这个决定让萧统的几个儿子愤愤不平，也让梁武帝的其余儿子们开始有了觊觎帝位的野心——如果三哥被废了也许就轮到自己了。

也许有人会问：为什么立的是老三而不是老二呢？

因为老二居然叛国了。

老二萧综的母亲吴淑媛是原南齐末代皇帝萧宝卷的妃子，梁武帝执政后就把她占为己有，过七个月就生下了萧综。

究竟谁才是真正的施工单位？萧综到底是萧衍的早产儿还是萧宝卷的遗腹子？这个问题估计连吴淑媛自己也说不清楚，宫中也因此有很多流言。

后来吴淑媛失宠，心生怨恨，便有意无意地向萧综透露了这件事。

从此萧综坚信自己的亲生父亲是萧宝卷，与梁武帝有杀父之仇，并在公元525年率军北伐时叛逃到了北魏。

不过萧综在北魏并不得志，没过几年就郁郁而终。

梁武帝的第四子萧绩早死，第五子萧续寿命也不长。

第六子邵陵王萧纶是八个皇子中性格最乖张、做事最荒唐、名声最狼藉的一位。

这小子爱胡闹，而且每次胡闹都充满创意，如果搞一个三千年胡闹排行榜，我估计他进入前十毫无压力。

他在南徐州（治所在今江苏镇江）做刺史的时候，有一次在街上闲逛，看到一个卖黄鳝的小贩，便问：你觉得本地的刺史怎么样？小贩忙着做生意，随口答了一句：躁虐。萧纶勃然大怒，马上硬逼着这小贩生吞黄鳝，把他折磨致死——当然也有一种可能，他听说生吃泥鳅可以治百病，所以想试试生吃黄鳝是否也有同样的功效，只是他的用量实在是太大了。

还有一次，百无聊赖的萧纶看到街上有人出殡，他竟然强行剥下死者儿子的丧服穿在自己身上，伏在地上号啕大哭，大声哭丧：爹，你死得好惨。爹，你早就该死了，早死早超生——太坑爹了。

12

梁武帝听说儿子的斑斑劣迹后，便给他上了一堂严厉的思想品德课。

没想到这小子怀恨在心，便找了一个长得和萧衍相似的老头，让他穿上皇帝的衣服，再剥掉其衣衫痛打了一顿。又让自己的手下人躺在棺材里，自己则手拿招魂幡，玩起了为父亲出殡的恶作剧，借以诅咒父亲。

梁武帝知道后气得七窍生烟，但慈祥的他还是顾及父子亲情，只是免去其官爵而已。

不久萧纶又被恢复了爵位，并先后担任扬州刺史、郢州（治所在今湖北武昌）刺史等要职。

第七子湘东王萧绎是个大才子。

他刚出生时眼睛得了病，当时梁武帝刚登上帝位不久，年轻气盛，觉得自己无所不能——连造反这么难的事情自己都做成了，何况是治眼病这种小事？

于是他亲自动手为儿子治病。

然而让皇帝去当医生就相当于让林志玲姐姐去扔铅球——专业完全不对口，结果自然是个"杯具"，他硬是把萧绎给治成了独眼龙。

不过萧绎身虽残，却极有才，他天性聪颖，博览群书，出口成章，诗文俱佳。后出任荆州（治所在今湖北江陵）刺史。

第八子武陵王萧纪是梁武帝最小的儿子。

有句话是这么说的：男人的一生可能会有许多老婆，分得遗产的往往是最后一任老婆；男人的一生也可能会有许多儿子，尽得欢心的也往往是最后一个儿子。

梁武帝也不例外，他最喜欢、最疼爱的就是这个小儿子——第八子武陵王萧纪，那真是捧在手里怕摔，含在嘴里怕化，顶在头上又怕脑袋不够大。

后来萧纪被任命为益州（治所今四川成都）刺史，开始他嫌路远，不肯去，梁武帝这才说出了心里话：以后万一天下大乱的话，只有益州可以免于战火，所以我才把你安排在那里，希望你好自为之。

由此可见梁武帝对这个幼子的偏爱。

到了这时也就是公元 547 年，八十四岁的梁武帝虽然年老，但依然牙好、胃口好，身体也很好。

他的八个儿子却只剩下了一半：老三太子萧纲、老六邵陵王萧纶、老七湘东王萧绎、老八武陵王萧纪。

皇帝越长寿，太子越不好受——什么时候才能继位啊，我等到花儿也谢了，肚子也大了，连前列腺也发炎了。太子萧纲此时已经四十五岁了，他等得很辛苦。

其他的几个皇子也虎视眈眈，巴不得太子也死了好轮到自己君临天下。

梁武帝一家子表面上看起来挺和谐，其实却是同床异梦，离心离德。见了面嘴里说的是：我想死你了。心里想的却是：我想你死了。

整个国家的状况也和梁武帝的家庭差不多——表面上看起来挺和谐，其实却是危机四伏。

散骑常侍贺琛看到了这一点，便向梁武帝上书，指出了当时的几大弊端。

一、地方官横征暴敛。

二、贵族奢靡无度。

三、朝中小人当道。

四、政府兴建过多，劳民伤财。

几十年的顺风顺水让梁武帝再也听不进任何反对意见，看到贺琛的上书，他勃然大怒，立刻给贺琛回帖，逐条给予驳斥，义正词严：你说的小人到底是谁？你说的贪污的地方官是哪一个？哪些工程是不应该干的？请明确指出，如果不说你就是欺君罔上！

接着他又说：我三十年没碰过女人了，我每天只吃一顿饭，我每天早上三更就起床……

这意思非常明显：我是一个圣人，一个高尚的人，一个纯粹的人，一个脱离了低级趣味的人，我这样的人会犯错吗？我统治下的国家会有错吗？

常言道，失败是成功之母。但我觉得，有时成功也可能是失败之母，长期的成功往往会导致巨大的失败。因为长期的成功有可能会让人自满，自以为是，唯我独尊，放大自己的优点，看不到自己的缺点，把自己当成完美无缺的完人。

当一个人真的以为自己是完人的时候，可能他真的快要完了。

晚年的梁武帝就是这样的例子。

面对这样的皇帝，贺琛除了谢罪，还能做什么呢？

面对这样的皇帝，所有的大臣们除了拍马屁，还有谁敢进谏呢？

上有所好，下必甚焉。

因此当时梁朝官场上的风气是以歌功颂德为荣，以直言劝谏为耻；以清谈吹牛为荣，以苦干实干为耻；以吟诗作赋为荣，以骑马射箭为耻……

中书舍人（相当于皇帝的秘书）朱异是其中的佼佼者，他多才多艺，清谈吹牛、吟诗作赋极为在行，更重要的是他有一手踏雪无痕、润物无声的马屁功夫，很自然地成了梁武帝最信任的宠臣。

不过此时的梁朝看起来依然风平浪静，歌舞升平，如果没有侯景，也许终梁武帝一生，梁朝还可以继续保持稳定。

然而上天给梁武帝开了个玩笑。

上天给一直顺风顺水的他送去了潘多拉的盒子——侯景的降书。

接到降书后，梁武帝立刻召集大臣讨论此事。

尚书仆射谢举认为，多年来本朝和东魏一直保持良好的双边关系，现在如果收留东魏的叛臣，一定会引起动乱，不妥。

其他的大臣也大多赞同谢举的意见，他们在太平的环境中生活得太久了，早就丧失了统一北方的雄心，他们觉得现在的生活挺好，要稳定，要和谐，不折腾。

梁武帝却不同意他们的意见，他苍老的面孔上突然露出了久违的豪情，激动地说，虽然，得侯景则塞北可清，机会难得！

他之所以会这么说，除了他人老心不老、雄心尚未泯之外，还有一个很重要的因素是因为他做了一个梦。

这一年的正月十七，梁武帝梦见中原地区的敌国太守们纷纷来降，举国上下一片欢腾。

这个梦除了他自己，就只有宠臣朱异知道，当时朱异这个马屁精还说，此乃宇宙混一之兆也。

现在，梁武帝觉得这个梦应验了，他认为这是天意，是佛祖显灵，是自己这么多年来吃斋念佛的回报。

不过由于群臣的反对，他还在犹豫。

接纳侯景，是福是祸？——他感觉眼前好像有一个幽深的山洞，他无法确定从里面走出来的究竟会是迷人的仙女，还是吃人的魔鬼？

可是如果拒绝侯景，又是否会错失良机？是否会违背天意？毕竟侯景送上的大礼包——河南十三州十分诱人。

他的心就像一个天平，一端是接纳，另一端是拒绝，然而这天平却一直摇摆不定。

朱异揣摩到了梁武帝的心思，便在他摇摆的天平上放了一个重重的砝码：陛下圣明无比，万民景仰。如今侯景归降，正应天意。如果拒绝他，那就会让上天寒心，也会让天下人尤其是北方千千万万敬仰您的百姓寒心。请陛下千万不要再犹豫！机会不可失，天命不可违！

小子我在这里先剧透一下，朱异好像是上天送给侯景的福星，也是梁武帝的灾星，以后他还会一次次地帮侯景渡过难关，一步步地把梁武帝带进鬼门关。几乎每次侯景感到山重水复疑无路时，朱异总能让他柳暗花明又一村。

梁武帝听了朱异的这一番话，顿时龙颜大悦，当即拍板：好！就这么定了！老夫聊发少年狂，鬓虽霜，又何妨？金戈铁马，千军卷北方……

随后他封侯景为河南王、大将军、使持节、都督河南河北诸军事（由此可见梁武帝的目标甚大，绝不仅仅是河南），并且随即派司州刺史羊鸦仁等人率军三万前往悬瓠（今河南汝南），并运送粮食以接应侯景。

这边梁朝的援军才刚刚出发，侯景那边却碰到了大麻烦。

逐鹿中原

话说东魏大将韩轨奉高澄的命令率军征讨侯景，但他与侯景共事多年，知道这个羯人的厉害，因此进军的速度极为缓慢，慢如蜗牛，而且是拄了拐的蜗牛。

高澄对此大为不满，便再次派武卫将军元柱率领数万兵马，日夜兼程前去攻打侯景。

两军在颍川城北相遇，元柱大败，但侯景也付出了一定的伤亡。

一直按兵不动的韩轨此时看到了机会，立即率军杀到。

侯景见东魏军势大，便主动后撤，退保颍川（今河南禹州）。

韩轨随后率军把颍川城团团围住，一时间侯景陷入了困境。

出师不利，诸事不顺，形势不妙，侯景的心情很糟。

他曾经心高气傲，如今却只能苦苦煎熬；他曾经目空一切，如今却盼救兵心切。

怎么办？

梁朝虽然派出了援军，但毕竟离得太远，远水解不了近渴，他只能再次把眼光投向了邻近的西魏。

在这种情况下，想空手套白狼是不可能的——空手只能套白眼狼。

侯景一咬牙，决定割让东荆州（今河南泌阳）、北兖州、鲁阳（今河南鲁山）、长社（今河南长葛）四座城池，派出使者到长安向宇文泰求救。

他觉得，有钱能使鬼推磨，你宇文泰也不一定能抵挡利益的诱惑。

果然这次宇文泰也有点心动了，但老谋深算的于谨依然反对：侯景这个人太过奸诈，信誉度不高，差评太多，实在是不可靠。咱们还是静观其变，不要派兵。

因此宇文泰还是按兵不动。

但此时一个关键人物的举动改变了宇文泰的部署。

这个人就是西魏荆州（治所今河南邓州）刺史王思政。

他也收到了侯景的求援信。

王思政出身于名门太原王氏，本是北魏孝武帝元修的亲信，后来随孝武帝入关，之后在东西魏几次大战中屡立战功，成为西魏的一员大将。

王思政生性果断，富有冒险精神，外号"往死整"，他的QQ签名是：男人要对自己狠一点，也要对别人狠一点。在他的字典里，从来就没有"犹豫"这两个字。

他认为这是个夺取河南的好机会，便不等宇文泰的命令，立即率领荆州的一万多兵马向侯景所在的颍川进发。

王思政的自作主张相当于帮宇文泰做了决定，箭在弦上，不得不发，宇文泰也不得不出兵了。

他一方面加封侯景一大串官职——使持节、太傅、大将军、尚书令、都督河南诸军事，另一方面派大将李弼、赵贵率一万精锐前往河南救援侯景，接应王思政。

侯景看到宇文泰终于出手了，心中不免暗喜，但他又怕梁武帝会对自己脚踏两只船感到不满——如果你在肯德基工作，一边卖上校鸡块，一边对顾客唱着"更多选择更多欢笑，就在麦当劳"，你的领导会怎么想？

因此侯景专程派使者前往梁朝解释：由于陛下您的部队未到，事态紧急，不得已只能以四州之地为诱饵向关中求救，其余豫州以东的土地尽归圣朝所有。臣既然不安于高氏，又岂能见容于宇文！这实在是不得已的事，请陛下不要怪罪，并且速派大军前来接应。

梁武帝正想要利用侯景北定中原，当然要安抚侯景，他的回信显得十分大度：你始创奇谋，将建大业，理应随机应变。你一片诚心，我非常理解。区区小事，无须解释，我懂的。

但梁武帝忽略了这封信中的一句话：臣既然不安于高氏，又岂能见容于宇文！

这句话暴露了侯景内心的真实意图，其潜台词就是"我既然不安于高氏，我又怎么会服从你萧老头呢"！

梁武帝将来会为他的这个疏忽付出惨重的代价。

侯景看到回信后，一颗悬着的心彻底踏实了，梁武帝这个人靠得住，他对自己非常信任，是真心实意的信任，比狡猾的宇文泰可靠多了。

如果说梁武帝是他值得依靠的靠山，宇文泰则是随时可以吞噬自己的火山！

侯景下定决心倒向梁朝，打算利用梁朝的力量与高澄抗衡。

此时，李弼、赵贵等人已经率西魏军逼近颍川。

老谋深算的韩轨知道侯景和李、赵等人是同床异梦，他怕腹背受敌，也想坐山观虎斗，便马上退兵回到邺城。

韩轨走了，危机解除了，侯景紧绷的心也终于放松了。

但他马上又有了一个大胆的想法，那就是设计抓捕李弼和赵贵，吞并他们麾下的西魏军精锐！

至于会不会因此引起宇文泰的报复，侯景不管——反正他现在靠上了梁朝这棵大树，底气很足。

于是侯景设宴邀请李弼、赵贵两人，说要为他们接风。

然而他却失算了。

如果说侯景的心像李逵的脸一样黑，那么赵贵的心就像包公的脸一样——更黑。

赵贵一眼看出了侯景的阴谋，对李弼说，不如咱们把侯景诱骗过来，干掉他，吃掉他的军队。

李弼想得更深一层，他摇摇头表示反对：干掉了侯景，反而是为东魏扫除了麻烦，不如留着他，让他继续搞乱东魏甚至是梁朝。

西魏六大柱国，一个都不是省油的灯。

这时，羊鸦仁率领的梁军也来了，先头部队已经抵达了汝水（今河南驻马店一带）。

李弼决定退兵，就让你侯景带着梁军和东魏一起玩去吧，我只想看戏，就不搅合了。

李弼前脚刚走，王思政就带着西魏荆州的部队到了颍川。

侯景干脆把颍川城让给了王思政，自己借口说要出去攻城略地，领兵向东退到了悬瓠（今河南汝南）。

他的意图是，颍川是战略要地，高澄肯定会集结大军前来攻击，你就帮我挡着吧。我自己兵力有限，必须收缩战线，并和梁军靠拢，这些实诚的南方人还是比较靠得住的。

李弼等人走了，侯景想要夺取西魏部队、壮大自己实力的计划落了空，但他还不死心，又再次向宇文泰请求派兵支援。

既然白白得到了河南四城，于情于理，宇文泰也得给侯景一点面子，便派韦法保、贺兰愿德等将领率军前往河南助阵。

这两位将领似乎并不太知名，估计麾下的部队也不一定是很精锐，侯景有些失望，但还是希望能争取韦法保等人为己所用。

他觉得，不管怎样，再不中用的男人也比太监强——有，总比没有好。

然而韦法保等人似乎早有防备，侯景的计划再次遭到了挫败。不过他多少还是有点收获的——西魏将领任约率所部千余人投靠了侯景，后来，任约成为侯景帐下的一员大将。

在长安，宇文泰还在苦苦思索如何应对如今这个错综复杂的国际形势。

谋士王悦开口了：侯景和高欢是同乡好友，尚且不能尽忠，他怎么可能会尽忠于您呢？咱们派部队支持他与东魏开战实在不值得，败了自然无须多说，即使胜了很可能也是为侯景做嫁衣。

宇文泰沉吟了一会儿，说道：那你说怎么办？

王悦出了个主意：不如征召侯景入朝，他如果来，那我们就可以派人代替他，尽占河南之地。如果他不肯来，那说明他有异心，咱们就应该撤回派去的全部援军。

宇文泰深以为然，遂依计而行，派使者征召侯景。

侯景对此嗤之以鼻。

美貌和气质是女人最大的资本，军队和地盘是乱世最大的本钱。

笔杆子里出空谈，枪杆子里出政权。

闭目可以养神，部队可以防身。

这些浅显的道理侯景岂能不知？

让我去长安，怎么可能？除非我不姓侯，我姓贱。

宇文泰这么做，明摆着是不信任自己，既然这样，那就干脆与他摊牌吧。

他让王伟写信回复宇文泰，语气极其狂傲：吾耻与高澄雁行，安能比肩大弟——我耻于跟高澄共事，怎么会甘心和老弟你平起平坐呢？

收到回信，宇文泰立即召回了前去支援侯景的所有部队，而王思政则趁机占领了河南地区的七州十二镇。

此次西魏大得实惠，王思政应为首功。因此宇文泰把以前给侯景的官职全部转授给了他。

王思政坚辞不受，最后只接受了都督河南诸军事一职。

狗脚朕

这段时间虽然河南一带乱成了一锅粥，但在高澄的努力下，东魏的其他地区政局都保持了稳定。

公元 547 年七月，看到时机已经成熟，高澄才正式公开了高欢的死讯，孝静帝为高欢举行了隆重的葬礼，并把高欢原先的头衔全部转给了高澄——大丞相、渤海王、都督中外诸军事等。

高澄终于顺利接班，但他肩上的担子并不轻松。

最大的问题依然是河南的侯景。

高澄还不愿放弃和平解决的希望，便写信给侯景，说他留在邺城的家人，如今全都安然无恙，并许诺只要他回心转意，便让他终身担任豫州刺史一职，老婆孩子一并送还。

侯景向来心狠手辣，对其家人之生死也早已置之度外，而且他认为，造反这条路是单行道，既然上了路就不能掉头。一旦掉头，他觉得自己很可能会真的掉头——掉脑袋。

于是，他让王伟给高澄回信，这封信写得洋洋洒洒，极有气势，全文见《梁书侯景传》或《北齐书文襄纪》。

这里仅随便摘两句：

方欲苑五岳而池四海，扫氛秽以拯黎元。今已引二邦，扬旌北讨，熊豹齐奋；克复中原，幸自取之，何劳恩赐！来书曰，妻子老幼悉在司寇，脱谓诛之有益，欲止不能，杀之无损，徒复坑戮，家累在君，何关仆也！

大意为：我的目的是要平定天下。如今已经带着西魏和梁朝的军队举旗北伐，克复中原。至于老婆孩子，反正在你的手中，杀了他们，得恶名的是你，跟我没有一毛钱的关系。

高澄虽然年轻，却一向爱才，看到这封信后不但不生气，反而发出了一声由衷的感叹：王伟如此有才，我怎么没有早点认识他呢？

既然和谈破裂，下一步只能兵戎相见了。

侯景对前途充满信心，因为他身后有坚强的后盾——梁武帝派其侄子贞阳侯萧渊明为主帅，率军十万大举北伐。

刚刚接班的高澄面临着极其严峻的考验。

然而就在这时，他和东魏孝静帝之间的关系却出了大问题。

以前高欢在世的时候，对孝静帝一向都非常恭敬，而高澄的作风却与其父大相径庭。高欢讲究以情动人，以理服人；高澄却只讲以势压人，以力服人。如果说高欢的风格是四两拨千斤的太极拳，那么高澄的风格就是霸王硬上弓的少林拳。

高澄从不把皇帝放在眼里，霸道、蛮横，不讲道理，只讲暴力。他说对的就是对的，再错也是对的；他说错的就是错的，再对也是错的。

他让自己的心腹崔季舒担任黄门侍郎，负责监视孝静帝的一举一动。

崔季舒做这份工作显然非常适合，他对高澄一向是满脸奴气，对孝静帝却往往是满脸怒气。

他就像是高澄豢养的某种动物，为了不侮辱狗，我就不把这种动物的名称说出来了。

孝静帝从此失去了自由。

有一次在打猎时孝静帝的马跑得快了一点，崔季舒马上让侍卫提醒皇帝：不要跑这么快，大将军会怪罪的。

孝静帝只好慢了下来。

不久又发生了让孝静帝更郁闷的事。

那天，他和高澄在一起喝酒。

孝静帝心里不爽快，喝酒自然也不爽快。

高澄火了，语气像在下命令，声音极大：臣高澄劝陛下饮酒！

二十四岁的孝静帝血气方刚，此时终于忍不住爆发了：自古无不亡之国，朕这样的皇帝做了有什么意思？

高澄恼羞成怒，指着孝静帝的鼻子，破口大骂：什么朕？朕？朕？狗脚朕！

光骂还不解恨，他又让崔季舒打了孝静帝三拳（崔季舒不是个缺心眼，估计也就做做样子而已），然后一甩袖子，拂衣而去。

这三拳虽然打得不重，却让孝静帝觉得无比的疼，撕心裂肺的疼，心疼——在高澄的眼里，自己这个天下最尊贵的皇帝简直是天下最没用的东西，自己这个孝文帝的曾孙子还不如乌龟的真孙子！

第二天高澄酒醒了，也觉得自己昨天干得有点过分，便派崔季舒向皇帝道歉。

既然这次高澄给了台阶，孝静帝也不能不识相。因此他也就坡下驴，表示自己也有过错，这事就这么算了，最后还赏赐给崔季舒一百匹绢。

被别人又打又骂还得给别人送礼，孝静帝的心里很难受，很窝囊，感觉浑身上下每个毛孔都充满了耻辱。

这算什么皇帝？黄瓜还差不多——任人拍、任人咬！

然而孝静帝毕竟不是忍者神龟，因此他的内心依然愤愤不平，便在侍讲（文史顾问）荀济面前念了一首谢灵运的诗："韩亡子房奋，秦帝仲连耻，本自江海人，忠义动君子。"

弦外之音是：我这里什么时候会出张子房或鲁仲连这样的忠臣呢？

老臣荀济对此心领神会，皇帝念的不是诗，是寂寞，是忧愁，是有志不得伸！

他随即联络祠部郎中元瑾、长秋卿刘思逸、华山王元大器、淮南王元宣洪等人一起密谋暗杀高澄。

经过一番策划，他们借口要在宫里的后花园建一座土山做景观，暗暗挖了一条地道，想通过地道一直挖到高澄的府上。

开始的时候工程进展顺利，可是挖到千秋门的时候，守门的士兵听到地下有响动，便报告了高澄。

高澄本来就纳闷为什么皇帝要在宫里建土山，现在一下子全明白了。

他立刻带兵入宫，见了孝静帝也不参拜，气势汹汹地说，陛下为何要谋反？我们父子有什么地方对不起陛下？给我个理由先！

不过这句话刚一出口，他就觉得有问题，于是他马上又加了一句：一定是你身边的妃嫔们在捣鬼。

孝静帝也忍无可忍了，他决定揪住高澄刚才那句话的语病不放，过过嘴瘾，便大声怒吼：姓高的，你这是要逆天啊！自古只听说有臣子谋反，没听说皇帝会谋反！如果你要弑君谋反的话，随便你什么时候动手！

高澄也知道自己刚才确实失言了，便跪在地上连连叩头谢罪。——他这个人说变脸就变脸，连个缓冲都没有，好像装了情绪切换开关，刚才还气势汹汹，恨不得把人吃了；现在一下子变成可怜巴巴，恨不得把自己刚才说出的话给吃了。

随后高澄又陪孝静帝喝酒压惊，算是把酒言欢，重归于好。

三天后，他查明了事实真相，又再次变脸，把孝静帝幽禁在含章堂，荀济等人则全部处死。

从此，高澄成了事实上的皇帝，孝静帝则无法出门，只能宅在家里做进出口生意——进口粮食，出口肥料。

除此以外，他只能无聊地看着墙角——左边，有一只蜈蚣在裸睡；右边，有一只老鼠在裸奔；上边，好像有两只蜘蛛在裸聊……

第二章 懦夫处处有，梁朝特别多

梁魏寒山之战

以雷霆手段处理完这起未遂政变后，高澄并没有感到轻松，他的压力依然很大。

因为此时萧渊明率领的梁朝十万北伐大军，已经到了距离彭城（今江苏徐州）仅十八里的寒山。

梁武帝为此次北伐制订了详尽的计划：在泗水（又名清水，当时是淮河的支流）下游筑坝拦水，然后再借水势攻占彭城，之后便可与西面的侯景互相呼应，齐头并进，北伐中原。

负责筑堰的是五十三岁的老将羊侃。

羊侃出身于著名大族泰山羊氏，其祖父羊规之本在南朝的刘宋为官，北魏太武帝拓跋焘南侵，他被迫降于北魏。从此羊氏一门流落到了北方，但他们一直有南归之意。

羊侃膂力过人，精于骑射，而且熟读兵书，可谓文武双全。

在北魏时，他曾经担任偏将在西北战场上一箭射死叛军主将莫折天生，一战成名，后被任命为泰山太守。

公元 528 年，羊侃率其宗族南归梁朝，完成了父祖的遗愿。

然而在梁朝，羊侃却一直郁郁不得志。

作为武将的他渴望驰骋疆场，他时刻想着的一句话是：是男人，就应该去战斗！

可是梁武帝却一直没有给他这个机会——他宁愿用自己那些无能的亲属作

为主帅。

此次羊侃被任命为副帅协助萧渊明，也是他回归梁朝近 20 年后第一次重上战场。因此他干劲十足，只用了短短 20 天时间，便在泗水上建成了大坝，随后他开闸放水，彭城内外顿成水乡泽国。

东魏徐州刺史王则苦苦坚守。

羊侃劝主帅萧渊明趁机攻城，但萧渊明根本不听。

叫"渊明"这个名字的人好像都爱喝酒——姓陶的是这样，姓萧的也是这样。萧渊明这人每天屁事不干，只是喝酒，从早到晚不停地喝酒。

就像现在饭店的服务员对每个男人都是同样的称呼"帅哥"一样，萧渊明对将领们请示的每个问题也都是同样的答案：临时制宜——到时再采取相应措施。

除此以外，他不发一言。

萧渊明在寒山贻误战机，高澄可没空陪他打太极。

他任命他的堂叔高岳为主帅、潘乐为副帅率军救援彭城。

陈元康问：为什么不按照先王的遗命用慕容绍宗呢？

一着被蛇咬三年怕井绳，高澄现在有点疑神疑鬼：并非我不想用他，只是他和我素无交情，我怕召他来他会疑心啊，万一他和侯景一样反叛，那可就麻烦了。

陈元康笑了：大将军放心好了，慕容绍宗前一阵子还给我送礼呢。我可以保证他绝不可能有异心。

高澄这才放心，随后便任命高岳为大都督（总司令）、慕容绍宗为东南道大行台（前敌总指挥）率军十万救援彭城。

侯景一向目空一切，开始他以为来的是韩轨，轻蔑地说：这个爱吃猪大肠的家伙能有什么作为？

后来听说东魏军的主帅是高岳，他依然不屑一顾：兵精人凡！

再后来他才知道，高岳只是挂名而已，慕容绍宗才是事实上的总指挥，不由得大感意外，大惊失色：高澄这个鲜卑小儿怎么会想到用慕容绍宗的呢？难道高王还没有死吗？

侯景知道慕容绍宗的厉害。当年他曾向慕容绍宗学习兵法，说起来，慕容绍宗算是他的师父。

师父出场，徒弟怎么可能不担心呢？

四十七岁的慕容绍宗终于第一次有了独当一面的机会。

他不慌不忙，指挥若定。先是分出一支部队前往谯城（今安徽亳州谯城区），以阻断侯景和萧渊明之间的联系，随后亲自率军星夜兼程，进驻彭城以北的橐驼岘（tuó tuó xiàn）。

梁军大营内，主帅萧渊明依旧毫不在意，依旧不停地喝酒。

他每天的生活是个死循环——想到要打仗了就心情不好，心情不好就喝酒，一喝酒就醉了，一醉就要睡觉，睡完觉就想到要打仗了，想到要打仗了就心情不好，心情不好就喝酒……

羊侃急了，他对萧渊明说，慕容绍宗远道而来，士卒疲惫，如今咱们趁他立脚未稳，突袭他们一定可以获胜。

萧渊明不听。

第二天羊侃再次请求萧渊明出战：敌人不打是不会败的，扫帚不到垃圾不会自动跑掉。咱们必须采取行动，绝不能坐以待毙。

然而萧渊明依旧拒绝了羊侃的提议，他只顾喝酒，似乎早已把打仗置之度外。

事实上，他害怕，他从小养尊处优，从来没有打过仗。

因为害怕，所以他要喝酒，想以酒壮胆。

因为害怕，所以他要拖着不行动，在世界上所有的事情中，只有拖延时间最不费力。

真不知道梁武帝是什么眼力，如此重要的行动，居然派出了这样的人作为主帅。

这就好比让一个虽然根正苗红却只会拉板车的弱智去开飞机，实在是太荒唐、太不可思议了。

小子我在这里忍不住要点评一句梁武帝的用人。

42年前他用弟弟萧宏为主帅北伐，结果萧宏临阵脱逃，梁军大败；

22年前用儿子萧综为主帅北伐，结果萧综临阵投敌，梁军大败；

这次又是用侄子萧渊明为主帅北伐，结果萧渊明把战场当成酒吧……

人家是任人唯贤，他是任人唯"萧"，而不管他们水平有多么不肖。

更重要的是，平常人打麻将，如果手气不顺下次还知道换个座位，梁武帝却一次又一次地重复着同样的错误而从没有想过要改变。

任人唯亲，这也许是梁武帝后来失败最重要的原因之一。

回到寒山战场。

羊侃对这个整天醉醺醺的主帅彻底失望了，萧渊明的脑袋像电灯泡——不仅里面是真空，外面的思想还进不去。

在这样的傻瓜领导下要想打胜仗，简直就和想要让人妖怀孕一样，完全没有任何可能。

他随即率自己所部出屯堰上，一方面可以防止东魏军破坏大坝；另一方面也是为了自保，离萧渊明远一点，以免被他拖累。

既然已经注定绝不可能凯旋而归，至少我也要保证自己全身而退。

东魏军这边，慕容绍宗初次担任主帅，其麾下既有韩轨、潘乐、刘丰等身经百战的功臣宿将，也有段韶、斛律光等出身显赫的将门新秀。很多人对他的能力还将信将疑。

慕容绍宗当然知道这一点，显然自己必须靠战绩来树立自己的威信。

他对部下将领说，这一仗由我主攻，你们只需在后观阵。但我有可能会佯装败退，以引诱梁军，你们到时只要从背后攻击，定能大获全胜。

老谋深算的慕容绍宗做好了两手准备，如果梁军不堪一击，自己就穷追猛打，让你们这些部将看看我的厉害；如果梁军拼死抵抗，自己便佯败引诱梁军追击，让你们这些部将看看我的谋略。

谋定而动，慕容绍宗亲自率领一万余步骑猛攻梁军将领郭凤所部。

此时梁军主帅萧渊明正喝得酩酊大醉，起不了床，便躺在床上，睡眼惺忪地命令部下众将前去救援郭凤，然而大家却面面相觑，谁都不敢出战。

猛将胡贵孙看不过去了，对旁边的另一大将赵伯超说：我们来这里不就是为了打仗吗？你们不去，我去！

赵伯超低头不语，回营后却对自己的下属说，我军必败无疑，咱们还是早点逃命要紧。

随后他率本部兵马偷偷撤出战场。

而胡贵孙则独自率军前往救援郭凤。

他骁勇无比，东魏军一时竟然抵挡不住，被斩首200余级。

看见梁军来势汹汹，慕容绍宗便不再恋战，且战且退。

胡贵孙和郭凤随即合兵一处，趁势掩杀。

看到这种情况，萧渊明和其他梁军将领也都按捺不住了，原来东魏军也不是太厉害嘛，便纷纷加入战场，追击东魏军。

侯景对慕容绍宗知根知底，因此曾多次派使者关照过梁军将领：追击东魏军绝对不能超过两里地——狡猾的慕容绍宗一定留有后手。

但这时梁军将领早已把侯景的忠告跑到了脑后，既然敌军已经败了，当然是墙倒众人推，不推白不推，这就和现在小偷猖狂的时候往往没人敢去制止，等到这个小偷被抓了，每个人都想上去踢两脚是一样的道理。

因此梁军个个都想抢功，人人唯恐落后，你追我赶，你推我搡，队形拉得越来越长，越来越散，越来越乱。

看到这种情况，坐镇后军的东魏将领潘乐、韩轨、刘丰等人知道主帅的诱敌之策已经成功，便立即率领各自的部队从后面杀出，而慕容绍宗也掉转头来，杀了个回马枪。

这时萧渊明等人才知道自己中计了，想逃？已经来不及了。

梁军大多是步兵，且早已是一盘散沙，东魏军的骑兵如虎入羊群，穿插分割，迂回包抄，肆意践踏着乱成一团的梁军。

这一战的结果是梁军几乎全军覆没，主帅萧渊明、大将胡贵孙等人悉数被俘。

只有先前移驻到大坝上的羊侃依然军容整齐，最后得以全军而退。

寒山一战的结果可以说在梁武帝任命萧渊明为主帅时就已注定。

你想想，东魏军主帅是久经沙场的硬汉，梁军主帅却是酒精上脑的醉汉；

东魏军军主帅很猛、很智慧，梁军主帅却很萌、很稚嫩；

东魏军主帅在殚精竭虑的时候，梁军主帅却在饮酒作乐；

东魏军主帅骑在马上冲锋的时候，梁军主帅却是喝醉了躺在床上睡觉……

一将无能，累死三军，有这样无能的主帅，梁军焉能不败？

看着萧渊明这个名字，小子我突然想到了一副对联，上联是：大笨蛋大废柴大酒鬼大傻瓜。下联是：萧渊明萧渊明萧渊明。

什么，下联少了个萧渊明？

对，萧渊明也许根本就不应该存在。

因为，以后这个人还会给梁朝带来一个又一个更大的麻烦。

师徒对决

听说寒山之战失利的消息，正在睡午觉的梁武帝顿时大惊失色，差点儿从床上摔下去，一旁的太监赶紧把他扶住，过了很久，梁武帝才勉强回过神来，怅然若失地说，我的下场不会跟晋朝皇帝一样吧——西晋的皇帝最后可是做了胡人的俘虏。

再看侯景。

当慕容绍宗和萧渊明在寒山大战的时候，他也没闲着，先是围攻谯城（今安徽省亳州市谯城区），准备和梁军靠拢，没想到一直攻不下，于是他转而攻占了城父（今安徽亳州谯城区城父镇）。

此时突然传来了梁军战败的消息，侯景不由得大失所望。

就是抓十万只鸭子恐怕也得花几天时间啊，梁朝的十万大军居然仅仅一天时间就没了，这战斗力实在是差得令人发指！

本以为梁武帝是只老虎，没想到是纸老虎！本以为梁武帝的大腿很粗很粗，没想到那居然是假肢！

跟西魏已经彻底闹翻，梁朝的军队又这么不中用，看来他只有靠自己了。

然而自己的实力又这么有限，全部家底只有辎重数千辆，马数千匹，士卒不到四万，如何敌得过慕容绍宗的十万精兵？如何敌得过庞大的东魏帝国？

前景很渺茫，侯景很迷茫。

但倔强的他依然不愿认输。

正当他一筹莫展的时候，王伟开口了：军事上咱们处于劣势，但在政治上倒可以做些文章。

侯景：愿闻其详。

王伟继续说道，高澄骄横跋扈，在邺城囚禁了元善见（孝静帝），而且杀了不少王公贵族，很多人对他意见很大，只不过是敢怒不敢言。不如我们让梁朝皇帝再立一个元氏皇族为魏国之主，然后咱们再打出"诛杀权臣，复兴魏室"的大旗，把东魏国内忠于元氏旧主的那些人给拉拢过来。如此一来，可能还会有一线转机。

侯景深以为然，便派王伟到建康面见梁武帝。

梁武帝当即同意，流亡梁朝的北魏皇族人数不少，他看中了孝文帝的侄孙元贞（元贞的祖父元禧是孝文帝的弟弟），封其为咸阳王，并派兵护送到侯景军中，准备奉为魏主。

然而侯景还没来得及打出元贞的招牌，慕容绍宗就来了。

寒山大战之后，慕容绍宗并没有进行休整，而是立即挟大胜之余威，率十万大军自彭城西进，很快就逼近了侯景所在的城父。

眼见东魏军势大，侯景不敢恋战，退保涡阳（今安徽涡阳）。

怎么办？

先试探一下慕容绍宗的态度吧。

毕竟他们虽然如今是不共戴天的对手，当年却是不分彼此的战友——没有友情也有旧情，没有旧情也有人情，没有人情多少也会手下留情。

侯景派人向"师父"慕容绍宗请教：您是来送客的还是要与我一决雌雄？——您是打算把我赶到梁朝就算了还是要把我赶尽杀绝？

慕容绍宗的回答毫不含糊：先一决雌雄，再送客——送你上西天。

侯景决心放手一搏，背水一战。

　　既然你不肯放我一条生路，那我只能杀出一条血路。

　　时值隆冬，北风劲吹，慕容绍宗不仅在兵力上占了上风，在风向上也占了上风——他的军帐在北，侯景的营垒在南。

　　逆风作战，多有不利，因此侯景紧闭营门不出。

　　东魏大将刘丰提议借顺风的优势攻击侯景。

　　慕容绍宗不同意，他对侯景了如指掌：此人诡计多端，不可轻举妄动。而且他喜欢从背后进攻，必须加强防备。

　　如他所料，侯景果然派人绕到了东魏军的后方，想要偷袭，但看到东魏军戒备森严，防守严密，最后只好作罢。

　　第二天，风停了，两军列阵对垒。

　　十万东魏大军刀矛如林，旌旗猎猎，慕容绍宗、刘丰等人骑着高头大马，威风凛凛站在阵前，重甲骑兵则分列两旁，随时准备发起冲锋。

　　敌众我寡，侯景决定先发制人。

　　他先下令放箭，万箭齐发，随后大批身披短甲、一手持盾牌、一手持短刀的步兵，在箭雨的掩护下，一下子冲入东魏军阵中。

　　还没搞明白怎么回事，东魏军阵前的这些重甲骑兵便纷纷摔下马来——原来侯景派出的这些步兵，一个个全都低着头专砍马腿和人的小腿（重甲骑兵的小腿和马腿是没有铠甲保护的）。

　　转瞬之间，东魏军已经人仰马翻，乱成一团，地上散布着血淋淋的人脚和马蹄，空气中响彻着惨兮兮的人叫和马啼！

　　看到前军突击得手，侯景随即率军冲锋。

　　这一仗，东魏军大败，慕容绍宗本人也从马上跌落，险些遇难；大将刘丰则被砍伤。

　　两人率领残兵仓皇逃到谯城。

　　看到主帅败得如此狼狈，如此窝囊，一位年轻人看不下去了，他自告奋勇，提出要与侯景一战。

　　此人名叫斛律光，字明月，是东魏大将斛律金的长子， 十七岁时就被高欢任命为都督，是标准的官二代。他性格刚直，精于骑射，曾经在与高澄等人一起打猎时射下一只罕见的大雕，而留下了落雕都督的美名，成为当时很多年轻人的偶像。

　　斛律光的箭术源于其父斛律金的严格要求。他从小便经常与弟弟斛律羡（字丰乐）一起随老爸打猎，每次都是弟弟斛律羡的猎物多，但受表扬的每次都是老大斛律光。

斛律金的理由是：明月的每一箭都射中同一个地方——猎物的要害之处，丰乐却是胡乱射箭——射在猎物的不同部位。在战场上，不能一箭毙敌就可能为敌所杀。

按小子我的理解就是，斛律光的箭术像激光制导导弹一样精确，斛律羡的箭术像五岁小男孩比谁尿得高一样乱射一通，自然是斛律光更胜一筹。

出身将门，身怀绝技，年少成名，斛律光当然有理由骄傲。

慕容绍宗知道自己说服不了这个年轻气盛而又有着深厚背景的小伙子，便对他说，我身经百战，从未见到像侯景这样难以对付的对手，如果你不服的话就去会一会他吧。

斛律光立即和另一名小将张恃显披挂整齐，点起兵马，率军出发。

临出营时，慕容绍宗特意关照他们：切记，千万不要渡过涡河。

斛律光立功心切，很快就到了涡河北岸，与侯景隔河对峙。

他亲自出阵，向侯景军放箭，几名叛军士兵应声而倒。

侯景大声说道：小伙子，你不渡过涡河，是慕容绍宗教你的吧。我是你父亲的老朋友，你为什么要射我？

斛律光一时无言以对，口才一向不是他的强项，就像打斗一向不是诸葛亮的强项一样。

侯景诡秘地笑了：我给你上一课吧。

随后他让手下的神箭手田迁射斛律光的马，还没等斛律光反应过来，他的战马已应声倒地。

斛律光强作镇定，立即换了一匹马躲在一棵大树后，没想到田迁箭法又快又准，转瞬之间又一次把他的战马射死！

斛律光大惊失色。

显然侯景手下留情，只不过是向他表明：如果想要取他性命，他早已经死于非命！

他方寸大乱，慌忙退回自己阵中。

主将败回，东魏军军心大乱。

侯景抓住战机，立即率军发动猛攻，东魏军哪里抵挡得住，被杀得落花流水，斛律光侥幸逃脱，张恃显被俘，但侯景马上又放了他。

小子我个人感觉，侯景之所以会对斛律光等人手下留情，可能也是向东魏军示好，希望他们不要再苦苦相逼，能放他一马。

斛律光和张恃显灰溜溜地回到了谯城。

斛律光耷拉着脑袋，恨不能变成老鼠钻到地洞里去。

慕容绍宗拍着他的肩膀，亲切地说，要成为名将，光有澎湃的热血是不够的，还要有冷静的头脑。拍案而起，总是很容易。真正的力量，在于深入的思考。年轻人，明白我说的话吗？

斛律光从此对慕容绍宗心悦诚服，不再那么浮躁和狂傲，变得谦虚和谨慎，后来成为北齐著名的常胜将军。

和只知一味猛打猛冲的斛律光不同，东魏军中的另一位年轻将领段韶则要有心计得多。

他偷偷地在叛军大营的上风处放火。

此时正值隆冬，淮北平原上枯草遍地，加之气候干燥，西北风劲吹，火借风势，快速向侯景所在的地方蔓延。

段韶兴奋地看着这一切，想象着侯景在烈火中挣扎的情景，他笑了，侯叔（侯景和他父亲段荣是朋友）啊，现在天寒地冻，被烧死总比被冻死好，这个死法不太冷！

然而他的笑容猛地停住了，因为他看到原本以八十码的速度不断前进的大火一个急刹车，猛地停住了。

原来，侯景让骑兵蹚入涡河中，等马浑身湿透后再回踩到枯草上，草被打湿后，便立即形成了一道天然的防火隔离带，因此侯景的营寨安然无恙。

面对如此狡猾的侯景，东魏诸将都感到无计可施。

沧海横流方显英雄本色，难题面前更显牛人风范。

在所有人都不知所措的时候，慕容绍宗却早已胸有成竹。

他的办法很简单，一个字——拖。

因为他知道，此时的侯景已成孤军，孤悬皖北，孤立无援，时间一长，粮草供应必成问题。

小子我在这里插一句，很多时候，越简单的方法越有效，越难的题目，答案往往越简单——难的是要在纷乱复杂的条件中找到问题的关键所在。

找准关键，化繁为简，这就是慕容绍宗之所以被称为名将的原因。

果然不出慕容绍宗所料，仅仅数月之后，叛军的内部就出了问题——粮食快没了，军心开始乱了，人心也不稳了。

叛军大将司马子云率部向东魏军投降。

慕容绍宗觉得时机已经成熟，便亲自率军向侯景发动总攻。

尽管几乎弹尽粮绝，面临绝境，侯景依然不愿放弃，他还想做最后一搏。

然而他的部队缺衣少粮，士气低落，哪里还有多少战斗力？

侯景不愧是个鬼才，在如此困难的情况下，他还是找到了提高士气的法宝，那就是仇恨。

他大声对将士们说，你们的家属都已经被高澄杀光了，咱们必须拼死一战，为亲人报仇雪恨！

但他所做的一切注定都是徒劳。

因为他的对手不是别人，是慕容绍宗。

慕容绍宗隔着涡河，大声对叛军喊话：你们的家属全都平安无事，如果归降，一律官复原职！

随后，他披散头发，面向北斗星发誓：自己所言句句是实，如有虚假，不得好死！

这是当时包括鲜卑人在内的游牧民族最庄严的宣誓方式，不由得人不信。

叛军的军心崩溃了。

跟着侯景不仅要饿肚子，还要四处流窜像叫花子，只要投降不仅可以和家人团聚一起吃饺子，还可以保住自己原来的官帽子，这种情况下谁不投降谁是傻子！

叛军大将暴显率先倒戈。

其余的叛军部队也都随之争先恐后地向北渡过涡河向东魏军投诚，以至于涡河都为之不流！

部队未战先溃，侯景知道自己大势已去，只好率领王伟、徐思玉、郭元建、宋子仙、任约、于子悦、侯子鉴等少量心腹匆忙向南逃亡。

慕容绍宗则率军紧追不舍。

侯景一行一路狂奔，扑在马上拼命虐待动物，在硖石（今安徽凤台西南）渡过淮河后，才稍微定下心来，清点残兵，竟然只剩下了八百人。

随后他们继续向南狼狈逃窜，途经一座小城，城头上有人嘲笑侯景：跛奴！你也有今天！

正如年纪越大的人越忌讳别人说他老，年纪越轻的人越忌讳别人说他不成熟一样，瘸子侯景最忌讳别人说他是跛奴，更何况此时他一肚子怨气正无处发泄！

于是他马上领兵攻进城去，杀掉了这个骂他的家伙，出了一口恶气。

这就是侯景这个性情中人的风格，睚眦必报，快意恩仇！

但有时也会因小失大。

这次也是这样，为了杀一个无关紧要的人而攻了一座无关紧要的城，却延误了至关重要的逃命时间。

这样稍一耽搁，慕容绍宗就率军追上来了，凭侯景手下这点兵力，怎么可能挡得住东魏大军的凌厉攻势？

怎么办？

部下都惊慌失措，侯景却依然有办法。

他派人找到慕容绍宗，对他说了一句话：景若就擒，公复何用！——侯景要是被抓了，您还有什么用呢？

这句话让慕容绍宗陷入了沉思。

是的，一个人的价值有时取决于他有什么样的敌人。没有蚊子，蚊香也就没有任何价值。自己曾被雪藏多年，如今能得到重用，不正是因为侯景吗？何况自己与侯景私交也不错，何必对他赶尽杀绝呢？

于是他停止了追击侯景的脚步，转而挥军向西，进逼被梁军占领的悬瓠（今河南汝南）和项城（今河南项城），梁朝守将羊鸦仁和羊思达都闻风弃城而逃。

慕容绍宗一时威震天下。

侯景叛梁

而此时的侯景却陷入到了人生的最低谷，一年前他坐拥十万大军，现在却只有八百残兵；一年前他雄踞中原大地，现在却没有一寸栖身之地！

和东、西魏都已彻底闹翻，他唯一的生路只有投靠梁朝，可是自己已没有任何利用价值，梁武帝会欢迎他吗？

自视甚高的他又怎么能甘心寄人篱下、仰人鼻息？

难道这就是自己的宿命？

难道他只能认命？

一路向南，一路想来，一路想来，一片茫然。

他心乱如麻，心情低落。

天很冷，他的心更冷。

冬天的江淮大地一片荒凉，他的心更荒凉。

他的出路在哪里？他该往何处去？

去寿阳！

有人为他指明了前进的方向。

此人是梁朝的一个小人物，马头戍主（马头郡位于今安徽蚌埠西郊）刘神茂。

刘神茂野心勃勃，自视甚高，然而他的上级——镇守寿阳的监州事（代理刺史）韦黯（梁朝名将韦睿之子）却一直不喜欢他，因此他一直郁郁不得志。

这次看到威名赫赫的侯景到来，善于投机的他觉得改变自己命运的机会来了。

刘神茂向侯景献计：寿阳（今安徽寿县）是南豫州的治所所在，城池险固，前任刺史萧渊明在东魏做俘虏，新刺史鄱阳王萧范（梁武帝之侄）还没有上任，可以说是块无主之地。您完全可以把它据为己有。

侯景眼前一亮，但他还有疑问：寿阳目前虽然没有刺史，但监州事韦黯还在，他会接纳我吗？

刘神茂拍着胸脯保证：您是皇上任命的河南王，韦黯怎么敢不接纳您？

侯景此时的感觉好像黑暗中捡到根蜡烛，溺水时抓住个木头，他不由得抬起头，四十五度角仰望天空，向老天致以崇高的敬意：天助我也！

在刘神茂的引导下，侯景等人很快来到了寿阳城下。

出乎意外的是，韦黯竟然以未接到朝廷旨令为名，拒绝开门。

侯景有些丧气，对刘神茂说，大事不妙啊！

刘神茂却依旧信心十足：韦黯懦弱无能，派人去吓唬他一下就行了。

侯景派出的是谋士徐思玉。

徐思玉能言善辩，他的口才足以让公牛产奶、母猪上树、骡子生育。他对韦黯说，河南王深受皇上器重，这次战败了来投奔你，你却闭门不纳。万一东魏军追来，河南王有个三长两短，你就不怕皇上怪罪吗？

韦黯陷入了沉思。

开门 or 不开门？

人的生死，往往只在呼吸之间；大梁帝国的生死，就在韦黯的一念之间。

经过长时间激烈的思想斗争，最终"开门"的念头以 99∶98 的微弱优势战胜了"不开门"的念头。

韦黯决定开门。

侯景一进城，立即展现出了枭雄本色——他反客为主，派手下将领控制了寿阳城的四个城门，并怒斥韦黯，要将他斩首，把韦黯这个软蛋吓得连连求饶，但随后侯景又大笑着赦免了他，并与他把酒言欢。

韦黯就这样稀里糊涂地丢失了寿阳城的控制权。

此时的侯景毕竟刚刚脱离险境，而且势单力薄，也不敢太过放肆，便向梁武帝上表，请求对自己战败进行处分。

其实梁武帝完全有理由抓捕侯景。

因为侯景没有皇帝诏命便擅自做主占领了寿阳城，实在是目无法纪，胆大妄为；而且他此时已经没有任何利用价值，他许诺的河南十三州也早已成为泡影，收留他不但没有任何好处，而且还会严重影响梁朝与东西魏之间的关系。

但以菩萨自居的梁武帝充分表现了他大慈大悲的菩萨心肠，他不但封侯景为南豫州牧（这头衔很奇怪，因为州牧是汉朝的官名，梁朝一般称为刺史，这就和在21世纪的现在任命一个人为太守一样的奇怪），承认了其在寿阳的合法地位，还送去大量的给养以安抚侯景。

但侯景依然惴惴不安。

他知道，自己和梁武帝之间的关系并不稳固，脆弱得像处女膜一样——轻轻一捅就破。

他最怕的就是梁朝与东魏讲和。

一旦梁朝和东魏交好，作为东魏高澄最想得到的战利品，作为对梁武帝毫无价值的点缀品，他极有可能成为牺牲品。

走运的时候，想什么来什么；不走运的时候，怕什么来什么。

侯景显然很不走运。

不久，高澄的使者就来到建康，要求与梁朝通好——毕竟高澄地位才刚刚稳固，如今又准备对西魏用兵收复颍川，他不想两面树敌。

梁武帝犹豫不决。

随后高澄使出了他的撒手锏——萧渊明。

萧渊明被俘后，高澄对他很好，好吃好喝招待，好酒好菜伺候，他的日子过得很爽，除了醉，就是睡；除了喝酒，就是泡妞；除了做梦，就是做爱。

养饭桶千日，用饭桶一时，现在高澄觉得这个饭桶发挥作用的时候了。

高澄让萧渊明写信给叔父梁武帝，信中说，渤海王对我非常好，他答应若两国和好，就立刻放我回家。我真的真的很想家啊。

看到侄子久违的笔迹，注重亲情的梁武帝情不自禁地留下了眼泪——为什么我的眼里饱含泪水，因为我对我的家人爱得深沉！

朱异善于察言观色，他就像梁武帝冬天穿的棉背心一样——温暖而贴心，看到此情此景，他立即进言：陛下，咱们与东魏讲和吧。静寇安民，实为百姓之福。

中书舍人傅岐是梁武帝身边仅次于朱异的另一个亲信，他旗帜鲜明地表示反对：不可。这样做会让侯景起疑，也许会导致动乱。

朱异坚决要求议和：怎么可以因为区区一个侯景破坏国家大事？

最终梁武帝采纳了朱异的意见，决定与东魏讲和。

消息传到寿阳，侯景大惊失色，立即上表，极力劝阻梁武帝千万不要与东魏和好，还说自己时刻准备北伐中原，克清赵、魏，同时他又派人送给朱异三百两黄金，让他在皇帝面前为自己说话，制止与东魏的和谈。

贪财的朱异收下了黄金，对侯景的要求却置之不理。

梁武帝呢，看到侯景的上书，他就像现在抽烟的人看到香烟盒上"吸烟有害健康"这几个字一样，只当没看到，完全不当回事儿。

很快他就派遣使者前往东魏访问。

看到这种情况，侯景焦急万分，赶紧再次上表，这次说得非常直接：臣与高氏，衅隙已深，今陛下与高氏连和，将置臣于何地！

为了使侯景放心，梁武帝这次特意回信安慰他：朕与你大义已定，怎么可能会成而相纳，败而相弃？你在寿阳清静自居，千万不要多心。

但侯景还是难以心安，又第三次上表：今南北复通，将恐微臣之身，不免高氏之手。

梁武帝有些不耐烦了，便回复他说，朕是大国国君，岂会失信于你！想你深得此心，不劳复启。——这意思明摆着：不要再来烦我了，你还有完没完？

多疑的侯景当然不可能就这样轻易地相信梁武帝。

难道梁武帝会像他说的那样——真的不会抛弃他吗？

他很怀疑。

他不相信誓言，因为很多时候，誓言只是失言。

他只相信事实，只有这样他的心里才会踏实。

侯景想了个办法。

他伪造了一封高澄的信——这是他的拿手好戏。信中模仿高澄的口吻说：他打算释放萧渊明，但条件是必须用侯景交换。

见到"东魏使臣"递过来的"国书"，梁武帝心动了。

善解人意的朱异当即提议答应这个条件。

中书令谢举等人也表示赞成。

但傅岐依旧极力反对：这样不好吧。如此对待侯景未免会失信于天下。而且侯景身经百战，怎么可能轻易束手就擒呢？万一他要是反叛，那可就麻烦了！

朱异对此不屑一顾：侯景现在势单力孤，要想抓他只要派个使者就够了！就他那点兵力，想反？绝无可能。

按照一般人的思维，他的想法没错。

然而他的确是错了，因为侯景从来就不是一般人。

傅岐和朱异、谢举等人在朝堂上争执不下。

梁武帝会做出怎样的选择呢？

在他的心中，一百个侯景的脑袋也比不上萧渊明的一根手指头。如果说萧渊明是价值连城的艺术品，那么侯景不过是菜场上小摊贩卖的假玉器。

一个是自己的亲人，另一个是姓侯的羯人，不，姓侯的贱人，长得很丑，外地户口，屁用没有……

梁武帝觉得不难选择。

他很快就做出了决定。

他的回信只有八个字：贞阳旦至，侯景夕返——贞阳侯萧渊明早上到，晚上就把侯景遣返给东魏！

看到梁武帝的这封回信，侯景的心彻底凉了，他对几位亲信说，我早就知道萧衍这老头是个薄情寡义的人！

王伟进言道，反吧！

侯景还在犹豫，可是咱们人这么少？

王伟慷慨激昂地说，大丈夫岂能坐以待毙？与其被廷尉抓住窝窝囊囊地死，不如轰轰烈烈地干一番大事！

侯景沉吟了许久，终于下了决心：先生所言甚是。

之后，侯景开始为造反做各种准备，在寿阳大量招兵买马，同时又免收租税以收买人心，并争取到了当地豪强大族夏侯氏和裴氏的支持。

此外，他还多次向梁武帝提出各种要求，要钱要粮，要衣服要武器，甚至还要打造武器的工匠。

梁武帝全都满足了他，不过有时多多少少也会打一点折扣，比如，侯景想要一万匹锦，朱异给他的却是一万匹青布。

但有一件事梁武帝没有答应。

侯景的家人都在东魏，他想重新在梁朝娶一个老婆，便请求梁武帝在琅玡王氏、陈郡谢氏两大家族中帮他物色一个女子。

梁武帝的门第观念极强，因此他毫不犹豫地拒绝了侯景：门第搞混，甚于乱伦。找老婆要讲究门当户对。王、谢门第高贵，你和他们不配，只能在朱、张以下的门第中寻找合适的才对。请你找准自己的定位。

王、谢是东晋南朝的第一流高门，朱、张不过是地方上的大族（顾、陆、朱、张是吴郡的四个大姓），与王谢相比，显然不是一个档次。

朱、张也就算了，还朱、张以下，你当是打发叫花子啊！

这也太过分了，太侮辱人了。

因此侯景看到梁武帝的回复后，不由得勃然大怒：这些南蛮子，在我面前充什么豪门，我要把他们都埋进坟墓！总有一天，我要让王氏都成为往事！把谢氏全变成血尸！

侯景没有食言，不久以后，王、谢两家就遭到毁灭性的打击。

老婆没要到，反而受了一肚子气，侯景造反的决心更加坚定了。

有了上次在河南仓促起兵导致失败的教训，侯景这次考虑得非常周到，他觉得最好要找一个内应。

　　找谁呢？

　　谋士徐思玉一锤定音：临贺王萧正德当年曾经流亡北魏，我和他是老朋友了，此人胆大心粗，轻于去就，应该是最合适的人选。

　　萧正德是梁武帝的弟弟萧宏之子，当初由于梁武帝婚后直到三十七岁都一直没有儿子，以为自己得了不孕不育症，便把萧正德收为养子。

　　然而不久之后，梁武帝就有了自己的亲生儿子——后来的昭明太子萧统（也不知他有没有去长江医院之类的地方治疗过），于是萧正德又被送还给萧宏。

　　没办法，大黄鱼是野生的好，太子还是亲生的好。

　　差点到手的太子宝座就这样没了，这比买彩票时和中大奖只差一个数字要令人懊丧得多。

　　萧正德常常感到委屈，造化弄人啊，命运给了他一个童话般的开头，却给了他一个笑话般的结局！

　　他一直想不通，他一直愤愤不平。

　　一时冲动，他竟然叛逃到了北魏，就在那里认识了徐思玉，然而他在北魏过得很不如意，一年后只好又厚着脸皮回到了梁朝。

　　谅无底梁武帝不仅没有处罚他，还不断给他加官进爵，后来他又被特封为临贺王。

　　他还曾先后担任过丹阳尹、南兖州刺史等要职，不过由于他在南兖州刺史任上为政太过苛刻残忍，当地百姓对他怨声载道，碍于民意，梁武帝被迫让他停职反省。

　　这让他心里更加怨恨，甚至产生了反意。

　　因此老朋友徐思玉在这个时候找上门来，可以说是在最正确的时间、最正确的地点找到了一个最正确的人。

　　萧正德对此求之不得，立即欣然答应：侯公所言，正合我意！今我在内，侯公在外，一定可以成功！

　　侯景得知萧正德的态度后，心情自然大悦，造反的各项准备进行得更加紧锣密鼓。

　　然而世界上没有不透风的墙，侯景的种种反常举措也引起了别人的警觉。

　　第一个察觉到异常的是元贞，就是那个去年被梁武帝派到侯景军中，想奉为魏主的北魏宗室。

　　他在寿阳与侯景朝夕相处，侯景的一言一行都被他看在眼里。

他感到侯景极可能有异心，便屡次向朝廷申请要调回建康。

侯景这个大嘴巴劝他时不小心说漏了嘴：我即将平定江南，你何不稍微再等一段时间？

如果说元贞本来只是怀疑，听了这句话后他已经确定无疑，因此他大为恐惧，便偷偷逃回建康，向梁武帝报告。

梁武帝不信。

为了避祸，元贞便主动申请担任始兴内史（相当于始兴太守，今广东始兴县），梁武帝答应了。

接着合州（治所今安徽合肥）刺史鄱阳王萧范（梁武帝的侄子）也向梁武帝密报侯景可能会反叛。

梁武帝还是不信，朱异更是认为绝不可能。

于是梁武帝回复萧范说：侯景孤单无依，像婴儿一样嗷嗷待哺，完全要靠我来养活，怎么可能会造反？

萧范不依不饶，又奏请让自己率军前去讨伐侯景，梁武帝当然还是不准。

朱异则火上浇油，对梁武帝说，什么萧范，简直像个小贩，小肚鸡肠，竟然不许陛下有一个客人！

此后萧范依然屡屡上书，然而每次都石沉大海，因为掌管机密的朱异把奏折都压下来了，不再呈送给梁武帝。

如果说这两次梁武帝没有引起警惕还情有可原，毕竟这些都属于一面之词，证据不足，但不久以后，前司州刺史羊鸦仁的举报则提供了确凿的证据。

羊鸦仁曾经率军接应侯景，两人关系非常不错，他退出悬瓠城后，因为受到梁武帝的训斥，不敢回建康，只好驻军于淮南一带，离侯景所在的寿阳不远。

侯景觉得此人可以争取，便派使者邀请他与自己一起造反。

没想到羊鸦仁对梁武帝极为忠心，他不仅没有答应，还拘捕了侯景的使者，并送到了建康。

该怎么处理呢？

梁武帝决定先听听朱异的意见。

俗话说，脑残不可怕，可怕的是脑残志坚，朱异就是这种脑残志坚的人。

他以绝对不容置疑的口气为侯景开脱，侯景这个衰哥，手下才区区几百人，怎么可能造反？他要反？要饭还差不多。

听完朱异的这番话，梁武帝陷入了沉思。

毕竟目前侯景还没有真的造反，多一事不如少一事，还是应该尽量地安抚他。

再者，正如朱异所言，即使侯景真的造反，我也根本不怕，他那点实力，与庞大的梁帝国相比，简直是水滴比大海，小草比大树，牙签比森林，壁虎比鳄鱼，完全可以忽略不计。侯景造反根本就是自掘坟墓、自取灭亡，不足为虑。

想到这里，他就有了对策：你不反我，我就忍忍；你若反我，送你进坟。

于是他又把侯景的使者放了回去。

从此侯景更加肆无忌惮，他先是上表请求杀掉羊鸦仁，接着又要求梁武帝把江西一带封给他。

梁武帝自然不可能答应侯景这么过分的要求，只是下诏安抚他说，我不能让我的客人满意，是我的过失啊。

同时他还不断赏赐侯景大量的钱财和锦帛，好像在哄一个爱耍赖皮的小孩一样——我会忍你包容你，不管你有多无理。

然而对早已铁了心要反的侯景来说，梁武帝的安抚和赏赐相当于用感冒药治癌症——注定无效。

公元548年八月十日，侯景终于动手了，他以清君侧、诛杀朱异等奸臣为名，在寿阳正式起兵造反！

势如破竹

听说这个消息，梁武帝轻蔑地笑了：跛奴，我折一根树枝就能打败你！

接着他开始调兵遣将，任命合州刺史鄱阳王萧范为南道都督，北徐州刺史封山侯萧正表（萧正德之弟）为北道都督，司州刺史柳仲礼（南朝名将柳元景之后）为西道都督，通直散骑常侍裴之高（名将裴邃的侄子）为东道都督。

他那个爱胡闹的儿子——邵陵王萧纶则被任命为主帅（征讨大都督），指挥四路大军四面合围，围剿侯景。

布置完这些以后，梁武帝觉得自己已经稳操胜券，心情很好。

侯景啊侯景，你太自不量力了，一只蚂蚱，再怎么蹦跶，也不是大象的对手！你想打赢我，这不是幻想，也不是臆想，完全是妄想！

随后他又照常与左右亲信继续谈佛论道。

消息传到寿阳，侯景急忙找王伟商量对策。

王伟分析说，如果我们困守寿阳，敌众我寡，那么我军必败无疑。

侯景问道，依你看，我们该如何是好？

王伟对此早就胸有成竹：事到万难须放胆，面临绝境唯果敢！梁主年迈昏庸，百姓早已怨声载道。不如咱们挥军东进，直捣建康。临贺（萧正德）反于内，大王攻其外，天下不足定也！

侯景连连点头。

王伟继续侃侃而谈：梁军久未征战，行动迟缓，他们集结还需要一段时间。兵贵神速，咱们必须马上行动，打他个措手不及！

随后侯景命部将王显贵留守寿阳，自己则偷偷率主力出城。

此前建康城中流传着一首童谣：青丝白马寿阳来。为了应这句谶言，侯景的部队全都身着青衣青甲，他自己则骑着白马，以青丝作为缰绳。

侯景声称要南下攻打合州（今安徽合肥），合州刺史萧范不敢大意，严阵以待。

然而这只是侯景的障眼法，事实上他却是率军火速东进，神不知鬼不觉地来到了谯州（今安徽滁州）城下。

谯州刺史萧泰（萧范之弟）性情暴虐，号称"萧霸天"，极其不得人心，因此侯景军一到，其部下就像看到救星一样，立即开门投降。

兵不血刃拿下了谯州，侯景没有进行任何休整，就马不停蹄地继续南下，攻打历阳（今安徽和县）。

历阳太守庄铁开始还拼命抵抗，后来却在其母亲的劝说下投降了侯景。

侯景笼络人心也很有一套，他对庄母非常尊敬，庄铁深受感动，遂决心对侯景效忠。

随后侯景以庄铁为向导，率军继续南下，直抵长江北岸。

事态紧急，梁武帝急忙召集群臣商议。

老将羊侃自告奋勇：采石渡口（今安徽马鞍山西南）是江防要地，我愿意率军两千前往驻防，以阻止侯景渡江；同时请陛下让邵陵王攻打侯景的老巢寿阳。如此一来，侯景进退维谷，必然会不战自溃。

朱异则坚决反对羊侃的意见：侯景必无渡江之志！连曹操这样的枭雄都没能过江，他那么点人渡江不是找死吗？

看到这里，小子我不由得发出一声感叹：朱异啊朱异，你的判断就像凸透镜成像（u>f）——与实际方向总是相反。

说实在的，这小子还真不如一头猪，放头猪在那里，至少不会帮倒忙！

再看梁武帝的决策。

他考虑良久，最终依然没有采纳羊侃的提议，但为防万一，最后他还是派宁远将军王质率水军三千，巡防采石渡口。

如果说对羊侃这个北方来的降将，梁武帝多少还是有些猜疑，对萧家子弟，比如，萧正德，他的态度就大不相同了——有求必应。

赋闲在家的临贺王萧正德此时一反常态，主动请缨，要为国分忧。

梁武帝立即对他委以重任，任命他为平北将军、都督京师诸军事，率军驻扎在建康城南的丹阳郡城。

萧正德心中暗喜，他随即利用职权，秘密送给侯景几十条船，对外则声称是运送柴草。

渡船的问题就这样解决了，但对于渡江，侯景依然顾虑重重——毕竟长江天堑在那摆着，王质的水军在采石渡口摆着。

他只好按兵不动，同时派遣间谍密切关注采石的梁军动向。

他焦急不安坐卧不宁愁眉不展吃饭不香睡觉不稳。

几天过去了，他还是无计可施。

然而人生总是充满意外，就好像哥伦布想去印度，却发现了美洲；有人去修电脑，却发布了艳照一样。

一件意外发生的事帮了侯景的大忙。

事情是这样的。

临川太守陈昕，是梁朝名将陈庆之之子，他十二岁就曾随父入洛，精于骑射，骁勇善战，梁武帝特意召他回来助防。

陈昕提出了和羊侃相似的意见：采石是重镇，王质这人生性怯懦，恐怕不行。我觉得还是让我去那里防守比较好。

梁武帝对陈昕的信任度显然远远超过羊侃，他立即任命陈昕为云旗将军，率军前往采石换防。

王质则被调回京城，担任丹阳尹。

然而陈昕的好心却造成了灾难性的后果。

意外发生了。

问题出在王质身上。

王质这人向来胆小，在采石一直过得心惊胆战，现在接到调令，顿时如蒙大赦，连屁都不放一个，便立刻率部撤回建康。

而此时陈昕的部队还在半路上。

采石今夜不设防！

侯景派出的间谍赶紧回报：王质已经撤退，采石无人防守！

侯景不敢相信，世界上怎么可能有这样的好事！

他又再次派人渡江侦察，并且要求折一根树枝作为验证——上不了岸自然是拿不到树枝的。

侦察兵很快返回，果然带回了一根新鲜折断的树枝。

侯景心中大喜：天助我也！

随即他立即率全军——八千人马渡过长江，到达长江南岸的采石。

过江后，他马上分兵攻占了江南重镇姑孰（今安徽当涂），随后继续向建康方向挺进。

他的进军速度极快，十月二十二日渡江，十月二十三日已经抵达了建康城西南三十里的板桥（今江苏南京雨花台区板桥镇）。

侯景的大军逼近了建康，战争的乌云逼近了建康，这是承平已久的建康城四十几年来从来没有发生过的事！

朝野闻之大为震骇，建康城内到处人心惶惶！

梁武帝也震惊了。

事态的发展远远超出了他的预料，他根本无法相信，自己明明占有压倒性的优势，怎么会是这样的结果？

八十五岁的他突然感到自己老了，不中用了。

前一阵子他还踌躇满志，现在却觉得灰心丧气；前一阵子他还精力充沛，现在却觉得有心无力；前一阵子他还思路清晰，现在却觉得思维混乱；前一阵子他还觉得自己无所不能，现在却觉得自己无所适从。

他感到自己已经尽力了，也已经力尽了。

他心灰意冷，一下子萌生了退意。

因此在太子萧纲向他请示方略的时候，他说，我早就过了退休年龄了，这是你自己的事，你觉得行就行，怎么都行，不必问我。从今以后，一切军国大事，全都由你裁决！

和父兄一样，萧纲也是个才子，在中国文学史上，他和父亲萧衍、大哥萧统、七弟萧绎被合称为四萧，与三曹（曹操、曹丕、曹植）齐名。

围绕着萧纲，在他的身边形成了一个以他本人和徐摛、徐陵父子以及庾肩吾、庾信父子为核心的文学集团，他们在这一时期写的诗文被称为宫体诗，又称艳体诗。

据说宫体诗的描写题材非常广泛：在吃饭的美女，在睡觉的美女，在洗澡的美女，在思春的美女，寂寞孤独的美女，想念情郎的美女，娇喘连连的美女，香汗淋漓的美女……

总之，跟所有纸醉金迷的娱乐场所一样：离不开女人，而且是娇艳的女人。

萧纲写的这首《咏内人昼眠诗》被称为宫体诗的代表作：北窗聊就枕，南檐日未斜。攀钩落绮障，插捩举琵琶。梦笑开娇靥，眠鬟压落花。簟文生玉腕，香汗浸红纱。夫婿恒相伴，莫误是倡家。

说实话，看到这样的诗，我就情不自禁地联想到四十年后"玉树流光照后庭"的陈后主，四百年后"春花秋月何时了"的李后主，以及那个沉浸在温柔乡里、生活在脂粉堆里的贾宝玉……

一般来说，我不大喜欢这种一天到晚只知道和无数女人厮混的男人，虽然这曾经是我的理想。

扯远了——一讲到这些我似乎就会收不住，现在回到正题。

这样一个感情细腻的文弱书生萧纲，在这样一个危急的时刻，接掌了朝政大权，他会有怎样的表现呢？

他踌躇满志，立刻进驻中书省，并下令全城戒严。

随后他任命自己的长子宣城王萧大器为台内大都督，总管京城防务，老将羊侃则出任军师将军，辅助萧大器。

接着，萧纲又任命南浦侯萧推（梁武帝的侄子）守卫东府城，西丰公萧大春（萧纲第六子）守卫石头城，轻车长史谢禧、始兴太守元贞守卫白下城，人府卿韦黯（就是被侯景赶出寿阳的那个）与右卫将军柳津（司州刺史柳仲礼之父）等人分别守卫宫城的各个城门以及朝廷的殿堂。

此时侯景的军队已经到了建康城外，却没有贸然进攻，因为他的心里还是没底。

谋士徐思玉自告奋勇，愿意进城刺探虚实。

徐思玉以讲和为名，请求单独面见梁武帝。

梁武帝愿意见他吗？

当然愿意。

因为梁武帝做梦也没想到侯景这么轻易地渡过了长江，这么快就兵临城下，而由于去年在寒山损失了十万中央军，这次萧纶出征时又带走了一支部队，建康城内兵力并不多，他迫切需要通过谈判来拖延时间，以等待援军的到来。

梁武帝在内殿接见了徐思玉，他正要屏退左右侍卫，中书舍人高善宝急忙阻止：徐思玉从敌营中来，真伪难测，岂能让他独留殿上。

朱异却为徐思玉辩护：徐思玉一介书生，怎么可能是刺客？

没想到徐思玉开口的第一句话就是：朱异等奸人弄权，河南王请求带甲入朝，清君侧！

朱异感到极为尴尬，太丢人了。

我很佩服朱异。

因为我觉得，丢人丢到这个份上还没有咬舌自尽，真的需要超人的勇气和超厚的脸皮。

而梁武帝却和徐思玉谈得非常愉快，双方最后达成了一致意见：决定要搁置争议，通过谈判来解决彼此之间的争端。

来而不往非礼也，梁武帝派中书舍人贺季带着自己的亲笔诏书，随徐思玉前往侯景军中回访。

贺季问侯景：河南王为何要起兵啊？

侯景这个大嘴巴居然不假思索地回答：要做皇帝……

王伟赶紧打断他：朱异等人乱政，我们的目的是除奸臣。

但一言既出驷马难追，侯景的话已无法收回，于是他一不做，二不休，干脆扣留了贺季。

皇帝的使者被扣，和谈当然无法继续下去，下一步只能兵戎相见了。

在战斗打响之前，有必要先简要介绍一下建康城的地形。

建康城地势极为险要，素有"虎踞龙盘"之称，东傍钟山，西倚大江，北有鸡笼山、覆舟山、后湖（玄武湖），南枕秦淮河，处于江河湖山的天然屏障之内。

建康城的中心为宫城，又名台城，是皇宫所在地，台城周长约八里，共有六个城门。

主城北面的白下城、西面的石头城（今清凉山一带）、东南的东府城则作为卫星城，如众星拱月一般护卫着主城。

朱雀桥是秦淮河上最大的一座浮桥，桥北的朱雀门是从南面进入建康城的第一道门户，也是侯景进军的必由之路。

为了便于防守，萧纲本想拆除朱雀桥，但萧正德极力反对：不能拆，千万不能拆，拆除了朱雀桥，就等于向叛军示弱，影响军心啊。

萧纲想想似乎也有道理，便听从了萧正德的意见。

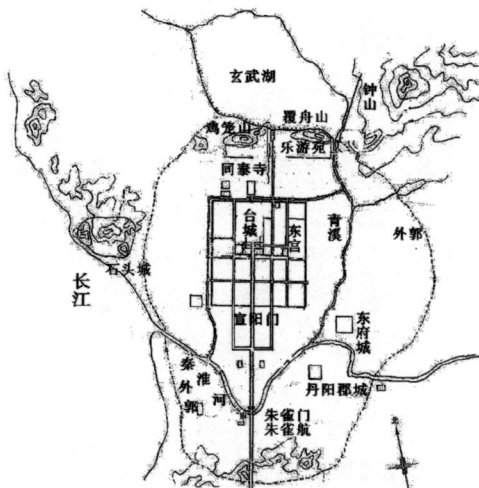

南北朝时的建康地形图

大才子、时任建康令的庾信奉命防守至关重要的朱雀桥。

庾信在文学上是一代宗师，诗词歌赋样样精通，但在军事上完全是一个白痴，骑马射箭一窍不通。

萧纲的用人实在是让小子我看不懂——莫言得了诺贝尔文学奖，你就让他去参加奥运会110米栏？

除此以外，内奸萧正德也被委以重任，负责防守第二道关键门户，建康城的正南门——宣阳门。

小子我不得不说，萧纲虽然有着满腔的热血，却有着满脑的浆糊。

没过多久，侯景就率军来到了朱雀桥边。

庾信连忙派人去拆浮桥，自己则躲到城楼后面，一边优哉游哉地吃着甘蔗，一边胡思乱想——这就是儒将风采啊，泰山崩于前而色不变，大敌当于前而吃甘蔗。边吃甘蔗边退敌，将来也是一段不朽的佳话啊。遥想庾信当年，雄姿英发，羽扇纶巾，吃甘蔗间，强虏灰飞烟灭……

突然，"嗖"的一声打断了他的翩翩思绪。

庾信抬头一看，原来从敌军中射来一箭，正中他身旁的一根柱子，如果再偏1厘米，估计他就没命了。

什么叫命悬一线？

这就是。

他大惊失色，手中的甘蔗也掉到了地上，太可怕了！

我还年轻啊，万一被射死了，我将来怎么可能写出《哀江南赋》这样传诵千古的名篇？这可是中国文学上的一大损失啊！

圣人云，君子不立危墙之下。

按照圣人的指示，我必须逃。

庾信慌忙弃军而逃。

主将一走，军心大乱，此时浮桥才刚被拆了一条船。

庾信手下有人是萧正德的同党，他趁机修好了浮桥，迎接侯景大军入城。

随后，侯景乘胜进军，与萧正德在宣阳门会合，声势大震。

听说朱雀桥失守，萧纲赶紧派王质率精兵三千前往救援。

王质？那个在采石临阵脱逃的王质？

有冇搞错？

没错，就是他。

胆小如鼠的王质看到侯景军队势大，哪敢恋战，还未交手，便立刻逃走。

猪头年年有，今年特别多。懦夫处处有，建康特别多。

　　奉命守卫石头城的萧大春和守卫白下城的谢禧、元贞等人也都闻风而逃。

　　不到一天的时间，萧纲苦心构筑的外围防线就已经土崩瓦解，连太子所住的东宫、梁武帝曾经舍身的同泰寺都被侯景占领了。

　　为激励士气，侯景毫不犹豫地把东宫的几百名宫女全部分给了士兵。

　　至此，没有付出一个人的伤亡，侯景便轻松占领了除台城和东府城以外的整个建康城！

第三章　真想少活二十年

侯羊斗智

此时台城里面已是一片混乱。

关键时刻，老将羊侃挺身而出，用一个虚假的空头支票来鼓舞军民：我刚得到书信，邵陵王的援军马上就要到了！

城内这才暂时安定下来。

侯景率军把台城团团围住，他射进城里一封信：只要杀了朱异这个奸臣，我立刻退兵！

这一招其实用心良苦，如果梁武帝不杀朱异，那么他侯景就师出有名；如果杀了朱异，临阵斩杀大臣，台城内的士气也必然受损。

八十五岁的梁武帝此时已经心力交瘁，头昏脑涨，他根本想不到，侯景竟然会这么快、这么轻易地就占领了建康城！

病急乱投医，如今他自身难保，哪里还顾得上朱异这个马屁精。一时糊涂，他准备答应这个条件。

萧纲连忙制止他：不能杀啊。杀了朱异，侯景也不会退兵的！

梁武帝这才醒悟过来。

朱异总算保住了一条小命。

侯景随后下令攻城。

萧纲把主持防务的重任交给了羊侃。

直到这时，他才终于明白一个道理：庾信徐陵，仅有文采；王谢贵族，光会风骚；萧氏皇家，只识喝酒和泡妞。俱朽矣，数知兵人物，唯有羊侃。

侯景让人放火烧城门——大司马门、东华门、西华门等门外都是火光冲天。

48

兵来将挡，火来水掩。羊侃命人在门上凿出孔洞，从孔中不停地往外冲水，火最终被浇灭了。

一计不成，侯景又生一计，他让军士们用特制的长柄斧头，猛砍东掖门。

眼看城门就要被砍开了，羊侃急中生智，在门上凿了个洞，他手持长槊，从门洞里向砍城门的叛军猛刺过去，叛军猝不及防，一下子被刺死两人，其余的叛军也纷纷退却，不敢再来砍门。

侯景当然不会就此罢休，他又制造了数百个木驴用来攻城。

这种木驴是兵车的一种，以木为架，顶上蒙有牛皮，叛军士兵躲在木驴里面，即使城上箭如雨下也射不到他们。

但羊侃早就胸有成竹，他让士兵往下投掷巨石，由于木驴的顶是平的，很快就被巨石砸成了碎驴，里面的士兵也被砸成了碎肉。

侯景毫不气馁，他又对木驴进行了改进——平改坡，改成了尖顶。

这样石头一砸到木驴，就因受到万有引力的作用，顺势滚下去了，木驴和里面的士兵都不受影响。

然而羊侃很快就有了新的对策，他设计了一种雉尾炬——前面绑着尖尖的箭簇，后面是装满油脂、石蜡等易燃物的火把，点燃后将其掷向木驴。

熊熊燃烧的雉尾炬一下子就钉在了木驴身上，木驴和里面的士兵全都被烧成了灰烬。

侯景随后又突发奇想，制造了一台高十余丈（30多米，相当于十层楼那么高）的楼车，想用它来攀登城墙。

看到楼车，羊侃笑了：车如此高，壕沟里的土是虚的，哪里承受得起？只要动起来肯定会倒。大家等着看笑话吧。

果然，车刚一推动就倒掉了。

小子我试着解释一下，车高且细，重量大，底面积小，对地面的压强就很大，沟里的土松，当然承受不了这么大的压强，会产生塑性变形，车子就会倾倒。

看明白了吗？

谁不明白，谁的初中物理是体育老师教的。

镜头切回到战场。

羊侃的儿子羊鷟（zhuó）因滞留在台城外，被侯景抓获。

侯景便把他绑到城下，威逼羊侃投降。

羊侃义正词严地说，为报皇帝大恩，我羊家即使全部死光也在所不惜，何况区区一个儿子！

几天后，侯景又故技重施，再次把羊鷟押到城下。

羊侃厉声说道：我以为你早死了，怎么还在呢？

说完张弓搭箭就要射羊鹜。

看到这个场景，侯景终于明白，用儿子来威胁羊侃，就相当于用美女去勾引唐僧一样——完全是徒劳的。

出于对羊侃的敬重，他也并没有杀羊鹜。

这段时间，两个北方来的将领在南方的土地上互相斗法，相持不下。

正所谓：猴羊斗智，你来我往。高潮迭起，精彩异常。猴有奇谋，羊有良方。猴高一尺，羊高一丈。

羊侃始终棋高一着，侯景一时无计可施。

军事上受挫，侯景决定改打政治牌，发起了一场轰轰烈烈的废奴运动。

他宣布所有王公贵族家的奴仆一旦归降，就立刻可以免除奴仆身份，成为平民，甚至还给他们加官进爵。

为此，他还塑造了一个典型。

此人原是朱异的奴仆，侯景的出手非常阔绰，他不仅把朱异的家产都赏给他，还封他为仪同三司（虚衔，相当于享受三公的待遇）。

这个奴仆得意扬扬地骑着高头大马，在台城城下对城上的朱异大声说，你做了五十年官，才不过是三品的中领军，我刚投奔侯王，就已经是从一品的仪同三司了！

接着，他又声情并茂地说，过去，在王侯的眼里，我们奴仆是王八，永远只能在地上爬，但在侯王这里，我们奴仆是自己的主人，无所不能，甚至可以做到王侯！

榜样的力量是无穷的，仅仅三天时间，台城内就有几千名奴仆争先恐后地出城投靠侯景。

侯景把他们分配在军队中，并给予丰厚的赏赐，这些人感侯景大恩，人人都愿效死力。

为增强叛军的凝聚力，侯景又立萧正德为帝，改元"正平"。他自己则担任丞相。

萧正德得偿夙愿，非常激动，他把自己的女儿嫁给侯景，成了侯景到江南后的第一任岳父（后来侯景又认了不少岳父），还把自己的家产全部拿出来作为军费。

随后，侯景为打击城中的士气，又造谣说梁武帝已死。

对付耀眼，要靠墨镜；对付谣言，要靠事实。

八十五岁的梁武帝在萧纲等人的陪同下，精神抖擞地出现在城头。

"将士们辛苦了！"

"为皇帝服务！"

台城守军士气高涨。

谣言也自然不攻自破。

侯景的造谣不但没有奏效，反而砸了自己的脚，让他好不郁闷。

无奈，他只好化郁闷为力量，硬着头皮，继续攻城。

他在台城的东西两侧都堆起了土山，以便居高临下攻击城内，城内也被迫筑起土山应战。

两军在土山上交战不息。

台城内人手严重不足，土也严重不足，勉强筑起来的土山显然属于豆腐渣工程。某日由于天降大雨，城内的土山一下子崩塌，叛军趁机从高处用绳子把士兵放入城内。

千钧一发之际，羊侃命令士兵大量投掷火把，形成一道火墙阻挡住了叛军的进攻，同时又迅速筑起了一座新的高大的城墙把叛军挡在了城外。

转眼，又是半个多月过去了，台城依然岿然不动。

随着时间的推移，侯景的心也越来越焦急。

他担心的是，大批勤王的援军很快就会从各地赶来，他该如何对付？

更现实的问题是粮食。

由于大量贫民和奴仆的加入，侯景的军队现在人数大增，消耗的粮食也大增，石头城粮仓里的粮食很快就要吃完了。

手中没粮，心里发慌，这怎么不让人心急如焚？

更严重的问题是士气低落。

时间一天天地过去，叛军曾经高涨的士气也在一点点地失去。

在历阳投靠侯景的庄铁是个墙头草，看到台城久攻不下，粮草供应不上，造反意志不坚定的他对造反前途产生了动摇，便带着几位亲信，偷偷逃回了历阳。同时他还在历阳散布谣言，说侯景已被朝廷所杀，吓得侯景留守历阳的少量部队全部逃散。

庄铁逃了，历阳丢了，叛军的内部更加人心惶惶。

此时的侯景发现自己已经骑虎难下。

他孤军深入，没有后勤补给，没有根据地，只能速战，不利久战。只能速胜，不能僵持。

如今大军困于坚城之下，进，进不了一步；退，也没有退路。

既缺粮又缺士气，怎么办？

侯景的办法只有一个字，那就是：抢。

本来他以为很快就可以攻下台城，因此在刚进建康城的时候，为争取人心，为自己以后在建康的统治做准备，他很注意约束部队，军纪很好，可谓秋毫无犯，童叟无欺。

现在，侯景已经顾不了这么多了，他要求手下士兵自己动手，丰衣足食，抢到就是赚到，可以胡作非为，也可以为所欲为。

在他的纵容下，叛军大肆烧杀抢掠，抢钱、抢粮、抢衣服、抢女人，可谓秋毫必犯，童叟必欺！

哭声喊声呻吟声，此起彼伏；女人老人小孩子，尸横遍野。

古都建康，这个曾经无比繁华的人间天堂，现在成了无比悲惨的人间地狱！

虽然靠抢暂时缓解了吃饭的问题，但侯景知道，要根本解决还得靠军事手段。

台城一时攻不下来，侯景决定先敲山震虎。

他率军猛攻南浦侯萧推镇守的东府城，并在三天后攻克。

侯景把萧推及守城将士三千人全部杀死，把尸体堆积在离台城不远的地方，并威胁台城内的人说，如果你们不早降，就是这样的下场！

城内的军民丝毫不为所动，他们依然在羊侃的指挥下死守，他们在等待，等待援军到来的消息。

然而援军迟迟未到，他们却等到了另一个出人意料的好消息。

叛军大将范桃棒愿意投诚！

怎么回事呢？

这事还得从陈昕说起。

陈昕本来是去替换王质防守采石的，结果他刚走到半路，侯景就已经渡江打到了建康，他无处可去，游荡一圈后，便打算前往京口（今江苏镇江），不料却被侯景的部下抓获。

侯景爱他骁勇，想要收降他。

陈昕严词拒绝。

侯景便把他软禁了起来，由叛军大将范桃棒负责看管。

陈昕的口才非常好，在对范桃棒进行了一番耐心细致的思想政治工作后，范桃棒被他说服，表示愿意率自己所部袭杀王伟、宋子仙等人，进城归降梁武帝。

在范桃棒的暗中帮助下，陈昕当天夜里就攀绳潜入台城向梁武帝汇报。

梁武帝心中大喜，当即表示同意。

萧纲却不同意，万一范桃棒是诈降怎么办？

朱异、傅岐等人都认为应该接受范桃棒投降。

萧纲却依然犹豫不决。

范桃棒是真降，还是诈降？

是该接受范桃棒投降呢，还是该拒绝？

萧纲把脑袋想痛，依然无法决断。

接受，萧纲不放心。

拒绝，萧纲不甘心。

他纠结，彷徨，却始终拿不定主意。

时间就这样一天天地流逝。

可怜范桃棒每天都伸长了脖子等待回音，然而他却不知道，他是站在山顶上等一条船——这辈子他永远也等不到。

几天后，范桃棒被部下告发，为侯景所杀。

而陈昕此时还蒙在鼓里，他从台城偷偷返回叛军营中，想找范桃棒再次商议，被早已守候在那里的侯景所擒。

侯景逼陈昕写信给城内，说范桃棒愿意只带数十人进入城内，希望城内接纳。

陈昕知道侯景的目的是以此来骗开城门，好尾随进入城内，因此他坚决不肯写这封信，最终也被侯景所杀。

陈昕，不愧是陈庆之的儿子！

而在台城内，萧纲依然在苦苦等待着援军的到来。

时光飞逝。

花谢了，天寒了，草木枯萎了。

雪下了，地冻了，秋去冬来了。

援军却依然没有踪影。

直到公元 548 年十一月月底，台城被围一个多月以后，援军终于来了。

首先到来的是萧纲的六弟——邵陵王萧纶。

萧纶本来是前去寿阳征讨侯景的。

没想到他从建康出发后，才刚到钟离（今安徽凤阳）就听说侯景已经兵临建康，便立即率军星夜兼程返回救援，随后取道瓜洲（今江苏扬州邗江区）渡口渡过长江，抵达江南的京口（今江苏镇江）。

侯景闻讯，马上派重兵把守从京口到建康的门户——江乘（今江苏句容北），准备在那里阻击萧纶的部队。

但萧纶走小路绕过了江乘，很快来到了建康城东面的蒋山（今南京紫金山）。

萧纶的麾下有三万兵马，都是他从建康带出去的，算是梁朝的中央军，西丰公萧大春（萧纲第六子）、新涂公萧大成（萧纲第八子）、永安侯萧确（萧纶次子）、安南侯萧骏（梁武帝的侄孙）、前谯州刺史赵伯超等人都在他的军中。

萧纶率军到达建康，这个消息让侯景大为震惊。

他的本意是奇袭建康，在援军到来之前攻下台城，控制朝政。现在这个计划显然已经破产。不出意外，梁朝的援军将会源源不断地到来，他能抵挡得住他们一波又一波的攻击吗？

他心里没底。

因此他做好了两手准备，一方面在石头城一带偷偷准备好了船只，一旦战败可以随时往江北撤退，另一方面他亲自率军前往攻打萧纶。

两军在玄武湖畔对峙。

侯景一时找不到战机，便采用诈败之策诱敌，故意撤退。

梁军勇将安南侯萧骏以为侯景真的败了，便率自己所部穷追不舍。

侯景见梁军上当，随即回军猛攻萧骏，萧骏孤军深入，孤立无援，很快被侯景击败，仓皇逃回梁军阵中。

萧纶本想整军再战。不幸的是，他的部下还有一位著名的逃跑将军——赵伯超。

如果说见到美女就想泡是西门庆的本能，那么见到敌人就想跑就是赵伯超的本能。

寒山之战，他临阵脱逃，保住了自己的小命；这次他又故技重演，看到风声不对，立即率部逃跑。

萧骏败了，赵伯超逃了，其余的梁军也慌了，场面一片混乱。

侯景趁势猛攻，梁军被彻底击溃，萧纶带着残部八九百人逃回京口，西丰公萧大春、大将霍俊等人被侯景所俘。

邵陵王萧纶兵败，台城中的人心中大为不安。

但没过几天，更让他们不安的事情又发生了。

台城内的顶梁柱——老将羊侃忧劳成疾，不治身亡。

羊侃年轻时在北魏就以勇略知名，一箭射死西北叛军首领莫折天生更是让他威名远扬，然而回到了他朝思暮想的故土——梁朝，他的一身本事却再也没有用武之地，虽然享尽荣华，却是虚度年华，浪费才华。

当他终于有机会一展雄才的时候，当历史最需要他的时候，当他想要挽狂澜于既倒、扶大厦之将倾的时候，他却已经走到了人生的尽头！

正值壮年的时候，他渴望驰骋疆场，然而任人唯亲的梁武帝却没有给他机会。

在他晚年的时候，他终于成了战场上的主角，然而冷酷无情的命运却没有给他时间。

这怎能不让人扼腕叹息！

得知羊侃死了，侯景继续猛攻台城，城内的军民则在右卫将军柳津的带领下苦苦支撑。

各怀鬼胎

又过了二十天以后，从梁朝各地赶来的大批援军终于先后来到了建康城外。

最先抵达的是合州刺史鄱阳王萧范的长子萧嗣和西豫州刺史裴之高，为避免因孤军深入而被侯景各个击破，他们选择在蔡洲（今南京市西南）扎营，等待长江上游过来的其他援军。

几天后，衡州刺史韦粲（梁朝名将韦睿的孙子）、司州刺史柳仲礼、前司州刺史羊鸦仁、宣猛将军李孝钦、南陵太守陈文彻等人也先后率军到达了建康附近，随后他们与裴之高等人在建康西南的新林（今南京雨花台区西善桥）会合，声势大振。

然而，梁武帝最器重的两个儿子——老七荆州刺史湘东王萧绎、老八益州刺史武陵王萧纪，却始终没有出现在援军中。

作为梁武帝最疼爱、最溺爱、最宠爱的小儿子，萧纪对此无动于衷，没有派出一兵一卒前去救援建康。

他心里只希望父兄在这场变故中早点死掉，以便自己称帝，他天天对着梁武帝和太子萧纲的画像祈祷：你若挂掉，便是晴天；你若安好，便是晴天霹雳。——要是我有这样的儿子，只怕早就被气死了。

如果萧纪可以被称作是白眼狼，那么萧绎的表现就堪称影帝。

萧绎先是派出了长子萧方等率一万步骑、竟陵（今湖北天门）太守王僧辩率一万水军前往建康赴援。随后他自己也率军三万从江陵（今湖北荆州）出发，顺江东下。

然而到了武城（今湖北武汉市黄陂区东南），他却停了下来，对外宣称要在此地征集四方兵马，却一直按兵不动。

时间一天天地过去了，参军萧贲看不过去了。

一次他和萧绎下棋，下到一半却一直停在那里发呆，萧绎不断催促他快下。

萧贲这才一语双关地说，殿下都无下意——您都不急着东下救援自己的父亲。

萧绎不笨，自然理解萧贲的意思，心中不免大为恼火，但又不好当场发作。

不过睚眦必报的他后来还是找了个借口杀了萧贲。

镜头切回到建康。

此时的建康城外，援军大集，总兵力达到十余万人。

仗还没打，几位主将已经为盟主之位而争得不可开交。

衡州刺史韦粲推举自己的表弟司州刺史柳仲礼为大都督。他认为柳仲礼勇冠三军，素有威名，而且多年前曾经击败过西魏名将贺拔胜。

然而其余众将多有不服，尤其是年近七旬的老将裴之高，自以为德高望重，不愿居于柳仲礼之下。

韦粲只能苦口婆心地做裴之高的工作：老将军您受人敬仰，是万人迷；柳仲礼勇猛过人，是万人敌。大敌当前，比起万人迷，我们更需要的是万人敌。我觉得柳仲礼这样的猛将做盟主更合适。恳请您以大局为重，不要计较个人的得失。

裴之高这才愿意让步。

柳仲礼的盟主地位总算定了下来。

随后，柳仲礼在晚上召开作战会议，要求各位将领分别行动，趁着夜色掩护，偷偷进军占据秦淮河南岸的各个战略要地，准备与叛军会战。

但有一个地方不好安排——青塘。

青塘靠近石头城，石头城是侯景控制下的唯一一个长江渡口，也是侯景的退路所在。一旦联军占了青塘，侯景必然会派重兵过来攻击。

显然，去青塘就是去当侯景的靶子，只有傻子才愿意当靶子，联军中谁都不是傻子，自然谁也不愿去当靶子。

因此大家你推我，我推你，就是没人愿意前往青塘。

柳仲礼无奈，只能把这个难题交给了表哥韦粲：青塘要地，非兄不可。

韦粲的运气很不好，这天晚上一直大雾弥漫，他在进军途中迷了路，直到下半夜才抵达青塘。

还没等他扎好营寨，布好防线，天已经亮了。

叛军的侦察兵发现了他们。

听说青塘突然出现了梁军，侯景大惊失色，立即点起兵马，亲自率军渡过秦淮河，去攻打青塘。

韦粲的部队立足未稳，且经过一夜的急行军后又累又饿，哪里经受得住叛军的冲击？

　　眼看敌军已经冲破了联军的防线，部下劝韦粲赶快逃走，韦粲却依然死战不退，最后，他和他的子弟亲戚数百人全部战死。

　　柳仲礼此时正在吃早饭，听说韦粲受到攻击，马上把筷子一扔，披挂上马，手提大槊，率军前来救援，随即在青塘与侯景展开激战。

　　柳仲礼身先士卒，骁勇无比，叛军一时抵挡不住，仓皇败退。

　　混战中，柳仲礼的大槊眼看就要刺中侯景，不料叛军将领支伯仁却突然从后面杀出，用刀砍伤了柳仲礼的肩膀。

　　柳仲礼受伤后倒地，陷在河边的沼泽地中动弹不得，被叛军团团围住。

　　千钧一发之际，部将郭山石拍马杀到，救出了柳仲礼。

　　这一战让侯景感到胆寒，从此他再也没敢渡过秦淮河。

　　这一战也让柳仲礼感到心寒，从此他再也没有主动攻击过叛军。

　　柳仲礼觉得自己好傻好天真，被戴了一顶盟主的大高帽，不知不觉就成了个大傻帽。

　　韦粲战死了，自己重伤了，其余的联军却在旁边围观，没有一个人施以援手。这让他心里实在是难以接受。

　　妈的，老子我在玩命，你们却在玩牌。老子我差点牺牲，你们却在享受人生。

　　这算什么事啊？

　　我也不干了！做什么砥柱中流，还不如随波逐流！

　　从此，柳仲礼好像变了一个人一样，每天只是在营中饮酒作乐，绝口不提打仗的事。

　　几天后，湘东王萧绎派来的援军在萧方等、王僧辩的率领下，也来到了秦淮河南岸，与联军会合。

　　看到在梁朝各藩镇中实力最强、拥兵数十万的荆州刺史湘东王萧绎居然只派出了区区两万兵马前来助阵，柳仲礼的心中更加失望，也更无战意。

　　既然皇帝的儿子都不急，我一个外人急什么呢？

　　既然皇子都不扫自家门前雪，我一个外人何必偏管他人瓦上霜呢？

　　此时，败退到京口的邵陵王萧纶听说大批援军已经到了建康，也收集数千残兵来到联军驻地。

　　柳仲礼摆出一副盟主的架子，对萧纶的态度极其傲慢，颐指气使。

　　这让萧纶的心里很不平衡，如果当初自己不是急躁冒进，把手中的三万人给打没了，凭借自己的实力和皇子的身份，这盟主的位置怎么会轮到柳仲礼呢？我是皇子，我是亲王，你一个州将怎么可以这样对我？

　　萧纶对柳仲礼极为怨恨，两人产生了严重的矛盾，几乎水火不容。

其余的将领也都互相猜忌，貌合神离。

对于盟主柳仲礼的命令，大家也根本不当回事儿，嘴里说的是"好的"，心里想的却是"妈的"。

就这样，援军的内部矛盾重重，谁都不愿意当冤大头去与侯景作战，谁也不好意思拍屁股走人，只好秉承三不原则——不战不和不走，一直在那里耗着。

此时，建康周围的形势是这样的，联军在建康外围堵住了侯景，侯景又包围了梁武帝所在的台城。

三方就这样僵持着。

此时台城被围困已久，内外消息隔绝。他们和城外的联军就像一枚硬币的两面——虽然离得很近却根本无法知道对方的情况。

幸亏联军中有人诈降侯景，后得以混入台城内，城内的人这才知道数十万援军已经到来，顿时欢欣鼓舞，感觉好像在漫漫长夜中看见了一盏明灯。

然而这盏灯似乎有点像现在楼道里的感应灯，很快就自动灭了——因为台城内的军民等来等去也没等到城外有什么动静，援军有什么行动。

但他们的日子越来越过不下去了。

当初，侯景军逼近建康的时候，梁武帝就在台城内准备了大量的粮食，可是没有准备柴禾、盐以及战马所需的草料，后来只能拆了房子做柴禾（幸亏当时的房子大多是木结构的），拆了席子去喂马。

将士们没有肉吃，便吃老鼠、鸟雀；没有蔬菜，便吃屋檐下的苔藓。

吃了这些乱七八糟的东西，又没有抗生素吃，自然就容易得病，因此城内疫病横行，病死的不计其数。

朱异也没有能渡过这一关。

这几年他几乎没有做对过一件事，但这次终于干了一件极为正确的事情——死在侯景攻入台城之前，是他最大的幸运。

也许这就是传说中的"愚者千虑，必有一得"吧。

梁武帝对朱异的死极为悲伤，追赠其为尚书仆射。

侯景的日子也不好过。

最大的问题是粮食紧缺。

其实本来他不缺粮食，因为东府城的粮库里储备极为充足，足够他吃一年。

可是前一阵发生的一场战斗改变了这一切。

侯景在建康城的西面和南面都用重兵布防，西面他要确保石头城，万一失败可以渡江北逃，这是他的退路，南面他要提防联军，而东面相对来说比较空虚。

没想到联军中的一小撮鹰派分子——萧纶的次子永安侯萧确、鄱阳王萧范之子萧嗣、庄铁（就是那个曾经投靠侯景的前历阳太守）、李迁仕、樊文皎等人乘虚而入，突然从建康城的东面渡过秦淮河，一直推进到青溪（秦淮河的支流，位于建康城东）上的菰首桥，才被叛军大将宋子仙击败，樊文皎战死。

这一战联军虽然失败，却从此在青溪的东岸扎下了营寨，切断了东府城和建康城之间的联系。

东府城的粮食运不出来，手下的士兵吃不上饭，侯景愁得吃不下饭。

王伟献上一计：不如假称求和，作为缓兵之计。只要梁主答应和谈，援军必不敢动，我们就可乘机把东府城的粮食全运过来，随后等待时机，趁敌军松懈，一举攻下台城！

侯景依计而行，向梁武帝递上文书，请求讲和。

他提的条件非常诱人：我不想再打下去了，我要退兵回寿阳。

梁武帝知道，侯景这人讲的话，就跟妓女说自己是处女一样——完全不可信，这只是他的缓兵之计，因此他坚决不同意讲和。

他对萧纲说，不能和！和不如死！

萧纲却不这么想，以前一直养尊处优，现在却缺衣少食。从锦衣玉食的皇太子一下子变成了食不果腹的叫花子，从二八美少女一下子变成了八二老太婆，如此巨大的反差，让他怎么能忍受？

他度日如年，早就受够了这样的苦日子。

通常人在被绳子勒住脖子的时候，总是愿意付出一切代价来换取一口新鲜的空气。

因此萧纲一遍又一遍声泪俱下地恳求梁武帝：台城被围已达三个月之久，援军又裹足不前。如今的我们就像挂钩之鱼，再怎么挣扎也撑不了多长时间。我觉得不如暂且同意和谈，先缓一缓，再做打算。好吗？

看到萧纲的态度如此可怜，梁武帝也心软了，只好无奈地长叹一声：你看着办吧。不要被后人耻笑。

萧纲同意讲和了，侯景却又提出条件：要求割让江北四州作为自己的属地，并且要宣城王萧大器（萧纲长子）出来相送，才率军渡江。

一心只想侯景退兵的萧纲当即同意，只是要求把长子萧大器换成三子萧大款。

随后萧纲又请梁武帝下诏让援军停止一切行动。

公元549年二月十三日，双方在西华门外歃血为盟，宣布停战。

然而会盟之后，侯景却迟迟没有退兵的意思，萧纲急了，只得派人去催。

侯景的理由很多，花样百出，一会儿说没船，一会儿又说怕援军追击——

要援军全部退回到秦淮河南岸，他才能放心地撤兵。

萧纲毫不犹豫地答应了侯景所提的全部条件。

很快，驻扎在青溪东岸的援军撤走了，东府城的粮食源源不断地运往侯景的军营。

但侯景依然没有任何行动。

萧纲再次催促，没想到他又有新理由了，他说，我的老家寿阳已经被东魏占领了，我无家可去，请求把广陵（今江苏扬州）和谯州（今安徽滁州）借给我，我才能走。

这倒是实话，前段时间，合州刺史鄱阳王萧范率军攻击寿阳，受侯景委派留守寿阳的王显贵抵挡不住，举城投降了东魏。

对这些要求，萧纲又同意了。

然而，正如我帮老婆买了一件又一件衣服，可她总是不满足，总还想买新衣服一样，萧纲答应了侯景一个又一个条件，可侯景总是不满足，总还有新的条件。

侯景说，永安侯萧确、直阁将军赵威方两人对我极不友好，隔着栅栏骂我，还说等我走的时候要来追击我。只要把他们召进台城，我马上就走。

这么不靠谱的理由，萧纲会相信吗？

据说，长在深闺、书生气重的女文青最好骗，因为她们最容易轻信别人。

以此类推，长在深宫、书生气重的男文青萧纲显然也是如此——非常容易被忽悠。

萧纲不假思索就同意了侯景的条件，立即派人宣召萧确、赵威方两人到台城去。

赵威方接到命令马上就动身了。

萧确却坚决不肯。

他对父亲萧纶说，侯景虽然嘴里口口声声说要退兵，却迟迟不肯解除包围，可见他说的都是假的。我绝不进台城，我要留在这里率军与侯景作战！

萧纶勃然大怒，对旁边的赵伯超说，老赵，帮我杀了这个逆子！

赵伯超是典型的窝里横——对敌人，他是个软蛋；对自己人，他倒像个硬汉。

他厉声对萧确说，我赵伯超认识君侯，不过我手中的刀可不认识你！

萧确这才无奈地进了台城，和他一起进台城的，还有几百个鸡蛋。

梁武帝吃素多年，可是这段时间台城被围，蔬菜紧缺，他也只好破戒，开始吃鸡蛋。吃着儿子送来的鸡蛋，他百感交集，不由得老泪纵横。

萧确、赵威方都进了台城，萧纲觉得，这回侯景该动身了吧。

　　侯景当然不会退兵。

　　经过他几次三番的拖延，时间已经过去了半个多月，粮食也运得差不多了，而且通过这段时间的观察，他也摸清了了台城内的实力——不堪一击，摸清了了援军的态度——不会尽力。

　　现在他觉得时机已经成熟，该翻脸了。

　　于是他上书指责梁武帝的十大过失，并随即向台城发动新一轮的进攻。

　　看到侯景的上表，梁武帝羞愤交加。

　　从来都只有他算计别人，这次居然被侯景像耍猴一样地玩弄，他怎么能够忍受？

　　如果说被人玩弄于指掌之中是耻辱，那么被自己一向看不起的侯景玩弄于指掌之中就是奇耻大辱。

　　一气之下，他宣告要与侯景血战到底。

　　可是此时的他还有什么资本与侯景相抗衡呢？

　　台城内原有百姓十万人，士兵两万余人，现在已经死伤大半，能作战的士兵只有不到三千人，要想对抗侯景的进攻，显然唯有依靠援军。

　　然而援军却毫无动静。

　　安南侯萧骏劝萧纶发兵，萧纶不听。他已经吃过一次侯景的亏了，现在他想要做的是保存自己的实力。

　　而盟主柳仲礼则天天在帐内饮酒作乐，美酒美女，猜拳赌博，这日子，好不快活。

　　台城已经风雨飘摇，黑云压城城欲摧，好似末日来临；秦淮河南岸的援军驻地却依旧歌舞升平，美女如云人欲醉，有如天上人间。

　　台城内的人急了。

　　柳仲礼的父亲柳津登上城头的最高处，大声呼叫自己的儿子：君父有难，你不来救。百世之后，人们会怎样评价你？

　　然而任由老爸喊破嗓子，柳仲礼对此根本没有反应——小子我估计他根本就听不到。

　　柳津只能无奈地对梁武帝说，陛下有邵陵王这样的儿子，臣有柳仲礼，不忠不孝，何以平贼！

　　小子我觉得这句话其实有失偏颇。虽然萧纶的表现只能算不及格，但总比两个弟弟要好——萧绎和萧纪交的是白卷。

　　萧绎只是做做样子，走到半路就按兵不动，前段时间听说和谈成功，就像学生听见放学铃响一样——撒腿就往回跑，现在估计已经撤回江陵；而萧纪更是如同路人，对此漠不关心，连样子都懒得做。

梁武帝的末路

没有援军的支持，台城已经岌岌可危。

侯景引玄武湖水灌城，继续猛攻，昼夜不停。

重赏之下，必有勇夫；重压之下，必有叛徒。

公元 549 年三月十二日，有人打开城门引叛军入城。

萧确仍在奋勇拼杀，然而独木难支，进城的叛军像潮水般一波一波不停地涌来。

眼看大势已去，萧确赶紧入宫，禀告正在睡觉的梁武帝：台城已陷。

梁武帝没有起身，只是平静地问道，还能再打一仗吗？

萧确摇头说，不能。

对这一天的到来，梁武帝早有准备。

真的名士，敢于直面扯淡的人生。

梁武帝一向以名士自居，因此他的表现非常淡定，称他为"淡定帝"可谓实至名归。

他面无表情，轻轻地发出了流传千古的一声叹息：自我得之，自我失之，亦复何恨！

很快，王伟受侯景委派也来到了宫里，向梁武帝请罪。

梁武帝神色不变，依然保持着帝王的风范，他登上太极殿，宣布"召见"侯景。

侯景带着五百名卫士，全副武装来到殿上。

梁武帝派头十足，不怒自威，不知不觉间，侯景竟然汗流浃背。

梁武帝先说了一句冠冕堂皇的慰劳话，似乎还略带讽刺：你在军中日久，辛苦了吧。

侯景紧张得说不出话来。

梁武帝再问：你是哪里人？妻儿还在北方吗？——这个问题没什么创意，一般人对初次见到的足疗店小妹，也经常问类似的问题。

侯景的表现似乎还不如那些小妹，连这么简单的问题，居然还是无言以对。

旁边的叛军大将任约倒是很冷静，代替侯景回答说，臣侯景的妻儿都被高澄所杀，只身一人归附陛下。——其实这话不完全正确，事实是，侯景南奔后，高澄便把侯景的妻子剥了脸皮下油锅煎了，女儿入宫为奴，儿子则全被阉割。直到高洋称帝后才把侯景的儿子全部杀掉。

接下来，梁武帝口不择言，问了个不该问的问题：你渡江时有多少人？

侯景开口了：千人。

梁武帝又问：围台城时有多少人？

这个问题问得好，侯景心中暗自叫好。

他的信心回来了，回答得底气十足：十万！

梁武帝接着问：今有多少人？

侯景向来口无遮拦，爱吹牛，三百斤的牛在他嘴里可以吹出八百斤的皮，此时他只觉得胸中的小宇宙在熊熊燃烧，便豪气干云地吹了一个大牛皮：普天之下，全是我的人！

这下，轮到梁武帝不吭声了。

出了大殿后，侯景对自己今天的表现很不满意，他对手下人说，从军几十年，即使刀剑如林箭如雨下，我也从来不知道害怕，这次见了萧公，我却感到心慌不已，难道真的是天威难犯？我不想再见他了。

侯景撤掉了皇宫的侍卫，把梁武帝软禁在宫中，并自封为都督中外诸军（三军总司令）、录尚书事（相当于丞相）。

随后，侯景派人带着伪造的诏书前往援军大营，要求他们立即解散。

柳仲礼开会召集大家讨论。

皇帝在侯景手上，再要进攻的话投鼠忌器，显然不可行；但数十万大军，说是来勤王的，结果却被叛军擒了王，就这么糊里糊涂地解散似乎又太窝囊。

因此大家面面相觑，没人吭声。

萧纶是皇子，不表态不行啊，他把皮球踢给了柳仲礼：柳将军，你是盟主，你拿主意，我们都听你的。

柳仲礼仍然一言不发。

其他人也都一声不吭。

会场上始终一片沉默。

沉默了一段时间后，很多人想明白了，自己本来是来打叛军救皇帝的，现在去打叛军只害了皇帝。既然不能开战，与其开会，还不如开步——散了吧。

邵陵王萧纶、南兖州刺史萧大连、湘东王世子萧方等、鄱阳王世子萧嗣、吴郡太守袁君正等人先后率本部兵马各回各家——回到自己原来的地盘。

柳仲礼、柳敬礼（柳仲礼之弟）、羊鸦仁、王僧辩、赵伯超等人则进城向侯景投降——名义上当然还是臣属于梁武帝。

正如民国时蒋介石要拉拢阎锡山、冯玉祥等人一样，侯景也想拉拢这些地方实力派，因此并没有为难他们，他把羊鸦仁、柳敬礼等人留在建康任职，而让柳仲礼返回司州，王僧辩返回竟陵（今湖北天门）。

此时的侯景意气风发，萧正德却非常郁闷。

攻进台城后，萧正德本想带兵入宫杀掉梁武帝和太子萧纲，却被侯景给挡住了。

侯景现在要挟天子以令诸侯，他想挟持的自然只能是被大家承认的正牌天子——梁武帝。至于萧正德，这个被人卖了还帮人数钱的蠢货，这个只有野心全无良心的小人，你就哪里凉快哪里待着去吧，如果活腻了，挖个坑把自己埋了也行，反正你已经没有任何利用价值了。

萧正德的皇帝当然是当不成了，变成了侍中、大司马。

本想做新娘，没想到成了伴娘；本想做主角，没想到成了龙套，这让萧正德的心里怎么可能平衡？

更何况，他还付出了如此惨重的代价，赔了全部家产不说，还搭上了自己的女儿；搭上了自己的女儿不说，还彻底败坏了自己的名声。

萧正德觉得自己比窦娥还冤，比祥林嫂还命苦。

他这个没头脑现在变成了不高兴，愤愤不平。

他在梁武帝面前痛哭流涕（他居然还好意思），梁武帝只是淡淡地说了一句：嗟其泣矣，何嗟及矣——你现在哭，还有什么用呢？活该。

其实这句话出自《诗经》，描写的是被负心人遗弃的怨妇，前面还有一句"遇人不淑"，不过我估计萧正德也听不明白，因为连我这种知识渊博的大才子如果不上网查也不知道。

而梁武帝虽然被侯景所控制，但他仍竭力维护着自己帝王的尊严，不愿成为侯景手中的木偶。

对侯景，他依然看不起。

在他的眼里，即使全身披金挂银的猪，依然是头猪；即使吃了天鹅肉的癞蛤蟆，依然是只癞蛤蟆；即使自称丞相的侯景，也依然是个贱人。

有人在梁武帝面前提到侯丞相，梁武帝大怒：什么侯丞相！是侯景！

侯景想任命宋子仙为司空，梁武帝坚决不同意。

软弱的萧纲哭着恳求他与侯景合作，梁武帝的回答非常洒脱：若天命在我，国家仍可匡复；如其不然，又何必哭哭啼啼！

这可惹怒了侯景。

既然你给我颜色看，那我也必须要 give you some color to see see。

从此梁武帝所提的要求侯景多不予满足，甚至连饭都不让他吃饱。

梁武帝年纪大了，老胳膊老腿的，属于小心轻放的物体，近几十年又一直养尊处优，没吃过苦，哪里经得起这样的折腾？

饿了几天以后，梁武帝终于一病不起。

他孤零零地躺在床上，觉得嘴里发苦，很想吃蜂蜜，叫了半天，却没有人敢拿给他。

等了很久很久，也没有等到他想要的蜂蜜，梁武帝轻轻地说出了他生命中的最后两个字"嗬！嗬"，随后便带着对蜂蜜的强烈渴望，带着满腹的遗憾，带着空空的肚子，黯然离开了人世，时年八十六岁。

他终于得到了解脱。

因为他的心早已经死了，在侯景攻入台城的那一刻就死了。

梁武帝的一生经历之丰富，前后反差之巨大，在历史上可谓绝无仅有。

他能善始却不能善终。

他取得过常人难以企及的成功——从平民到皇帝。

他也遭到了常人难以预料的失败——从皇帝到囚徒。

他给江南的百姓带来了多年的和平，也给江南的百姓带来了无尽的战乱。

如果看他早年的经历，称得上是睿智——高瞻远瞩，料事如神，智勇双全，有胆有识，英明神武……

如果看他晚年的表现，可以说是昏聩——用人无方，赏罚无度，佞佛无比，对上宽容，对下严苛，不得民心，崇尚空谈，自以为是，一意孤行，盲目自大……

他犯的错实在是太多太多，如果说出他一个错误就奖给我一元钱的话，也许我能买一套别墅。

他是中国历史上最长寿的皇帝之一（仅次于清代的乾隆，不过梁武帝虽然屈居亚军，却具备冠军的实力，因为他是非正常死亡），但也许正是由于他活得太长了，才导致他晚年的昏庸毁了早年的英名。

如果把他的事迹拍成电视剧，主题曲估计不会是电视剧《康熙王朝》里的"我真的还想再活五百年"而应该是"我真的很想少活二十年"。

小子我不得不感叹：

岁月真是把杀猪刀。无论有多英明神武，也敌不过似水流年。

梁武帝萧衍的时代就这样结束了，而此时的梁朝也已经名存实亡。

太子萧纲即位，是为梁简文帝。

简文帝性格懦弱，不仅对侯景唯唯诺诺，召之即来挥之即去，而且还把自己十四岁的女儿溧阳公主嫁给侯景做正室。

和萧纲不同，永安侯萧确却极有血性。

有一次，他和侯景一起在钟山打猎，他以射鸟为名，想射死侯景。不料因用力过猛而拉断了弓弦，被侯景察觉，当即遇害。

想杀侯景的还有萧正德。

萧正德心里一直不平衡，凭什么我付出了这么大的代价，为你侯景立下这么大的功劳，你却只让我当临时工？

他向来胆大妄为，无所顾忌，便写密信给鄱阳王萧范，声称自己愿做内应，要他带兵前来攻打建康。

没想到信件却被侯景截获。

侯景大怒，既然你小子是光屁股上吊——既不要脸又不要命，那就成全你。

他立即下令缢死了萧正德，至于萧正德上吊时有没有光屁股，也许因为有伤风化，史书并没有记载。

萧确和萧正德死后，朝中再也没人敢反对侯景，朝政一直牢牢地控制在侯景的手中。

然而，侯景掌控下的建康政府，其政令所及却十分有限，仅有长江以南、吴郡（今江苏苏州）以西、南陵以北（今安徽南陵）的狭小范围在他的掌控之下。

第四章　一鸣惊人建北齐

颍川保卫战

真正得到实惠的是东魏。

在侯景围攻台城这段时间，长江以北、淮河以南的许多州郡都归附了东魏，其中包括寿阳、山阳（今江苏淮安）、钟离（今安徽凤阳）等战略要地。

东魏大将军高澄坐收渔利，心情非常不错。

但他还有一个心病，那就是西魏占据的河南七州。

其实，在赶跑侯景之后，高澄就立即派高岳、慕容绍宗为主帅领十万大军进军河南，围攻颍川（治所长社，在今河南长葛东）。

镇守颍川的是西魏大将王思政和他手下的八千将士。

由于颍川靠近东魏，又地势平坦，无险可守，宇文泰曾要求他移镇西面的襄城（今河南襄城），但王思政拒绝了。

他自信满满地向宇文泰保证：如敌军来攻，水攻的话，我至少可守一年；陆路进攻的话，三年之内都无须救援。相信我，没错的。

王思政向来以守城见长，因此宇文泰也就默许了他的做法。

东魏大军到达颍川的时候，王思政先把部队埋伏起来，状若空城。随后突然率军杀出，东魏军立足未稳，加上根本想不到守军会敢于以少打多、主动出击，一时间措手不及，伤亡惨重。

但东魏军毕竟人多势众，很快就稳住了阵脚，把颍川城团团围住，他们制云梯、堆土山，日夜不停地攻打。

王思政先是用火箭烧毁了东魏军的云梯，之后又招募敢死队，创建了历史上最早的空降兵——用绳子从城上放下，出其不意偷袭东魏军，夺取了土山。

时间一天天地过去，东魏军损兵折将，颍川城却依然纹丝不动，牢牢地控制在王思政的手中。

　　但王思政依然有顾虑。

　　贪官的弱点是二奶，最怕二奶摆不平；女明星的弱点是前男友，最怕前男友曝艳照；王思政知道，颍川城的弱点是城外的洧（wěi）水（又名双洎河），最怕东魏军用水攻。

　　公元549年四月，在坚守了整整一年之后，王思政最不想看到的一幕终于发生了。

　　东魏大将刘丰提议在洧（wěi）水上筑坝，引水灌城，慕容绍宗深以为然。

　　不久，大坝筑成，河水改道，浪涛滚滚涌向颍川城。

　　颍川这座孤城很快被洪水包围，成了一个孤岛，城内也水如泉涌，守军只能把锅挂起来做饭，苦不堪言。

　　眼看攻破颍川城已经指日可待，东魏军主帅慕容绍宗的心情非常愉快。

　　春风得意马蹄疾，但有时也会春风得意马失前蹄。

　　意外往往在人最得意的时候发生。

　　这一天，慕容绍宗和刘丰等人亲自到拦河坝上监督视察，此时刮起了东北风，工地上尘土飞扬，两人便登上了楼船避风，顺便讨论下一步作战方案。

　　没过多久，天色突然变暗，风越来越大，竟然把楼船碗口粗的缆绳都给吹断了，失控的楼船顺着风势，向颍川城飞速漂去。

　　王思政在城中看见这一幕，立即命人用长钩钩住楼船，随后万箭齐发，射向楼船。

　　为避免被射成刺猬，情急之下，船上的人只能跳水求生。

　　刘丰水性不错，他拼命游到了土山才总算松了口气，但这也是他最后一口气——他很快被乱箭射死。

　　慕容绍宗则由于风浪太大而溺水身亡，时年四十九岁。

　　据说慕容绍宗此前几天就有所预感，他发现自己年轻时就有的蒜发（白发）突然没有了，觉得这是不祥之兆，对人说：蒜发忽然自尽。蒜者算也，吾算将尽乎？

　　慕容绍宗，这位被北齐书称为"兵机武略，在世见推。往若摧枯，算尽数奇"的一代名将，就这样不明不白地死于颍川城外。

　　从他被重新起用，到名震天下，到死于非命，只有短短一年半的时间。

　　上天给了他抱负，给了他实现抱负的才华，却直到他中年以后才给他机会。

　　上天给了他机会，给了他施展才华的平台，却在他即将大获成功的时候生生夺去了他的生命！

我为慕容绍宗感到悲哀。

慕容绍宗和刘丰两大名将意外丧命，东魏军军心大乱，竟然不敢再继续进攻。

王思政又获得了少许喘息的机会。

听说颍川告急，宇文泰也派大将赵贵督帅西魏东南各州郡的兵马前来救援，然而由于颍川以北已经成了一片汪洋，赵贵所部被滔滔洪水挡住了，他们反复来回、左右奔波，走出了无数个"龘"字，却始终无法接近颍川城。

在同一时间，陈元康向高澄献计：您自辅政以来，并未立有军功。如今颍川的王思政已是强弩之末，这正是您建功立业的天赐良机。

高澄遂亲自率军十万前往颍川，指挥攻城。

颍川城外的东魏军总兵力达二十万之多。

接着高澄下令继续围堰引水，然而由于水流湍急，大坝先后三次决口。

盛怒之下，高澄命令把背土的人和装土的袋子全部推入水中以堵塞缺口。

缺口被堵住了。

随着时间的推移，颍川城内外的洪水越来越大，水流越来越急，水位越来越高，城墙（当时的城墙是用土夯实筑成的）在被水不断浸泡后出现多处崩塌，城内也几乎没有了立足之处。

无奈，王思政只能率领守军转移到了土山顶上。

高澄向来爱才，对于王思政的忠诚、顽强、胆识，他十分敬佩，很想收为己用。

为保住王思政的性命，他让人向土山上的守军喊话：有生擒王大将军者，封侯，重赏；如王大将军身上有半点损伤，你们一个都活不了！

经过一年零两个月的苦战后，八千守军已伤亡大半，此刻被困在四面是水的土山上，内无粮草外无救兵，王思政终于感到回天乏力，他仰天大哭，对手下说：我受国家重托却有辱使命。如今唯有一死，以谢国恩！

随后他向西跪下，拜了三拜，拔出佩刀，准备自刎。

左右随从赶紧冲上去，有人夺了他的刀，有人抱住他的腰，有人拉住他的手，有人跪下猛磕头。

他们异口同声地说道，大将军，您不能死啊。您死了，我们也不想活了……不对，我们也不能活了。您难道就不能可怜可怜我们，给我们一条生路吗？

王思政很郁闷，人倒霉的时候真是事事不顺，想要死都死不成。

就这样，他被迫活了下来，成了高澄的俘虏。

王思政虽然战败被俘，却依然赢得了几乎所有人的尊重。

高澄对他极为礼遇，待他甚厚。

宇文泰对他极为惋惜，后悔不已。

《周书》则赞美他说，以一城之众，抗倾国之师。率疲乏之兵，当劲勇之卒。犹能亟摧大敌，屡建奇功。忠节冠于本朝，义声动于邻听。虽运穷事蹙，城陷身囚，壮志高风，亦足奋于百世矣!

王思政的确当得起这样高的评价。

他不爱财。只想为国家发光发热，却从不想为自己发家发财。在担任西魏荆州刺史时，部下在修建城墙时挖到了三十斤黄金，夜里悄悄给他送去，他却毫不犹豫地全部上缴朝廷。

他能识人。在玉壁一战成名的韦孝宽就是他举荐的。

他得人心。他一直与士兵同甘共苦，深受部下爱戴，在颍川困守孤城一年多，没有一人叛变投敌。

总而言之，他是个有勇、有谋、有胆、有识、有德、有才、有情、有义、有个性、有操守、有血性、有担当的好汉!

王思政虽败犹荣!

而在高澄平定颍川之后，西魏占领的河南各州互相也都失去了联系。

宇文泰这几年一直在养精蓄锐，专注于内政，不愿在此时打一场大战。眼见东魏军势大，便命令河南的西魏守军全部撤回关中。

自此，东魏重新占领了河南全境。

高澄遇刺之谜

此时的高澄可谓志得意满，在父亲高欢死后短短两年多的时间，他不仅平定了侯景的叛乱，收复了被西魏霸占的失地，还开疆拓土，把东魏的边境几乎推进到了长江北岸。

他被晋封为相国、齐王，并且可以赞拜不名（见皇帝时赞礼官不直呼其名），入朝不趋（入朝时不用疾步而行），剑履上殿（可以带着剑穿着鞋入宫），几乎达到了人臣的极限。

高澄之心，路人皆知，毫无疑问，他的下一步是让孝静帝禅位，自己做皇帝。

改朝换代可不是件小事，高澄秘密组织了一个筹备小组，成员除了他自己，只有三人——散骑常侍陈元康、黄门侍郎崔季舒、吏部尚书杨愔。

这三人中，陈元康堪称高澄的首席谋士。

他不仅足智多谋，而且忠心耿耿，当年高欢就曾这样点评过陈元康：元康用心诚实，必与我儿相抱死。

崔季舒则是与高澄关系最铁的心腹。

他既是高澄在政治上的得力帮手——专门负责监视孝静帝，也是高澄在必要时的得力打手——曾经替高澄打了孝静帝三拳；还是高澄生活上的得力助手——这几年，他急领导所急，想领导所想，积极为领导排忧解难，利用自己兼任皇家文工团团长的机会，给高澄输送了大量美女，丰满的、苗条的、清纯的、性感的、巨乳的、美腿的、成熟的、萝莉的、玉女的、欲女的，各种都有，因此他很得高澄的欢心。可见帮领导拉皮条，自古以来就是升官发财的捷径一条。

杨愔，出自著名大族弘农杨氏，北魏司空杨津之子，十八年前杨家被尔朱氏灭门，杨愔正好不在家，侥幸逃过一劫，成为家中唯一的幸存者。后来杨愔怀着国仇家恨，到河北投奔尔朱氏的对手高欢，被高欢任命为行台郎中。他博闻强记、虑事周密，高欢非常看重他，还把自己的庶女嫁给他为妻，杨愔也因此成了高澄的妹夫。

他们四人经常在一起秘密谋划称帝的事，聚会的地点一般是在邺城城北的东柏堂。

东柏堂是高澄在邺城的住所，在这里好色的他金屋藏娇，包养了一个情人——琅玡公主元玉仪。

据说元玉仪本是北魏首富高阳王元雍长子元泰某个小妾所生的庶女。

元泰又有钱又风流，号称三不知——不知自己的钱有多少，不知自己的小妾有多少，不知自己的子女有多少。

在河阴事变中，元雍、元泰父子双双被杀。此时天下大乱，幼小的元玉仪跟着母亲流落到了外地，多年后她历尽艰辛才终于回到京城，没想到元泰的嫡子、继承高阳王爵位的元斌根本不认识她（只怪她老爸欠下的风流债实在太多了），当然也不认她这个妹妹。

无家可归的元玉仪成了高欢老朋友孙腾家的歌妓，后来不知出于什么原因，她又被孙腾赶了出来，只能再次流落街头。

直到有一天她在街上无意中遇到了高澄，阅女无数的高澄看到她居然惊为天人，立即把她带回家里包养起来。

高澄对她极为宠幸，不仅让她认祖归宗，还亲自奏请孝静帝，把她封为琅玡公主。

常言道，打虎亲兄弟，上床姐妹花。元玉仪又向高澄推荐了自己的姐姐元静仪，高澄来者不拒，也封其为公主。

元玉仪、元静仪加上高澄的正妻冯翊公主元氏，高澄因此成为我国历史上第一个"连中三元"的人，可谓春风得意。

既然安排元玉仪住在了东柏堂，高澄当然不希望受到任何干扰，因此侍卫都被打发到了府外，不得擅自入内。

高澄的这个安排非常要命——要他自己的命。

公元549年八月八日，高澄在东柏堂与陈元康、崔季舒、杨愔三人在内室秘密开会，议题当然还是改朝换代的事。

由于事情极为机密，左右随从都被屏退，仅有两名侍卫王纮和纥奚舍乐在门外值勤。

四个人盘腿坐在大床上，边喝茶边吃点心边讨论新一届文武百官的人选。

突然从外面进来了一个人。

来人是厨子兰京。

按照《北齐书》的记载，兰京是梁朝名将兰钦之子，被东魏俘虏后，高澄把他留在家里当厨子，兰京曾多次哀求放他回去，高澄不但不答应，还威胁他：再提回家的事儿我就杀了你！

兰京是来送食品的。

等他退下后，高澄对陈元康等人说，昨天晚上，我梦到这小子拿刀砍我，应该尽快杀了他。

但这句话被兰京听到了，他心一横，顿时起了杀心，于是他把刀藏在盘子底下，声称送点心，又再次闯了进来。

高澄大声呵斥他，狗奴才，我没叫你，你进来干什么？

兰京厉声回答，来杀你！

随后拔刀就砍。

高澄大惊，匆忙跳下床来，没想到竟然崴了脚，走不了路，只好钻到床底下躲了起来。

杨愔当年曾经逃脱尔朱氏的围捕，逃跑经验相当丰富，他拔腿就跑，慌乱之中，跑丢了一只鞋子，但还是光着脚逃了出去。

崔季舒以前经常带美女到东柏堂来面试，因此对地形非常熟悉，便逃到了厕所的隐蔽处躲避。

只有陈元康挺身而出，徒手与兰京搏斗，但他毕竟是一介书生，很快就被兰京一刀刺中小腹倒在地上，肠子都流了出来。

兰京搬开大床，挥刀猛砍，高澄身中数刀，他嘴里含着鲜血，说出了他人生中最后的四个字：可惜！可惜！

关于高澄的遗言，有多种解释。

一种说他爱泡妞，等他去泡的美女还有太多太多，生命却太短太短，太可惜；

一种说他即将行禅代之事，马上就要当皇帝却在这时死了，太可惜；

还有一种版本说他志向远大，说他打算把被他俘虏的萧渊明送回建康当梁朝的傀儡皇帝，伺机吞并南朝，甚至统一天下，没想到自己却在这样的节骨眼上被刺杀，实在太可惜。

小子我个人感觉，高澄虽然私生活糜烂，老是管不住自己的下半身，被人称为"高衙内"，但平心而论，他的能力还是很强的，因此我宁可相信第三种版本。

高澄就这样死了，年仅二十九岁。

但在他短暂的生命历程中，他经历的事件可能比一般人做的梦还要精彩，他在国家中的地位可能比一般人在自己家养的狗眼中的地位还要高，他对历史的影响可能比一般人对家人的影响还要大，他泡过的美女可能比一般人看过的美女还多……

不管怎样，这辈子，他没白活。

回到现场。

门外的侍卫王纮和纥奚舍乐听到动静，连忙冲进来护驾，没想到兰京还有五个同伙，也在这时闯了进来，结果在博斗中王纮身受重伤，纥奚舍乐被杀。

随后，厨房主管薛丰洛等人拿着菜刀、棍棒闻讯赶来，把兰京等人抓获。

高澄的二弟、太原公高洋此时正在城东的双堂，听说这个消息后，他非常镇定，马上率部来到东柏堂，并立即把兰京等六人全部凌迟处死，迅速控制住了局势，随后他出来向外界宣告：奴才造反，大将军受了点轻伤，没有大碍！

高澄就这样在即将称帝的前夕遇刺身亡，史称"东柏堂事变"。

以上就是正史记载的事件全部经过。

看起来这只是个偶然事件。

但仔细推敲就会发现此事疑点甚多。

其一，兰京的身份非常可疑。因为《南史》《梁书》上都未提到兰钦有这么一个流落北方的儿子，兰京到底是什么人？

其二，如果说是因为高澄想杀兰京的话被听到了，因此兰京临时起意要刺杀高澄，为何他还有五个同党？这五个人为什么要帮兰京？

其三，按照《北齐书·陈元康传》的记载，兰京还有个同党叫阿改，这个阿改竟然是高洋的贴身侍卫。两人约好，兰京动手的时候阿改同时出手杀掉高洋。但高洋那天不在府里，去了城东的双堂。故而幸运地逃过一劫。真的有这么巧合的事吗？

其四，面对如此严重的突发事件，高洋的反应为什么这么快？

其五，高洋为什么没有审问兰京等人就马上把他们杀死？

高澄的死疑问重重。

后人对此难免有各种猜测。

由于高澄向来锋芒毕露，行事刚猛，树敌很多，因此他之所以遇刺，版本也很多。

有人说是西魏的宇文泰派特工干的；

有人认为由于高澄曾经铁腕反贪，强硬打压东魏国内的鲜卑勋贵，勋贵们怀恨在心，遂导演了这次暗杀；

有人说侯景才是幕后的策划者，他为报灭门之仇，派出杀手冒充厨师打入高澄府中实施刺杀；

有人认为主谋应该是孝静帝，这个版本情节曲折扣人心弦高潮迭起，足可以拍一部电影——孝静帝派同是元氏皇族的元玉仪作为美女间谍，引诱高澄伺机刺杀，没想到元玉仪和电影《色·戒》里面的王佳芝一样爱上了高澄，无奈孝静帝只好派出另一位杀手兰京，最终刺杀成功，而高澄死后，元玉仪就不知所终，史书上再无记载，很有可能是被灭了口；

还有人把矛头指向了高澄的二弟高洋，毕竟他才是最大的受益者。

但不得不说，所有的这些说法都是基于胡乱的猜测和大胆的想象，没有任何一种说法有足够的证据。

小子我潜心研究了三天三夜，最后终于得出了两个重要结论：

一、不是我干的；

二、一切皆有可能。

总之，高澄的遇刺是一个谜，就像肯尼迪的遇刺一样。

高洋建齐

但无论如何，高澄的时代结束了，年仅二十一岁的高洋正式登上了历史舞台。

高洋是高欢的次子，和高澄一样，也是娄昭君所生。

高欢的儿子们大多仪表堂堂，英俊潇洒，唯独高洋是个异类，他大脸盘，尖下巴，皮肤黑得赛过李逵气死张飞，浑身牛皮癣，脚上还有点畸形，总之是长得奇丑，白天出来会吓到小朋友，晚上出来会吓到所有朋友。

不过，丑孩子高洋在小时候有两件事给父亲高欢留下了深刻印象。

有一次，高欢交给几个儿子每人一团乱七八糟的麻绳，让他们尽快厘清，别人都在埋头整理忙得不亦乐乎，高洋却拔出刀来把麻绳斩断，说，乱者当斩！——这就是成语"快刀斩乱麻"的由来。

还有一次，高欢让大将彭乐假装敌人袭击他的几个儿子。其他人都吓得面如土色，只有高洋毫不畏惧，要与彭乐对战。

彭乐哈哈大笑，脱下甲胄，跟他说这是个游戏。没想到高洋却仍旧不依不饶，一定要抓住彭乐献给高欢。

高欢忍不住对他大加夸奖：这个儿子将来会超过我！

但高洋长大后全无童年时的风采，变得呆头呆脑，傻里傻气，还老是拖着两条鼻涕牛牛，流出来就吸一下。

一般他讲话是这个样子的：大（吸一下），哥（吸一下），我肚子饿（连吸四下）……

有时一不小心说个长句子，来不及吸，鼻涕就流进嘴里了。

可能是因为不太喜欢吃鼻涕，高洋很木讷，一般不怎么说话。

老三高浚文武全才，和大哥高澄关系很好，他特别喜欢嘲笑二哥，经常当着大家的面，对高洋的随从说，你们怎么不给我二哥擦鼻涕啊？

周围的人都哈哈大笑，高洋也跟着傻笑。

虽然高家老二看起来挺二，但作为大丞相高欢的二儿子，当然不愁找不到美女做老婆。

高洋的老婆李祖娥不仅出自名门——赵郡李氏，而且才貌极其出众。

两人感情很好，高洋经常给老婆送点衣服、珠宝饰品之类的礼物，高澄看到了，往往占为己有。

李祖娥不太情愿，高洋却大大咧咧地说，这些东西兄长需要，我们怎么可以吝啬呢？

作为有名的色狼，高澄当然不会放过美貌的李祖娥，据说还曾经找机会奸污了弟媳。

没想到高洋这个傻帽，被戴了绿帽，却依然毫不感冒，好像什么事也没发生过，仍旧对老哥唯唯诺诺。

在朝堂上，高洋几乎从不发言，傻站在那里，像蜡像馆里的蜡像。

在家里，他也是个闷葫芦，一天到晚不说话，要么像木头一样静坐，要么像猴子一样赤着脚又跑又跳。

李祖娥问他，你这是干吗？

他只是憨笑着回答，没什么，我无聊啊，玩玩而已。

对于高洋的表现，高澄也不是没有怀疑过，他曾经问过他的心腹崔暹：你觉得老二是不是在装傻？

崔暹回答说，有一次，我在上朝的时候，故意用自己的手板打二郎，二郎不但不生气，反而用自己的犀牛角手板换我的竹手板。我觉得他是真傻。

一个人或许会看走眼，但不可能所有人都看走眼，高澄终于彻底放心了。

是啊，自己是高富帅，老二是黑丑呆；自己是风流倜傥，老二是涕流涕淌，怎么比？

他对高洋完全不屑一顾：连老二这样的人也能得到富贵，相书上说的怎么解释得通啊？

不光高澄，当时几乎所有的人都看不上高洋这个二傻。

但在高澄遇刺后，高洋的举动却让几乎所有人都大跌眼镜。

"东柏堂事变"发生后，他立即赶往现场，处死凶手，封锁消息，秘不发丧，迅速控制了局面，他处变不惊、从容不迫、指挥若定，跟以前的高洋完全判若两人。

人们这才发现原来高洋一直在装傻——这样的人你说他傻，除非你自己傻。

高洋为什么要装傻？

也许是因为鲜卑人一直都有兄终弟及的传统，他父亲高欢就曾经为此打死了其唯一的弟弟高琛。而他小时候就以聪明果断而著称，大哥高澄又一向心狠手辣，如果意识到他对其有威胁，一定会毫不犹豫地除掉他。

所以高洋不得不这么做。

在一段时间内蒙蔽一个人不难，难的是在一段时间里蒙蔽所有的人，更难的是在很长的时间蒙蔽所有人。

但高洋做到了。

他的演技，他的心计，让人叹为观止。

小子我曾经在百度搜索"史上最能装的皇帝"，高洋的名字赫然出现在第一页。

他的确当得起这个称号。

此时高澄突然离世，几乎所有人都把目光聚焦在年轻的高洋身上。

高洋当机立断，让高岳、高隆之、司马子如、杨愔等人留守邺城，自己则立刻赶往晋阳（今山西太原）。因为邺城虽然是都城，但东魏真正的权力中心在晋阳，高家的嫡系部队也驻扎在晋阳一带，只有控制住了晋阳，才算是真正控制了国家。

临走前，按照惯例，高洋入宫向孝静帝辞行。

他率领八千名全副武装的士兵来到皇宫，两百名手按刀剑的武士簇拥着他进入宫内，进殿后，他看也不看皇帝，只是冷冷地说了八个字：臣有家事，须去晋阳！

随后他拜了两拜，不等孝静帝回答，便转身离去。

孝静帝呆若木鸡。

此前他已经听说了高澄的死讯，忍不住欣喜若狂地对身边人说，大将军死了，这是天意啊，我可以重新掌权了！

然而在看到高洋的表现后，孝静帝却彻底焉了：此人似乎更加跋扈，朕不知死在何日！

孝静帝元善见人如其名，的确可谓善见——善于预见，他的预感非常正确，两年后他就将被高洋毒死。

事实上，孝静帝文武双全，能力颇强，《魏书》上说他：好文学，美容仪。力能挟石狮子以逾墙，射无不中。从容沉雅，有孝文风。

但他生不逢时，始终有心无力，虽然他一直都很想发愤图强，然而在现实中他却只能发闷徒想。

小子我曾经在百度搜索"史上最屈辱的皇帝"，第一、第二、第三全是同一个名字——孝静帝元善见。

我为孝静帝感到悲哀。

再说高洋。

到晋阳后，高洋立即大会霸府文武，思维敏锐，神采飞扬，与先前判若两人——以前的高洋很沉默，现在的高洋很幽默；以前的高洋什么都不知道，现在的高洋什么都头头是道。

在场的所有人都对他心悦诚服。

为了争取人心，高洋对高澄留下的一些弊政进行了大刀阔斧的整改。

为了笼络权贵，高洋又把崔季舒、崔暹这两个树敌过多的高澄的爪牙发配到了边疆。

东魏的朝政很快就稳定下来了。

几个月后，高洋正式接班——他几乎继承了大哥的全部头衔——被晋封为齐王、大丞相、都督中外诸军、录尚书事。

但高洋并不满足，他的目标是当皇帝。

然而支持他的人很少很少，比当今社会爱看纯文学的人还少，仅有黄门侍郎高德政（出身于渤海高氏，高敖曹的族人）、散骑常侍徐之才、北平太守宋景业等少数几位心腹；反对他的人却很多很多，比当今社会爱打麻将的人还多。

最先表示反对的是其生母娄昭君，娄昭君把高洋叫去，把他臭骂了一顿：你父如龙，你兄如虎，尚且不敢妄据天位，你是什么东西，敢行禅代之事？

高洋感到很伤自尊，把老太太的话转告给了徐之才。

能言善辩的徐之才笑了：大王，正因为才能不如父兄，所以您才必须早登大位啊！

不光娄昭君，斛律金、司马子如、高隆之等元老重臣也都纷纷表示反对。

兹事体大，高洋也不敢随便决定，便召集群臣开会讨论此事。

长史杜弼坚决反对：不行啊。如果我们接受了魏帝的禅让，那么关西的宇文泰攻打我们就师出有名了。

徐之才反驳道，宇文泰的想法其实和大王是一样的。他看到大王称帝，正好借坡下驴，也代魏自立，怎么可能来打我们？

杜弼哑口无言。

不过看到反对的人实在太多，高洋也觉得不可操之过急，因此这事暂时搁置了下来。

但他不是那种轻言放弃的人，他想做的事就一定要做成，没有条件就创造条件，没有机会就创造机会。

他与几名心腹反复商量，却始终想不出太好的办法。

正如喷嚏总是在不经意间打出来，灵感也总是在不经意间产生。

高洋突然有了主意。

你们不是迷信吗？那我就用天意来说服你们。

他先是铸造金像（当时盛行的一种占卜方法），结果一次成功。

接着他又请宋景业用筮草占卦，得到一个乾卦，一个鼎卦。

宋景业的解释是：乾，意为君，鼎，意为五月，应于五月受禅。

也有人有不同意见：这个不妥啊。算命书上说，五月上台的话，最终会死在官位上。

宋景业对此厉声驳斥：你有没有脑子？大王是去当天子的，天子当然是终身制。这不正是大吉大利的事情吗？

高洋心中大悦。

经过高德政等人大造舆论，宣扬高洋代魏称帝为天命所归，加上高洋本人的意志十分坚决，群臣的态度也逐步发生了变化。

大家逐渐想明白了一个道理：

再青春的萝莉，迟早会变成大妈；再强盛的王朝，也会有衰亡的时候。元氏当灭，高氏当兴，这也许真的是天意所在。如今的元魏早已名存实亡，天下本来就掌握在高家人手里，高洋称帝只不过是一个形式而已。

一个人脱下中山装换成西装，他还是那个人；朝廷由姓元的皇帝换成姓高的皇帝，它也还是那个朝廷。既然如此，何必一定要反对呢？

因此群臣反对的声音渐渐变小了。

高洋觉得时机已经成熟。

在他的授意下，在杨愔、高德政等人的悉心安排下，加九锡、劝进、推辞、再劝进、再推辞、再劝进、被迫接受……

禅代工作一步步进行得有条不紊，非常顺利。

公元550年五月十日，高洋在邺城南郊接受东魏孝静帝的禅让，正式登上帝位，改年号为天保，国号齐，史称北齐。追尊父亲高欢为献武皇帝，庙号高祖；大哥高澄为文襄皇帝，庙号世宗。

高洋称帝的消息传到西魏，宇文泰立即率大军以讨伐逆臣的名义东进，随后在弘农北渡黄河，进驻建州（今山西绛县）。

大敌当前，高洋却毫不畏惧，他迅速在晋阳集结兵马，随后亲自率军出发，准备迎战西魏军。

早有探马报知宇文泰。

宇文泰此次出兵的意图本来就只是试探，现在听说高洋的部队阵容整齐，军势强盛，便长叹一声：高欢不死矣！

随后他率军从蒲坂渡河，退回关中。

此后终其一生，他再也没有主动进攻过北齐。

第五章　宇宙大将军的覆灭

乱江南

高洋初登大位，励精图治，北齐国内秩序井然，国势蒸蒸日上。

与之形成鲜明对比的是，此时的梁朝却早已乱成了一锅粥。

侯景在拥立简文帝后，本想挟天子以令诸侯，然而各地的诸侯却根本不听他的号令。

当时江南群雄割据，其中势力较大的有八个：

郢州（治所今湖北武昌）的邵陵王萧纶；

荆州（治所今湖北江陵）的湘东王萧绎；

益州（治所今四川成都）的武陵王萧纪；

合州（治所今安徽合肥）的鄱阳王萧范；

江州（治所浔阳，今江西九江）的浔阳王萧大心（萧纲次子）；

湘州（治所今湖南长沙）的河东王萧誉（昭明太子萧统次子）；

雍州（治所今湖北襄阳）的岳阳王萧詧（萧统第三子）；

司州（治所义阳，今河南信阳）的柳仲礼。

合州刺史萧范的日子最不好过，可谓腹背受敌，他的北面有东魏（当时高澄还没死）在虎视眈眈，东南面则是侯景在咄咄逼人。

在重重重压之下，萧范殚精竭虑，费尽心机，绞尽脑汁，终于取得了丰硕的成果——想出了一步臭棋。

他的策略是"以土地换军队"——把合州献给东魏，并让自己的儿子到邺城做人质，以此为条件向东魏大丞相高澄借兵。

为表示自己的诚意，萧范主动退出合州，率军驻扎在濡须（今安徽无为北），并传檄天下，号召各地诸侯共同讨伐侯景。

没想到高澄这个花花大少不仅善于玩弄女人，也善于玩弄男人。

萧范结结实实地被耍了一把——高澄把他的地盘悉数装进口袋，对他派兵的要求却全部当成扯淡。

可怜萧范在濡须口坐立不安，像痴情的女子等待负心的情郎一样等得非常辛苦，然而直等到花儿都谢了，胡子都白了，粮食都吃完了，却依然没有等到一个东魏士兵。

萧范的心里很不好过，但再怎么不好过，生活还得继续过。

哪里才是他的容身之地呢？

思来想去，他终于有了主意，他给距离最近的江州刺史萧大心写信，请他收留自己。

萧大心气量挺大，当即表示同意，让萧范驻扎在溢城（今江西瑞昌），并且给钱给粮，招待得不错。

没想到萧范居然反客为主，抢了江州不少地盘。

萧大心引狼入室，后悔不已，便切断了萧范的粮草供应。

侄子居然不给叔叔吃饭，实在太过分了。

萧范很生气，肺都气炸了。

肺都炸了这人还能活吗？

当然不能。

于是萧范就被气死了。

从此，萧范的部下与萧大心结下了深仇大恨，两军互相攻打，打得两败俱伤。

鹬蚌相争，渔翁得利。

这么好的机会，侯景怎么会放过？

他趁机派大将任约率军西进，进攻江州。

很快，萧范之子萧嗣兵败被杀，萧大心则向任约投降。

平定江州后，侯景心花怒放，他先是让简文帝加封自己为汉王，接着又给自己加了个前无古人后无来者、独一无二绝无仅有的响亮封号：宇宙大将军、都督六合诸军事。

简文帝惊得连下巴都掉下来了：什么？宇宙大将军？居然还有这样的封号？

但这就是侯景的风格，狂，狂得跟宇宙一样无边无际无止境。

对他来说，什么规则都是扯淡，什么底线都不存在，什么事情他都敢干！

侯景生性残忍嗜杀，他在建康大搞白色恐怖，还专门造了一个大石碓，有人犯法就扔进碓内舂成肉泥。

他对部下的要求是：一旦平城，当净杀之，使天下人知我威名！

因此，侯景的军队视人命如草芥，烧杀抢掠，无恶不作，所到之处，如台风过境，留下一片狼藉。

为了躲避侯景的乱军，江南百姓纷纷逃到山谷之中，以草根树叶野果为食，饿死的人不计其数。

即使建康附近的富户，由于到处战乱不已，田地没人耕作，加上天灾不断，他们也都无粮可吃，只能穿着绫罗绸缎，怀着珍珠美玉，饿死在家里。

一向富庶的江南，此时如同人间地狱。史称：千里绝烟，人迹罕见，白骨成聚，如丘陇焉。

在苦难中挣扎的江南百姓，都在苦苦盼望着能有一个救星能平定侯景，救他们于水火之中！

然而，国难当头，各地的诸侯却在忙着自相残杀，打得不可开交。

首开杀戒的是坐镇荆州、实力最为雄厚的湘东王萧绎。

与关爱子弟的父亲萧衍相反，萧绎一向冷血，对亲情极为淡漠。

几年前，他的五哥萧续不幸早死，然而萧绎不但不悲伤，反而兴奋不已，甚至在跨门槛时把鞋子都踢破了。

为什么呢？

同一个世界，同一个梦想。和天下几乎所有皇子一样，萧绎也一心想当皇帝。萧续死了，争夺帝位的对手又少一个，好比网球比赛时排名靠前的对手突然退赛，你说他怎能不开心？

在梁武帝死后不久，萧绎对外宣布简文帝被贼臣所挟制，不承认建康政府。

他自称收到宫中带来的密诏，遂加封自己为：侍中、司徒、假黄钺（代表皇帝行使征伐之权）、都督中外诸军事（全国最高军事统帅）、承制（秉承皇帝旨意设置百官）。

这么多让人眼花缭乱的头衔，其实可以概括为四个字——代理皇帝。

随后萧绎以征讨侯景为名，向湘州刺史萧誉要粮食和兵马，萧誉当然不肯，大家都是刺史，凭什么我要听你的？

萧誉不听话，萧绎出兵也就有了借口，他立即派世子萧方等率军讨伐萧誉。

萧方等是萧绎的嫡长子，却很不受宠，因为他有一个很不受宠的母亲——湘东王妃徐昭佩。

徐妃出身名门——南朝官宦世家东海徐氏，与萧绎堪称门当户对，然而正如当今某些豪门之间的联姻一样，他们的结合只是利益的分配和父母的选择，两人彼此之间全无感情，萧绎一直不喜欢徐妃，甚至两三年才进一次她的房间。

这样的丈夫，任何一个生理正常的女人都受不了，当然也包括徐妃。

为了报复丈夫，性情高傲的徐妃想了个办法，在萧绎来见她的时候，她故意只化了"半面妆"——半边脸化妆，另外半边素颜，你萧绎不是只有一只眼吗？化一半就够了。

对超过三十五岁的女人来说，你说她傻说她笨都问题不大，但你不能说她老；对只有一只眼的萧绎来说，你说他胖说他呆都没事，但他最忌讳别人讽刺他是独眼龙。

因此萧绎勃然大怒，立即拂袖而去，从此更加讨厌徐妃，他对徐妃卧室的态度就如同我对女厕所的态度——只会路过，但永远也不会迈进一步。

徐妃向来我行我素，敢爱敢恨，既然你萧绎不理我，却整天与小妾王氏姐妹卿卿我我，那我自然也可以与别的男人亲亲热热。

于是徐妃红杏出墙，与萧绎的随从——年轻英俊的暨季江私通。

没想到徐妃遇人不淑，暨季江这个人非常不靠谱，他竟然到处宣扬自己和王妃之间的风流韵事，还很不厚道地把徐妃跟狗、马放在一起并称：

柏直狗虽老犹能猎，萧溧阳马虽老犹骏，徐娘虽老尚多情！

在萧绎看来，自己是钥匙，能开多把锁说明他是万能钥匙；老婆是锁，只能被他这一把钥匙打开，否则就是坏锁。

心胸狭窄的他怎能忍受老婆的红杏出墙？

他的报复手段非常极端——他把徐妃偷情的行为写出来，写得非常详细，甚至比肉蒲团还要露骨，并在闹市中到处张贴。

一时间江陵乃至整个荆州沸腾了。想想看，如果现代哪个国家的王妃出去偷情，王子不但不封锁消息反而主动公开老婆的艳照，这么爆炸性的新闻怎么会不成为最热点的话题？

徐妃颜面扫地，萧绎却得意扬扬，他根本不在乎别人的评价。

所谓人至贱则无敌，也许就是指萧绎这样的人吧。

母亲的悲惨遭遇让萧方等感到心灰意冷。

作为徐妃的儿子，萧方等觉得自己再怎么努力也无法得到父亲的欢心，这就像鸡再怎么努力也无法让自己飞上蓝天一样，都是人力无法改变的现实。

此次受命征讨萧誉，萧方等在出发时便已抱定必死的决心：我此次出征，必死无疑。这也算是死得其所吧。

他的心已碎，无药可医，也无人可惜。

结果他如愿以偿——在半路上遭到萧誉的袭击，萧方等兵败身亡，死后尸骨无存。

消息传到江陵，萧绎毫无悲伤之色，甚至有些窃喜，因为在他的内心，早已把徐妃和她的这个儿子视若仇敌。

没想到几天后，萧绎的宠妃王氏也死了，这次他悲痛万分，并迁怒于徐妃，徐妃被逼投井而死，死后萧绎还不忘羞辱她，不给她办葬礼，而是把她的尸体还给徐家，称为出妻。

死了还被夫家扫地出门，这在注重礼教的古代中国该有多么难堪！

但萧绎觉得这还不够，接下来他又把徐妃的种种风流韵事写进了一本叫《金楼子》的书里，他要让徐妃遗臭万年。

显然他的目的没有达到，提到"徐娘半老，风韵犹存"，人们想到的往往是风情万种的美貌熟妇，徐娘不仅没有遗臭万年，反而让很多人觉得心驰神往。

徐娘死了，但她永远活在人们的口中。

逼死徐妃之后，萧绎继续调兵遣将，准备攻打湘州。

这次他任命的主帅是竟陵太守王僧辩和信州刺史鲍泉。

王僧辩出身于著名士族太原王氏，他本是北方人，后随其父王神念一起投奔梁朝。他曾在萧绎身边担任参军二十年之久，是萧绎的心腹爱将。

接到命令后，王僧辩因部下尚未集结完毕，便和鲍泉一起向萧绎求情，请求延缓几日再出兵。

没想到萧绎大发雷霆：你们违抗命令，是想勾结贼人吗？再敢抗命就杀了你们！

鲍泉看到领导脸色不对，便不再作声。

性格忠直的王僧辩却毫不退让，继续抗争：做决策不是拍着脑袋想娘们儿，不考虑清楚那是瞎折腾。头可断，血可流，我坚持自己的理由！

萧绎更火了，拔出佩剑砍去，正中王僧辩的大腿，顿时血流不止，王僧辩昏死过去，良久方醒。

随后王僧辩被关进大牢。

看到这样的情景，鲍泉自然不敢再耽搁，赶紧点起兵马出发。

鲍泉的这次进军非常顺利，连战连捷，很快就把萧誉包围在了长沙。

萧誉陷入了困境，急忙派人赶往襄阳，向自己的三弟雍州刺史萧詧求救。

萧詧采用围魏救赵之策，他倾巢而出，率军前往偷袭江陵。

由于主力多在湘州，江陵空虚，萧绎不由得大为惊恐。

眼看形势风云突变，他反复思考了无数遍，终于决定重新起用王僧辩。

王僧辩从狱中被释放并担任都督，主持江陵防务。

行家一出手，就知有没有。王僧辩出马，便有好办法。

他设计招降了萧詧的部将杜岸兄弟，并让他们反戈一击，回军攻打襄阳。

听说老巢危急，萧詧慌忙退兵，由于走得匆忙，丢弃了无数粮草辎重。

江陵解围后，萧绎又派王僧辩前往长沙接替鲍泉，继续攻城。

半年后，王僧辩终于攻进长沙，萧誉在被俘后苦苦哀求：勿杀我！得一见七官（他的七叔萧绎），死亦无恨！

然而他得到的回答毫无余地：奉命不许！

萧誉的人头很快被送到了萧绎的案头。

再说萧詧回到襄阳之后，思来想去，总觉得萧绎肯定不会放过自己，然而他在上次围攻江陵失败后元气大伤，实力大损，显然不是萧绎的对手，怎么办？

经过一番思考，萧詧决定投靠西魏。

他把自己的老婆和长子送到长安作为人质，请求西魏出兵保护自己。

宇文泰毫不犹豫地答应了萧詧的要求。

派谁去合适呢？

他想到了大将军杨忠。

杨忠是代北武川（今内蒙古武川县）人，和宇文泰、独孤信、李虎等人都是老乡。

他的经历非常坎坷。

北魏末年六镇大起义，代北大乱，杨忠随其父杨祯流落到了河北，不久杨祯战死，他又流浪到了山东泰山一带，在那里他和农家姑娘吕苦桃成了婚。然而婚后不久，他就被梁军裹挟到了江南。随后他又作为七千白袍军的一员，参加了陈庆之那次气吞万里的北伐。

陈庆之兵败之后，杨忠就留在了北方，被任命为统军。此后他被派到了荆州，在那里他一直和武川老乡独孤信并肩作战，结下了很深的友情。

西魏建立后，他又和独孤信一起再次率军和东魏争夺荆州，失利后投奔梁朝。不久又返回了西魏。

杨忠勇力过人，据说他在跟随宇文泰一起狩猎时，曾经单独制服一头猛虎，他左手抱其腰，右手拔其舌，令这只猛虎当场毙命。

这令人瞠目结舌的一幕，不仅让在场之人无不叹服，就连千年之后的小子我也十分叹服：《水浒》里的武松和他相比，简直就像夏利比法拉利，完全不是一个档次。

当时人称猛兽为"掩于"，因此宇文泰为表彰他，特意把"掩于"两个字赐给他，作为他的字。

杨忠不仅有勇，而且有谋。史载其"识量沉深，有将帅之略"。

除此以外，还有一点也非常重要：杨忠曾在荆州征战多年，还两次流亡梁朝，对荆襄一带的地形非常熟悉。

宇文泰任命杨忠为都督三荆等十五州诸军事，率军进驻穰城（今河南邓州），随时准备救援萧詧。

如萧詧所料，萧绎确实在打他的主意。

但此时萧绎的主力部队还在围攻长沙，要打萧詧显然力不从心，便拉拢司州刺史柳仲礼，并许以雍州刺史之职，让他前去攻打襄阳。

柳仲礼欣然答应。

他以部将夏侯强留守老巢义阳，部将马岫守安陆（今湖北安陆），自己则率全部主力杀向襄阳。

萧詧赶紧向杨忠求救。

杨忠的驻地穰城与襄阳很近，但他舍近求远，率军攻打柳仲礼的根据地——司州治所义阳。

由于精锐部队都被柳仲礼带走，义阳城防空虚，很快被杨忠轻松拿下。

随后杨忠又攻下随郡（今湖北随州），接着又包围了安陆。

柳仲礼闻讯大惊失色，原本以为自己的对手是萧詧，没想到竟然是西魏军。这种感觉，就和学生认真复习了物理，结果考的却是化学一样——令人措手不及，手忙脚乱。

接报后，柳仲礼慌慌张张地回军救援，没想到却在漴头（今湖北安陆西北）中了杨忠的埋伏，柳仲礼猝不及防，兵败被俘，安陆守军则不战而降。

江南第一猛将柳仲礼竟然一战就被擒，这就好比某个一向以清纯出名的玉女明星突然爆出尺度惊人的艳照——实在太让人震惊了，梁军因此大为恐慌。

面对咄咄逼人的西魏军，萧绎不敢与之对抗，慌忙遣使求和，还把儿子萧方略送到长安作为人质，并割让了汉水以东的大片土地。

这一战让杨忠的威名传遍了江汉大地，十年后他被册封为随国公，其封地就是他此次攻取的随郡，后来其子杨坚所建的隋朝也因此而得名。

看到萧詧有强大的西魏撑腰，萧绎从此不敢再打他的主意。

在攻取湘州以后，他又把目光投向了六哥萧纶所在的郢州。

萧绎命王僧辩率军向郢州进发，声称要迎接萧纶到江陵享清福。

萧纶当然知道萧绎的意图，便写信给王僧辩：自己的侄子要杀，自己的哥哥也要杀，自己的仇人侯景偏偏不去杀，湘东王的做法岂不是让天下人看笑话！

王僧辩让人把信转交给萧绎。

萧绎丝毫不为所动，在他看来，所谓亲人就是敌人，血缘关系越近的亲人就是越大的敌人，对付侄子，必须致命；对付兄长，必须凶残，因此他的回复只有两个字：进军！

萧纶不愿骨肉相残，更何况论实力，他也远比不上萧绎，于是他主动退出郢州治所江夏，逃往汝南（今河南汝南）。

然而萧绎还是不愿放过自己的六哥。

他向宇文泰告密，说萧纶图谋攻取安陆。

萧纶身为皇子，很有号召力，又与北齐眉来眼去——被北齐封为梁王，宇文泰对他也很忌讳，便派杨忠前往攻打萧纶。

很快，杨忠就攻陷汝南，萧纶被俘，旋即被杀。

萧纶的死与柳仲礼有关。

柳仲礼被俘后，杨忠对他很友好，但柳仲礼被送到到长安后说了杨忠不少坏话，还说他贪了很多战利品。

这事很快传到杨忠耳朵里，他后悔不已——后悔自己没有早点杀掉柳仲礼。

因此这次他吸取了上次的教训，萧纶自然难逃一死。

萧纶死了，最开心的就是他的七弟萧绎。

这段时间他连夺湘州和郢州，实力大增，信心也大增，接下来，他准备要与侯景决一死战，收复建康。

陈霸先霸气侧漏

此时，在遥远的岭南，也有一支部队打出了北上讨伐侯景的旗号，领头的是西江督护陈霸先。

陈霸先，字兴国，吴兴长城（今浙江长兴）人，出身寒微。《南史》说他"自云汉太丘长寔之后也"——自称是东汉名士陈寔之后，陈寔是魏晋时期的一流高门颍川陈氏的始祖。

这可信吗？

"自云"两个字清楚地表明了史书的态度——这是陈霸先自己说的啊，信不信由你，反正我是不信的。

陈霸先不事生产，却爱练武，爱看兵书，年轻时他曾经担任过里司（相当于现在的村长），但志向高远的他岂能甘心在小地方埋没一生！

他觉得，要理想，就必须离乡。

于是他又开始北漂——北上到京城建康，当上了油库吏（油库仓管），后来又担任了新喻侯萧映（梁武帝之侄）的传教（传令兵）。

除了本职工作外，他依然喜欢看兵书。

在崇尚诗文的南朝研究兵法，就如同在女人以苗条为美的时代偏要增肥一样不合时宜，天下已经太平了几十年，兵法，有什么用处呢？

再者说了，他是个寒门庶族，梁朝的将领不是皇亲就是贵胄，他这个弱势群体怎么有可能带兵出征？

但陈霸先不管这些，即使现在前路迷茫，他依然充满希望；即使现在没有机会，他依然要做准备；即使现在没有人理，他依然志在千里。

他相信机会迟早会到来，正如再干旱的季节也迟早会下雨一样。

当时几乎所有人都对陈霸先完全无视，只有萧映对他非常赏识：此人前程远大！

公元540年，萧映出任广州刺史，不过这似乎并不是一个好差事，因为当时的岭南属于化外之地，经济不好，事情不少，更麻烦的是，叛乱不断。

就像在下雨时会很自然地想到遮风挡雨的雨伞一样，萧映在去岭南时也自然会想到熟读兵书的陈霸先。

因此他提拔陈霸先为中直兵参军（军事参谋），把他带到了岭南。

这一年，陈霸先已经三十八岁。

陈霸先兴奋得夜不能寐，证明自己的机会终于来了！

他招募了一千名士兵，很快平定了两个县的叛乱，萧映见他出手不凡，马上又给他升官，任命他为西江督护（西江军分区司令）、高要（今广东肇庆）太守。

公元541年十二月，交州（治所龙编，今越南河内东）的土豪李贲聚众起兵反叛，占领了交州，交州刺史萧谘（梁武帝之侄）只身脱逃，逃到了广州。

随后，萧映和萧谘命令高州（治所今广东阳江）刺史孙冏、新州（治所今广东新兴）刺史卢子雄率军征讨李贲。

卢、孙二人认为此时已接近盛夏，天气炎热、瘴气严重，要求等秋凉后再进军。

萧映到广州时间不长，对当地情况不熟，加之立功心切，因此严词拒绝，而萧谘急于挽回面子，更是再三催促，严令迅速发兵。

孙冏、卢子雄只得硬着头皮带兵出征，然而才走到中途，两人的担心变成了现实——疫病爆发，人马死伤大半，其余的人也纷纷逃散。

大军不战自溃，这个责任谁来背？

萧谘这个人别的本领没有，推卸责任的本领倒是一流。

他马上向梁武帝上书，诬告卢、孙两人勾结叛军，逗留不进，以致酿成惨败。

对自家人的话，梁武帝向来毫不怀疑，便立即下诏赐死了孙冏和卢子雄。

没想到这下可捅了马蜂窝，卢子雄的部将杜僧明、周文育等人起兵反叛，围攻广州，要杀死萧映和萧谘，为主帅报仇。

危急时刻，陈霸先率三千精兵神不知鬼不觉地突然杀到，叛军猝不及防，很快被陈霸先击溃，杜、周两将被擒。

杜僧明和周文育都有万夫不当之勇，陈霸先对他们十分欣赏，便倾心结纳，想收为己用。

也许是他天生具有领袖魅力，也许是他天生善于化敌为友，两人都被他的诚意所感化，从此对他死心塌地，成为他的左膀右臂。

这一战，陈霸先立下大功——救了皇帝两个亲侄子的命，梁武帝对他大为赞赏，便加封他为直阁将军，赐子爵，并派画师为其画像，他想要看一看这位威震岭南的将领究竟是何许人也。

在当时，这算得上是无比的荣光——估计跟如今登上美国《时代》杂志封面差不多。

几个月后，萧映在广州病死，陈霸先亲自护送其灵柩北上，准备送回建康安葬。毕竟没有萧映对他的赏识，就没有他的今天。对萧映的知遇之恩，他永志不忘。

如果陈霸先回到江南，也许他将会提前遭遇侯景，历史也将发生改变。

但此时发生的一件大事把他留在了岭南。

交州叛军首领李贲建立了越南历史上第一个政权——他自称越帝（越南史书称其为李南帝），国号万春，定都龙编。

看到李贲如此不识时务，梁武帝不免大为震怒，他立即命令新任交州刺史杨瞟督帅大军讨伐李贲，陈霸先则被任命为交州司马，担任杨瞟的副手。

接到圣旨的时候，陈霸先已经到了大庾岭（又称南岭，位于赣粤边界）。他立刻返回广州，与杨瞟会合。

随后陈霸先自告奋勇担任先锋，率军向交州进发。

李贲闻讯后不敢怠慢，在与梁朝接壤的交州北部重兵布防，严阵以待。

没想到陈霸先不走寻常路，他居然坐船从海路穿越北部湾，在交州的东部沿海登陆，如神兵天降般出现在李贲的后方。

李贲对此全无防备。

以陈霸先用兵的大才，就算李贲严密防备，估计也不是对手，何况根本没有防备呢？

因此陈霸先的进攻非常顺利，比一帆风顺还要一帆风顺，比势如破竹还要势如破竹。

李贲不仅一败涂地，而且一败再败，最后他率残兵逃到了典彻湖，用木栅和战船堵塞湖口，以阻挡梁军的攻势。

梁军久攻不下，局面逐渐陷入僵持。

眼看粮草将尽，杨瞟和众将都萌生了撤军的想法。

但陈霸先力排众议：绝不能撤！在这时撤兵，就如同水将沸而撤去火、病将愈而撤去药，定然前功尽弃！如今敌军屡战屡败，士气尽失，只要我们咬咬牙再坚持一下，敌军就必然无法再支持下去！

正所谓"自助者天助"，当天夜里，天降暴雨，水位暴涨，李贲阻塞在湖口的木栅和战船多被大水冲毁，陈霸先抓住战机，一马当先率军攻入李贲的营寨。

李贲几乎全军覆没，只得逃到山洞中躲藏，后被当地獠人斩首，献给梁军，随即传首京师。

这一战让陈霸先在交州一带名声大震，只要听到他的大名，就连小儿也不敢夜啼。

后人（也就是小子我）有诗赞曰：

陈霸先霸气侧漏，如旋风横扫交州。兵锋至所向无敌，李南帝变罹难帝。

梁朝能够重新夺回交州，毫无疑问，陈霸先是最大的功臣。

然而梁武帝除了给他加了振远将军，都督七军诸军事的虚衔外，并未有任何实质性的封赏。他依然原地踏步，继续担任西江督护、高要太守，连一个州刺史的职务也没有得到。

由此可见，在注重门第的梁武帝手下，一个寒门庶族要想出人头地，该有多么困难！

如果没有侯景的出现，也许陈霸先只能以太守的身份终老边疆。

然而陈霸先依然没有泄气，他依然每天练兵、读书，忙得不亦乐乎。

因为他知道，永远不能在没有机会的时候放松，否则就永远都没有机会。

砒霜，对很多人来说是毒药，然而对某些人却是良药。

侯景发动叛乱，对很多人来说是百年一遇的灾难；然而对已经四十六岁的陈霸先来说，却是他千载难逢的机会。

消息传到岭南，陈霸先马上准备率军勤王。

然而有人挡住了他的去路——他的顶头上司广州刺史元景仲。

元景仲本是北魏宗室，因此受到侯景的拉拢，在广州响应侯景。

陈霸先立即出兵，宣布讨伐元景仲，然而作为一个小小的太守，他手下的兵力并不多，仅有数千人，如何能打败手握重兵的元景仲？

在一般人看来，太难，比上天还难。

但在陈霸先看来，容易，比上厕所还容易。

陈霸先只用了一句话就解决了问题：元景仲勾结贼人，阴谋叛逆，朝廷命曲江公萧勃为新任刺史，大军马上开到！

这句话犹如原子弹一样威力巨大，一下子把元景仲从朝廷重臣变成了非法逆贼，从人人敬畏变成了人人不齿，从重兵拱卫变成了众叛亲离，其部下很快就一哄而散，元景仲成了光杆司令。

眼看大势已去，元景仲走投无路，无奈只能自缢而死。

陈霸先率部进驻广州，并迎接原定州刺史萧勃（梁武帝的族侄）为广州刺史。

接着他又平定了始兴郡（今广东韶关）等地的多处叛乱，声势大振。

随后他驻军于始兴，招兵买马，准备北伐，当地豪杰侯安都前来归附，后来他成为陈霸先最为倚重的大将之一。

然而萧勃一心只想割据岭南，因此不仅不支持他，反而对他百般阻挠。

萧勃甚至写信骂他：你小子真是不识时务，吃地沟油的命，操宰相的心！

衣服穿了不适要扔掉，住房住着不爽要换掉，上司对自己不好当然也要毫不犹豫地炒掉，陈霸先下定决心撇开萧勃，重新为自己找一个领导。

找谁呢？

经过再三考虑，他决定把宝押在实力最强的湘东王萧绎身上。

于是他派遣使者去江陵与萧绎联络，表示愿意受他节度。

有人入伙，萧绎当然求之不得，他立刻加封陈霸先为持节、明威将军、交州刺史。

公元550年正月，陈霸先在始兴正式宣布起兵勤王，讨伐侯景。

此时的赣粤一带，军阀四起，土匪遍布，陈霸先想要打开北上的通道，谈何容易？

刚翻过大庾岭，陈霸先就遇到了第一个拦路虎，南康（今江西南康）土豪蔡路养和他的两万兵马。

两军在南康城外相遇，随即爆发了一场恶战。

蔡路养的妻侄萧摩诃年仅十三岁，骁勇无比，史称其"单骑出战，军中莫有当者"。

激战中陈军猛将杜僧明的坐骑被萧摩诃击伤，杜僧明坠马倒地，被敌军团团围住。

千钧一发之际，陈霸先亲自率军杀到，救出杜僧明，还把自己的战马送给他，杜僧明信心大振，再次率数十人冲入敌阵，所向披靡。

萧摩诃再勇敢，也不可能凭一己之力挡住陈军杜僧明、周文育、侯安都、徐度等骁将的轮番冲击，最终蔡路养全军覆没，小将萧摩诃则被陈霸先收降。

随后，陈霸先乘胜进驻南康城。

此时，已经暗中投靠侯景的高州刺史李迁仕占据了大皋口（位于今江西吉安）。为了增强自己的实力，李迁仕专门派人去征召自己的下属高凉（今广东高州）太守冯宝。

冯宝的妻子冼英（史称冼夫人），世为当地俚人（据说就是现在的壮族）首领。她对自己的丈夫说，李迁仕故意装病不肯勤王，却大肆招兵，还大量打造武器，一定是要图谋不轨，他这次召你去，肯定是要拿你做人质胁迫我们出兵。咱们不能上当，你千万不能去。

冯宝对此将信将疑。

几天后，果然传来了李迁仕发动叛乱，响应侯景的消息。

冯宝对老婆十分佩服：I 服了 you，你真牛！

冼夫人没有接他的话，却慷慨激昂地说，李迁仕是国之逆贼，咱们岂能袖手旁观？

冯宝瞪大了眼睛，表示不解：不袖手旁观还能怎样？再说，围观，也是一种力量。

冼夫人笑了：我有一计，可破此贼……

冯宝听罢，连连称妙。

于是冼夫人依计而行，率领一千余人赶着马车来到大皋口，娇滴滴地对李迁仕说，我老公冯宝胆小怕事，不敢前来见您，只好让我给你送一批军需物资，以求得您的原谅。

李迁仕信以为真，又见冼夫人不过是一个弱女子，当然毫不防备：这小娘们儿，长得还真不赖。让我凑近点瞧瞧，不知有木有可能潜一下……

他迫不及待地让她率部入城。

没想到，冼夫人进去后就立即变脸，一下子从弱不禁风的林黛玉变成了威风凛凛的穆桂英，她一声令下，部下全都从车厢里拿出武器，鼓噪而进。

李迁仕猝不及防，根本抵挡不住，只好仓皇逃往宁都（今江西宁都）。

大皋口很快就被冼夫人占领，随后她迎接陈霸先进城。

一番交谈后，她对陈霸先大为叹服，回去后对冯宝说，陈都督这个人天纵英才，当世无人可比。此行他必能平贼。咱们应该联络各地的朋友，多多出钱出粮，支援他成就大业。

有了冼夫人和其他岭南地方豪强源源不断的物资支持，陈霸先如虎添翼，半年后，他攻占宁都，擒斩李迁仕，随后遣使向萧绎报捷。

萧绎改封陈霸先为江州刺史，命他沿赣江继续北上，向江州进军。

因为萧绎现在迫切需要他的支援。

王僧辩扭转乾坤

这段时间，萧绎和侯景在长江中游正打得难分难解。

在夺占郢州后，萧绎本打算稍作休整，再继续东下攻取江州，没想到侯景却很快打上门来了。

公元550年九月，侯景派大将任约率军西征，连续攻取郢州的重镇西阳（今湖北黄冈东）、武昌（今湖北鄂州）等地，萧绎则派大将徐文盛率数万水军东下救援。

两军在西阳附近的贝矶相遇，一场恶战之后，任约大败，只得退保西阳。

侯景急忙又派大将宋子仙率军两万前往增援，萧绎也毫不示弱，从江夏抽调两万水军支援徐文盛。

徐文盛气势更盛，很快又再下一城——攻占了武昌。

任约再次向建康告急，侯景决定亲征。

他留王伟守建康，自己则挟持太子萧大器为人质，亲自率军西进。

然而侯景麾下的将领大多来自北方，擅长陆战，与南方军队争雄于大江之上显然非其所长。

因此和徐文盛的首次交锋，侯景就吃了败仗，叛军大将库狄式和落水身亡。

然而侯景的外表虽然是矮丑矬，脑子却是有名的快灵狠，他略一思索，很快就有了对策。

他发现荆州军的主力都在西阳一带，郢州州城江夏（今湖北武汉）却十分空虚，于是他立即派宋子仙和任约率精锐骑兵走陆路，绕过徐文盛的大营，随后向西一路疾驰，偷袭江夏。

驻防江夏的是郢州刺史萧方诸，萧方诸是萧绎最宠爱的次子，年仅十五岁，年少无知，很傻很天真，因此萧绎特意派自己的亲信鲍泉辅佐他。然而鲍泉觉得有徐文盛的大军在前面挡着侯景，江夏万无一失，因此毫不设防。

萧方诸这个小屁孩一天到晚只知道胡闹，鲍泉也有意逢迎这位未来的太子，每天陪着他疯玩。

这天，萧方诸正坐在鲍泉的肚子上，用五色彩线把鲍泉的胡子扎成辫子，玩得十分 high，有人报告说敌军杀进城来了，鲍泉不信，还把他骂了一顿。没想到没过多久，宋子仙就率军冲了进来，萧方诸和鲍泉就这样糊里糊涂做了俘虏。

看着鲍泉胡子上的彩色丝线，宋子仙笑了，大敌当前，居然这样胡搞——把胡子搞得乱七八糟，怎么可能不败？

江夏城落入侯景手中，双方的形势瞬间逆转。

徐文盛的后路被切断，腹背受敌，粮草也濒于断绝，因此很快就全军溃散，徐文盛率少数残兵逃归江陵（后被萧绎关进监狱，死于狱中）。

而在此之前，萧绎也意识到了江夏是沿江防守最薄弱的环节，便任命王僧辩为大都督，率领王琳、杜龛、淳于量等一帮猛将以及荆州军团的几乎全部主力，从江陵火速东下增援江夏，并寻机与侯景决战。

王僧辩大军在行至巴陵（今湖南岳阳）时，就听说郢州已经陷落，便在巴陵驻扎，以逸待劳，静待侯景的到来。

因为，巴陵是进攻江陵的必经之路。

公元551年四月，侯景乘胜率军从江夏沿江西进，兵马号称二十万，船队绵延数十里，史称：江左以来，水军之盛未有也。

侯景坐在楼船上，看着自己浩浩荡荡的船队乘风破浪。

他意气风发，思绪万千。

回想自己这一路走来，从一无所有到一方诸侯，再从一方诸侯到一无所有，如今又从一无所有到一手遮天，距离事实上的一国之主只差一步之遥。

他要一往无前，两全其美，三分天下，四面凯歌，五湖四海，六六大顺，七窍玲珑，八面威风，九五之尊，十拿九稳……

无限的豪情在他的胸中油然升起。

轻敌的心情也在他的胸中油然升起。

侯景的大军很快来到巴陵城下。

他派任约率部分兵力继续向西直取江陵，自己则率主力把巴陵城团团围住。

巴陵城不大，侯景有足够的信心攻下这座小城，他立即下令发起攻击。

然而侯景错了，王僧辩守城的本事一点也不逊色于他的族人王思政，时间一天天地过去，侯景的部队却根本攻不进去，反而伤亡惨重。

巴陵久攻不下，侯景心神不宁。

与此同时，萧绎也在江陵城内坐立不安。

大敌当前，他的侄子也是他的死对头萧詧也来趁火打劫。

萧詧率军从襄阳南下，声称前来援助萧绎抵抗侯景。

萧绎当然知道这个侄子的心思，但自己的主力大多被王僧辩带出去了，江陵城内兵力薄弱，怎样才能让萧詧退兵呢？

有人建议以侯景已被打败为由让萧詧撤军，萧绎却不以为然：我太了解这个侄儿了，这家伙像弹簧，你硬他就软，你软他就硬。如果这么说，他一定会进军。对他，不能太好说话，得吓唬他。

萧绎派使者前去威胁萧詧：你来吧，我早已让大将胡僧祐率甲兵两万、骑兵五千严阵以待。

萧詧果然被吓住了，不敢再进军，立即率军退回襄阳。

听说侯景兵围巴陵，萧绎不由得笑了起来：侯景如果水陆并进直取江陵，这是上策；据守江夏是中策；围攻巴陵是下策。巴陵虽然城小，却易守难攻。侯景却偏取下策，这是天要亡他啊。

随后萧绎派老将胡僧祐率水军沿江顺流而下，前往支援王僧辩。

临行前他关照胡僧祐，千万不要与叛军在陆地上交锋，要找机会与之水战。

胡僧祐行至半途，正遇到任约统率的叛军，胡僧祐不等交手就匆匆撤退，任约以为他胆怯，率军紧紧追赶。

很快胡僧祐退到了赤沙湖。

赤沙湖位于今湖南南县附近，如今已经淤积成陆。不过当时的赤沙湖与洞庭湖和长江相连，浩浩荡荡，一望无际，唐代诗人刘长卿在《湘中纪行赤沙湖》一诗中形容说：秋水连天阔。可见其水域之宽广。

在那里胡僧祐碰到了率军前来增援自己的信州刺史陆法和，两人遂合兵一处。

陆法和是个世外高人，但凡高人总会有与众不同的来历。陆法和当然也不例外，不过他更神——他的来历是完全空白。

人们只知道他曾经隐居在长江中的一个小岛——百里洲（今湖北枝江百里洲镇），却没人知道他来自哪里，更没人知道他的父母是谁，仿佛他和孙悟空一样是从石头缝里蹦出来的。

据说他不仅会各种法术，能预卜吉凶，而且还会医术，替人看病只需三服药就可痊愈，因此他在当地名气很大，信徒很多。

侯景刚投奔梁朝时，陆法和就对弟子说，你们跟我去打侯景吧。

弟子不理解，侯景弃暗投明，为我国效力，为什么要去打他？

陆法和却回答，正因为这样啊。

弟子听了一头雾水，完全不明白他的意思。

说实话，就连冰雪聪明、智商高达二百五的小子我听了也是一头雾水。

不过这就高人的风格，高人讲的话往往让人摸不着头脑，正如名医开的处方总是让患者看不懂一样。

在侯景包围台城的时候，有弟子问：现在可以去打侯景了吧。

陆法和的回答耐人寻味：果子熟了，就会自己掉下来。

直等到侯景率军围攻巴陵，也就是萧绎最窘迫最紧急最缺人手的时候，陆法和终于行动了，他召集八百弟子出山，自告奋勇愿意前去讨伐侯景。

这真是雪中送炭，于是他立即被萧绎任命为信州刺史，率部开往巴陵前线。

和胡僧祐会合后，足智多谋的陆法和决定采用火攻。

此时西北风正劲，风助火势，很快叛军战船就纷纷着火，场面一片混乱。

梁军顺势掩杀。

最终叛军全军覆没，主将任约不知所踪。

这家伙到底是死了还是逃了？

熟知地形的陆法和开口了：以前水干的时候，此地曾经有一座佛塔，何不到那里看看有没有贼首？

部下将信将疑地赶到那里，果然看到任约抱着塔尖仰着头，张着口，在那里艰难地喘气，那样子，很像一只奄奄一息的青蛙。

叛军头号悍将任约就此束手就擒。

被俘后的任约一心求死，陆法和蔼可亲地开导他：你与湘东王有缘，必不会死。

果然，萧绎后来不仅赦免了任约，还给予了重用。

镜头转到巴陵。

此时侯景已经围攻了一个多月，却毫无进展，巴陵城依然牢牢地掌握在王僧辩手中。

雪上加霜的是，由于时值盛夏，疫病流行，侯景的部队死伤过半，而粮草也已断绝，此时任约兵败的消息传来，侯景再无战意，遂连夜撤兵。

他让大将宋子仙率军两万留守郢州，自己则率残兵退回建康。

侯景遭受了他三年来最惨重的一次失败。

侯景的覆灭

萧绎派王僧辩乘胜追击，梁军士气如虹，很快就攻下郢州，击杀宋子仙。

自己的部队一败涂地，最倚重的两员大将任约和宋子仙一降一死，这一切让侯景心灰意冷。

本来他打算扫平天下以后再称帝，但现在他改变了主意，不管那么多了，先过把皇帝瘾再说。

王伟提出先行废立，以树威权。

废掉简文帝，该立谁呢？

王伟建议改立豫章王萧栋。

他的理由非常充足：萧栋是梁武帝的嫡长子萧统的嫡长子萧欢的嫡长子，没有比他更根正苗红、更名正言顺的人选了。

侯景当即同意：好，就这么办！

公元551年八月，简文帝萧纲被废，豫章王萧栋即位，改年号为天正。

侯景娶萧纲的女儿溧阳公主为妻，算起来萧纲是他的岳父，萧纲的儿子是他的小舅子，但侯景这人向来六亲不认，翻脸比翻书还快。他大开杀戒，把萧纲在建康的所有儿子——包括太子萧大器在内，全部杀光。

萧纲本人自然也在劫难逃。

王伟以祝寿的名义向简文帝进献寿酒，萧纲苦笑着说道，这寿酒，应该是是寿尽于此酒的意思吧？

王伟不置可否。

萧纲当然明白其意思。

既然注定要死，不如在死前喝个痛快，喝个一醉方休。

醉是暂时的死，死是永远的醉。

他大口喝酒，喝得酩酊大醉，沉沉睡去，从此再也没有醒来——因为他随即被王伟命人用盛满土的大口袋活活压死。

这个曾提出"立身先须谨重，文章且须放荡"的一代才子，这个曾被侯景玩弄于指掌之中的傀儡天子，这个只知道逆来顺受不敢有丝毫反抗的懦弱男子，就这样窝囊地离开了人世。

小子我在这里忍不住插一句：男人没有血性，就好比女人没有胸。女人没胸，还可以用硅胶填充，男人没有血性，无药可救。

就像简文帝萧纲一样。

简文帝死了，接替他的萧栋命运当然也好不到哪里去。

在侯景看来，萧栋的使命就是个过渡，好比连接母体和新生儿的脐带，一旦新生命诞生，脐带就要剪掉。

仅仅三个月后，侯景就废掉萧纲正式登上帝位，改国号为"汉"（一个羯人，为什么要起这个名字？小子我难以理解）。

随后，王伟请侯景立七庙。

侯景很奇怪：奇妙？

王伟：是七庙。

侯景不解：七庙是个神马东东？

王伟解释说：天子要祭祀自己的七代祖宗，设立他们的宗庙，这就叫七庙。

这可把侯景难倒了：别的我都不知道，我只知道我老爹叫侯标。而且他葬在朔州（今山西朔州），怎么可能到建康来享用祭品？而且，就是他想要来，也不认识路啊？

在场的人都哄堂大笑。

不过，各位同学，你们可别笑，你能说出你的七代祖宗吗？

估计大多数人都和侯景一样回答不出来。

既然侯景无法说出自己的祖宗，王伟只能遍访侯景从北方带来的部下，总算有人知道其祖父叫乙羽周，再往上就搞不清了，只能胡编乱造了。

这种乱认祖宗的事当然难不倒王伟，他把东汉宰相侯霸列为侯景的始祖，东汉末年的文学家侯瑾列为其七世祖。其余各代祖宗也一个不缺。

侯景是羯人，侯霸是汉人，让侯景认侯霸当祖宗，就像让鲁尼认鲁智深、梅西认梅超风当祖先一样的荒唐。

但再荒唐的事，只要侯景说是，谁敢说不是？

饱读诗书的王伟给新皇帝制定了一整套规定，不能随便出去，不能随便见人，更不能像以前一样用弹弓打鸟。

这让一向放浪不羁的侯景感觉非常郁闷：连鸟都不能打，这个皇帝我还当个鸟？早知道这样，我就不当这个狗屁皇帝了！

如他所愿，他的皇帝生涯很快就要走到尽头了。

他的丧钟即将敲响。

在侯景称帝仅仅三个月以后，也就是公元552年二月，王僧辩率大军顺流而下，与沿赣江北上的陈霸先在白茅湾（今江西九江东）会师。

此时的陈霸先兵强马壮，有甲兵三万，强弩五千，战船两千余条，粮食五十万石。

看到王僧辩军中缺粮，陈霸先慷慨地送给他三十万石军粮作为见面礼，王僧辩大为感激。

随后王、陈两位主帅登上高台，歃血为盟，一起宣读檄文，全军将士人人振奋。

两军会师后合兵一处继续东进，势如破竹，很快进占芜湖。

侯景急忙派大将侯子鉴率主力据守建康上游的重镇姑孰（今安徽当涂），临行前他特意叮嘱：荆州军擅长水战，千万不要与他们在水上交锋。

侯子鉴按照侯景的要求，舍舟登岸，在陆地上安营扎寨，严阵以待。

王僧辩则在芜湖逗留，徘徊不进，甚至几次好像要进攻可是还没交手就哆哆嗦嗦地退了回去——好像一个娘娘腔面对美女又想追又不敢追的样子，一副 衰样。

十几天后，侯子鉴终于有了自己的判断，看来王僧辩是害怕我，如果再不 出手，只怕要被他逃回去了。

立功心切的侯子鉴率军登上战船，向王僧辩发起了猛烈的攻击。

王僧辩故意把大船隐藏在长江两岸，用小船与侯子鉴交战。

战不多久，就纷纷败退。

侯子鉴心头大喜，荆州军果然不堪一击，急忙率军追赶。

王僧辩大旗一挥，梁军隐藏起来的大船纷纷驶出，切断了侯子鉴的退路。

随后王僧辩也回军力战，两下夹击，侯子鉴大败，只身逃回建康。

这消息，震天地，侯景惊得呆若木鸡：侯子鉴，贱猴子，这回你真是坑了 老子！

一代杀神竟然也忍不住泪流满面。

但侯景毕竟是侯景，他的沮丧就像呵在玻璃上的热气一样，很快就销声匿 迹，没过多久他又恢复了冷静。

自己还有数万人马，广陵、京口以及三吴等地区还都掌握在自己手里，只 要死守建康，等待援军，也许还有翻身的可能。

他下定了决心：只要有一线希望，就不要叹气。只要有一丝机会，就不要 放弃。

于是他收集了各种大小船只装满石头沉于江中，以堵塞秦淮河口；又于秦 淮河北岸构筑工事，在从石头城到朱雀桥长达十几里的范围内密集布防。

然而这一切却根本无法阻挡士气正盛的梁军。

王僧辩率军乘涨潮的机会进入秦淮河，顺利突破了侯景的第一道防线。

但在看到秦淮河北面密密麻麻的敌军工事后，诸将都不免有些畏惧，连王 僧辩也觉得很为难，便问身边的陈霸先：看样子不好办啊，陈将军有何良策？

陈霸先斩钉截铁地说：三年前，柳仲礼率数十万大军不敢渡河，止步于秦 淮河南岸，咱们决不能让历史重演。我愿意担任先锋！

他一马当先，率部强行渡河，很快就突破了侯景的防线，王僧辩则率大军 紧随其后，在秦淮河北面扎下营寨。

侯景困兽犹斗，他留王伟守台城，自己亲率仅存的一万步兵、八百铁骑出 城迎击。

陈霸先对王僧辩说，兵法云，善用兵者，如常山之蛇，击其首则尾至，击 其尾则首至，击其中则首尾俱至。如今我众敌寡，咱们应该把部队展开，既便于互相救援，又可分敌人之兵，便于各个击破。

于是梁军摆开一字长蛇阵，迎战侯景。

侯景真是足够彪悍，他率军猛打猛冲，梁将王僧志的部队抵挡不住，眼看就要被冲垮。

关键时刻，陈霸先命部将徐度率两千士兵出其不意地迂回到叛军身后，乱箭齐发，叛军顿时一片混乱，王僧志终于转危为安。

看到形势有利，陈霸先立即指挥部将杜僧明、周文育、侯安都等人奋勇冲锋，王僧辩麾下的猛将王琳、杜龛等人也紧随其后，叛军逐渐落了下风。

侯景还想做最后一搏，他发现陈霸先是梁军的核心，只要冲垮陈霸先所部，局势尚有一线转机。

于是他集中自己所有的精锐兵力猛冲陈霸先的部队。

怎奈陈霸先军容齐整，毫无破绽。无论他如何左冲右撞，结果却如同苍蝇撞玻璃——完全是徒劳。

几个回合下来，叛军伤亡惨重，陈霸先的阵型却岿然不动。

随后陈霸先指挥各部发起反攻。

叛军再也抵抗不住了，很快就全军溃散，侯景狼狈逃回台城。

他没有进城，而是把王伟叫出来，责备他说，你可把我害苦了！

随后他把自己在建康所生的两个小儿子用皮口袋装好，挂在马鞍上，拨转马头，准备逃跑。

王伟赶紧拉住了缰绳，苦苦劝谏：自古哪有逃跑的天子？宫中卫士，尚可一战。

侯景长叹了一口气：我一生南征北战，战无不胜。今天却到了这样的地步，这是天要亡我，再战又有何益？

他抬起头，仰望着台城，望着自己仅仅入住三个月的皇宫，叹息良久，才率领数百残兵，打马离去。

去哪里呢？

想到自己的心腹爱将谢答仁在富阳（今浙江富阳）还有数万兵马，他马上就打定了主意——去投奔谢答仁。

随后他一路向东南方向逃窜，很快来到了钱塘（今浙江杭州）城下。

钱塘守将是当年的梁军大将，也是如今的叛军大将，人称赵跑跑的赵伯超。

赵伯超这人不仅擅长临阵脱逃，而且还是个墙头草，他拒不让侯景入城，侯景无奈只好继续向东狂奔。

然而，树欲静而风不止，侯景欲逃而王僧辩不让，王僧辩派大将侯瑱在他

100

后面紧追不舍，最后在松江（今上海松江）追上了侯景，叛军早已疲惫不堪，心无斗志，自然又是大败。

最终侯景身边只剩下了数十名亲信，仓皇逃到海边，总算找到了一条船，叛军争先恐后地挤上船去。

但船小人多，严重超载，让谁下船呢？

为了表现自己爱兵如子，不，是"爱兵超子"，以争取军心，侯景一狠心，把自己随身带着的两个宝贝儿子扔下大海。

船终于开动了，该往何处去？

侯景也不知道，如今只能棉絮包脑袋——撞哪儿是哪儿了。

他让船工一直向东开，听说海里有海岛，到那里求生吧。

看到船逐渐远离了大陆，远离了追兵，早已筋疲力尽的侯景终于放松下来，很快就睡着了。

这一睡，事情就有了变化。

因为这世界可能会缺煤、缺电、缺水、缺石油、缺贵金属，但绝不会缺见风使舵的人。

船上就有这样的人。

这个人叫羊鹍（读 kūn）。

他是羊侃的儿子，侯景纳他的妹妹为妾，故而成为侯景的亲信。

如今羊鹍也有了异心，他知道跟着侯景是没有前途的，侯景要想翻身，除非蛤蟆直立行走，骡子全会生子，妓女全是处女——显然是绝无可能。只有杀掉侯景，自己才能将功折罪，也才可能有生路。

他的想法得到了同船另外几人的支持。

羊鹍威胁船工，让他把船开进长江，开往京口（今江苏镇江）。

沉睡中的侯景对此一无所知。

他太累了，睡了很久，很久。

醒来后，他走到船头，举目四望，清晰地看到了岸边的房子、树木还有山丘。

这难道就是传说中的海市蜃楼？

一阵清风吹来，他一下子清醒过来，这哪里是大海？

分明是长江！

他大惊失色。

此时侯景突然发现以羊鹍为首的几个人提着刀，杀气腾腾地向他走了过来。

他的大脑一片空白。

只见羊鹍厉声说道，兄弟们跟着大王也吃了不少苦，如今想借你的头来换取富贵！

侯景想要跳水逃生。

然而已经太晚了，羊鹍等人早已用刀挡住了他的去路，他转身逃回船舱，用佩刀猛撬船底板，想把船凿沉，和船上人同归于尽。

羊鹍眼疾手快，马上拿起一把长矛，狠狠地刺进了他的后背。

侯景当场毙命。

也许这就是他的宿命——背叛别人的人往往会遭遇别人的背叛，崇尚暴力的人往往会被暴力解决，喜欢杀戮的人往往也会死于杀戮。

在攻下台城、控制朝政三年之后，侯景就这样结束了他罪恶深重而又充满传奇的一生。

如果说要评选中国历史上最有名的建设者，恐怕难有定论，但要是评选中国历史上最有名的破坏者，也许侯景当仁不让！

而正是由于他在江南的疯狂杀戮，南北朝南北双方势均力敌的平衡从此被打破，北强南弱的局面从此形成，从而为三十多年后，中国的再次统一创造了条件。

侯景是黎民百姓的罪人，却又是国家统一的功臣，这一切如此的荒诞，却又如此的真实，让人唏嘘不已。

不过，这也许是自然界普遍存在的法则，就如臭烘烘的大粪可以浇灌出鲜嫩的青菜一样。

侯景死后，他的尸体被分成了三块。

首级被送到了江陵，先在闹市示众三日，再用油漆漆好后保存在博物馆；

双手被送到了北齐，作为萧绎与北齐建交的见面礼，意思是：这个国际上最大的恐怖分子，我们帮你除掉了；

身体则被扔在了建康的大街上，百姓们对他早已恨之入骨，都争着去割他的肉吃，没多久就分光了。

十七岁的溧阳公主也分到了一碗自己丈夫兼杀父仇人的肉汤，她一饮而尽，不知此时的她，会有怎样复杂的心情？

祸首侯景死了，他的党羽郭元建、侯子鉴等人献出广陵（今江苏扬州）投降了北齐，而王伟、赵伯超、谢答仁、周石珍等人则或被俘或投降，都被押送到江陵。

王伟知道萧绎是个文人，便投其所好，在狱中写了一首长诗，献给萧绎。

萧绎看了大为叹服，对周围的人说，王伟真是有才啊，我想赦免他。

然而此时有人说的一句话彻底改变了王伟的命运：王伟的确有才，这首诗写得也确实不错，不过他有一篇檄文比这更好。

萧绎赶紧让人找来这篇文章，只看到上面写着：项羽重瞳，尚有乌江之败；湘东一目，宁为赤县所归……

萧绎的脸色一下子变得很难看，王伟，我一定要让你死得很难看。

你的嘴巴有多毒辣，我的手段就有多毒辣！

他命人把王伟的舌头钉在柱子上——看你以后还怎么骂人；随后又剖开其肚子，挖出肠子——看你到底是怎样的蛇蝎心肠；再一片片地脔割其肉，直至气绝。

其余的俘虏也获得了应有的下场，周石珍等人被斩首，赵伯超被饿死在狱中，只有谢答仁因为曾对简文帝有恩而没有被杀。

摆在萧绎面前的，此时还有一个问题，该怎么处置侯景所立的废帝萧栋呢？

他早有安排。

在出兵时，王僧辩就想到过这个问题，他问萧绎：平贼之后，该以何种礼节对待嗣君？

萧绎的回答是：六门之内，自极兵威！

台城共有六个城门，这意思明摆着，台城内的人都可以杀，毫无疑问，嗣君也不例外。

王僧辩当然知道萧绎的意思，他回答说，讨贼的事，臣义不容辞；成济的事，您让别人干！——成济是什么人？看过《三国演义》的都知道，那是杀死曹魏皇帝曹髦的凶手！

萧绎也不勉强王僧辩，把这个脏活交给了另一名亲信朱买臣。

朱买臣请废帝萧栋兄弟三人到船上喝酒，随后有人找他有事，他出去了一下。

他刚走，就发生了意外——其实，不发生意外才是真的意外。

船翻了，萧栋等人全都溺死。

兄弟阋墙

国不可一日无君，没有皇帝怎么行？

王僧辩赶紧带领群臣劝进。

萧绎照例推辞了几次，当然最后只能"勉为其难"地在江陵正式即皇帝位，改年号为承圣，是为梁元帝。

然而此时他管辖的范围却十分有限，在他上游的益州，他的八弟萧纪已先于他称帝；在他北面的雍州，是他的死对头——已经投靠西魏的侄子萧詧；而巴陵（今湖南岳阳）以东、长江以北的大片土地都已经被西魏和北齐所瓜分。

新帝登基，当然要大封功臣。

此次平定侯景，王僧辩功劳最大，因此被加封为司徒、扬州刺史，镇守京城建康；陈霸先次之，被封为征北大将军、南徐州刺史，镇守京口（今江苏镇江）。

当然，多疑的萧绎也没忘了把陈霸先的儿子陈昌和侄子陈项征召到江陵，名义上封为京官，实际上是作为人质，毕竟陈霸先不是他的嫡系。

此时的王僧辩春风得意，意气风发。

大乱平定巨贼死，手提旧京还天子。

这是何等的功绩，这是何等的荣耀！

身为平叛的最高统帅，他怎么可能不得意！

在收复建康后，他面带微笑地对曾在侯景手下担任太师的王克说道，您事夷狄之君，辛苦了啊！

王克出身于江南第一高门琅玡王氏，听了羞得无地自容。

随后王僧辩脸色一沉，厉声说道，王氏百年公卿，一朝而坠！

作为统帅，王僧辩对士兵也不加约束——也许他根本就约束不了。

荆州军在建康城中大肆劫掠，城内到处火光冲天，甚至连宫中的太极殿（皇宫的正殿）、东西堂（皇帝的住所）也被烧毁，宫中的大量金银珠宝全都不知所踪。

抢得最凶的是湘州刺史王琳的部下。

王琳是萧绎的小舅子——他的两个姐姐都是萧绎的宠妃。所谓弟以姐贵，故王琳也深受萧绎信任。

此人天生具有江湖老大的气质，他性格强悍，好勇斗狠，有一手好武艺；又慷慨仗义，轻财爱士，每次得到赏赐全都分给部下，因此极得下属的拥戴。

他麾下的将士大多是盗贼出身，战斗力很强，在这次攻打建康的过程中立下大功；军纪也很差，这次烧皇宫的事就是他手下人干的。

皇宫竟然被烧，萧绎怒火中烧。

他立即下令把王琳的部队调回湘州，又召他本人到江陵来朝见。

王琳似乎有种不祥的预感，他这个姐夫，从来都是六亲不认，说翻脸就翻脸，往往前一分钟还夸你是人才，过一分钟就送你进棺材。

在与部下分手时，王琳问他们：如果我回不来，你们怎么办？

部下异口同声地回答，愿与君同死！

果然不出王琳所料，他一到江陵就被抓了起来，关进监狱。

其部下闻讯后，很快就推长史陆纳为首，占据湘州反叛。

萧绎命王僧辩率大军讨伐，陆纳退守长沙，派使者对王僧辩说，只要免王郎无罪，我们马上投降！

叛军居然还敢提条件，王僧辩当然严词拒绝。

随即他下令攻城，却连续几个月都没有攻下。

萧绎只得派使者带着王琳去长沙劝降陆纳。

一见到王琳，陆纳和全军将士立即丢掉武器，拜倒在地，齐声痛哭流涕：只要放王郎入城，我们愿意马上归顺朝廷！

王僧辩请示萧绎，萧绎还是不同意，于是王琳又被送回江陵。

但没过多久，萧绎却一改往日的强硬，答应了陆纳所提的条件，不仅释放王琳还恢复了他湘州刺史的职位，陆纳等人果然立即投降。

萧绎这样的表现显然让人难以理解。

要知道他一向偏执，从来都是一条道走到黑，几乎没有什么可以使他改变自己的意见。

除了一样东西。

这个东西叫形势。

这段时间，形势发生了巨大的变化。

萧绎的八弟，也是他此时唯一还活着的兄弟萧纪率军攻打他来了。

萧纪这几年在益州过得很滋润。

当年侯景围攻台城，父兄危在旦夕，他却没有丝毫行动。

等到梁武帝死了，他依然稳坐钓鱼台。

他的打算是先坐山观虎斗，最后再下山摘桃子。

这段时间，别人在打仗，他在打麻将；别人夜夜难眠，他却夜夜笙歌；别人生不如死，他却醉生梦死；别人那边路有饿死骨，他这里是朱门酒肉臭。

这日子，怎一个爽字了得？

当然，也有看不惯他这种做法的人。

参军徐怦就多次劝谏，要他发兵勤王：殿下您怎么可以对父兄置之不理？

萧纪对这个不知趣的徐怦烦不胜烦——既然你提的问题我解决不了，那就只能解决提问题的你。

因此他随便按了个罪名要杀徐怦，又故作宽大地说，老徐啊，看在咱们多年的交情份上，只取你一人性命，你的儿子们都不受牵连。

徐怦冷笑一声，生儿悉如殿下，留下他们又有何用！

萧纪恼羞成怒，结果徐怦一家全被杀光。

转眼到了公元 550 年十一月，看到七哥萧绎连夺湘州和郢州，野心勃勃的萧纪有点沉不住气了。

说干就干，他亲自率军从成都出发，便以讨伐侯景为名，向东进发。

此时正好侯景也在派任约进攻郢州，萧绎不想两面受敌，遂写信给萧纪：老弟你还是别来了。等我平定了侯景，我们哥俩做孙权和刘备，平分天下吧！

萧纪一看，萧绎的态度还不错，加上侯景和萧绎已经打起来了，等他们两败俱伤时再来收拾残局，岂不更省时、省力？

因此他随即又率军退回了成都。

公元552年四月，也就是王僧辩刚攻进建康时，萧纪便迫不及待地在成都抢先称帝——他觉得这皇帝的位子就和地上的钱一样，谁先抢到就是谁的。

对于七哥萧绎，萧纪不屑一顾：七官（萧绎）是个文人，怎么可能能匡扶社稷！

同年八月，萧纪以永丰侯萧撝（梁武帝之侄）为益州刺史，辅佐自己的小儿子萧圆肃留守成都，自己则率大军倾巢而出，顺江东下，直奔江陵而来。

没想到信州（治所在今重庆奉节）刺史陆法和对此早有防备，他在峡口（今湖北宜昌）两岸筑城，同时用铁链切断长江航道，挡住了萧纪大军的去路。

但毕竟众寡悬殊，陆法和赶紧向江陵告急请求支援。

然而，此时萧绎的主力部队要么在建康一带防备北齐，要么在湘州围攻陆纳，江陵城内缺兵少将，根本派不出援军。

无奈，萧绎只好把侯景当年的部将任约、谢答仁从监狱放出来，让他们统率宫中的禁军去峡口增援陆法和。

同时他写信给萧纪求和，允许他回到益州，可以专制一方。

萧纪对此嗤之以鼻，我堂堂一个皇帝兴师动众御驾亲征，我容易吗？老七你不投降不割地不赔款，就这样想打发我回去？

没门！

他毫不犹豫地回复萧绎：往前一步是幸福，退后一步是孤独。孤独的人是可耻的，人人都有追求幸福的权利，所以我要继续往前。向前向前向前，我们的队伍向太阳……

萧绎急了，这可怎么办？

他绞尽脑汁，终于想到了一个好办法——引狼入室，借刀杀人。

于是，他马上写信给西魏丞相宇文泰，请他发兵攻打萧纪的老巢益州。

老谋深算的宇文泰岂能放过这样千载难逢的机会，他大喜过望：取蜀制梁，在此一举！

随后他立即派自己的外甥尉迟迥（这个人以后还会讲到，只要讲到隋文帝杨坚就一定会讲到他）率两万步骑，出兵伐蜀。

由于精锐主力都被萧纪带走，益州境内十分空虚，尉迟迥乘虚而入，如入无人之境，很快就包围了成都。

这下萧纪彻底傻眼了，本来他不甘居于萧绎之下，想与他争夺天下，如今却骑虎难下，家已经回不去啦，他只能一条道走到黑——向江陵进军，继续东下。

然而他的部队大多是益州人，听说成都危急，他们个个思乡心切，还有多少战斗力？

因此萧纪无论怎么努力都始终无法突破陆法和的防线，而随着时间的推移，粮草也濒临断绝。

无奈，他只能派人向萧绎求和。

然而，此时萧绎已经通过释放王琳平定了湘州，实力大增。

看到萧纪的使者，萧绎轻蔑地笑了：老八，你可真傻。求和跟求婚一样，是要有条件的。你现在都死到临头了，还有什么资本求和？

因此他不但不许，反而大举增兵，又派刚恢复湘州刺史职务的王琳率军前往峡口，协助攻打萧纪。

萧纪进退两难，部队军心涣散。

怎么办？

他手足无措。

蜀军大将陈智祖提议用金钱来激励将士。

原来萧纪极为爱财，他随身携带有一百箱黄金，每次作战，他都把这些黄金展示给大家看，声称会赏赐有功的将士，但他的承诺和某些人经常挂在嘴边的"×你妈"一样——从来没有兑现过。

如今事态紧急，陈智祖请求他把黄金拿出来分发给将士，以鼓舞士气。

萧纪火了：百家姓去掉一个赵——开口就是钱，你的格调能不能高一点。打仗不是你们军人应尽的义务吗？

无论陈智祖如何苦苦哀求，萧纪坚决不肯拿出一两黄金。

如此吝啬如此要钱不要命，谁还愿意为他卖命？

于是蜀军更加离心离德，怨声载道。

任约、王琳等人趁机发动进攻，蜀军一触即溃，纷纷投降。

随后梁军乘胜攻占了长江两岸十四城，彻底切断了萧纪的退路。

萧纪只得带着少数亲信顺江而下，随波逐流，却很快就被萧绎手下的游击将军樊猛包围。

如何处置萧纪？

樊猛不敢擅自做主，便围而不打，派人请示萧绎。

107

正所谓：潮水犹有信，皇家最无情。萧绎下达的密令只有冷冷的六个字：生还，不成功也！——不让他死，就是不成功！

樊猛随即发起猛攻，很快就攻进了萧纪所在的大船。

萧纪一边绕着船乱跑一边把一大袋子黄金扔给樊猛：这袋金子送给你，求求你带我去见七官吧！

樊猛的脑子可不像萧纪那么糊涂，他一阵冷笑：天子岂是你随便能见的？杀了你，这些金子还不都是我的！

随后他一刀结果了萧纪的性命。

萧纪的太子萧圆照和他的两个弟弟则被送到了江陵，萧绎派人劝他们自杀。

然而这三个怕死鬼的求生欲极强，坚决不肯：生命如此可贵，多活一会儿是一会儿！

萧绎遂把他们关进大牢，却不送任何饮食。苦熬十三天后，萧圆照等人活活被饿死，死前还在啃自己的手臂。

萧纪的死讯传到成都，成都守军再无战意，立即向尉迟迥投降。

西魏就这样轻松取得了益州，南朝从此失去了这个长江上游的屏障！

第六章　一山怎能容二虎

萧绎，过把瘾就死

但萧绎对此并不在乎，反而心满意足，经历了多年的苦战，他终于灭掉了所有与他争夺皇位的家人，笑到了最后！

国家太平了，是否应该还都建康？

萧绎犹豫不决，召集群臣讨论。

他在荆州经营多年，手下很多大臣都久居江陵，不愿搬家，因此纷纷反对去建康：建康残破，而且与北齐仅一江之隔，不适合再做国都了！

另外一些大臣则力主回建康：建康是旧都，先帝陵寝所在；江陵不过是个藩镇，怎么可以做都城？

双方争执不下，最后萧绎决定采用民主表决方式，赞成去建康的露左臂，赞成留在江陵的露右臂。

结果露左臂的超过一半。

但萧绎还在犹豫。

因为他的内心并不愿意去建康。

其实不想走，其实我想留……

他一遍遍地唱着这首熟悉的歌，拿不定主意。

无奈，他决定求助鬼神，请术士杜景豪算卦。

杜景豪早已看穿他的心思，便附和他说，去建康不吉！

一锤定音，萧绎终于做出了决定：不去建康，留在江陵！

这可能是他这一生最错误的一个决定。

因为萧绎手下最得力的将领（王僧辩和陈霸先）、最精锐的部队都在建康附近，而且建康和北齐之间毕竟还有长江天险相隔，而江陵在江北，与早已投靠西魏的萧詧之间相距不过百里，几乎无险可守！

在江陵周围比较有战斗力的只有王琳和陆法和两支部队。

但萧绎对这两人非常猜忌，因为王琳的部下只效忠于他个人而不效忠于皇帝，军阀作风浓厚，不符合"皇帝高于一切"的传统；而陆法和则表现得太过聪明，不符合"下级可以比上级聪明，但不可以表现得比上级更聪明"的潜规则。

萧绎觉得必须把他们调到边远地方才行。

他颁下命令：王琳调任广州刺史；陆法和调任郢州刺史。

接到命令后，王琳心中很郁闷：皇帝把我调到遥远的岭南，万一形势有变，我就是想勤王也来不及啊！

而陆法和到了郢州以后，还依然不安分，他认为襄阳的萧詧是个威胁，主动要求率军前往攻打萧詧。

萧绎坚决不允许——你表现越积极，我越是不信任你！

陆法和彻底灰心了，他在郢州摆下香案，设下供品，每天祭拜，因为他知道：通往成功的道路，需要无数个正确的决策串联而成；而通往失败甚至毁灭的道路却往往只需一个错误的决策。

萧绎犯下的一个又一个错误，早已连成了一条不归路，最终一定会把萧绎送进坟墓！

但此时的萧绎豪情满怀，自我感觉极好。

自己坐镇江陵，足不出户，却平定侯景，扫平群雄（其实是自家兄弟子侄）。这是怎样的传奇！

什么叫运筹帷幄决胜千里？

什么叫谈笑间强虏灰飞烟灭？

这不正是自己的写照吗？

他的每个毛孔都充满了骄傲和自豪，他情不自禁地高唱：我要飞得更高，飞得更高……（旋律起）

要飞得更高就要收复失地。

他派人出使西魏，要求归还益州汉中等被侵占的土地，言辞十分傲慢。

宇文泰非常恼火，萧绎这小子以前奴颜婢膝，好像求包养的小三；现在却颐指气使，好像找小姐的大爷。

这脸也变得太快了！

他对心腹大将于谨等人说，上天要使人灭亡，必先使人疯狂，这句话说的就是萧绎这种人！

于是他开始暗中准备攻取江陵，但表面上不动声色，依旧与萧绎保持友好往来。之所以没有马上行动，是因为这段时间他在忙另一件事——废立皇帝。

西魏文帝元宝炬已于公元551年去世，现在的皇帝是其子元钦。

元钦是宇文泰的女婿，但他年轻气盛，不甘和父亲一样做傀儡皇帝，密谋要除掉岳父宇文泰。

然而他的举动怎么可能瞒得过耳目众多的宇文泰？

宇文泰毫不犹豫地废掉元钦，改立其弟元廓，是为西魏恭帝。

两个月后，元钦被宇文泰毒死，其妻宇文氏（宇文泰的女儿）随即自杀殉情——被后人称为烈女。

女儿的惨死，不知有没有在宇文泰钢铁般强硬的内心留下一丝伤痕？

也许会有，但至少外表上肯定看不出来。

在稳定内部以后，宇文泰决定对萧绎动手。

公元554年九月，宇文泰派柱国大将军于谨为主帅，中山公宇文护（宇文泰的侄子）、大将军杨忠、荆州刺史长孙俭为副帅，率军五万进军江陵。

长孙俭问于谨：咱们换位思考一下，你觉得萧绎应该怎样对付我们？

于谨对此早就胸有成竹：退往建康是上策；坚守内城、等待援军是中策；守卫外城是下策。

长孙俭再问：萧绎会采用哪种对策呢？

于谨毫不犹豫地回答：下策。

长孙俭不解：何以见得？

于谨分析道：萧绎刚平定江南，气势正盛，根本不可能想到我们会来进攻他们。而且他和手下的大臣留恋家园，必然会采取下策。我军出其不意，定能成功。

正如于谨所料，萧绎根本想不到西魏会来攻打他，崇尚清谈的他这段时间每天都在大殿内办讲座，讲授老子。

西魏大兵压境，有人得到消息向萧绎报告：西魏军打过来了！

萧绎不信，如今自己已经坐稳江山，西魏怎么可能这个时候进攻自己？难道不怕自己和北齐联手？

侍中王琛给萧绎吃了颗定心丸：我前一阵子还出使魏国，宇文丞相对我十分友好，绝对不可能来打我们。毫无疑问，这一定是假消息。

其余大臣也纷纷附和。

萧绎彻底放心了，当场做出最高指示：王琛说得对，这肯定是敌人散布的谣言。希望大家增强大局观念，做到不信谣，不传谣，自觉维护现在这种来之不易的安定局面。

随后他继续给大家讲课：持而盈之，不如其已；揣而锐之，不可长保。金玉满堂，莫之能守；富贵而骄，自遗其咎……

此时，郢州的陆法和也听说了西魏军出兵的消息，他立即率军出发准备救援江陵，萧绎闻讯赶紧派使者挡住了他：你只需镇守郢州，万万不可轻举妄动。

陆法和也不再坚持，随后他就穿上了孝服。

不久，于谨率领的西魏军与萧詧在襄阳会师，随后马不停蹄，继续挥军南下。

消息传到江陵，萧绎这才相信西魏军真的打过来了，但他不改名士本色，依然强作镇定，依然坚持每天在大殿内讲授"老子"：祸兮福之所倚，福兮祸之所伏……

不过文武百官可没他那么淡定，他们全都穿着军装、带着武器听讲。

当然，与此同时萧绎也连忙派人前往建康和广州，急召王僧辩和王琳火速率军前来救援。

接到命令后，王僧辩和王琳都立即率军出发，然而他们都远在千里之外，即使再快又怎么可能快得过距离江陵不过百里的西魏军？

于谨率军卷甲疾趋，很快就渡过汉水，随后他派宇文护和杨忠率军占领长江渡口，切断了萧绎东逃的道路，自己则率西魏军主力包围了江陵。

此时江陵已成孤城，城内的梁军就如束身内衣里面的腰围一样被挤压得动弹不得，形势非常危急。

萧绎苦苦盼着他最信任的王僧辩，他撕下绢帛，亲笔写下：吾忍死待公，可以至矣！

当然他也在苦苦盼着王琳甚至陆法和。

这种感觉，就和我们现在苦苦等待淘宝旺旺里的卖家上线时的感觉一样——不需要的时候总在眼前晃来晃去，需要的时候，头像总是灰的。

萧绎望眼欲穿，等得很辛苦。

然而他根本不可能等到援军的到来。

因为他的对手不是别人，而是战略大师于谨。

于谨此战定下的原则就是快和猛，快如闪电，猛如雷霆，不给你任何等待和喘息的时间。

围城后，西魏军立即向江陵发起了暴风骤雨般的一轮又一轮的攻击。

梁军在老将胡僧祐的带领下苦苦支撑，但胡僧祐不久就中流矢身亡，群龙无首，梁军更加混乱。

很快西魏军就攻破外城，萧绎和亲信王褒、朱买臣等人逃入内城。

大将谢答仁自告奋勇，愿护送萧绎突围，去投靠仅一江之隔的任约（任约从信州入援，已经到了江南的马头）。

但萧绎犹豫不决，因为他不善骑马。

谢答仁还在坚持：再不走就来不及了！

尚书仆射（相当于宰相）王褒却说，谢答仁曾经是逆贼侯景的党羽，怎么可以相信他？

王褒出身于琅玡王氏，位高权重，萧绎当然更相信他，突围的事自然被否决了。

谢答仁又建议收缩兵力固守内城，六神无主的萧绎立刻任命他为大都督全权负责，并承诺事成之后把公主许配给他。

没想到王褒又出来阻止，坚决不同意：事必不成，这样只会自取其辱。

萧绎急切地问，那你有什么好主意？

王褒献上他的妙计：投降！

萧绎居然同意了。

谢答仁气得当场吐血，拂袖而去。

萧绎派王褒护送太子萧方矩去于谨军营中递降书。

王褒出身豪门，风度翩翩，是典型的高富帅，而且他还和先祖王羲之一样擅长书法，名气很大。

正好于谨的儿子是他的粉丝，便请他题字。王褒挥笔一气呵成，在场所有人都目瞪口呆。

不是因为他的字写得好，而是因为他写的内容让人瞠目结舌。

他写的竟然是：柱国常山公家奴王褒。

太不要脸了！

看到王褒这个所谓顶级贵族的表现，我想起了一句话：吃的东西越香，放出的屁越臭。

同一时间，困坐宫中的萧绎精神已经几近崩溃，他根本无法接受这个残酷的现实。

一个月前他还有万丈豪情，现在却万念俱灰；一个月前他还以为自己是一代骄子，现在却发现不过是一袋饺子；一个月前他还想拯救全世界，现在却发现全世界都拯救不了他！

萧绎几乎失去理智，变得歇斯底里，他一面用剑不停地猛砍柱子，直到剑折断为止，一面让人把自己收藏的十四万卷古今书籍全部付之一炬。

随后他发出一声叹息：文武之道，今夜尽矣！

这是继秦始皇之后的第二次大规模焚书，这冬天里的一把火烧光了中国南方几乎所有有价值的书籍——这十四万卷藏书，包括他自己收集的七万卷和平定侯景后从建康府库里运回的七万卷，要知道当时没有印刷术，图书都是抄本，因此大多为孤本。

萧绎这次焚书是中国古代文化的一场浩劫。

造成的损失有多大？

我不知道，我只知道七十年后的唐朝初年，收集到的全国的藏书只有不到九万卷。

萧绎为什么要这么干？

他自己给出的解释是：读书万卷，犹有今日，故焚之！

焚书之后，萧绎穿上白衣出东门投降，出城时还狠狠地用剑砍门：我萧世诚怎么到了这个地步？

很快他就被带到了西魏军主帅于谨那里，于谨让萧绎写信招降王僧辩，萧绎不肯。

于谨微微一笑：你还由得自己吗？

萧绎的回答倒是很有骨气：既然连我自己都由不得自己，王僧辩还由得我吗？

于谨也不多说，而是使了个损招，把他交给了对他恨之入骨的侄子萧詧那里。

仇人见面（其实也是亲人见面），分外眼红，萧詧狠狠地羞辱了萧绎一番，随后派人用装满土的袋子压死了萧绎，用草席包裹，草草埋葬，他的两个儿子太子萧方矩、始安王萧方略也同时被杀。

好杀自家人的梁元帝萧绎最终也被自家人所杀。

萧绎的好友、大文学家庾信后来在《哀江南赋》中对萧绎的评价是：沉猜则方逞其欲，藏疾则自矜于己。既言多于忌刻，实志勇而形残。

其实就是两个字——猜忌。

也许是他从小就失去了一只眼，在注重形象的南朝备受歧视，使他十分自卑。

由于自卑，他极力想证明自己，勤奋学习，最终成为一个学富五车的大才子，史称其"博综群书，下笔成章，出言为论，才辩敏速，冠绝一时"；也由于自卑，他极度缺乏安全感，对他人极度缺少信任，形成了猜忌残忍、心胸狭隘、刻薄寡恩的性格。

他的人生信条是：人人为我，我也为我。我不信任任何人，但任何人都必须信任我。

也正是由于他的猜忌，让他自剪羽翼，最终被西魏乘虚而入，酿成悲剧。

正所谓：性格决定命运。

信哉斯言！

西魏军在占领江陵后，不仅把皇宫洗劫一空，还把王公贵族以及百姓几万人驱赶到长安，不分高低贵贱，一律充为奴婢。

萧詧则成了萧家内斗中最后的幸存者，西魏拥立他在江陵称帝。

但他所管辖的地盘极为有限，仅有江陵周围方圆三百里——他原来控制的雍州自然要被西魏收入囊中。

而即使在江陵，萧詧也完全无法自主，他住在城东，西魏则派兵驻防在城西，监视着他的一举一动。

萧詧名为皇帝，其实却只是宇文泰豢养的一只宠物而已。尽管他心中郁郁不平，却还得时常摇着尾巴向宇文泰肉麻地表忠心：丞相，你的要求就是我们的追求，你的鼓励就是我们的动力，你的意向就是我们的方向，你的想法就是我们的国法……

萧詧建立的这个附庸小国，史称后梁，也称西梁，由于地狭人少，加之属于寄生性质，史书基本不把它当成一个独立的国家来看待。

也许这个政权存在的唯一意义是为梁武帝留下了几乎唯一的一支后代，后来隋炀帝的萧皇后、隋末割据荆州的萧铣、唐初名相萧瑀都是萧詧的后裔。

而由于都城陷落，皇帝被杀，刚刚安定不久的梁朝不可避免地再次陷入了混乱，以至于四分五裂。

王僧辩和陈霸先在建康拥立萧绎的第九子年仅十二岁的晋安王萧方智为主。

长江上游诸州郡则在王琳的控制下。

话说王琳在接到萧绎的命令后，马上就从广州发兵北上。然而刚到长沙就听说江陵已被攻陷，便驻军于长沙，并被上游各州郡推为盟主。

他和王僧辩向来不和，当然不会服从建康的命令。

岭南的萧勃等南方各地的军阀和豪强也纷纷割据一方。

此消彼长，相比梁朝的衰败，宇文泰和他控制的西魏可谓大获实惠。

此时的宇文泰已经四十八岁了，白发异军突起，脸皮日渐松弛，但年轻时的青春没了，取而代之的是丰富的经验；年轻时的激进少了，取而代之的是更为老辣和稳重。

短短数年时间，他抓住稍纵即逝的机会，轻松取得了梁朝的汉中、益州、雍州、荆州，西魏的版图几乎扩大了一倍，实力也大大增强。

时机不到不妄动，时机一到不犹豫，一击必中，从不落空。

付出最小的代价，取得最大的成功！

一手最烂的牌硬是被他运作成了一手好牌！

这就是宇文泰，牛人中的强人，高手中的舵手！

时间已经证明了他无与伦比的能力，时间还将继续证明他的能力！

可以说，正是宇文泰这一系列的行动，为三十五年后中国的再次统一奠定了坚实的基础！

高洋威震漠北

作为宇文泰最大的竞争对手，北齐的高洋这几年在干什么呢？

他也没闲着，做出了不少成绩。

内政上，他做事果断，执法严厉，不避权贵，加上杨愔、高德政等能臣的尽心辅佐，朝政一片清明，国家日渐富强。

在法律上，他也颇有建树，他让人对东魏的《麟趾格》进行修订，制定了对隋唐律法影响巨大的《北齐律》。

军事上，为了提高部队的战斗力，他从邺城禁军的鲜卑人中挑选勇力过人者，要求每个人都能以一当百，把他们单独组成一军，称为"百保鲜卑"。

此外，他还仿效"百保鲜卑"，在汉人中选拔了一批武功高强者，称之为"勇士"，用于守卫边疆。

年轻气盛的高洋雄心勃勃，他的目标是横扫西北，平定江南，一统天下。

攘外必先安内，要对外用兵先要有一个稳定的大后方。

他决定先征服北方那些不安分的少数民族。

高洋亲自率军先后讨平了库莫奚、山胡等经常骚扰边境的胡人，每次出征高洋都身先士卒、冲锋在前，每战都大获全胜，北方诸胡纷纷遣使朝贡，莫敢不服。

但他并不满足，依然厉兵秣马，他把下一个目标对准了柔然。

柔然，从四世纪末开始兴起，一百多年来一直是漠北草原的霸主，一直是北魏王朝的劲敌，几十年则一直是东魏西魏竞相拉拢的对象。

然而还没等高洋动手，他就听到了一个石破天惊的消息——强大的柔然居然被此前默默无闻的突厥击败了！

传说突厥人是狼的后代，故以狼头为标志，他们最初生活于咸海（位于今哈萨克斯坦和乌兹别克斯坦交界）一带，约五世纪中期迁至金山（今新疆北部的阿尔泰山）南麓，归附于柔然，为其打铁，被柔然人称为"锻奴"。

公元546年，漠北的另一支游牧民族敕勒人准备攻打柔然，没想到螳螂捕蝉，

116

黄雀在后，突厥人在首领阿史那土门的率领下突然从他们的背后发起袭击。

毫无防备的敕勒人自然不是突厥的对手，这一战，突厥大获全胜，吞并敕勒部落五万多户，实力大增。

战后，土门认为自己替柔然立下了大功，应该邀功请赏，便派人出使柔然，请求柔然头兵可汗把女儿嫁给他。

没想到头兵可汗骄横惯了，加之向来看不起突厥人，因此不仅不肯答应，还专门派使者前往突厥，把土门痛骂了一顿：你一个打铁的奴才，竟然想娶主人家的金枝玉叶，实在是太不知好歹了！你看看你长得那个样子！一表人渣！看到你，我就觉得恶心，比一屁股坐在鸡鸭牛羊猪狗的混合米田共上面还要令人恶心！恶心得我一岁时吃的米糊都要吐出来了！……

这个使者的口才非常了得，骂得土门很郁闷，很受伤，很窝火，很恼火。

这番痛骂最后取得了明显的效果——柔然使者当场就被土门斩首示众，同时土门发誓与柔然势不两立，宣布双方断绝往来。

随后土门转而向西魏求婚，宇文泰正想着要扶持一个柔然的对手，以打破柔然一家独大的局面，因此非常慷慨（反正也不是慷自己之慨，是慷元家人之慨），马上同意土门的要求，把长乐公主嫁给土门。

有了西魏的支持，突厥更是如虎添翼。

公元552年，经过六年的卧薪尝胆和精心准备，土门亲自率军攻打柔然。

这一战的结果正应了两句俗语。

一句是：骄兵必败。

另一句是：爱的力量很强大，但仇恨的力量更强大。

最终骄傲自大的柔然人惨败于充满仇恨的突厥人手下，头兵可汗自杀身亡，其子庵罗辰逃到北齐（后发动叛乱被高洋击败不知所终），余部分裂成东西两部，东部奉铁伐（头兵可汗之侄）为主，西部则奉邓叔子（头兵可汗之叔）为主。

但东部柔然很快就再次被突厥所败，余部基本瓦解；几年后，西部柔然的邓叔子也在被突厥击败后投奔西魏，旋即被杀。

至此，称雄北方草原数百年的柔然在漠北已没有了自己的立足之地，此后他们便从中国历史舞台上消失了。有人说，柔然余部为了躲避突厥的追杀而被迫向西逃到了东欧，变成了欧洲人所说的阿瓦尔人。

突厥从此成了草原上新的王者，首领土门自称伊利可汗，其妻子也就是西魏的长乐公主则称为可贺敦。

强悍的高洋当然不会坐视突厥坐大，他亲自率军进攻突厥，双方在朔州打了一场恶战，这一战的具体过程史书没有记载，只知道结果是：突厥人被打败了，也被打服了，从此对北齐年年进贡。

接下来高洋又把进攻的矛头指向了契丹。

此时契丹人刚刚兴起不久，常在北齐的东北边疆烧杀抢掠，他决定再次御驾亲征。

为了迷惑契丹，高洋大张旗鼓地对外宣称自己要巡视冀、定、幽、安四州。

皇帝出巡，当然要带着大队人马，这里面自然包括他手下的王牌部队——百保鲜卑。

到了平州（治所在今河北省卢龙县北），高洋突然改变了行进方向，他命令大将韩轨率轻骑四千，火速东进切断契丹的归路；又派大将潘乐率五千精骑从东面出击，直扑大青山（位于今辽宁建昌）；他自己则亲率精锐从西路出卢龙塞（今河北喜峰口），沿着当年曹操远征乌桓的古道，翻山越岭，长途奔袭千里之外的契丹人。

高洋一马当先，走在队伍的最前面。

十月的塞北，天气已经很冷了，他却光着膀子，披散着头发，昼夜不停地急行军。饿了，吃一块冷猪肉；渴了，喝一口山泉水。

连皇帝都如此不要命，士兵们自然也个个都铆足了劲。

几天以后，高洋和他的部下如神兵天降一般突然出现在契丹人的面前。一时间契丹人惊呆了，这些蓬头垢面的怪物难道是传说中的外星人？

仓促之间他们根本组织不起像样的抵抗，被打得落花流水，十万人被俘。

与此同时，潘乐也在大青山大破契丹别部。

经此一战，契丹元气大伤，再也无力与中原王朝相抗衡，直至数百年后才得以重新崛起。

回师的时候，二十四岁的高洋特意追寻着他的偶像魏武帝曹操的足迹，来到碣石山（位于今河北昌黎），登高望远，凭海临风，一遍又一遍地吟诵着曹操那首千古名篇：东临碣石，以观沧海。水何澹澹，山岛竦峙。树木丛生，百草丰茂。秋风萧瑟，洪波涌起。日月之行，若出其中；星汉灿烂，若出其里……

他久久地站在曹操曾经站过的地方，心潮起伏，思绪万千。

比起当年远征辽东回来的已经五十三岁的曹操，同样是远征辽东回来的他要年轻得多，他才二十四岁，他有着比曹操更多的时间，也有着比曹操更远的志向，他立志要创造比曹操更大的功业！

回到邺城以后，踌躇满志的高洋开始打西魏的主意，他派段韶等人在洛阳西南筑了四座新城，想以此为基地进攻西魏。

宇文泰对高洋这个战争狂人非常忌惮，加之他当时把主要的精力用于在南

118

方开疆拓土，因此他对北齐采取守势，只是命部下严阵以待，坚守城池。

高洋见西魏防守严密，无懈可击，也只得退兵。

但在双方的对峙中，北齐依然占据了明显的上风。

每年冬天，只要作为天然国境线的黄河开始结冰，西魏总是年复一年地坚持执行一个基本国策——"冬季凿冰行动"，派出大量士兵不厌其烦地把冰砸碎，以防止北齐军过河发动袭击。

这几年，年轻气盛的高洋在北方打遍天下无敌手，而老谋深算的宇文泰却在南方攻城略地捞实惠。

直到西魏攻灭江陵之后，高洋才发现他搞错了方向——我在北方辛辛苦苦地啃骨头，宇文泰这老家伙却在南方轻轻松松地吃肉，自己这回真是结结实实地当了一次寿头！

他急忙调整方向，也把枪头对准了梁朝这块唐僧肉。

公元555年初，高洋派大将高岳率大军南下，攻打郢州（治所今湖北武昌）。

梁朝郢州刺史陆法和没放一枪，马上就举州投降。

号称足智多谋的陆法和居然就这样投降了？

有冇搞错？

这实在是太奇怪太出人意料了！

没错，这确实是真的。

因为如果不奇怪不出人意料，那陆法和也就不会被称为奇人了。

可能是之前曾听说过陆法和的神奇事迹，高洋对陆法和极为礼遇，一下子赐给他钱上百万、绸缎上千匹、田地一百顷、奴婢二百人，然而陆法和却在一天内就分掉了所有财产，放掉了所有奴婢，并把赐给他的房子改成了佛寺。

三年后，身体健康的陆法和突然告诉弟子们自己的死期，随后在那一天溘然长逝。

高洋觉得很好奇：陆法和号称活神仙，怎么也会死？

他亲自下令开棺验看，却发现棺内空空如也。

太奇怪了！

更令人奇怪的是，在陆法和死后，在其卧室的墙壁上发现了他写的两句话，一句是：十年天子为尚可，百日天子急如火，周年天子递代坐。另一句是：一母生三天，两天共五年。

当时的人都想不明白这些莫名其妙的话，直到北齐末年人们才发现了其中的奥秘。

原来，第一句的意思是高洋能做十年天子，他儿子高殷的皇帝生涯仅有一百天，之后高洋的弟弟高演也只能做一年皇帝。

第二句意思是娄太后生的三个儿子高洋、高演、高湛都做了皇帝，高演和高湛在位的时间加起来一共五年。

陆法和的故事让人称奇，这是真的吗？

小子我觉得，这里边肯定有不少夸张甚至虚构的成分，不过既然正史记载了，无论你信与不信，权当是历史长河中一个有趣的插曲吧。

但毫无疑问，陆法和是一个善于预测的智者，一个处事圆滑的精明人。

二虎相争

又扯远了，让我们把视线重新拉回到公元 555 年。

北齐攻占郢州后，高洋又有了新的计划。

他敏锐地发现王僧辩虽然在建康拥立了萧方智，却并没有马上称帝，而只是以太宰承制，显然王僧辩此时还患得患失，在观望各方面的反应。

高洋觉得这是个好机会，他立刻遣使到建康，给王僧辩指派了一个新皇帝——在寒山之战中被俘获的饭桶萧渊明。

王僧辩当然不可能答应。

这是赤裸裸地干涉别国内政。

如果皇帝人选都由你指定，那我们梁朝还算是独立国家吗？这和西魏立萧詧为傀儡皇帝有何区别？

更何况，萧渊明只是梁武帝的侄儿，是旁支；而萧方智却是梁武帝的孙子，梁元帝的儿子，是直系。废萧方智立萧渊明，就如抛弃白富美嫩贤的正妻却再娶一个黑丑穷老笨的母夜叉一样，太没道理了。

王僧辩毫不犹豫地拒绝了高洋的要求。

然而霸道的高洋可不管你同意不同意，他马上派其弟上党王高涣率大军护送萧渊明，到建康上任。

北齐大军势如破竹，连克皖城（今安徽潜山）、东关（今安徽含山）等地，斩杀梁朝大将裴之横，很快就打到了长江边。

残酷的现实让王僧辩不得不重新考虑这个问题，他觉得以自己目前的实力和北齐相比，就像一个 48 公斤级的举重选手要与 96 公斤级的选手对抗一样——根本不在一个数量级。

他彻底失去了信心，只好喃喃地自言自语：生活就像强奸，既然无力抵抗，不如躺下来好好享受吧……

经过激烈的思想斗争，他无奈地同意了高洋所提的条件——迎立萧渊明，但他还是留了个心眼，提了个小小的要求作为缓兵之计：必须立萧方智为太子。

高洋表示同意。

公元555年五月，萧渊明在文武百官的迎接下，进入建康，正式即皇帝位，任命王僧辩为大司马、太子太傅、扬州牧，陈霸先为侍中。

当然这个朝廷是向北齐称臣的。

朝政总算稳定下来了，王僧辩松了一口气。

然而他这次屈服于北齐的行为还是给人留下了口实，也暴露了他作风偏软的弱点。

他缺乏放手一搏的勇气，缺乏力挽狂澜的魄力，缺乏不达目的不罢休的狠劲儿，更缺乏主宰天下、号令群雄的胆略。

这一点小子我看出来了，陈霸先也看出来了。

说起来王僧辩和陈霸先两人关系不错，讨伐侯景时两人曾并肩作战，配合得可谓亲密无间，后来他们甚至还结成了儿女亲家，只是因为恰逢王僧辩母亲去世，因此暂时没有成婚。

但两人的个性完全不同。

王僧辩处事稳健保守，不打无把握之仗。

陈霸先则积极进取，敢于铤而走险。

王僧辩信奉的是：量入为出，有多少实力办多少事。

陈霸先信奉的则是：富贵险中求，不入虎穴焉得虎子。

从他们的经历也可以看出他们的不同。

王僧辩是出身名门的官二代，年轻时就一直跟随萧绎，先后担任参军、太守等职，最终凭借萧绎的器重和本身的能力而位极人臣。

而陈霸先却是出身底层的平民，从里长、油库吏一步步做起，最终在乱世乘势而起，化不可能为可能，在极其注重门第的梁朝创造了奇迹！

打个不恰当的比喻，王僧辩好比是根红苗正、秘书出身、得到领导赏识的高学历人才，陈霸先好比是没有任何背景、赤手空拳打天下的农民企业家。

这样的两个人，观念自然大不一样。

在是否要迎立萧渊明这个问题上，王陈二人产生了巨大的分歧。

陈霸先对此坚决反对，他曾先后四次派使者前往建康劝阻王僧辩，但王僧辩依然固执己见，陈霸先心里极为不满。

这几年，陈霸先一直驻扎在京口（今江苏镇江）。此时江北的土地大多被北齐占领，百姓不满北齐的统治，纷纷揭竿而起，陈霸先果断率军渡江接应，虽然最终由于缺乏支持而被迫撤回京口，但大大增强了陈霸先在江淮一带的声望，京口附近的流民纷纷前来归附，其中就包括后来南朝陈的名将吴明彻。

经过在京口的苦心经营，陈霸先的实力大大增强，如今他的兵力已由北伐时的三万人扩充到十余万人。

从一个草根变成了手握重兵而且是建康朝廷仅次于王僧辩的二号人物，陈霸先该满足了吧。

不，他不满足。

他从来都不是甘居人下的人。

雄心勃勃的他一直想取代王僧辩，甚至取代皇帝。

现在，王僧辩的软弱让他看到了期待已久的机会。

疾病不会自愈，成功需要自予。

他决定以王僧辩无端废立、投靠北齐为由发动兵变，除掉王僧辩，掌握建康政权。

公元555年九月，有探子向王僧辩密报，称寿春一带出现大量北齐军队，可能会大举南侵——后来发生的一切证明这纯属子虚乌有，显然是陈霸先策划的假消息。

王僧辩急忙派人通知陈霸先，让他赶紧做好防守的准备。

陈霸先随即召集侯安都、周文育、徐度、杜棱等几位心腹大将密谋，打算借机集结部队，袭击王僧辩。

杜棱认为难以成功——无论实力还是名位，王僧辩都占有优势。这样做实在太危险了！

眼见无法说服杜棱，陈霸先干脆把他用毛巾堵住口，关在密室，以防走漏风声。

之后陈霸先立即采取行动。他命侯安都、徐度率水军溯江而上，自己则亲率步骑走陆路，兵分两路，向王僧辩所在的石头城进发。

外人都以为是由于局势紧张，建康在征兵增防，因此对此毫不介意。

京口和建康相距不过百余里，两支部队很快就在石头城外会合。

关键时刻，陈霸先却突然勒马不前，停了下来。

难道他犹豫了？想打退堂鼓了？

不，这不是他的性格。

他是在试探，看看部下是否铁了心地跟他造反。

果然，侯安都急了，冲上去对他大声吼道，今日作贼，事势已成。你留在后面干吗？难道事败后可以不被砍头吗？要赶远路就不要带太多东西，要干大事就不要想太多东西！你这样畏首畏尾，算什么好汉！

被下属一顿臭骂，陈霸先却没有生气，而是笑着对周围的部下说，侯安都骂我了，骂得好，我们就应该一往无前！

随后陈霸先下令进攻石头城。

石头城北面与山岗相连，城墙不是太高，侯安都命令士兵围成一圈，把他抛到城墙上，随后他打开城门，大军蜂拥而入。

此时王僧辩正在房内办公，听到外面大声喧哗，情知有变，赶紧与儿子王颁（wěi）以及数十名卫士冲到门外，看到北面有大量士兵，便慌忙向南门逃跑。

然而此时陈霸先已率军控制了南门，王僧辩根本出不去，只好逃到了南门楼上，向楼下的老战友求饶。

陈霸先不为所动，反而扬言要放火烧楼。

走投无路的王僧辩只能下楼就擒。

两人一见面，陈霸先就厉声质问，我有何罪，你要与北齐军队一起来讨伐我？

王僧辩莫名其妙。

接着，陈霸先又问，你为何全无防备？——是啊，令他最困惑的就是这一点：石头城居然无人防守。如果王僧辩相信北齐将要入侵，用重兵防守石头城，他可就没这么容易攻进来了。

王僧辩反驳道，让你扼守建康的北门，怎么叫没有防备？——建康附近有两个主要渡口，西南面的采石，东北面的京口，因此京口被称为建康的北大门。

陈霸先无言以对，便干脆不再多话，下令立即绞死王僧辩父子。

王僧辩就这样糊里糊涂地死在了他最亲密的战友手下。

他太大意了，只顾如何应付外敌的压力，却完全没有防备来自后方的冷箭，这就好像走路时只顾看着地上生怕踩到狗屎，却完全没有看上面——结果头上挨了一坨五彩缤纷的鸟粪。

虽然王僧辩死了，但作为平定侯景之乱的主帅，他的历史功绩永垂史册，没人可以抹杀。

杀掉王僧辩后，陈霸先立即传檄天下：王僧辩图谋不轨，已经被我诛杀。除王氏父子外，其余人等一律不予追究。

随后，在陈霸先的安排下，萧渊明退位，十三岁的萧方智登基，改年号为绍泰，是为梁敬帝。

陈霸先则被加封为尚书令、都督中外诸军事、扬州、南徐州二州刺史，从此他取代了王僧辩，成为建康朝廷的实际控制人。

然而陈霸先的日子并不好过。

王僧辩在建康主政多年，树大根深，其亲戚子弟、部将故吏遍布江南各地，这些人怎么可能乖乖听命于出身寒微又素无渊源的陈霸先？

王僧辩的女婿吴兴（今浙江湖州）太守杜龛率先发难，起兵抗拒陈霸先，紧接着吴郡（今江苏苏州）太守王僧志（王僧辩之弟）、义兴（今江苏宜兴）太守韦载等人纷纷响应。

一时间陈霸先几乎成了第二个侯景，他所能控制的只有两座孤城——建康和京口。

陈霸先命大将侯安都留守台城，自己亲自率军杀向三吴。

他先是设计招降了韦载，随后又发兵攻下了吴郡，就在他准备一鼓作气拿下吴兴的时候，突然从京城建康传来了坏消息——石头城被叛军攻占了！

谯（治所今安徽滁州）、秦（治所今江苏六合）二州刺史徐嗣徽是王僧辩的远亲——具体来说，是王僧辩妹妹的老公的哥哥的儿子。他联合南豫州（治所今安徽合肥）刺史任约趁着陈霸先出征在外，突然乘虚而入，偷袭建康，占领了石头城。

更严重的是，徐嗣徽已经献出了谯、秦二州的土地，投靠了北齐，高洋已经派大将柳达摩率数万齐军渡江支援叛军。

建康岌岌可危。

侯安都一面死守台城，一面火速派人报告陈霸先。

陈霸先赶紧回军救援。

尽管事态严重，但他并不畏惧。

从他偷袭王僧辩发动兵变的时候开始，他就知道他以后的道路绝不会平坦。

就像如果你选择去探险，你就该知道山谷里不会有两米五的大床和自动恒温的中央空调，有的只是险径和陷阱。

他必须想出万全之策。

要想出万全之策不容易，但想不出万全之策很可能会死无葬身之地。

陈霸先问计于新近收入帐下的韦载——陈霸先用人的一大特色就是善用降将，他手下的将领大多是曾经反对过他的人，而他却对他们推心置腹，极为信任，而这些人对他也极为忠心，由此可见陈霸先的恢宏气度和个人魅力。

韦载是名将韦睿的孙子，自幼熟读兵书，很有战略头脑，他分析说，如果让齐军分兵攻略东南，切断建康与三吴地区的联系，那么我们就完了。秦淮河南岸有当年侯景留下的营垒，我们应马上在此基础上筑城，以保障东面的运输路线；同时派兵切断敌军的粮道，如此一来，不出十日，敌军必败！

陈霸先心中顿时豁然开朗。

随后他依计而行，打出了一套组合拳：派韦载等人在秦淮河以南筑城，以阻挡敌军东进；派大将周铁虎率军切断了齐军粮道，缴获大量粮食辎重；又派侯安都趁夜渡江，烧毁北齐军战船一千余艘。

叛军军粮被劫，粮道被断，显然不利久战。徐嗣徽无奈只得率军主动发起进攻，陈霸先亲自率军迎击，大败叛军。

徐嗣徽让齐将柳达摩留守石头城，自己则仓皇退往采石（今安徽当涂），随时准备撤回江北。

然而老谋深算的陈霸先却没有乘胜追击，而是独辟蹊径——派侯安都再次渡江，偷袭徐嗣徽的老巢秦郡（今江苏六合），尽俘其家人，尽抄其家产。

徐嗣徽闻讯大怒：陈霸先你个卑鄙小人！一人做事一人当，有本事你冲着我本人来，为什么要为难我的女人和孩子？

一怒之下，他立刻回军建康，准备找陈霸先报仇，救出家人。

没想到陈霸先早已命侯安都率军在中途设下包围圈，严阵以待。

徐嗣徽中了埋伏，几乎全军覆没。最后他好不容易才杀出重围，与任约等数人逃往江北，投奔北齐。

陈霸先随即把齐将柳达摩镇守的石头城团团围住。

城中缺水少粮，柳达摩难以坚持，想要求和，又怕这样会损害国威引起皇帝高洋的不满，便提出要陈霸先派出自己的子弟作为人质。

此时建康城内形势也很严峻，粮运不济，人心不稳，文武百官都怕一旦惹怒了强大的北齐会重蹈江陵陷落的覆辙，便纷纷要求以陈霸先的侄子陈昙朗为人质与北齐讲和。

陈霸先清楚地知道这样做毫无用处，北齐军早晚会背信弃义。

更何况他也舍不得，陈家人丁实在不旺啊，陈霸先唯一活着的儿子陈昌和侄子陈顼当初被萧绎扣在江陵当人质，现在被掳掠到了西魏；在江南，他只有两个侄子——长兄陈道谭之子陈蒨和三弟陈休先之子陈昙朗。

但他知道如果不同意，他就是穿一百件救生衣也会被这些大臣们的唾液淹死。

他不得不答应。

他的发言颇有些悲壮：既然大家都要求讲和，如果我不同意，你们一定会认为我只顾自己的侄子而不顾国家利益，所以我决意按你们说的办。但是我认为齐人向来不讲信义，以后肯定会撕毁和约卷土重来。到时候大家可一定要支持我！

随后陈霸先以陈昙朗和永嘉王萧庄（萧绎的孙子）为人质，与柳达摩会盟，各自退兵。

这次讲和为陈霸先赢得了宝贵的喘息机会。

他终于可以腾出手来先稳定内部。

他派侄子陈蒨、大将周文育等率重兵猛攻吴兴城，很快就攻下吴兴，斩杀杜龛；接着又进军会稽（今浙江绍兴），消灭了王僧辩的亲信东扬州刺史张彪，自此三吴地区都被平定。

建康大捷

江南终于出现了难得的和平，但这和平实在是太短暂了，仅有一个多月。

公元 556 年三月，也就是北齐军退兵仅仅三个月后，齐主高洋撕毁盟约，以大将萧轨为大都督，侍中裴英起为军司（军师），督率李希光、东方老、王敬宝等将领率军十万，在伪军头目徐嗣徽、任约的引导下，浩浩荡荡从栅口（即三国时的濡须口，今安徽无为东南）渡过长江，抵达梁山（今安徽当涂西南）。

这次征江南，北齐汉军名将几乎全部出动，李希光、东方老是当年高敖曹手下的猛将，战功赫赫；裴英起曾经当过高澄的行台左丞（秘书长），位高权重；王敬宝也是老资格，久经沙场。

但高洋的这个安排有极大的问题。

让五个资历水平相当的人同时执行一个任务，相当于让五个姿色相当的美女同处一屋、共事一夫，怎么可能和平共处？

自然五个人是各种斗气，各种不服气，各种乌烟瘴气。

缺乏统一指挥乃兵家大忌，因此北齐军的作战在一开始就不太顺利。

由于遇到梁将侯安都等人的顽强抵抗，北齐军攻势受阻，不得不退到了上游的芜湖。

两军相持了一段时间后，萧轨派使节来到建康，说只要送回萧渊明，他们就立刻退兵。

其实他的用意是：如果你不答应，那我攻击你就有了理由；如果你答应了，那我正好能打击一下你的士气，但我依然要攻击你，毕竟这世上最不缺的就是借口。

陈霸先对此自然心知肚明，却并没有揭穿，而是非常爽快地答应了。

难道他真的会这么做？

把这个多次祸害梁朝的、脑子和重度雾霾天一样混沌的蠢货乖乖地送还给北齐？

千真万确，他真的这么做了。

而且送过去的确实是萧渊明本人。

只不过，是尸体。

陈霸先对北齐公布的死因是萧渊明在出发之前，突然毒疮发作，医治无效死了。

萧轨被激怒了——一个大活人早不死晚不死，偏偏在即将回家的节骨眼上死了，这概率比在冬季晴天在室内被雷劈死的概率还低！

也太假了吧！居然还说什么毒疮发作，你当我是老年痴呆症发作啊！

他立即点起兵马，杀向建康。

这次他走的是陆路，正好绕开了侯安都重兵布防的水路，因此很快就挺进到了建康城外。

陈霸先闻讯大惊，赶紧派人召回侯安都等人，同时在大司马门外召开誓师大会，宣告北齐背叛盟约的罪状，发誓要与侵略军奋战到底。

再大的困难，也决不泄气！再强大的敌人，也决不放弃！

我们拥有天时地利，我们拥有无比的勇气，我们一定会取得最后的胜利！

他的演讲慷慨激昂，充满感染力。

将士们听得群情振奋，激动不已。热血在铠甲里沸腾，呐喊冲破了喉咙的大门：必胜！必胜……

随后陈霸先亲自率军在建康东南的白城迎击北齐军。

此时南风劲吹，吹得梁军眼睛都睁不开。

陈霸先认为在此时不适合出战：兵法云，兵不逆风。

大将周文育坚决反对：事态紧急，何必拘泥于兵法！

随后他一马当先，率军杀向敌阵。

说来奇怪，此时风向突然逆转，梁军在周文育的带领下顺势掩杀，北齐军大败。

初战失利的北齐军偷偷地从东面翻越钟山，绕到了玄武湖的北面，企图从东北面乘虚而入攻打台城。

然而齐军的动向岂能瞒得过陈霸先？

他也随即率军向东移动，与北齐军继续对峙。

随后陈霸先又再次使用他最擅长、最得心应手的战术——派水军截击北齐军的运粮船队，尽获其军粮。

北齐军缺少粮草，只能期盼速战速决。

但天气不遂他们所愿。

时值农历六月，正是江南的雨季——每年防汛最严峻的时候不是都在这段时间吗？

当天夜里，天空中雷电交加，下起了倾盆大雨，且持续多日不停。

北齐军的营地成了一片汪洋，积水深达数米，士兵们苦不堪言——他们的脚昼夜浸泡在泥水中，脚指头都泡烂了；做饭得把锅挂起来做；休息更成了问题。连睡觉也只能睡在泥水中。

萧轨心里那个愁啊，可是又无计可施，只能不停地叹息：出师未捷身先湿，水淹营地雨不止。饿着肚子没得吃，再拖下去力不支……

相比之下，梁军的情况要稍好一点，由于熟悉地形，他们所在的位置较高，地上较为干燥，但因内外交通受阻，军粮运不进来，士兵们也都又累又饿。

这一天，雨终于停止了，陈霸先决定与北齐军决战。

战前他在建康城内四处征收粮食，刮了个底朝天，最后总算找到了一些麦子，做成麦饭分给士兵食用。

但这点东西实在太少了——每人一两不到，放屁都没力道！

不吃饱肚子哪有力气打仗？

正在陈霸先一筹莫展的时候，他的侄子会稽（今浙江绍兴）太守陈蒨派人送来了三千斛大米、一千只鸭子！

这真是雪中送炭，沙漠中送水，独自一人在茫茫大海中漂浮有人送来了救生艇！

陈霸先喜出望外，立即下令烧饭。

可是新的问题来了——缺少餐具，怎么办？

烦恼中的他把目光投向窗外。

盛夏的江南，荷花开得正盛。

接天莲叶无穷碧，映日荷花别样红。

看到荷叶，陈霸先一下子有了主意。

他让士兵们用荷叶包裹米饭和鸭肉，随后蒸熟——据说这就是江南美食荷叶包饭的由来。

美美地饱餐了一顿荷叶包饭，梁军精神大振斗志昂扬。

随后，陈霸先亲自指挥周文育、吴明彻、徐度、杜棱等将领向北齐军发起进攻。

大将侯安都则负责从侧翼包抄。

侯安都对十九岁的小将萧摩诃说，卿骁勇有名，千闻不如一见——你向来以骁勇知名，什么时候给大家见识一下？

萧摩诃的回答毫不含糊，今日令公见之——今天就让您看看！

混战中，侯安都不慎坠马，被北齐军团团围住。

千钧一发之际，萧摩诃一声怒吼，单枪匹马杀入敌阵，所到之处如入无人之境，救出侯安都。

随后他又再次冲入敌阵，大槊翻飞，锐不可当，所向披靡。

有如此威猛的将领做表率，其余的梁军也都不甘落后，个个奋勇争先。

昏着脑子、饿着肚子、烂着脚丫子的北齐军根本无法挡住梁军如此凌厉的攻势，很快就全线溃败，纷纷向北逃窜。

梁军乘胜追击，混乱中北齐军除了被梁军杀掉无数以外，互相践踏而死的也不在少数，侥幸逃到江边的人也只能抱着芦苇跳入长江——可惜他们不是达摩，没有一苇渡江的本事，因此大多淹死在江中，浮尸堆满了江面。

北齐军的将帅中，伪军头目徐嗣徽在阵前被杀，萧轨、李希光、东方老、裴英起、王敬宝等人则悉数被擒，只有任约、王僧愔（王僧辩之弟）两人侥幸逃回江北。

出于对北齐的痛恨，陈霸先把萧轨等四十六名北齐将领全部斩首，高洋闻讯也立即杀了陈昙朗作为报复。

这一战让江南的所有百姓感到扬眉吐气，多年来被北方人百般欺凌的屈辱感一扫而光。

这一战让北齐的所有人感到胆寒，从此北齐军再没敢渡过长江！

这一战也让陈霸先威名大震，战后他被加封为丞相、录尚书事、扬州牧、义兴公。

但陈霸先的政令所行依然只局限于建康周围的三吴一带，湘州的王琳、广州的萧勃、江州的侯瑱（王僧辩的部将）等人都不听号令，割据一方，俨然一个个独立王国。

第七章　悲催的最牛岳父

驾驭英豪宇文泰

相比乱成一团的南方，这几年西魏在宇文泰的治理下却是国泰民安。

公元 556 年正月，在汉人名士卢辩等人的主持下，西魏依照周礼对官制进行了改革，设置六官。

西魏八大柱国，除花瓶元欣和已于公元 551 年去世的李虎以外，正好每人分领一职。

宇文泰被改封为太师、天官、大冢宰（相当于丞相兼吏部尚书，总领百官），李弼为太傅、地官、大司徒（相当于后来的户部尚书），赵贵为太保、春官、大宗伯（礼部尚书），独孤信为夏官、大司马（兵部尚书），于谨为秋官、大司寇（刑部尚书），侯莫陈崇为冬官、大司空（工部尚书）。

这就是后来一直沿用到清末的六部制的雏形。

这一年，宇文泰已经年满五十岁，他开始考虑继承人的问题。

他的长子宇文毓时年二十三岁，而嫡子宇文觉（冯翊公主所生）年仅十五岁，按照传统，他打算立宇文觉为世子。

而之所以不立宇文毓，其实还有一个重要原因——宇文毓的岳父是独孤信，他担心独孤信会以外戚的身份掌权。

独孤信出身于武川贵族，威名远扬，战功卓著，在西魏国内的声望极高，让宇文泰十分忌惮。

而且在宇文泰看来，独孤信的历史并不清白。

当年北魏关中大行台（西北地区最高军政长官）贺拔岳遇刺，独孤信曾经受贺拔胜（贺拔岳之兄）的指派前来关中接收贺拔岳的余部，差点儿抢了宇文泰的位子；两魏分裂的时候，独孤信还从洛阳单骑追随孝武帝入关，显示出对北魏元姓皇族的绝对忠诚。

这些都让宇文泰十分不爽。

因此，早在公元540年，宇文泰就把独孤信调出关中，外放为陇右大都督、秦州（治所在今甘肃天水）刺史。

独孤信在秦州政绩斐然，深得百姓拥护。

在这里还发生了一个颇为传奇的故事。

有一天，大帅哥独孤信外出打猎，眼看天色已晚，为抢在城门关闭之前回城，他纵马疾驰，不知不觉中帽子被风给吹歪了。

进城的时候，城内的百姓惊奇地发现：独孤信那英俊的脸庞，挺拔的身姿，加上歪戴着的帽子，在晚霞的映照下，散发出别样的潇洒和不羁，另有一番风采！

人们纷纷围观，情绪很不稳定——男人对他羡慕嫉妒恨，女人对他崇拜痴迷粉。

第二天，城内大街小巷的行人，全都变成了独孤信昨天的样子——歪戴着帽子。帽子歪戴从此成为时尚。

直到现在，很多扮酷的明星在拍写真时也都喜欢把帽子戴得歪歪扭扭的。

这就是著名的"侧帽风流"的故事。

小子我突发奇想，如果让全国的女粉丝投票选举西魏国的最高领袖，大帅哥独孤信绝对会以压倒性优势击败黑大叔宇文泰，即使宇文泰整三十次容也没用。

可惜这不可能。

还是回到现实中来吧。

独孤信在陇右一待就是十多年，其间他多次请求还朝，宇文泰都不允许——你在秦州威信越高，我越不让你回京！

不仅如此，他还把侄子宇文导安插在独孤信的身边，监控着他的一举一动。

宇文泰和独孤信的微妙关系，连敌国也看出来了，侯景叛梁的时候，东魏魏收作的檄文里面就说，独孤信据陇右不从宇文氏。

你说，看到这样的檄文，宇文泰心里会有什么想法？

因此，表面上宇文泰和独孤信两人既是同乡好友又是儿女亲家，看起来亲密无间，实际上却是猜忌无比。

公元556年四月，宇文泰召集群臣开会讨论继承人问题。

他开门见山，出人意料地给了独孤信一个下马威：我想立嫡子宇文觉为世子，又恐怕大司马会有意见，大家说我该怎么办呢？

独孤信突然遭了一闷棍，一时蒙了。

群臣都一片沉默。

大将军李远突然站了出来。

李远和其大哥李贤、弟弟李穆三人很早就追随宇文泰，是宇文泰的铁杆亲信。

只见李远厉声说道，自古以来都是立嫡不立长！这有什么可顾虑的？如果独孤信胆敢不从，我马上就杀了他！

随后他马上拔出刀来。

宇文泰连忙站起来阻止，你这是干什么呢？别冲动！

其实这话听起来有点假，就像有些女人明明内心喜欢，嘴里却说"讨厌"一样。

重压之下，独孤信根本来不及思索，慌忙表态，表示自己绝无异议。

李远这才把刀又收了回去。

立宇文觉为世子的事就这样定了下来。

事后，李远对独孤信说，我一直记得一句名言，不要问国家为我做了什么，要问我为国家做了什么。所以，为了国家，我不得不这样做，请谅解！

独孤信心里那个恨啊，连阉了他的心都有，但嘴里还得装着若无其事：没关系。咱们俩谁跟谁啊。啊，哈哈哈哈哈……

半年后，宇文泰在北巡的途中突然病倒，行至泾州（今甘肃泾川）时，已经病重不起。

他知道自己已经时日无多，该对自己的后事做出安排了。

天总会黑，花总会谢，人总会离开人世，这个道理他也明白，但他没想到这一天会来得这么快，毕竟他才五十岁。

对于年幼而又没有任何政治和军事经验的世子宇文觉，他有着太多的不放心。

他必须为儿子找一个得力的辅佐者。

找谁呢？

在宇文家族中，他最欣赏的是侄子宇文导，可惜天不假年，宇文导已经在两年前病死；如今他只能退而求其次了。

他选择了另一个侄子——中山公宇文护。

这也许不是最好的选择，但他已没有更好的选择。

宇文护时年四十二岁，是宇文泰长兄宇文灏的小儿子，这些年跟着自己南征北战，也立下了不少军功。

宇文泰曾经对别人说过，宇文护在气度上很像自己，对他十分喜爱。

他马上派人把宇文护召到泾州，对他授以托孤之责：大事尚未成功，萨保（宇文护的字）仍须努力。世子年幼，外寇方强，天下之事我都委托给你了！

公元556年十月初四，一代枭雄宇文泰与世长辞。

作为关陇集团的创始人，宇文泰虽然名声不显，但我觉得他在中国历史上有着极其重要的地位。

他生于乱世，起自微末，在群龙无首的危急关头被推举为武川军团领袖，其后他在与高欢的对峙中屡次以弱胜强，史书称之为"弘农建城濮之勋，沙苑有昆阳之捷"，使西魏得以在强弱悬殊的恶劣环境中生存下来并发展壮大。

在意识到国力与东魏的巨大差距后，他在国内锐意改革，重用苏绰、卢辩等汉人文臣，实行大统改制，史书称之为"摈落魏晋，宪章古昔，修六官之废典，成一代之鸿规。德刑并用，勋贤兼叙，远安迩悦，俗阜民和"，使西魏的国力有了一个巨大的飞跃。

同时，他抓住侯景之乱造成的转瞬即逝的机会，开疆拓土，南清江汉，西举巴蜀，一举使西魏的版图扩大了几乎一倍。

他长于用人，知人善任，史书称之为"驾驭英豪，一见之者，咸思用命"——正如地球有地心引力，他有强大的人心引力，在他身边聚集了一大群谋臣猛将，他一手创建的关陇集团后来开创了隋唐这个辉煌的时代。

在制度上，他首创的府兵制，后世向称良法；他所制定的大统式，在中国法律史上有不可或缺的地位；他所建立的六官制，也成为后来一直沿用到清末的三省六部制的蓝本。

正是他的努力，为三十多年后中国的再次统一、华夏的再次复兴奠定了坚实的基础！

毫不夸张地说，没有宇文泰，就没有隋唐的存在！

宇文泰年轻时是一个无依无靠的孤儿。那时的他，除了雄心，一无所有；除了头脑，一无所凭；除了勇气，一无所倚；但他凭借自己不懈的努力一飞冲天，成为改变历史的一代枭雄。

他用他传奇的一生，说明了一个道理：雄厚的背景不能照亮你的前程，照亮你的前程的，是你的努力和才能！

关陇恩怨

宇文泰死后，世子宇文觉继承了他的职位——太师、柱国、大冢宰。

宇文护则受命辅政，但他无论战功、声望还是资历都与他叔叔宇文泰相去甚远，将领们都不太服他。

忧心忡忡的宇文护找到了宇文泰生前最信任的老帅于谨。

于谨对宇文护保证说，丞相对我有知遇之恩，此事我一定会以死争之。你千万不要退让。

这天，大臣们在一起议事，几位柱国都在场，于谨突然抬高了声音，对大家说道，如果没有宇文丞相，就没有我们大家的今日。如今宇文丞相离我们而去了，嗣子虽然年幼，但中山公是他的亲侄子，又受有顾命之托，军国大事，理应由中山公全权处理！

于谨这番发言，像八百斤的铁锤砸在铁板上一样——掷地有声，一时间把大家都镇住了。

这时，按照事先的安排，宇文护站了出来，慷慨激昂地说道，丞相对我如此信任，我宇文护岂敢推辞！

于谨马上谦恭地说道，有明公出来主持大事，我于谨和各位大臣就有了依靠了。

说完，他跪下就拜。

于谨在当时所有柱国中，年纪最长、资历最深，堪称德高望重。他这么一拜，其他人迫于其压力，也只能跟着他一起行跪拜之礼。

就这样，在于谨的支持下，宇文护顺利接手了军政大权。

然而宇文护心里依然惴惴不安。

尽管有了于谨的支持，但自己毕竟是小字辈，实在难以驾驭李弼、赵贵、独孤信、侯莫陈崇等战功卓著的老一辈开国元勋。

他觉得，只有趁宇文泰刚死不久，余威仍在的时候篡夺西魏皇权，建立新的王朝，才能让自己以新朝皇族的身份名正言顺地凌驾于各位柱国之上，稳定宇文家族和自己的地位。

很快，在宇文护的布置下，宇文觉于公元557年正月初一接受西魏恭帝的禅让，正式登基，改国号为周，史称北周。

和其他朝代不同的是，宇文觉的称呼不是皇帝而是依照周礼称为天王，天王以下的最高爵位为公，宇文护被封为晋国公，总揽朝政。

退位的西魏恭帝元廓则被封为宋国公，但不到两个月就被宇文护派人杀害。

西魏就此被北周所取代，表面看起来似乎一切都很顺利，波澜不惊。

其实不然，随着强势人物宇文泰的突然离世，新生的北周国内矛盾重重，暗流涌动。

在关陇集团内，除宇文家族以外，地位最高的是六大柱国。

这其中，排在首位的李虎已在几年前去世，排名第二的李弼此时也已病重，不久于人世；剩余四人中，于谨已经和宇文护结成同盟，侯莫陈崇属于骑墙派，态度不明；而赵贵则是心怀不满，史载其"每怀怏怏，有不平之色"，独孤信的态度，虽然史书没有记载，但肯定也非常失落。

一方面，独孤信对元魏非常忠心，元魏被取代，他当然难以开心；另一方面，一年前宇文泰在立世子时公然表现出对自己的不信任，也让他难以释怀。

而宇文护性格跋扈，喜欢大权独揽，他执政后很快就规定所有与军事有关的决策，都要得到他的许可。

这让性格刚烈的赵贵非常不满：就你宇文护的水平还想领导我们打仗？一个只踩过三轮车的人居然想指导我们怎么开 F1 赛车？也太自不量力了！

于是他私下里找独孤信商量，想要发动政变，杀掉宇文护。

但生性谨慎的独孤信对此并不积极，甚至在赵贵准备动手的时候还竭力阻止，政变计划最终胎死腹中。

但这件事不知怎么的让仪同三司宇文盛知道了，他立刻向宇文护告发。

宇文护信奉的原则是：心肠不狠，位子不稳。他立即采取行动，在赵贵上朝的时候以谋反的罪名将其诛杀。

对于威望更高的独孤信，宇文护没有马上下手，只是以同谋罪罢免其职务，但仅仅十多天后，就逼令其自杀。

一代美男就这样饮恨而死。

独孤信身后的名气更多的却是因为他的三个女儿。

他生有七个女儿。大女儿嫁给了后来的北周明帝宇文毓，史称明敬皇后；四女儿嫁给了柱国李虎的儿子李昞，后来被其子也就是唐朝的建立者李渊追封为元贞皇后；小女儿则嫁给了大将军杨忠的儿子、后来的隋文帝杨坚，史称文献皇后。

一门三后，独孤信是当之无愧的史上最牛岳父，北史称之为"三代外戚，何其盛哉"！

但小子我觉得，独孤信这个最牛岳父其实很不实惠——他的女儿当上皇后的时候，他早已不在人世。

有人说，世界上最悲剧的是，人死了，钱还有很多。

但我觉得独孤信一定会有不同意见：不，世界上最最悲剧的是，人死了，却有三个女儿都当上了皇后！

红颜薄命这句话，看起来对男人也一样适用。

赵贵和独孤信谋逆一事，小子我个人觉得疑点颇多，也许谋反的事根本就

135

是子虚乌有。

举个例子来说，我有个胖哥们儿，据说每天做俯卧撑，但手臂上依然全是肥肉，问他为什么？回答是，做不起来，所以只做一半——只俯卧而不撑。

难道以赵贵、独孤信两人的老道，也会这样只做一半——只谋而不反？

这实在是让人难以理解。

可如果说两人死于莫须有的罪名，却很好理解。

因为如果这两位元勋不死，宇文护一定寝食难安。

也许真相扑朔迷离，难有定论。

但无论如何，赵贵和独孤信死了，宇文护松了一口气。

有人倒霉，当然就有人走运。

走运的是宇文盛。

他这次因告密有功而被提升为大将军，成为宇文护的亲信，从此官运亨通，其家族也成为北周乃至隋唐时著名的官宦世家——隋末杀死隋炀帝杨广的宇文化及就是他的孙子。

赵贵、独孤信两人死后，宇文护一手遮天，彻底把持了朝政大权。

但不久，他就遇到了更大的挑战。

这次挑战他权威的是十六岁的小天王宇文觉。

看见朝中几乎所有人都听命于宇文护，而把自己当作空气，年少气盛的宇文觉越想越觉得咽不下这口气。

少年人嘛，总是喜怒形于色的。

小天王对宇文护这个堂兄的反感毫不掩饰，周围的人自然看了出来。

他身边的几位亲信大臣李植（大将军李远之子）、孙恒、乙弗凤等人怂恿他说，宇文护这人早晚会不守臣节篡位的，大王你要早点干掉他！

宇文觉深以为然，便在宫中秘密训练武士，计划把宇文护召进宫杀掉。

生怕人手不够，李植等人又找了一个帮手——宫伯（侍卫长）张光洛。

没想到张光洛是宇文护的眼线，他随即将此事密告宇文护。

宇文护听了大为震惊，震得他胃部痉挛，差点没把晚饭给挤出来：连小天王也要对我下手，这事非同小可！

经过深思熟虑后，他并没有轻举妄动，只是把李植、孙恒外放，分别出任梁州刺史和潼州刺史。

同时让张光洛继续潜伏。

宇文护没有对李、孙等人痛下杀手，算是给足了小天王的面子——只给你个警告处分，小天王却不识相，屡次提出要把李、孙二人调回自己身边。

宇文护对小天王是恨铁不成钢，他声泪俱下地对宇文觉说，天下最亲的是兄弟，难道兄弟之间互相怀疑，反而相信外人！请陛下不要相信谗言，疏远骨肉！

宇文觉小朋友耳根子软，听了似乎有些感动，打消了召回两人的念头。

见宇文觉有些动摇，乙弗凤等人更加害怕了，他们一个劲地鼓动小天王按原计划行动，以宴请的名义召宇文护入宫将其诛杀。

经不住他们的不断劝说，小天王同意了，这事就这么定了下来。

但他们的一举一动都在宇文护的掌控之下——因为他的内线张光洛也参与了他们所有的谋划。

这下子，宇文护对小天王彻底失去了耐心——太过分了！犯错就像放屁，难得一次我可以忍，一次又一次连着来还越来越严重，叫我怎么能忍得了！

他找来了两个表弟——时任大司马的贺兰祥和时任中领军的尉迟纲（均为宇文泰的外甥），一起商量此事。

两人都劝宇文护废掉宇文觉：咱们不能指望这么糊涂的人能变成一个明君，就像不能指望狗尾巴草能开出玫瑰花一样。如果再任他胡闹，宇文家的事业迟早会毁在他的手里！

当时尉迟纲统领禁军，宇文护派他率军入宫擒拿乙弗凤等人，又全部撤换掉了宫中所有侍卫。

宇文觉这才知道大事不好，吓得当起了缩头乌龟——躲在宫中不敢出来。

不出来就轰出来。

宇文护派贺兰祥逼宇文觉退位，把他赶出皇宫幽禁起来。

随后宇文护召集所有公卿大臣，对大家说，略阳公（宇文觉称帝前的封号）荒淫无度，胡作非为，阴谋杀害朝廷重臣。如果让他得逞，社稷必将倾覆。我个人认为，宁负略阳公，不可负天下。因此我打算废掉他另立明主，大家有何意见？不同意的请举手！

大臣们都见识过宇文护的手段，自然没人反对——因为只要有谁敢举手，谁就迟早会遭到毒手！

废掉宇文觉的决议在此次会议上全票通过。

宇文护马上把乙弗凤、孙恒等人斩首，接着又把李植的父亲——大将军李远召到了自己府上。

李远功勋卓著，宇文护有意网开一面，便对他说，你儿子参与谋反，我把他交给你，希望你能妥善处理。

其实这句话的意思已经非常明显，就好像刮奖的时候，如果刮出了一个"谢"字，你就应该知道结果肯定是"谢谢参与"一样。

但爱子心切的李远昏了头，就跟刮奖时刮出了"谢"字依然还妄想自己会中大奖的人一样的昏头。

他居然没有领会宇文护话里的意思。

回去后，他马上就质问李植：你到底有没有谋反？

李植哭得梨花带雨，坚决不承认有这回事：没有啊！我冤枉啊！比窦娥还冤！比杨乃武还冤！比……

看到儿子这副可怜巴巴的样子，李远心软了。

第二天，他带着李植去找宇文护。

宇文护很奇怪，阳平公（李远的封号）怎么又来了？

左右向他汇报，和他一起来的，还有他儿子李植。

宇文护立刻变了脸色，阳平公不相信我！

他马上把宇文觉叫来，让他与李植当面对质。

李植无言以对，只好乖乖承认。

宇文护随即命人杀掉李植，并逼迫不识时务的李远自杀。

可怜李远当年对宇文泰忠心耿耿，甚至不惜得罪独孤信，换来的却是这样的下场。

临死前，李远大声高呼，显庆（其弟李穆的字），可恨我当年没有听你的话，以至于落得如此的下场！

正是这句话救了他弟弟李穆一家的性命。

李穆本来也应连坐。

宇文护听到这句话后，马上派人去调查，发现事实确实如此——李穆一直不喜欢李植，认为此人行为轻佻，每天有 100 个主意，其中 101 个是坏主意，绝非保家之主，多次劝李远除掉这个儿子。

最终李穆全家幸免于难。

而宇文觉在被废黜后不久，就被堂兄宇文护杀死——这是在半年内死于宇文护之手的第二个皇帝。

新天王立谁呢？

当然是宇文泰的庶长子——二十四岁的宇文毓。

因为执政不到一年的宇文护得罪的人实在太多，他不可能再冒天下之大不韪，立一个幼主——宇文泰别的儿子最大的也才十四岁。

公元 557 年九月二十四日，宇文毓正式登基，是为北周明帝。

几乎同一时间，在江南的建康，南朝的最后一次改朝换代也在紧锣密鼓地进行着。

第八章　扫平群雄定江南

草根皇帝陈霸先

却说陈霸先在取得了建康保卫战的胜利以后，外患基本解除，便开始腾出手来对付内部。

头一个对手是盘踞在江州（今江西九江）一带的侯瑱。

侯瑱曾是王僧辩手下大将，后任江州刺史，兵势很强盛。

王僧辩死后，他雄踞江州，拒不服从建康政府的号令。

陈霸先了解到其内部派系众多，矛盾重重，因此没有动武，而是派人离间其内部关系。

在这些人的鼓动下，侯瑱的部下纷纷反正，宣布向陈霸先投诚。

控制不住局势的侯瑱只好仓皇出逃。

部将大多建议他投奔北齐，他却力排众议，说，不，我要去建康。陈公向来以大度而闻名，必能容我。

因此他毫不犹豫地率残部投奔了陈霸先。

果然如他所料，陈霸先不仅没有为难他，还对他极为厚待，任命他为司空。

江州平定后，割据岭南的萧勃知道陈霸先肯定不会放过自己，便干脆先下手为强，起兵造反。

陈霸先派大将周文育率军讨伐，很快就攻占广州，萧勃兵败被杀。

放眼江南，陈霸先此时只剩下最后一个对手——占有湘州（治所今湖南长沙）、郢州（治所今湖北武昌，前不久刚被王琳乘乱攻占）等地的王琳。

他采用先礼后兵之策，遣使征王琳入朝，并许以司空之位。

王琳实力雄厚，野心勃勃，当然不愿意受制于人，故而他对此不屑一顾：

什么司空，是四空吧——四大皆空！

他不仅不接受命令，反而大造舟舰，随时准备东下，与陈霸先一决雌雄。

既然如此，陈霸先讨伐他便有了理由。

他马上命令大将侯安都、周文育以讨逆的名义督率大军西进，攻打王琳。

但正如再温柔的女人也有更年期一样，再英明的人也有犯糊涂的时候——一向英明的陈霸先在这个错误的时刻做出了称帝的决定。

也许是由于轻敌，自认为已经胜券在握；也许是因为他已经五十五岁，身体大不如前，所以他的称帝显得有些急不可耐。

侯安都他们刚刚出发，他便急着筹办禅代事宜。

公元557年八月二十八日，陈霸先进位为太傅、赞拜不名；

九月五日，封陈公，加九锡；

十月三日，封陈王；

十月六日，他就正式接受梁敬帝的禅让登基称帝，国号陈，是为陈武帝。

随后他加封自己的侄子陈蒨为临川王，并遥封另外两个侄子——陈顼为始兴王（陈顼此时还在北周），陈昙朗为南康王（他根本不知道陈昙朗已经被杀），已退位的梁敬帝萧方智则被封为江阴王。

与陈霸先的喜气洋洋形成鲜明对比的是，郢州前线的侯安都听到这个消息却忧心忡忡。

他发出了这样的一声叹息：完了！我们师出无名了！

是啊，本来出兵的理由就是讨伐王琳这个不忠于梁朝的逆臣，现在却成了自己打自己耳光的大笑话，真正不忠于梁朝的逆臣难道不是陈霸先自己吗？

临阵易帅乃是兵家之大忌，现在居然是临阵易国号，这仗还怎么打？

侯安都失去了信心，他此时的感觉就和打麻将做了相公一样——自己一定不可能赢。

部下当然更是人心浮动。

王琳乘机发动猛攻，两军在沌（zhuàn）口（今湖北汉阳东南）大战。结果果然不出侯安都所料，陈军大败，侯安都、周文育、周铁虎、程灵洗等陈军将领全部被擒，成了阶下囚。

随后王琳乘胜率军顺江东下，驻军于湓城（今江西瑞昌）。

同时他遣使向北齐求援。

不过就像我前几年炒股亏了80%，如今只要看到K线图就急火攻心须马上吃速效救心丸一样，上次十万大军全军覆没的失败也让高洋产生了严重的心理阴影。因此这回他没有再派出一兵一卒渡江支援，而只是把萧庄（萧绎的孙子，此时在北齐当人质）立为梁主，送到王琳那里。

在王琳的拥戴下，萧庄在郢州称帝，王琳则被册封为丞相。

一时间，在长江中游出现了两个梁国——一个在江陵，另一个在武昌；一个是北周的附庸，另一个是北齐的附庸。

看到北齐扶持了萧庄，陈霸先也生怕有人会拿已退位的萧方智做文章，便马上派人杀掉了萧方智。

而这段时间王琳忙着建国大业和开国大典，不免放松了对侯安都等人的监控，机灵的侯安都乘机收买了负责看管他们的太监，越狱成功，与周文育、程灵洗等人一起逃回了建康。

爱将失而复得，陈霸先喜出望外，随后他命侯安都再次率军西征。

侯安都不负所望，在江州一带多次击败王琳所部，逐步扭转了战局。

正当陈霸先摩拳擦掌，准备向王琳发动全面进攻、彻底统一江南的时候，从前线传来了一个让他震惊的消息：大将周文育在江西平叛时被手下杀死了。

周文育是陈霸先最倚重的爱将之一，这消息对他打击很大，他早已透支的身体终于再也支撑不住了——他病倒了。

这一病就仿佛一艘万吨巨轮被撕开了一个窟窿，冰冷的海水持续涌入，船开始迅速下沉——一个月后，也就是公元 559 年六月，陈霸先在建康病逝，享年五十七岁。

小子我对陈霸先印象最深刻的就是他的豁达大度和知人善任。

比如，侯安都、周文育等人都曾对他厉声呵斥，他却毫不在意还马上认错，试问现在有多少领导面对下属的指责会有这样的雅量？多少家长面对孩子的反驳会这样不在乎自己的面子？

正是因为他的大度，侯瑱、鲁悉达、周铁虎、程灵洗等曾经的敌人都自愿归顺于他，并对他忠心耿耿。

陈霸先的知人善任从一个小故事就可说明。

据说有一次他和手下大将杜僧明、周文育、侯安都等人在一起饮酒，三人都争着夸耀自己，陈霸先对他们说，你们都是良将，却各有不足。杜公志大才疏，对下属过于亲近，对上级骄横无礼。周侯您交友不慎，不考虑对象，身处危险之中，对人却没有猜疑和防范。侯郎行事傲慢放诞不知收敛，这都非全身之道啊。

三人中除杜僧明早年就病死外，周文育和侯安都的命运都不幸被他说中——周文育因过于轻信别人而死于下属之手，侯安都后来因为居功自傲而被诛杀。

而对陈霸先的评价向来争议很大。

有人誉之为民族英雄，说在国家危难之际，百姓无望之时，是陈霸先横空出世，挽狂澜于既倒，扶大厦之将倾，挡住了来自北齐的疯狂进攻，为汉人保住了最后一块自己的国土，把异族统治整个中国的时间推迟了七百多年。

这里边，以明末清初的思想家王夫之的说法最为典型：陈高非忠于萧氏，而保中国之遗民，延数十年以待隋之一统，则功亦伟矣哉！

也有人毁之为卑鄙小人，偷袭盟友王僧辩，就是其一生最大的污点。

但我个人觉得，以陈霸先的霸气，也许他根本不在乎别人的评价。

正如吃货眼里只有吃、酒鬼眼里只有酒、我老婆眼里只有我一样，在陈霸先的眼里只有一个字，那就是"赢"！

他成功了！

在南朝这样一个极其注重门第的年代，他创造了从社会底层成为开国之君的传奇！

危难之际定江南

然而陈霸先死得实在不是时候。

他的死给刚建立不久的陈朝带来了极大的危机。

此时的陈朝，内无子嗣（唯一的儿子陈昌至今还被扣在北周），外有强敌，朝无重臣（将帅大多领兵在外），真可谓危如累卵。

他的遗孀章皇后急得六神无主，束手无策，只好赶紧召回皇帝的侄子临川王陈蒨和大将侯安都来商量后事。

侯安都力主由陈蒨即位——其实这根本没有选择，在陈朝国内，陈家就只有这一个后人。

但章皇后一直犹豫不决，她实在是舍不得啊，老公历尽艰险才创下的家业，怎么可以不传给自己的儿子陈昌呢？

侯安都急了，他对群臣厉声说道，如今天下未定，哪能考虑那么多？临川王有大功于天下，不立他立谁？谁不同意，杀无赦！

随后他马上提着剑入宫，逼章皇后交出玉玺，并当场颁布命令，以临川王陈蒨为皇位继承人。

当天陈蒨就在太极殿即皇帝位，史称陈文帝。

陈蒨刚一上台就面临着极为严峻的形势——王琳打过来了。

听说死敌陈霸先去世，王琳心中那个开心啊——挡在他面前多年的绊脚石自动消失了，他能不开心吗？

王琳知道，正如人的骨骼在两块骨头交接的关节处最为脆弱一样，一个国家的战斗力在新旧皇帝交替的时候最为虚弱。

机不可失，他很快就采取了行动。

王琳让部将孙场率数千兵马留守郢州，自己则亲率大军倾巢而出，顺流而下，攻打陈朝，梁主萧庄也随军同行。

与此同时，齐主高洋也派大将慕容俨率军逼近长江，作为声援。

王琳初战告捷，在溢城（今江西瑞昌）击败前来阻击的陈军大将吴明彻，随后乘胜进军，驻扎于江北的濡须口（位于今安徽无为东南）。

陈蒨则命大将侯瑱率军抵御，屯驻于江南的芜湖（今安徽芜湖）。

这次双方都集结了倾国之兵。一场决定双方命运的大决战一触即发！

谁胜，谁就必将是江南的主宰！

谁败，谁就只能是渺小的尘埃！

就如两位绝世武林高手的对决，就如两支势均力敌的球队闯入了世界杯的决赛，侯瑱和王琳两人都十分谨慎，谁也不敢轻易出手。

空气中弥漫着紧张的气息，紧张得让人几乎要窒息！

江面上笼罩着沉闷的雾霾，沉闷得让人透不过气来！

时间就这样一天天地过去。

两军就这样隔江相持了整整一百多天，从公元559年十一月一直持续到了公元560年二月。

这时，王琳突然接到了自己的老巢郢州传来的消息，北周派大将史宁率军四万乘虚而入，把郢州团团围住，郢州已经危在旦夕。

这下王琳急了，怎么办？

考虑再三，他觉得如果回军救援郢州，侯瑱肯定会尾随追击，到时局面很可能会难以收拾。不如横下心来赌一把，火速东下，先灭了陈朝再说。

说来也巧，这天凌晨，正好刮起了强劲的西南风，王琳心中大喜：顺风！一路顺风！一帆风顺！天助我也！（长江的安徽段是从西南向东北流的）

风不我待，他马上下令，全军立即出发，乘着风势，直捣建康！

侯瑱毫无反应。

王琳以为自己行动诡秘，神不知鬼不觉，骗过了侯瑱，心情十分愉悦。

悄悄地我走了，正如风悄悄地吹。我悄悄地挥手，作别大笨蛋侯瑱。

然而王琳错了。

他的一举一动都在侯瑱的掌握之中。

老谋深算的侯瑱像足球场上的故意漏球一样故意放过了王琳，等敌方全军过去之后，再率军偷偷地紧随其后。

悄悄地我跟来了，正如你悄悄地走，我悄悄地挥手，下达攻击的指令。

他让士兵向敌军抛掷火炬。

一时间王琳的战船纷纷着火。

王琳芳心大乱，方寸也大乱。

他慌忙命令士兵还击，也向陈军抛掷火炬，没想到现在他们成了逆风，扔出去的火炬不但没有扔到陈军的战船上，反而被风吹了回来，烧到了自己的船。

王琳的船队顿时成了一片火海，死伤惨重。

侯瑱随即率军掩杀，用拍竿（古代水战利器，大约相当于投石机）攻击，还用包有湿牛皮的小船猛冲对方船只。

王琳军早已乱作一团，哪里还能抵挡得住如此凌厉的攻击？

这一战，王琳大败，士兵有一半被烧死，没被烧死的有一半被石头砸死，没被砸死的有一半溺水而死。

侥幸逃过一劫的那1/8的幸运儿则纷纷弃舟登岸，四散奔逃。

在北岸支援的北齐军还不知怎么回事，就被败退下来的王琳军裹挟着一起败退，慌乱之中，互相践踏而死的不计其数。

陈军在后面紧追不舍，王琳军和助战的北齐军在陈军的追杀下几乎全军覆没。

王琳本人乘小船冲出重围，身边只剩下十几个人，他不敢再回老家郢州（也不知郢州是不是已被北周攻下），只好投奔北齐。

侯瑱则携大胜之余威，继续挥军西进，进逼王琳的老巢——郢州。

此时北周军队还没有攻下郢州，眼看陈军势大，不敢接战，匆忙解围退走。

而郢州城内的王琳部下听说王琳已经全军覆没，知道自己大势已去，也只好打开城门向陈军投降。

困扰自己多年的劲敌终于灰飞烟灭，但陈蒨高兴不起来，因为他听到了一个他不愿意听到的消息——陈霸先的儿子陈昌回来了。

前面说过，陈昌在江陵陷落后就被掳掠到了长安，陈霸先称帝后曾无数次派使者向北周讨要儿子，但宇文护觉得奇货可居，一直没有答应。

等陈蒨即位后，宇文护却突然改变了态度，主动放陈昌回国，其用意不言自明——让陈昌回去夺位，最好能引发内乱，他好从中渔利。

然而这个陈昌的水平和其父陈霸先相差甚远。

如果说陈霸先的水平堪比打遍天下无敌手的中国乒乓球队，那么他儿子陈昌的水平堪比中国足球队——太臭了！

陈昌脑子极为糊涂，甚至可以说是不知死活。他觉得陈朝的江山本来应该是他的，因此心里很不平衡，在回国之前他特意给陈蒨写了一封信，言辞极为傲慢——估计还带点要陈蒨物归原主主动退位的意思。

对于如何安置陈昌，陈蒨之前也许还有些犹豫，看到这封信后他马上就不再犹豫了：这个陈昌必须除掉！

当然表面文章还是要做的，他找来了心腹大将侯安都，假惺惺地说，太子就要回来了，看样子我只能退位做一个藩王了。

侯安都当然知道这不是皇帝的本意，马上表明了自己的态度：自古以来，皇帝就一直是终身制，怎么可能随便下岗？

陈蒨没有回答，只是露出了一丝不易察觉的微笑。

一向勇于任事的侯安都马上明白了皇帝的意图，便主动请命：皇上您放心，我去迎接陈昌，保证把这事处理好！

陈蒨点了点头。

几天后，在侯安都的迎接下，回到故国的陈昌满怀憧憬地登上了开往首都建康的大船。

然后呢？

然后就没有然后了。

因为船到中途，陈昌失足落水，不幸身亡。

死后自然是备极哀荣，皇帝陈蒨亲自哭灵：太子啊太子，最想你的人是我，你怎么舍得我难过。在我最需要你的时候，没有说一句话就走……

接着是侯安都致悼词：太子陈昌的不幸英年早逝是我们的重大损失，我们要化悲痛为力量，紧密团结在以皇帝陛下为核心的……

随后陈蒨下旨以王礼厚葬陈昌，并追谥其为"衡阳献王"——小子我个人认为，这个"献"字还是很确切的。

接着陈蒨又派侯瑱率军夺回了被北周占领的巴州（今湖南岳阳）、湘州（今湖南长沙）等地，从此陈朝终于拥有了长江中下游以南的全部土地。

但由于失去了巴蜀、汉中、荆襄、淮南等大片土地，陈朝的版图比全盛期的梁朝少了近一半。

第九章　史上最牛精神病

禽兽皇帝高洋

写到这里，肯定有筒子要问了：好久没看到北齐了，北齐这几年什么情况？

不要急，容我慢慢道来。

不过，在开始之前，必须先提示一下：

可能有些情节会让人不舒服，十八岁以下的少年儿童请在家长的陪同下观看。

另外请不要在饭后十五分钟内观看，以防呕吐。

因为这些年发生在北齐皇帝高洋身上的事情实在是太疯狂、太血腥、太禽兽、太毁三观、太重口味了。

有多重的口味？

就算你往最最最最重口味的地方想，高洋的行为也一定会超出你的想象。

应该说，在高洋当皇帝的前几年干得还是相当不错的，对内锐意改革，励精图治，国势蒸蒸日上；对外多次远征塞北，又修筑长城，基本解除了来自北方的威胁。

但后期的高洋跟以前判若两人。

公元556年是个分水岭。

这一年江南十万大军全军覆没的惨痛失利给了他很大的打击。

在这之前，他一直雄心勃勃，一心想要统一中国，但这之后他彻底失去了信心——西有绝世枭雄的宇文泰，南有充满霸气的陈霸先，要想完成统一大业岂非痴人说梦？

他失去了生活的目标，失去了前进的方向。

他感到空虚、无聊。

他需要寻找刺激。

于是，他开始酗酒。

在酒精的刺激下，高洋表现出了令人瞠目结舌的另一面。

也许是之前他被压抑得太久——执政之前一直战战兢兢地生活在高澄的阴影下，执政之后一直兢兢业业地生活在雄心的驱使下，而现在的他什么也不愿想，只想彻底地放纵自己。

于是我们看到了这样一个疯狂的高洋：

有时他通宵达旦地唱歌跳舞；

有时他脸上涂脂抹粉，光着身子在闹市裸奔；

有时他披头散发，穿着五颜六色的奇装异服，拿着刀张着弓带着一帮人在大街上暴走；

有时他骑着没有配备鞍子和缰绳的牛、驴、骆驼等牲畜到处招摇过市；

有时他让崔季舒、刘桃枝等近臣背着自己出行，自己则胡乱地拍着手鼓……

走累了，他便随便在地上一躺，体验露宿街头的丐帮生活；或者不分早晚突然闯入大臣们的府第、卧室甚至浴室，体验偷窥别人隐私的那种快感。

他还喜欢挑战极限，夏日炎炎，他偏要在太阳下暴晒；数九寒冬，他偏要赤身裸体地在雪地中跑步。

更让人吃惊的一幕发生在三台的顶上。

三台是当年曹操所建的铜雀台、金凤台（原名金虎台）、冰井台三个宫殿群的合称，后来高洋又重新加以扩建，扩建后三台上的宫殿高达二十七丈（大约相当于现在的 81 米），工匠们干活时怕出现意外都系着绳子。

没想到高洋却在三台的屋脊上玩得不亦乐乎，他顺着屋脊快速奔跑，兴之所至还在上面做起各种高难度的动作，一会儿来个哪吒探海，一会儿来个金鸡独立，一会儿跳起了芭蕾舞"天鹅湖"，一会儿来个骑马舞江南 style，一会儿又是后手翻转体 180 度接团身后空翻三周，一会儿还摆个 pose 做轻生跳楼状却始终不跳……

高洋在上面感到既兴奋又刺激，下面的人却紧张得屏住了呼吸；高洋在上面玩得很 high，下面的人心跳频率更 high！

可以说，如果生活在现代，高洋完全有可能获得平衡木的世界冠军——当然，他必须得先做变性手术才行，因为男子没有平衡木项目。

高洋的各种荒唐行为很快传遍了全国。

有一次他走在路上，心血来潮地问旁边路过的一个女人：你觉得当今天子怎么样？

那时没有电视和网络，连报纸都没有，因此这女人也不认识高洋（估计高洋这天穿着比较正常），便直言不讳地回答：疯疯癫癫的，既不要脸，也不要命，哪像什么天子，疯子还差不多！

高洋大怒，马上拔刀杀了她。

俗话说，酒色不分家。除了酗酒，高洋当然也好色。

他喜欢合作共淫，经常召集家族中的女人，不分亲疏远近，让她们和自己的左右随从乱搞，当然他自己肯定也是积极参与的。

他甚至连自己的庶母也不放过。

有一次他甚至对高欢当年的宠妃大尔朱氏动手动脚，施展十八般武艺：扑、搂、抱、拉、缠、啃……

大尔朱氏不从，拼命反抗，使出浑身解数：遮、挡、推、闪、躲、咬……

高洋一时无法得逞，便恼羞成怒：当年我父亲在世时，你没少欺负我母亲，我怎么能不为她报仇！

随后他立即拔出刀来将大尔朱氏砍死。

对庶母他都想非礼，嫂子当然也难以幸免。

他大大咧咧地对高澄的遗孀冯翊公主元仲华说，淫人妻女者，妻女必被人淫。由于当年高澄玷污过我老婆，所以我必须报复他的老婆。

随后便扑了上去……（此处省略一千字）。

后来高洋又看上了皇后李祖娥的姐姐李祖漪，李祖漪和她妹妹一样柔弱温顺，哪里敢反抗这个霸道的妹夫？

因此高洋曾经多次非礼她，还想把她纳入后宫。

然而李祖漪毕竟已经结婚了，她丈夫是原北魏宗室元昂。

但这对高洋来说，根本不是问题。

他召来自己的连襟元昂，让他跪在地上，随后连射一百多箭将其射死。

在元昂的葬礼上发生了让人难以想象的闹剧——高洋当众强行非礼披麻戴孝的李祖漪，还让在场的所有人把钱物都交出来作为自己迎娶大姨子的彩礼。

向来逆来顺受的皇后李祖娥这回也忍无可忍了。

想想看，葬礼变成了婚礼，丈夫兼职了姐夫，这么奇葩的剧情就算再有想象力的编剧恐怕也写不出来，一向正统的李祖娥怎么可能接受得了？

本来是母仪天下，现在却丢人在大庭广众之下；本来是别人羡慕的对象，现在却成了别人笑话的对象，一向要面子的李祖娥又怎么可能忍受得了？

这个可怜的女人当时就气哭了，回去后日夜以泪洗面，甚至以绝食抗议，要把皇后位子让给姐姐。

后来娄太后知道了，亲自出面一次次地做李祖娥的工作，她才逐渐消了气。

李祖娥的母亲崔氏也曾无端受辱。

有一天，高洋突然闯到李后的娘家，用箭射自己的丈母娘，一边射一边破口大骂，我喝醉酒的时候连太后都不认识，何况你这个老太婆！

随后又用马鞭抽了崔氏一百多下方才解恨。

崔氏就这样平白无故挨了自己的女婿一顿狠揍，不过她还算命大，只是受了点皮肉伤，没有性命之忧。

高洋整天胡作非为，为所欲为，他母亲娄太后实在看不下去了，忍不住拿着拐杖数落儿子，你父亲如此英雄，怎么生出这么个混账儿子！

此时高洋喝得醉醺醺的，正处于癫狂的状态，当即回敬她说，看来我得把你这个老太婆嫁给胡人了！

娄太后气得说不出话来。

高洋看见母亲生气，感到很是过意不去。为了逗母亲开心，他突然像小孩一样猛地钻到娄太后坐的胡床下面，用身体把胡床歪歪扭扭地顶了起来。

这胡床没有安装 ESP 车身稳定系统，老太太坐在上面也没有系安全带，胡床歪歪扭扭的，老太太哪里坐得稳？

很快她就发生侧滑，从空中飞了出去。

老太太摔得浑身青一块紫一块的，疼得直叫唤。

看见母亲受了伤，高洋的酒一下就醒了，他对自己的鲁莽后悔不已，马上让人拿来柴草点起火，准备自焚向太后谢罪。

娄太后大惊失色，她知道这个儿子什么事都干得出来，赶紧拉住高洋，勉强笑着说，儿子，你刚才喝醉了，我不怪你！

但高洋不愿意原谅自己，他脱了上衣趴在地上，要他的亲信平秦王高归彦对他实施杖刑，还命令说，打不出血来，我就杀了你！

娄太后抱住了高洋，一遍遍求他，不要打了，我原谅你……

倔强的高洋却依然坚决不肯，后来禁不住太后一再哀求，才改成在腿上打五十下。

打完后，高洋又跪在地上流着眼泪向太后乞求原谅，还发誓要戒酒。

这个誓言有效吗？

有效，高洋真的不喝酒了。

不过这誓言和药品一样是有有效期的，这有效期比紧急避孕药长、比长效避孕药短——十天。

十天后，他故态复萌，又开始酗酒，而且变本加厉。

当然这一时期的高洋可不仅仅局限于酒后胡闹和乱搞女人，他的残忍嗜杀在历史上也很有名。

太保高隆之是死在他手上的第一个高官。

高隆之本姓徐，是高欢发迹之前的老朋友，被高欢认为族弟，曾先后担任侍中、尚书仆射等要职，和高岳（高欢的堂弟）、孙腾（高欢的发小）、司马子如（高欢的发小）三人合称为京城四贵。

由于一向位高权重，高隆之不免有些目空一切，当年看上去傻不啦叽的高洋没少受他的欺负和嘲弄。后来高洋想称帝时，高隆之又是反对最激烈的人之一，因此高洋对他一直没有好感。

高洋的宠臣崔季舒由于以前和高隆之有过节，也经常在高洋面前说高隆之的坏话。

高隆之这人向来大大咧咧，对此毫不在意。

有一次，他和北魏宗室元昶在一起喝酒，喝到兴头上，他随意说了一句：老元啊，咱们要生死不相负。

这句话不知怎么就传到高洋那里去了。

当朝重臣和前朝皇族关系亲密，就像已经离异的女人再婚后还和前夫关系亲密一样——性质十分严重，再联想到高隆之以前对自己的态度，高洋越想越恼火，便让人把高隆之找来猛揍了一通——打了一百多拳。

六十多岁的高隆之老胳膊老腿的，哪里能经受得起，当时就被打得奄奄一息，几天后就死了。

过了一年多，高洋突然又想到了高隆之，感觉他死得太便宜了，很不解气，又让人掘开高隆之的坟墓，将其碎尸万段，焚烧后抛入漳水。

随后他又把高隆之的儿子高慧登等二十余名家人全部斩首，高隆之从此绝了后。

虽然死得很惨，但如今高隆之却很知名——因为他曾奉旨监造冶铁炉，大规模引水鼓风冶铁制造兵器，故现在他被尊称为冶炼老祖，在河南安阳水冶镇建有隆之广场和其塑像。

高隆之死后不久，和他并称"四贵"的另一位重臣、清河王高岳也倒了霉。

高岳是高欢的堂弟，高洋的堂叔，曾经多次领兵出征，战功赫赫，在当时北齐军界的地位相当于民国时杜月笙在上海黑帮的地位——绝对的老大。

当然，高岳也和大多数老大有一样的毛病：生活奢靡，沉迷于酒色。

高岳的死与两个人有关。

其中一个人既是他的族弟又是他的干儿子（混乱吧）——平秦王高归彦。

高归彦是高欢族叔高徽的私生子，由于高徽死时他才九岁，高欢便让高岳抚养他。但高岳似乎对他并不待见，因此高归彦对其怀恨在心。

高洋称帝后，高归彦担任领军大将军，成为高洋的心腹，经常在高洋面前说高岳的坏话。

而高岳对此却全然不知。

与高岳之死有关的另一个人是高洋的宠妃薛氏。

薛氏本来是个娼妓，后来不知怎么被高洋看中了，还纳为妃子，很受宠爱。

说来也巧，正好高岳以前就认识薛氏的姐姐，通过她姐姐这层关系，还曾经召薛妃出过台——上门服务过。

这事不知怎么让高洋知道了，顿时醋意大发，马上跑到薛氏家里去问罪。她姐姐不明就里，还不知趣地向高洋为其父讨要官爵。

高洋更火了，命人把她吊起来，用锯子锯成两段。

回宫以后，高洋又马上把高岳召来，责备他奸污了薛氏。

高岳心里很委屈，她当时只是个卖身的妓女，我又没嫖霸王娼，也是给了钱的。寻花问柳，何错之有？

他不服气地辩解说：这怎么能叫奸污呢。我本来还想娶她呢，只是后来嫌她太轻薄才没有娶……

这真是越描越黑，不说还好，高岳这么一说，高洋更生气了。

你什么意思？我宠爱的妃子不仅是你高岳玩剩的，还是你看不上的女人？在肉体上占了我马子的便宜，在言语上还要占我的便宜？在生理上被你占了先机，在心理上你还要给我这样一记重击？

别以为你是我的堂叔就可以这样放肆！

事可忍，叔不可忍！

高洋越想越气，高归彦则趁机火上浇油，添油加醋地说了高岳不少坏话，盛怒之下，高洋马上让高归彦给高岳赐了一杯鸩酒，毒死了高岳。

高岳就这样死了，但他的后代后来却在北齐亡国后对北齐皇族的大屠杀中幸存了下来，他的孙子高士廉是唐初凌烟阁二十四功臣之一，唐太宗的长孙皇后则是他的曾外孙女。

高岳的死并没有影响到高洋对薛妃的感情，他依然对薛妃非常宠爱。

不过，和高洋在一起生活的女人，别说想幸福，就是要幸存也很不容易。

因为他喜怒无常，其心情就和A股上市公司的业绩一样说变就变，且毫无预兆。

这一天，高洋和薛妃在一起玩乐，正玩得开心的时候，他突然想起薛妃那不堪回首的过去，想起她那曾被"千人枕万人尝"的身体，对她顿生厌恶，这种发自内心的厌恶就像他之前发自内心的喜欢一样让他有一种难以抑制的冲动。

他马上拔出刀来，一刀把薛妃斩首。

接着他把薛妃的脑袋揣在怀里，去参加宫里举行的宴会。

宴席上，灯光闪烁，高官满座，觥筹交错，一片欢乐的气氛。

突然，高洋从怀里掏出薛妃的头颅，把它放到了桌上。

群臣都惊得目瞪口呆，有些胆小的当场就吐了。

但这还没完，更令人不可思议的一幕还在后面。

高洋命人把薛妃的尸体抬上来，只见他熟练地将尸体肢解，并取出其大腿骨做成琵琶的样子，然后一边弹奏着人骨琵琶，一边深情地看着桌上的头颅，唱起了歌。

他愁容满脸庞，泪水盈眼眶，一遍一遍地唱着汉朝李延年的名作：北方有佳人，绝世而独立。一顾倾人城，再顾倾人国。宁不知倾城与倾国？佳人难再得！佳人难再得……

他在那儿上演人鬼情未了，群臣却吓得灵魂都出窍！

这一幕实在是太惊人、太雷人、太吓人、太恶心人了！

过了很久很久，高洋才让人把薛妃的尸骨运出去埋葬，自己则披散着头发跟在后面，一边走一边号啕大哭。

他走了，群臣还惊魂未定，他们根本不敢相信自己的眼睛——难道这个神经不正常的疯子真的是神一样至高无上的天子？

在这样的神经病皇帝手下，他们又会面临怎样的命运呢？

当然不会好到哪儿去。

老臣杜弼就是个例子。

杜弼当年在高欢、高澄执政时就深受器重，算得上是三朝元老，在朝中有很高的声望。

他文采出众，成语"城门失火，殃及池鱼"就出自他写的"檄梁文"。

他性格耿直，一向以直谏出名。

高洋称帝的时候，他就是反对最激烈的人之一。因此高洋对他心怀不满，但他毫不在意，我行我素。

有一次高洋问他，治国当用何人？

杜弼一向遵循"两点之间直线最短"的原则，说话从来都是直来直去：鲜卑车马客,会须用中国人——鲜卑人只适合赶车牧马,治国一定要用中原的汉人。

高洋听了很不爽,但那天心情不错,因此并没有马上发作。

没有马上发作,往往意味着将来会连本带利地发作。

过了很久,这天高洋喝醉了酒,突然想起杜弼说的这些话,一下子就怒不可遏,马上下令把杜弼斩首。

等到酒醒了,他却又后悔了,连忙派人前去赦免,然而哪里还来得及,此时的杜弼早已身首异处多时。

杜弼被杀,与高洋的宠臣高德政也不无关系。

高德政与杜弼的关系不好,经常在高洋面前说杜弼的坏话,但在杜弼死后不久,他自己也步了杜弼的后尘。

作为当年劝进的最大功臣,高德政很受高洋的信任,历任尚书仆射、侍中等要职,位居宰辅,对北齐初年取得的各项政治成就做出了不少贡献。

这几年看到皇帝沉迷于酒色,一向以贤臣自居的高德政看不下去了,仗着自己与高洋关系不错,他多次劝谏皇帝不要酗酒。

有一次他甚至不依不饶地对高洋说,陛下您这样放任自己,江山社稷怎么办? 太后怎么办?

高洋烦了,气呼呼地对左右说,高德政这小子老是这样气势凌人!

之前高洋对高德政一直宠爱有加,这回是他第一次对高德政动怒,高德政岂能不害怕?

为了自保,高德政开始称病不再上朝。

早在高澄执政时期,高德政就曾经当过高洋的秘书,因此高洋对他的感情还是很深的,有一次他和尚书令杨愔闲聊时突然想起了高德政:不知高德政的病现在怎么样了?

杨愔和高德政的关系十分微妙。

两人同为宰相,都是汉人大族出身,都是高洋最亲信的大臣,心胸又都不怎么宽大,说没有矛盾那是不可能的。

杨愔一心想趁此机会排挤高德政,独揽大权,便马上进言道,高德政是在装病,陛下如果不信,只要下诏让他出任冀州刺史,我保证他的病马上就好!

虽然高洋有点将信将疑,但最后他还是听从了杨愔的建议。

高德政接到命令后非常高兴,他现在的想法是离皇帝越远越安全,因此也不装病了,马上打点行装准备赴任。

被最信任的下属欺骗相当于被最爱的女人背叛,一向苛刻的高洋怎么可能忍受?

他暴跳如雷，当即让人把高德政召来，对他说，听说你病了，我给你做针灸治疗吧！

随后便拿出小刀在高德政身上乱刺。

可怜高德政还没反应过来是怎么回事，就成了一个血人。

刺完了，高洋又命令亲信侍卫刘桃枝砍掉高德政的脚指头（这个刘桃枝，后来被称为"北齐第一御用刽子手"，死在他手下的人非富即贵，不是王侯就是将相，其地位之高、数量之多在历史上罕有匹及）。

毕竟高德政是当朝宰相，刘桃枝犹犹豫豫地不敢动手，看上去就像民国时期的知识青年迫于父母的压力娶一字不识的童养媳一样——极不情愿。

高洋火了：再不动手就杀了你！

这下刘桃枝不敢再迟疑了，马上砍下了高德政三个脚指头。

高洋还不解恨，又把浑身是伤的高德政锁在宫中，直到半夜才让人把他送回家。

第二天，高洋酒醒了，又想起了高德政过去的功劳，觉得自己昨天做得有点过了，非常后悔，便马上动身去高家探望高德政。

镜头切换到高德政的府上。

高德政正躺在床上不省人事，他老婆生怕高洋会来抄家，便把家里所有的金银珠宝拿出来准备转移财产。

没想到，高洋竟在此时突然破门而入！

空气顿时凝固，时间仿佛停步，女人汗流如瀑，高洋勃然大怒。

他厉声说道：这么多宝贝，比皇宫里都多！告诉我，都是哪儿来的？

高德政的老婆早已吓得魂飞魄散，脑子一片空白，慌忙跪下支支吾吾地如实回答：这些，这些东西都是当年元魏的皇族送的。

高洋最不能容忍的就是大臣结交旧皇族，听到这里，他再也忍不住了，手起刀落，把高德政夫妻二人全部砍死，紧接着又杀了高德政的儿子。

没过不久，高洋又后悔了，追赠高德政为太保，并让他的孙子继承了其爵位。

不过高洋虽然残暴，对北魏旧皇族却一直没有赶尽杀绝。

但到了公元559年五月，元魏皇族却遭到了灭顶之灾！

让高洋下决心大开杀戒的竟然是元魏宗室、他的大姐夫彭城公元韶——元韶的老婆是高欢的大女儿、原北魏孝武帝元修的皇后。

高洋无意中问了元韶一个问题：汉光武帝刘秀何以能够中兴？

元韶是个学富五车的大才子。

不过，知识和智力，往往成反比，元韶就是这样的书呆子。

154

他得意扬扬地回答：根据我的最新研究成果，刘秀之所以能中兴，那是因为姓刘的没有被王莽杀尽。

正是这句话把所有的元魏皇族都送进了地狱。

恰好此时，北齐境内发生了日食。

太史启奏：应当除旧布新，以应天象。

一听"除旧"两个字，高洋立刻想到了这些元魏宗室，他马上下令杀了始平公元世哲等二十五家，并把彭城公元韶等十九家关进监狱。

富有创意的高洋还拿元家人做起了飞行试验。

他让北魏宗室元黄头和另外一些囚犯乘坐纸鸢（即风筝），从近百米高的金凤台的顶上往下跳，其他人都很快摔成了肉饼，只有元黄头创造了奇迹——他居然随风飞翔，一直飞到了数千米外的邺城郊区才飘然落地，毫发无损。

高洋龙心大悦：元黄头，你真厉害。给你颁发特别嘉奖——你不用被斩首了。

于是元黄头就被关在牢里活活饿死了——也许他心里在想：妈的，斩首还痛快些！

元黄头的这次飞行，比英国的凯利爵士要早一千两百多年，比明王朝时的万户乘火药椅试飞，也要早八九百年。

元黄头是人类飞行事业当之无愧的第一人。

两个月后，高洋又把所有关在监狱的元魏宗室全部在邺城东市斩首，婴儿则抛于空中再用大槊接住刺死，尸体全都抛于漳水。

据说这段时间百姓在剖鱼时往往会在鱼腹中发现人的指甲，以至于邺城的人很久都不敢吃鱼。

而元韶作为高洋的大姐夫，也和元黄头一样享受到了特殊的优待——被幽禁在地牢里饿死。

不过和高洋的两个异母弟高浚和高涣相比，元韶死得应该不算难看。

永安王高浚是高欢的第三子，母亲王氏。

他文武兼备，善于骑射，高澄在世的时候，他就很受大哥器重，当时年少气盛的他很看不起邋里邋遢的二哥高洋，经常在大庭广众之下取笑高洋，指责下人不给二哥擦鼻涕的就是他。

高洋那时正在装傻，只好忍住了不发作，但心里肯定恨之入骨。

高洋即位后，高浚被外放担任青州刺史，很得百姓爱戴。

后来看到高洋嗜酒如命，胡作非为，一向正直的高浚看不下去了，对手下人说，二哥因酒败德，朝臣无敢谏者。看来只有我出面了。

他是个言出必行的人，很快就付诸了行动。

不久，他进京奏事，正好看见高洋喝得醉醺醺的，脱得光光的，和一大帮男男女女在开裸体party。

高浚看得脸红耳赤，忍不住上前劝谏二哥：你看看你，像个皇帝的样子吗？太不要脸了！

高洋不以为然，笑嘻嘻地回答，你看看我，连屁股都露了，还要脸干什么？

裸体party当然不受影响，继续进行。

高浚碰了一鼻子灰，却还不肯罢休，又偷偷把在旁边观看的宰相杨愔拉到屏风后，责备他说，你身为宰相，怎么不劝劝皇上？

杨愔没有回答，只是嗯嗯啊啊地顾左右而言他，永安王，你好像瘦了啊……

作为个做事谨慎的官场老手，他知道高洋不喜欢高浚，更知道高洋最忌讳大臣与诸王交结。自己与他在屏风后密谈的事，如果万一让皇帝知道，那可就是跳进黄河也洗不清了。

于是，在摆脱高浚以后，杨愔马上向高洋汇报了这件事，高洋大怒，我真是难以忍受这个小人！

回到青州的高浚还不识相，又再次上书进谏。

高洋气得眼睛都绿了：你小子怎么老是这样啰啰唆唆唠唠叨叨唧唧歪歪！太烦人了！这世界上，少你一个不少，多你一个好吵！

他马上下令征高浚入朝。

高浚不笨，知道这时候召他肯定不是什么好事，便称病不去。

不去当然不行，很快，高洋派人把他抓来，关进邺城地牢。

高浚在地牢里并不孤独，因为他在那里碰见了另一个兄弟——上党王高涣。

高涣是高欢的第七子，其母为高欢的初恋情人韩氏，因此高欢生前就非常喜欢他。

高澄遇刺时，高涣年纪尚幼，突然听到宫中一片喧哗，正在读书的他马上拿着弓冲了出去，口中大呼：大哥必定遭难了（高澄遇刺，扑朔迷离，这也经常被很多人拿来说事，高涣怎么会知道高澄会遇难？难道他之前曾听说过什么）！

长大后，高涣不仅力能扛鼎，勇武绝伦，而且颇有将略。他曾率军护送萧渊明回江南，在东关斩杀梁朝大将裴之横，威震江淮。

然而他的战功越高，能力越强，高洋对他就越是忌恨。

据说高涣的倒霉是因为当时一句著名的谶言：亡高者黑衣。

这句话在高欢在世的时候就流传开了，故而宇文泰特意把西魏军的军服改成了黑色，专门用来恶心高欢。

有一次高洋喝酒时想到了这句话，便问身边的随从：世界上什么东西最黑？

随从随口答道：漆！

高洋一下子联想到了老七高涣，马上派使者前去捉拿高涣。

高涣果然够猛，竟然在半路杀了使者，成功脱逃。

然而没过多久，他就被人举报，重新被抓。

为了防止他再次逃跑，高洋干脆把他和高浚两人关在地牢的一个铁笼里，吃喝拉撒睡，都在里面。

四周鸟飞绝，地牢人踪灭。

孤笼兄弟俩，独过整一年！

一年后，高洋在喝酒时突然想到了这两个弟弟，便与长广王高湛（高欢第九子，娄昭君所生）等人来到了地牢里。

这天高洋心情很好，居然在铁笼外面唱起了歌：朋友今天就要远走，干了这杯酒……

兴之所至，他还命铁笼里的高浚和高涣与他一起唱。

看到高洋，高浚、高涣两人非常害怕，只好胆战心惊地跟着唱：朋友今天就要远走，干了这杯酒……忽然间再也忍不住泪流，干杯啊朋友……

他们一边唱，一边哭，眼泪流淌着，鼻涕也流淌着；腿颤抖着，声音也颤抖着。

看到他们如此可怜，高洋也产生了同情之心，忍不住流下了眼泪，打算释放他们。

没想到他旁边的高湛却插话了：猛虎安可出穴！

高浚急得大骂：步落稽（高湛的小名），你小子不要忘了，人在做，天在看！

但再骂也无济于事。

因为高湛的话让高洋一下子明白过来——梯子不用就要放倒，能人不用就要除掉。高浚、高涣两人本事大威望高，他们活着对自己是绝对不行不利不好的，杀掉他们是绝对必须必然必要的。

想到这里，他马上拔出刀来，刺向铁笼里的两个弟弟。

两人拼命躲避，酒后的高洋连刺不中，便命侍卫刘桃枝用长矛刺杀他们。

高浚、高涣两人求生欲极强，刘桃枝一次又一次刺过去的长矛居然都被他们一一用手抓住，并将其生生折断。

各位看官，注意这折断的可不是牙签，是长矛啊，两人武力之强，由此可见一斑。

最后高洋终于失去了耐心，便命刘桃枝等人向铁笼里不断投掷点燃的木柴，把两人活活烧死——皮发皆尽，尸色如炭，怎一个惨字了得！

对自己的兄弟都能狠下杀手，其他人的生命高洋当然更加不放在眼里。

大臣崔暹的老婆李氏就是其中一例。

崔暹是高澄当年的宠臣，反贪时得罪过不少人，高洋称帝后为安抚高隆之等老臣将其流放，但不久又重新起用，担任太常卿。

崔暹死后，高洋有一次突然跑到他家里，问其妻李氏：你想崔暹吗？

李氏动情地回答，结发夫妻感情佳，教我如何不想他！

高洋说，既然如此，那我就成全你——送你到那边看他吧。

随后马上挥刀将其斩首，并把头扔到墙外。

跟李氏一样，无缘无故死在高洋手下的人可谓不计其数，死法琳琅满目，绝无雷同，没有最惨，只有更惨：

都督尉子耀被他开玩笑时用矛刺死；

都督穆嵩被他用锯子锯死；

都督韩哲被他砍成了几段；

大司农穆子容，被他用木桩钉入肛门贯穿肠子而死……

正如魔术师最喜欢干的事是骗人，整容师最喜欢干的事是整人，国产电视剧最喜欢干的事是雷人——高洋最喜欢干的事是杀人。

他杀人上了瘾，在宫里专门定制了一大堆诸如大铁锅、长锯子、铡刀、石碓等各种专业杀人工具，每次喝醉了酒都要亲手杀身边的大臣取乐，杀完了还不过瘾，往往还要把尸体肢解或者用火焚烧。

为了挽救大臣的生命，宰相杨愔只好想了个办法——把邺城监狱里的死囚作为居家旅行必备之物，置于皇帝身边。高洋想杀人时可以随时取用，称为"供御囚"。

常言道，伴君如伴虎，更何况是伴在高洋这个神经病皇帝身边，风险实在是太大了，但杨愔别无选择，他要做事，要实现自己治国平天下的抱负，就必须得到皇帝的信任。

因此杨愔总是小心翼翼地坚持着"三从四德"的原则——高洋出去他跟从，高洋命令他服从，高洋指示他听从；高洋胡闹他容得，高洋发火他忍得，高洋语录他记得，高洋心事他懂得。

就连高洋上厕所的时候，他也发扬一不怕苦、二不怕臭的精神，在旁边站着给皇帝递厕筹（厕筹是雅名，俗名叫搅屎棍，相当于现在的手纸）。

饶是如此谨慎，杨愔也有好几次差点遭到不测。

有一次，高洋喝醉了，拿着小刀声称要割开杨愔的肚子做活体解剖，幸亏旁边的另一位汉人宠臣崔季舒装着开玩笑地夺走了高洋手中的刀，杨愔才得以幸免。

还有一次，高洋把杨愔塞到棺材里，装上灵车，玩送葬游戏，盖棺材板时他好几次想把钉子钉上去，好在最终还是停住了。

不过杨愔虽然事事都顺着高洋，但他还是会想办法尽可能地保护别人。

有一次，参军裴谓之上书，要求高洋珍爱生命，不要滥杀无辜，惹得高洋大怒，当时就起了杀心。

深谙皇帝心理的杨愔故意说道：这个书生的意图就是要让你杀他，以便成名于后世。

高洋果然中了圈套：妈的，我偏不杀他，看他如何成名！

但另一位劝谏的大臣——典御史李集就没有这么好的运气了。

李集当面向高洋进谏，言语中竟然将其比作桀、纣。

高洋火了，让人把李集用绳子捆起来沉入水中，过了很久再把他拽出来：再问你一遍，我何如桀、纣？

李集大声回答：你这个样子还不如桀、纣！

于是高洋又让人把他沉入水中，然后拉出来再问，如此连续四次，倔强的李集每次回答都是同一句话：你还不如桀、纣！

出人意料的是，高洋居然把他放了，还笑着对他大加赞许：天下竟有你这样的人，关龙逄（夏桀时被冤杀的忠臣）、比干（商纣时被冤杀的忠臣）都不如你！

自以为必死的李集意外地逃过了一劫。

几天后，李集又再次想劝谏皇帝，但这次"杯具"了——还没等他开口就被高洋下令腰斩。

高洋就是这样，喜怒无常，他的心情和行为就像物理学中的布朗运动一样完全没有规律，没有任何人知道他下一步会怎么做。

北齐的大臣人人自危，但朝政依然井井有条。

因为朝中有一位称职的宰相——杨愔。

杨愔才思敏捷，多谋善断，处事公正，加之曾执掌吏部多年，提拔了很多人才，因此威望很高，在他的努力下，北齐国内并没有受到皇帝胡闹的影响，天下太平，百姓安定。

时人称之为：主昏于上，政清于下。换句话说就是：皇帝行为很不正常，国家运转一切正常。

随着时间的推移，高洋的行为也越来越荒唐，然而文武百官吸取了高德政、李集等人的教训，没人敢再去劝谏。

除了一个人——常山王高演。

高演是高洋的同母弟，排行第六，他不仅天性聪颖，而且为人正直，极为孝顺，深得娄太后的喜欢。

更难能可贵的是，高演是高家兄弟中罕见的好男人。他用情专一，对老婆十分忠贞。其妻出自元魏宗室，高洋很不喜欢，经常劝高演废掉另娶，但高演始终不答应，反而和老婆更加恩爱。

他曾先后担任司空、录尚书事、大司马等要职，由于他长于政事，处置得当，深得高洋的器重。

看到高洋沉迷于酒色，高演非常忧虑，忍不住劝他戒酒，高洋却对他说，人生有限，享乐无限。有你这样一个好兄弟在，我为什么不尽情享乐呢？

听了这句话后，高演没有回答，只是跪倒在地，痛哭不已，眼泪如水管爆裂一样流个不停。

兄弟情深，看到高演如此动情，高洋也受了感染，便把酒杯往地上一扔，说道，既然你讨厌我喝酒，那我就不喝了。今后有谁劝我喝酒的，斩！

为了表明决心，他还马上让人把宫内的酒杯全部扔掉。

然而下决心总是很容易，真要做到却很难。

正如我多次下决心要每天跑步，却从未坚持过一个星期一样，高洋也是没过几天坚持不了了，不仅再次喝上了，而且喝得更凶了。

高演按捺不住了，又极力劝谏高洋戒酒，这回终于把高洋给惹毛了。

由于高演平时对手下非常严厉，稍有错误就非打即骂。因此高洋叫来高演的下属，用刀逼着让他们告发高演。

然而出乎高洋意料的是，这些人虽然大多受过高演的惩罚，却都不肯说高演的坏话——因为高演从来不无故责罚，每次都事出有因，他们对高演都心悦诚服。

无奈，高洋只得放过了高演。

这件事对高洋冲击挺大，没想到老六如此得人心。

高演越是得人心，他就越是不放心。

如果是别人，高洋眼都不眨就可以杀了他。但高演是自己一母同胞的亲弟弟，还是母亲最喜欢的儿子，有母亲罩着，他实在不忍心下手。

先敲打一下他吧。

高洋准备除掉高演的心腹王晞。

王晞出自名门，是十六国时期前秦名相王猛的六世孙，此人足智多谋，是高演的好友兼智囊。

然而高洋的这个计划不知怎么还没实施就被高演知道了，为了自保，高演与王晞合演了一出苦肉计。

他随便找了个理由，当众把王晞痛打了二十杖。

此事很快传到了高洋耳朵里。

高洋果然中计，他觉得高演和王晞并不是一条心，便改变了主意，没有杀王晞，而只是把他抓起来打了二十杖，再剃去头发，关在兵器坊当小工。

王晞的事解决了，然而高洋和高演兄弟之间的矛盾却并没有解决。

不久，高演又因劝谏被高洋用刀背痛打了一顿。

这回高演的牛脾气也上来了，以绝食相抗争，谁劝也不行。

娄太后最疼这个儿子，可是她也没有办法，只好终日以泪洗面。

高洋这个人，天不怕，地不怕，就怕母亲心情差。

看到太后这样悲伤，他只好让步，亲自去慰问高演，对他说，你别绝食了，我把王晞放出来还给你。

这招果然有用，看到好友王晞归来，高演喜不自胜，很快就恢复了进食。

没过多久，高演看高洋闹得实在不像话，又看不下去了，打算再次劝谏。

王晞竭力阻止：越是成熟的稻穗，越是懂得弯腰。殿下您千万不要硬来。别再去劝了，指望皇帝戒酒，就和指望沙漠里没有沙子、冰山上没有冰一样——绝无可能！

但强烈的责任心让高演怎么可能闭口？

后来他实在忍不住，又一次苦劝二哥戒酒，结果高洋恼羞成怒，命人把他按倒在地，自己亲手抄起木杖，对高演劈头盖脸地乱打了一通，幸亏他打了几十下后，酒劲上来醉倒了，高演这才免于一死。

也许高洋这次真的是对高演动了杀心——每次看到这个弟弟，因沉迷于酒色而身体每况愈下的高洋总是会联想到太子高殷。

自己死后，柔弱的高殷能镇得住这个强悍的六叔吗？

高殷是高洋的长子，皇后李祖娥所生。他喜好儒学，举止斯文，高洋却很看不惯，经常对别人说，这个儿子的性格完全不像我，像个汉人！

为了培养儿子的胆量，有一次高洋递给儿子一把刀，要高殷亲手砍掉一个死囚的头。

高殷紧张得心脏都快跳出来了，但迫于父亲的淫威，他只好闭着眼睛，一边默默地念叨着：看见蟑螂我不怕不怕啦，我神经比较大，不怕不怕不怕啦……

——一边鼓起勇气拿起了刀。

然而他哆哆嗦嗦地连砍了几十次，却根本无法砍断犯人的头颅——头虽然没断，但我估计这个犯人此时早已经吓死了！

看见儿子这个屌样，高洋彻底失去了耐心，便用马鞭把儿子结结实实地揍了一顿。

没想到受了这次惊吓之后，高殷竟然落下了口吃的毛病，变成了结巴。

这下好了，别说是杀人，连骂人都不利索了。

高洋对儿子非常失望，这样一个懦弱的人在这样一个乱世怎么可能主宰天下，号令群雄？

有一次他甚至在宴会上公开说，太子软得像一块咀嚼很久的口香糖，恐怕无法承担社稷重任，看来我以后还得传位于常山王高演啊！

杨愔等人连忙规劝，他才止了口。

酒是穿肠毒药，色是刮骨钢刀，无节制的酒色掏空了高洋，刚到而立之年的他精尽力疲，身体越来越差，以至于无法进食。

对自己身后的事，他非常担心，他觉得如果高演是老虎的话，那高殷就是宠物，根本就不是高演的对手。

他忧心忡忡地对李后说，人都有一死，我死不足惜。让我放心不下的是正道（高殷的字）年幼，我怕有人会夺去他的皇位！

临死前，他为儿子做的最后一件事是叫来高演，对他说，如果你要夺皇位的话，随你便，但请不要杀我的儿子。

高演连忙不停地磕头，发誓自己一定会效忠高殷。

公元 559 年十月，年仅三十一岁的高洋离开了人世。

综观高洋的一生，完全可以称为极品——少年时他把忍做到了极致，成年时他把禽兽做到了极致。

他的皇帝生涯可以分为早期和晚期。

早期的高洋锋芒毕露，晚期的高洋禽兽不如；

早期的高洋英明神武，晚期的高洋罄竹难书；

早期的高洋雄才大略，晚期的高洋荒唐暴虐；

早期的高洋神勇无比，晚期的高洋神志不清；

早期的高洋豪言壮语，晚期的高洋胡言乱语……

总而言之，晚期的高洋是早期的高洋的反义词。

同样的一个人身上居然有这么大的反差，实在是让人瞠目结舌。

为什么他会发生这么大的变化？

史书上把它归结于酒精的危害。但我个人更愿意把它归结为理想的破灭，目标的失去。

没有目标指引的人，就像方向盘失灵的汽车一样，任你有再好的发动机，再大的马力，再先进的变速箱，再扎实的底盘，也只能是个失去控制、疯狂乱撞的祸害——就和高洋一样。

高洋死后谥文宣，庙号显祖。

发丧的时候，文武百官中除了杨愔一人痛哭流涕外，其他人几乎没有一个流泪的。

虽然他们嘴里似乎都在不停地干嚎：苍天没眼啊，英明的皇帝你怎么死得这么早！

但也许他们的心里在不停地痛骂：苍天没眼啊，混账的畜生你怎么死得这么晚！

二王政变

根据高洋的遗诏，尚书令开封王杨愔、领军大将军平秦王高归彦、侍中燕子献、黄门侍郎郑颐四人担任辅政大臣，辅佐十五岁的太子高殷即位。

这四人都是高洋的亲信，高归彦掌握禁军，杨愔等三人控制朝政。

高演则被排除在外。

他威望很高，又是皇叔，杨愔将其视为对皇帝高殷的最大威胁——因为他知道，让美女嫉妒的女人一定是极有魅力的女人，让高洋忌惮的男人一定是极度危险的男人。

在高殷即位后不久，他就把高演晋升为太傅，高湛晋升为太尉，这两个职位虽然尊崇却都是虚职，就和黄金做的菜刀一样——高贵却不实用，只能做个摆设。

高演从此不能再过问政事，他的内心自然很是不甘。

有一次，他对好友王晞说，其实我真的不在乎什么权力，现在这样也挺好。

这当然不是他的真实想法。

人往往言不由衷，说自己清廉的往往很贪财，说自己不在乎的往往很在乎，说自己不担心的往往很担心……

高演的心事，王晞最懂，他说，我只怕殿下您会有大祸。

高演问，那我该怎么办？

王晞没有直接回答，当年周公曾辅政成王七年。

高演：我怎么能和周公比？

王晞的回答一针见血，您不做周公，除了咬舌自尽，难道还有别的路可走吗？

高演沉默不语——是的，杨愔等人早已视他为眼中钉，欲除之而后快，如果自己失去了权力，恐怕迟早也会失去生命。

经过和王晞、高湛等人的一番筹划，高演开始反击了。

不久，有多位大臣向杨愔提议让常山王高演出镇晋阳。

晋阳的地位非常重要，它是高欢起家时的相府所在，也是北齐的军事基地，北齐军队大多驻扎在晋阳附近。

杨愔当然不会放虎归山，和几位执政大臣商量后，他们做出了决定，高演不能去，只能让高湛去镇守晋阳。

但很快他们又后悔了，高湛和高演是穿一条裤子的，让他去晋阳也不行，于是很快又收回了这个命令。

不仅如此，杨愔还让皇帝下旨调任王晞为并州长史，把王晞和高演分开。

这段时间，杨愔咄咄逼人，高演陷入了被动。

但杨愔接下来的举措让高演看到了希望。

由于高洋在后期喜欢胡乱给别人加官进爵，当官的越来越多，国家财政负担很重，杨愔对此早就看不惯了，因此他执政后立即对此进行了大刀阔斧的改革。

他以身作则，先奏请皇帝撤掉了自己开府仪同三司的职位和开封王的爵位，接着他又削减了一大批官吏和爵位。

这对国家来说是好事，但对杨愔等人来说显然不是好事。

失去职位的很多官吏都对杨愔怨声载道，向高演投怀送抱。

高演心中暗喜，杨愔失去官心，这不正是自己的机会吗？

他决心利用这些人的支持，发动政变，推翻杨愔等人，自己执政。

婚变都要费尽心机，何况政变呢？

自然更是要做充分的准备，马虎不得。

高演觉得，杨愔的优势是手里控制着皇帝高殷，指哪儿打哪儿，名正言顺，但这并非无法破解，自己只要获得母亲娄昭君的支持，凭借她的威望和人脉，完全可以压制住软弱的皇帝。

娄昭君会支持高演吗？

毫无疑问——会的。

在娄昭君看来，高演这个她最喜欢的儿子，即使不能继承皇位，至少也应该是执掌朝政的摄政王，她当然愿意帮助儿子。

随后高演又暗中与斛律金、贺拔仁等代北勋贵联络，斛律金等人对杨愔等汉民族文人把持朝政也早就有意见了，自然与他一拍即合，纷纷加入了高演一方。

但高演觉得这还不够。

要政变，禁军的态度很重要，控制禁军的高归彦态度很重要。

如何争取高归彦的支持呢？

正当他无计可施之际，高归彦却主动找上门来了。

原来前段时间，杨愔下令把五千禁军调到晋阳，以应对非常事件。

这本来无可厚非，然而这个命令他却越过了主管禁军的高归彦，高归彦直到几天后才知道这个消息。

高归彦对此十分不满：杨愔，你这明摆着是不信任我啊。既然这样，我跟着你干还有什么前途！

经过仔细考虑，他决心倒向高演。

他知道杨愔和高演迟早会摊牌，自己应该早点站队。

他认为，虽然杨愔有皇帝和汉人大臣的支持，但高演得到了太皇太后娄昭君和鲜卑勋贵的支持，更重要的是有枪杆子的支持。两相对比，杨愔并无胜算。

因此他开始与高演暗通款曲。

有了高归彦的加入，高演信心大增。

没想到杨愔居然先动手了。

领军大将军可朱浑天和是唯一站在杨愔一边的鲜卑勋贵，他的老婆是高欢的女儿东平长公主，因此和杨愔是连襟，私交甚好，他力劝杨愔趁早动手，杀掉高演和高湛二王，以绝后患。

曾经担任高殷老师的侍中宋钦道也极力赞成这个意见。

燕子献则有不同的意见，他认为太皇太后娄昭君才是关键所在，要扳倒高演，根本不用大开杀戒，只需把娄昭君迁出后宫，归政于太后李祖娥。

但杨愔一直犹豫不决，举棋不定。

优柔寡断是他的弱点。

就像我老婆有很多衣服，却总是不知道穿什么衣服一样，杨愔这个人有很多主意，却总是不知道该用哪个主意。

以前有高洋这个强势人物在，多少弥补了杨愔这个"善于出主意，不善于拿主意"的缺陷；而现在他独挑大梁，就如平胸女孩穿深V领晚礼服一样——不足之处表现得异常明显。

犹豫了好多天以后，杨愔综合了各方面的意见，终于做出了决策——把高演、高湛二人调出京城担任刺史，同时把太皇太后迁出后宫。

考虑到皇帝高殷心软，也许会不同意，因此他把奏折秘密送给了太后李祖娥，让她出面做皇帝的工作。

李祖娥这个人实在是不适合搞政治，她居然把如此机密的奏折泄露给了一个人——李昌仪。

李昌仪本是东魏叛将高仲密的妻子，邙山战后高仲密西逃，她留在了东魏，被高澄纳为小妾，却没有生下一儿半女，高澄死后她留在了宫中，成了一名女官。由于李祖娥和她都出自赵郡李氏，两人是同族本家，因此李祖娥把她视为知己，关系非常亲密。

没想到李昌仪马上就把这件事密报给了太皇太后娄昭君。

她为什么要这么做？

不知道。

也许她根本就不认为李祖娥能斗得过娄昭君，所以想提前站个队吧。

听到李昌仪的密报后，娄昭君不仅吃了一惊，而且吓得不轻。

杨愔等人要对自己和爱子高演动手了，这还了得！

她马上通知高演，让他早做准备。

高演与高湛、斛律金、贺拔仁、高归彦等人商量后，决定先发制人，除掉杨愔等几位辅政大臣。

而此时，杨愔那边也起了变化。

杨愔觉得同时把高演、高湛两人外放，这一步似乎迈得太大，容易打草惊蛇，便又改变了主意，只是把高湛调出京城任并州刺史，而高演则被任命为录尚书事。

他为什么会这么干？

当年我沉迷于游戏，老婆让我写保证书，我开始写的是以后再也不玩了，后来交上去的却是以后每天玩两个小时。

杨愔的想法估计也是这样的。

新官上任，按照惯例，高演要摆下宴席，宴请百官。

宴请的时间定在公元560年二月二十三日，地点则设在高演的办公地点——尚书省。

中书侍郎郑颐警惕性很高，他对杨愔说，老杨啊，我觉得这很可能是鸿门宴，咱们千万别轻率前往。

杨愔对此却毫不在意：常山王拜职，我等岂能不去！不去岂不是惹人怀疑！你不敢去，我们去！

最终，郑颐怀着忐忑不安的心情留在了家里，杨愔、燕子献、可朱浑天和、宋钦道四人则悉数前往赴宴。

宴席上，高湛满面春风，频频敬酒，敬到杨愔等人座上时，高湛大声说道：拿酒来！

侍从赶紧拿着酒壶屁颠屁颠地跑过来。

没想到高湛又说：拿酒来！

侍从愣了，我手里拿的，不是酒壶，难道是夜壶吗？

杨愔也愣了，这个高湛，唱的到底是哪一出啊？

此时只听高湛又大喝一声：为什么不拿？

这正是高湛事先约定的动手信号。

听到这句话后，斛律金、贺拔仁等人立即站了起来，埋伏在帐后的刀斧手也马上冲了出来。

杨愔等人根本来不及反应，就已经被扑倒在地，拳脚、棍棒像雨点一样落在他们身上。

杨愔大声喊道，常山王，你想杀害忠良吗？我等赤心奉国，何罪之有？

听到这句话，高演有些心软了，毕竟杨愔是自己的亲姐夫啊，便对手下说道，算了，不要再打了！

然而高湛却说，不行！给我狠狠地打！

很快，可朱浑天和、宋钦道都被打得满头鲜血，最惨的是杨愔——他的一只眼珠竟然被打了出来！

燕子献力气很大，而且头发很少（怪不得黑道的人都喜欢留寸头），他瞅准机会奋力挣脱，逃了出去。

想逃？哪有那么容易？

高演派斛律光出去追赶。

燕子献毕竟是个文人，他的身手和落雕都督斛律光之间的差距，比中超和英超之间的差距还要大得多得多。

因此和斛律光刚一交手，也就是打一个喷嚏的工夫，他就再次束手就擒。

接着，高演又派人把郑颐也抓了过来。

随后高演、高湛、高归彦、斛律金、贺拔仁率军押着遍体鳞伤的杨愔等人前往皇宫。

高归彦久掌禁军，威望很高，把守宫门的禁军自然不敢阻拦，一路畅通无阻。

进宫后，高演让高湛、高归彦、斛律金留在朱华门外，自己与贺拔仁两人进了昭阳殿。

他知道，母亲娄昭君肯定早已等在那里。

果然，一进门，他就看到娄昭君坐在大殿中间，皇帝高殷和太后李祖娥则站在两侧。

看到母亲在，高演的心就定了。

因为他感觉，只要有母亲在，大局就已经定了。

高演一边叩头一边说，杨愔等人独断专行，作威作福，如不早图，必生祸乱。

臣与高湛、贺拔仁、斛律金为了国家社稷，已经把他们全部拿下，请陛下处置。

此时宫中有全副武装的卫士两千余人，这些人都是高洋当年特意选拔出来护卫皇帝的，很受优待，对皇帝忠心不二。

这些卫士的统领是武卫将军娥永乐。他握刀在手，眼睛紧紧地注视着高殷，等着皇帝的命令——只要你一声令下，我马上把高演等人拿下！

然而让娥永乐失望的是，十六岁的高殷一言不发，甚至连看也没有看一看他，只是默默地低着头，紧张地注视着自己的脚指头——就好像因为七门功课不及格而惴惴不安地等着被父母训斥的倒霉孩子一样。

和皇帝高殷一样，太后李祖娥也是低着头，一言不发。

太皇太后娄昭君喝令娥永乐和卫士们退下，娥永乐没有动，依然用手按着刀把注视着高殷——他只听皇帝的命令。

然而高殷依然没有吭声。

娄昭君发怒了，对娥永乐厉声说道，你们不怕掉脑袋吗？

娥永乐再次把目光投向皇帝，他急啊——只要你开口，我马上动手。你若不开口，机会哪里有！

但高殷依然一动不动，没有任何反应，没有任何表情。

无奈，娥永乐只得把刀插回刀鞘，带着卫士们退出大殿。

这一切早在高演的预料之中，他知道高殷胆小懦弱，关键时刻一定会掉链子，所以才敢这样不带一兵一卒进殿面君。

卫士们退出后，娄昭君问道，杨郎何在？——毕竟杨愔是她女婿，老太太对他还是非常关心的。

贺拔仁没有正面回答，他的一只眼珠都被打掉了。

娄昭君叹了口气，杨郎是个人才啊，留着他有什么不好？

随后她转过头来对高殷责骂道，你用的都是些什么大臣啊，竟然想谋害我两个儿子，下一个是不是轮到我了啊，你为什么要纵容他们？

高殷这个可怜的孩子此时已经手足无措，浑身颤抖，呼吸越来越急促，心跳越来越紊乱，一句话也说不出来。

看到高殷这个可怜样儿，娄昭君也不责骂他了，她随后把矛头指向了李祖娥：岂可使我们母子受到这个汉人老太婆的算计！

李祖娥慌了，她这人从来就没什么主见。她的人生信条是两个成语：随遇而安，随波逐流。

听到这句话后，她赶紧跪下谢罪。

她知道他们母子根本不是娄昭君和高演母子的对手，再不求饶，恐怕命都没了！

眼见气氛太过紧张，老到的娄昭君又把口气缓和下来，安慰李祖娥说，你放心，高演并无异心，他只是为了自保而已。

高演也叩头不止。

接着，娄昭君又给了高殷一个台阶：你为何不安慰自己的叔叔？

高殷这才结结巴巴地说出话来：即，即，即，即使是，天子之位，你拿去都行，何况，何况，是这些汉人！只要给侄儿留一条命就行，我马上，马上就离开这里，这些人任由叔父处理！

随后他就低着头，如释重负地逃离了这个让他几乎要窒息的地方。

既然皇帝表明了态度，高演也不再客气，他马上命高归彦杀掉娥永乐，并把宫中的侍卫全部换掉。

随后他又下令把杨愔、燕子献等人悉数处死。

几个人中，死得最惨的是郑颐，由于高湛以前曾和他有过矛盾，因此高湛借机报复——他先拔掉了郑颐的舌头，再砍去其手脚，折磨够了才将其杀死。

娄昭君参加了杨愔的葬礼，她让人用黄金打造了一只眼睛，亲自把它放到了杨愔的眼眶里。

哀乐凄切，对灵柩晚，骤雨初歇。丧事痛哭无绪，留恋处，棺材催发。

执手看着金眼，竟无语凝噎。念去去千里烟波，暮霭沉沉苍天阔……

娄昭君泣不成声，哽咽着对女婿做出了自己的评价：杨郎忠而获罪！

之后自然是高演大权独揽，他担任大丞相、都督中外诸军、录尚书事，集军政大权于一身；高湛则担任太傅、京畿大都督。

几个月后，高演在母亲娄昭君的支持下，废高殷为济南王，自己登上皇位，是为北齐孝昭帝。

娄昭君只对高演提了一个要求：必须保证济南王的生命安全！

第十章　史上第一屠龙刀

弑君帽子戏法

几乎在高演登基的同时，西面的北周也换了新的皇帝。

即位不到三年的北周明帝宇文毓死了。

宇文毓是在公元 557 年九月即天王位的，时年二十四岁。

史称宇文毓"宽明仁厚"，这也是宇文护之所以要拥立他的原因之一，因为所谓"仁厚"，换句说法就是"老实"，"老实"换句说法就是"软弱"，宇文护觉得这种性格的人应该是蛮适合做傀儡的。

然而，这次他失算了。

想不到宇文毓虽然外表看上去忠厚老实，却是个外柔内刚的人，只要他认为对的事情，他就会坚持到底。

刚上台没多久，他就在立后的问题上和宇文护产生了冲突。

宇文毓的正妻是独孤信的大女儿，照理是王后的天然人选，但宇文护极力阻挠，因为独孤信是被他杀掉的，他觉得独孤氏母仪天下后会对自己不利，因而希望另立他人。

然而宇文毓却坚决不肯让步，和宇文护抗争了整整四个月。

由于宇文毓的要求不仅有理有据有节，而且合情合理合法，相比之下，宇文护的理由则根本无法放到桌面上，所以最后还是皇帝取得了胜利——把独孤氏扶上了王后的宝座。

可惜独孤氏红颜薄命，仅做了不到三个月的王后就撒手人寰——是正常死亡还是另有蹊跷（有人猜测她死于宇文护的暗杀），我们不得而知。

宇文毓这种强硬的个性让宇文护心里非常不安。

为了保住自己的权力，也为了试探皇帝的态度，他想了个以退为进的办法。

公元559年正月，宇文护上表要求归政，把权力还给皇帝——但这个权力带有折扣，不包括军权，调动军队的权力仍控制在宇文护手中。

宇文毓毫不客气，照单全收。

他工作勤奋，思路清晰，把政事处理得井井有条，很快获得了群臣和百姓的认可。

亲政不久，他就废掉天王制，正式改称皇帝，同时颁布了一系列新的政策制度，随后又进行了大刀阔斧的人事任免，甚至开始插手军队将领的任命。

宇文护终于沉不住气了——宇文毓年龄越来越大，威望越来越高，自己也越来越没理由继续把持兵权，而一旦失去了兵权，自己不就任人宰割了吗？自己树敌这么多，会不会有人向他反攻倒算？

他每日每夜地想，没日没夜地想。

越想，他越有危机感；

越想，他越没安全感。

经过再三考虑，他决定把宇文毓拉下马——我退一步你就进一步，宇文毓你实在是太不知趣！我可是佛挡杀佛的宇文护，不是扔哪儿是哪儿的破抹布！

但宇文毓深孚众望，很得人心，宇文护不可能像废掉宇文觉一样名正言顺地废掉宇文毓。

怎么办？

明的不行，就来暗的，他的办法是投毒。

他在御膳房里早就安插了自己的亲信——厨子李安。

公元560年五月，宇文毓吃了李安做的糖饼，很快就不行了，在弥留之际，他强撑着病体，传下遗诏：朕的儿子年幼，不堪重任。由鲁国公宇文邕继承帝位！

没过多久，他就溘然长逝。死后谥明帝，庙号世宗。

宇文护毒死明帝，使他在短短三年中完成了弑君帽子戏法（先后杀害了西魏恭帝元廓、北周孝闵帝宇文觉、明帝宇文毓三个皇帝），他也因此被称为"史上第一屠龙刀"。

对一个权臣来说，也许杀一个普通百姓并不难，难的是杀大臣，更难的是杀亲王，最难的是杀皇帝，最最难的是杀两个皇帝，最最最难的是杀三个皇帝，最最最最难的是要在三年内连杀三个皇帝！

但宇文护做到了。

在中国几千年历史上，只有他一个人做到。

这个记录，至今没有被打破，也永远不会被打破。

宇文毓死后的第二天，按照其遗诏，十八岁的宇文邕登上了帝位，是为北周武帝。

宇文邕是宇文毓的四弟，年幼时就非常聪明，据说宇文泰曾夸赞他说，成吾志者，此儿也！

宇文毓对他的评价则是：夫人不言，言必有中——他这个人话不多，但只要一开口，就能说到点子上！

这样一个人当了皇帝，宇文护当然是不放心的。

其实他本想在宇文毓死后立他年幼的儿子继位的，以方便他继续把持朝政，万万没想到宇文毓居然会在死前搞了这么一个遗诏！

他打定了主意，如果宇文邕也和宇文毓一样不听自己的话，就毫不犹豫地干掉他！反正已经杀了三个皇帝了，也不在乎多杀一个！

但宇文邕登基后的表现却让人大感意外。

一上任，宇文邕就主动加封宇文护为都督中外诸军事（全国最高军事长官），把军国大事统统交给宇文护处理，自己从不过问。

宇文护自然乐得大包大揽，事无巨细，都由他决断，宇文邕只是负责签字盖章而已。

在宇文护面前，宇文邕的表现总是特别谦恭，诚惶诚恐的，仿佛憋着屁不敢放一样。

比如两人一起去见太后，宇文护每次都是坐着，宇文邕却总是恭恭敬敬地站在旁边。

不过宇文护对宇文邕依然怀有戒心，暗地里还是十分戒备——他这会不会是装出来的呢？

但有一件事的发生，让他对宇文邕彻底放了心。

公元563年正月，宇文邕去原州（今宁夏固原）视察，当天晚上就因急事匆匆返回了长安。

随行的人们都十分不解——到底发生了什么事？

梁国公侯莫陈崇悄悄对亲信说，我以前听算命的人说过，晋国公（宇文护）熬不过今年。这次皇上连夜回京，肯定是晋国公死了。

很快这个爆炸性的消息就传得沸沸扬扬。

但这次侯莫陈崇显然判断错了犯了大错，宇文护身体健康得很，这次宇文邕只是有其他的紧急事务才连夜赶回长安。

该如何处理散布谣言的元老重臣侯莫陈崇？

宇文邕的选择是马上在大殿召集群臣，当面对侯莫陈崇严加斥责，侯莫陈崇惶恐不已，赶紧谢罪。

仅仅谢罪，当然是不够的。

于是就有了这样的对话。

宇文护：侯莫陈崇身为国家重臣，却妖言惑众，该如何处置？

宇文邕：他的生命轻于鸿毛，您的声名重于泰山。

宇文护笑了。

当天夜里，宇文护就派兵包围了侯莫陈崇的宅邸，逼令其自杀。

侯莫陈崇是北周开国元老，西魏八柱国之一，此时担任大司徒，位高权重，是北周国内仅次于大冢宰宇文护的二号人物，也是当时唯一可以与宇文护相抗衡的人。

但宇文邕毫不犹豫地选择了放弃侯莫陈崇。

通过这件事，宇文护得出了一个定论：吸取了两个兄长的教训，宇文邕算是学乖了，他不敢和自己作对。这家伙是个软得不能再软的软蛋，孬得不能再孬的孬种，窝囊得不能再窝囊的窝囊废，听话得不能再听话的标准傀儡。

他心中的石头彻底落了地。

侯莫陈崇死了，宇文邕又这么听话，他感觉自己在国内的地位已经没人可以撼动，可以玩弄朝政于指掌之中，现在他要的是决胜于千里之外。

于是他开始把眼光投向北齐。

一只兔子引发的血案

北齐这两年也发生了很多事情。

前面说过，高演于公元 560 年八月废掉高殷登上帝位，即位后他封妻子元氏为皇后，嫡子高百年为太子。

高演能有今天，他的好友王晞功不可没。

没想到在高演当了皇帝后，两人的关系却变得日渐疏远——王晞故意和高演保持距离，他不想给人留下皇帝亲信的印象。

但对于高演来说，王晞已经是居家旅行必备，碰到任何问题，不管是生理心理地理物理推理伦理，他都希望听到王晞的建议。

看不到王晞，高演就像老烟鬼手里拿着烟却找不到打火机一样的难受。

不管王晞怎么避他躲他，他都要找到他缠住他。

因此，高演敕令王晞和另外两名大臣在每天公务结束后，到宫中和他一起讨论礼乐、官职、赋税等各种有关治国的问题。

后来他还想任命王晞为侍中，但一向淡泊名利的王晞坚决推辞不受，他很有自知之明：我性格懒散，难以承受繁重的工作。

最后高演只能授予他太子太傅的头衔——既然不肯当宰相，就做太子的老师吧，这样你必须经常入宫，我也能经常见到你。

王晞无奈只得接受。

平心而论，作为皇帝，高演的表现还是很不错的，他是个劳模，凡事事必躬亲，工作非常勤奋。

有大臣向他提意见：陛下管得太细了，不像天子，倒像个办事的小吏！

高演回答说，这个我也知道，但国家政事已经荒废很久了，我刚刚上任，不认真点怎么厘得清呢？

在他的努力下，北齐的国势可谓欣欣向荣，蒸蒸日上。

在军事上，高演也颇有建树。

他曾亲自率军征讨库莫奚，大获全胜，缴获牛羊七万头。

个人品德方面，高演的表现也令人称道——他对母亲娄昭君非常孝顺。

有一次，娄昭君生了病，他不顾皇帝的身份，衣不解带地在病榻前侍候，亲手端汤送药，直到四十几天后母亲痊愈为止，累得自己憔悴不堪，走路都走不稳。

高演也是个有抱负的人，他雄心勃勃，一心要消灭北周，统一北方，为此他特意向下属征求建议。

中庶子（太子属官）卢叔虎提出的策略是：凭借北齐的富强，和北周拼后勤，拼消耗。要以平阳（今山西临汾）为基地，逐步蚕食北周的河东之地，这样稳扎稳打，步步为营，一定能够取胜。

高演对这个建议极为赞赏。

然而还没来得及实施这个计划，高演就死了。

他的死与废帝高殷有关。

高殷退位后一直住在邺城。

有段时间，高演住在晋阳，有术士说邺城有天子气，这让高演很猜疑，这会不会应在高殷身上？

平秦王高归彦趁机劝他除掉高殷。

高归彦本是受高洋遗命辅佐高殷的四个顾命大臣之一，却反戈一击，帮助高演夺了高殷的帝位，毫无疑问，高殷最恨的就是他这个叛徒。万一高殷真的重新复位，自己一定没有好下场；即使高殷没有东山再起，如果他在皇帝或太后面前说自己的坏话，自己也没好果子吃。

总之，只要高殷不死，他就不放心。

听了高归彦的话，高演心里很矛盾。

在高演的眼里，高殷这个人，就好像掉在粪坑里的钱一样，留着呢，心里总是不舒服；扔掉呢，心里又有点不舍得。

但在高归彦的一再鼓动下，高演最终还是同意杀掉高殷，以绝后患。

高演随即下旨让留守邺城的高湛把高殷送到晋阳。

高殷刚到晋阳，高演就让使者给他赐了一杯毒酒，高殷向来胆小怕死，坚决不肯喝。

但到了这个地步，还想活命，当然是不可能的。

既然你不选择体面的死法，那就只能让你死得很难看。

于是，高殷就被活活掐死了。

高殷死后没多久，高演又后悔了——毕竟一年前高殷退位的时候，他曾对母亲娄昭君做出过承诺：绝对不会杀害高殷。

如果母亲问起来，该怎么回答呢？

他陷入了深深的自责之中。

从此他经常胡思乱想，有时甚至还产生了幻觉，恍惚中他似乎看到高洋带着杨愔、燕子献等人出现在面前，声称要找他报仇。

为了排遣自己胸中的郁闷，他去郊外打猎散心。

话说这一天呢，天气很好，万里无云，天空中飘着朵朵白云。

一只兔子在林中吃草，觉得味道很好，突然想到好东西要和老婆分享，便飞快地窜出草丛，跑回去报信。

正是这只兔子要了高演的命！

高演的坐骑被这只突然出现的兔子惊到了，一下子把他掀翻在地，导致他肋骨骨折。

儿子受了伤，母亲娄昭君当然要来探望。

交谈一番后，高演听到了他最不愿意听到的问题：高殷现在怎么样了？

高演心中有愧，无言以对。

娄昭君连问几遍，高演都闪烁其词，不敢回答。

娄昭君一下子明白了怎么回事，不由得勃然大怒，肯定是被你杀掉了吧！你这个逆子，不听我的话，死了也活该！

随后她头也不回就走了。

也许是母亲娄昭君的责骂对他打击太大（《资治通鉴》的说法），也许是不断产生的幻觉对他折磨太狠（《北齐书》《北史》的说法），也许是肋骨骨折后刺破了内脏导致内出血（我的说法，可能也是最科学的说法），也许是别的什么原因，总之，高演的身体很快就不行了。

眼见自己时日无多，高演开始考虑后事。

由于太子高百年时年才六岁，生活都不能自理，朝政当然更不可能治理。为避免重蹈高殷的覆辙，他决定传位于弟弟长广王高湛，并且特意给高湛写了一封信：你要好好对待我儿子，千万不要学我！

几天后，高演去世，年仅二十七岁，死后谥孝昭皇帝，庙号肃宗。

临死前，高演说的最后一句话是：我最大的遗憾，就是不能为母亲养老送终！

他在位时间太短，仅仅一年多，所以很难说他有多少文治武功，但可以肯定的是：高演确实可以称得上是个孝子，也是北齐几个成年的皇帝中唯一一个良心未泯的可以不被称为禽兽的人。

这里插播一下高演好友王晞的结局。

高演死后，高湛不喜欢王晞，经常训斥他，他却毫不在意，神态自若。此后他一直担任大鸿胪（主管礼仪）这一闲职，北齐灭亡后，周武帝任其为太子谏议大夫，后来他在隋朝开皇年间去世，享年七十一岁。

王晞的生平可以用这句《菜根谭》里的名言来概括：宠辱不惊，闲看庭前花开花落；去留无意，漫随天外云卷云舒。

第十一章　兰陵王铁骑闯关

禽兽皇帝高湛

言归正传。

天下功夫出少林，史上禽兽数北齐。

下面出场的是又一位禽兽皇帝——高湛。

公元561年十一月十一日（什么日子不好，偏要挑光棍节），二十五岁的高湛正式即位，是为北齐第四任皇帝——武成帝。

高湛是高欢的第九子，娄昭君所生，史载其"仪表奇伟"，是个大帅哥。

在高演扳倒杨愔的政变中，高湛出了不少力，据说当时高演曾口头答应成功后立高湛为皇太弟，然而即位后却食了言，立自己的儿子高百年为太子。

这让高湛非常失望。

而高演对高湛显然也有所提防，他曾任命斛律光的弟弟斛律羡为领军大将军，想以此来削弱时任京畿大都督的高湛对禁军的控制权。

蛮横的高湛公然不执行高演的命令，他坚决不让斛律羡上任。

但高湛心里非常不安——高演会对自己动手吗？

不久，高演又密令他把高殷送到晋阳，高湛更加不安了——高演连高殷这个没有任何权力的废帝都容不下，会容得下手握重兵的自己吗？

于是，他找来了自己的心腹高元海。

高元海是高欢族侄高思宗之子，向来以智谋自许，和高湛关系很好。

高湛把高元海关在房间里，要他为自己出主意。

高元海想了整整一夜，最后提出了上、中、下三策。

上策是先向太后求情，随后交出兵权，从此不问朝政。

中策是主动上表，请求到青州或齐州去担任刺史。

对这两个主意，高湛都不满意，又问下策。

高元海不肯说，不行，这是要灭族的。

高湛再三逼问，高元海才回答，在邺城起兵，拥立济南王（高殷）复位，号令天下。

没想到高湛对下策极为满意：这个主意好！

但很快他又犹豫了，这事风险太大了，他有点怕。

于是他找术士算卦，术士的回答是：什么也不用干，自然有喜事临头。

高湛笑了，这正是他想要的答案——他这个人就和蚊子一样，虽然嗜血成性却十分胆小，本来就不敢做这样的事。

于是，他真的什么也没做。

命运有时就是这么混蛋，无数人努力一辈子都得不到的东西，高湛什么也没做就得到了——高演去世，主动传位于他。

和六哥高演比，高湛的人品就差得太多了。

他刚即位不久，母亲娄昭君就去世了，但高湛对此毫不在意，甚至连孝服都不穿，依然天天饮酒作乐。

要作乐当然离不开女人，无论是在如今的夜总会还是古代的宫廷。

高湛早就垂涎嫂子李祖娥的美色，只是一直没有机会，现在自己做了皇帝，当然不会放过她。

他跑到李祖娥居住的昭信宫，嬉皮笑脸地说，今年过年不泡妞，泡妞只泡嫂子你……

随后他就对李祖娥动手动脚。

李祖娥坚决不从。

高湛恶狠狠地威胁她：如果你不肯，我就马上杀了你的儿子！

李祖娥只生有两个儿子，大儿子高殷已死于高演之手，如今只剩下小儿子太原王高绍德与她相依为命，儿子是她唯一的亲人，她怎么能让儿子受到伤害？

因此听了这句话后，这个可怜的女人只好含泪放弃了抵抗。

此后，高湛频频出入昭信宫，没过多久，李祖娥竟然怀孕了！

丈夫死了两三年，自己居然还怀孕了，怎么好意思见人？

爱面子的李祖娥把自己关在宫里，谁也不见。

然而风言风语早就传遍了宫中。

高绍德来找母亲，李祖娥也依然避而不见。

高绍德才十几岁，不太懂事，就在门外大叫：你以为我不知道吗？娘是肚子大了，所以才不肯见我！

李祖娥羞愧难当，心情郁闷，导致生下的女儿是个死婴。

高湛闻讯大怒：你敢弄死我的女儿，我为什么不能杀你的儿子？

他马上派人把高绍德召来，当着李祖娥的面，用刀环（当时的刀柄上有环）狠狠地砸高绍德，一边砸一边骂：当年你父亲打我的时候，你怎么不来救？

高绍德当场就被活活打死。

这样的场面李祖娥怎么受得了？

可是她既不是花木兰，也不是刘胡兰，只是一个手无缚鸡之力的弱女子，所以她只能呼天抢地，痛哭不已。

而高湛在打死了高绍德后，还觉得不解气，又把李祖娥的衣服全部剥光，劈头盖脸地乱打了一通，打得李祖娥浑身是血，昏死过去，随后让人把她装在袋子里，扔进了水沟。

也是李祖娥命大，在水里泡了一段时间之后，她又醒了过来。

之后，万念俱灰的李祖娥出家成了一名尼姑，直到二十多年后隋朝建立，她才回到了赵郡老家。

如今，很多女孩都梦想着要嫁入豪门，可是看了李祖娥的悲惨遭遇，你还会这样想吗？

继续讲高湛。

高湛虽然好色成性，但和他接触最多的却是一个男人——和士开。

和士开的祖上是西域胡人，其父和安曾任仪州刺史，以善于逢迎而著称。

和士开能得到高湛的青睐不是因为他有多好的学问，多大的本领，多深厚的背景，而是因为他有一个爱好——"握槊"（当时流行的一种赌博游戏）。

他是当时北齐"握槊"届的顶尖高手，绝对的囊波旺。

高湛也特别爱玩"握槊"这个游戏，两人气味相投，很早就成了莫逆之交。

和其父一样，和士开也特别善于拍马屁。

有一次，和士开吹捧高湛说，殿下非天人，是天帝也。

高湛的反应极快，马上给和士开回了顶高帽：卿非世人，是世神也。

这话实在太肉麻了，连我这样脸皮比砖头还厚的人听了也忍不住要脸红。

不过肉麻归肉麻，似乎还挺贴切，一个是天帝，一个是神，神比天帝还是要低一点。看起来，两个人的脑子都还是不错的。

当上皇帝后，高湛对和士开更是无比宠幸，不停地给他加官晋爵，从黄门侍郎一路升迁到侍中、尚书仆射。

两人"双贱"合璧，好像连体人一样，几乎形影不离。

有时高湛把和士开留在宫里，一住就是好多天；有时和士开刚走几分钟，高湛就马上派人去叫他回来……

如果这世上只能有一个人与自己共度一生，毫无疑问，高湛肯定会选择和士开。

和士开经常对高湛说，自古帝王，尽为灰土，尧舜、桀纣，又有什么区别！人生短暂，每过一天，就离死近一天。陛下您正当盛年，自然应该恣意行乐！国事你完全可以交给大臣，何必辛苦自己！

这样的话，爱好享乐的高湛当然听得进去，因此他三四天才上一次朝，每次只在奏折上批几个字，不一会儿就退朝回宫。

由于和士开经常待在宫中，和后宫的嫔妃也都玩得很熟。

偏巧，皇后胡氏也喜欢玩"握槊"，所以胡皇后也经常与和士开一起玩。

不过胡皇后玩这个游戏似乎是醉翁之意不在酒——在乎两腿之间也，她玩"握槊"，真正想握的也许是和士开身上的那支"槊"。

玩着玩着，她就与和士开玩到床上去了，和士开成了胡皇后的秘密情人。

一般好朋友的最高境界是所谓有福同享，高湛居然能做到有妻同享，这样的境界，确实是常人难以理解的。

有人说，在中国古代，越是所谓上流社会的人，其实往往越是下流，也许高湛和他的胡皇后就是这样的典型。

看到和士开和胡皇后老是腻在一起，有人看不过去了。

这个人是河南王高孝瑜。

高孝瑜是高澄的长子，和高湛同岁，两人是发小，关系曾经非常好。

他忍不住对高湛说，皇后的玉手，怎么可以和臣子接触呢？

高湛听了很不高兴，关你什么事？我是皇后的老公，我都不吃醋，你小子吃什么醋？

和士开更是对高孝瑜恨之入骨，经常在高湛面前说他的坏话。

高湛对和士开一向言听计从，因此对高孝瑜也越来越反感。

而高孝瑜自己也有不检点的地方，他和高湛的妃子尔朱御女关系暧昧（高湛的绿帽子，估计他自己也不知有多少顶），在太子高纬的婚宴上，两人偷偷在一起交谈，被人看到了，报告给了高湛。

高湛顿时大怒，马上逼高孝瑜连喝了三十七杯酒，随后让人把他抬上车送回去，在车上又给他喝了毒酒，几分钟后，高孝瑜毒性发作，烦躁难耐，投水而死。

和高孝瑜相比，平秦王高归彦的死则完全是咎由自取。

高归彦在高湛即位后，被加封为司徒、太傅，加上他多年来一直兼任领军大将军，总领禁军，可谓位高权重，春风得意。

正如水果熟得太过就会掉下来一样，人如果得意得太过也会摔跟头。

多年来，高归彦一直身居高位，因此也变得越来越骄横，越来越跋扈，得罪了很多人。

侍中高元海等人对高湛说，高归彦威权震主，必生祸乱。

高湛对高归彦也早有顾忌，此人先是陷害抚养他长大的高岳，后又作为高洋的托孤重臣叛投高演，翻云覆雨，反复无常，显然不是个值得信任的人。

于是，高湛下诏把高归彦调出京城，改任为冀州刺史。

高归彦直到第二天上朝时才知道这个消息。

他大惊失色，想入宫参见皇帝，但他刚到宫门就被拦住了，高湛不准他进宫，只是敕令他早日动身。

高归彦灰头土脸地到了冀州（治所今河北冀州），心里不是个滋味。

这明摆着是有人陷害自己，也许这只是第一步，接下来还会发生什么事呢？

他越想越害怕。

终于，他下了决心。

与其被人诬告谋反，不如真的谋反！

几个月后，高归彦在冀州起兵，举起了反旗。

高湛派大司马段韶率军讨伐。

高归彦虽然久掌禁军，却从来没有上过战场；而段韶却身经百战，两人在军事水平上的差距，比不加底蒸笼和布加迪威龙之间的差距还要大，比新中国成立前旧社会的贫富差距还要大。

因此，高归彦很快就兵败被擒，随后被押送到邺城，与其子孙十五人一起被斩首。

晋阳之战

平定高归彦后，高湛更加荒淫，他终日喝酒玩乐，不理朝政。

玩美女，饮美酒，品美食，赏美景，做美容，看美剧，日子过得好不惬意。

这样挺好的。

高湛这么想。

然而有人却不这么想。

谁呢？

宇文护。

此时宇文护已除掉了侯莫陈崇，他认为自己在北周国内的地位已经无人可以撼动，便开始把目光投向了东边的北齐。

北齐这两年在高湛的统治下已经日渐衰落，而北周由于在前些年夺取了梁朝的益州、荆州等地，国力大大增强，此消彼长，宇文护认为灭掉北齐、统一北方的时机已经成熟。

但宇文护对北齐的实力依然有所顾忌，他决定为自己找个帮手——突厥。

此时正是突厥的鼎盛时期，其领土东起大兴安岭，西至西海（今哈萨克斯坦的咸海），北到北海（今俄罗斯贝加尔湖），南至漠北，东西长达万里，南北相距五千多里，是北方草原上当之无愧的霸主。

为得到突厥的支持，宇文护可谓下了血本，他派人向突厥木杆可汗求亲——允诺立其女为周武帝宇文邕的皇后。

高湛听说后非常害怕，连忙也让使者拿着厚礼去突厥求亲。

木杆可汗见钱眼开，又想改悔，打算与北齐结盟。

幸亏北周使节据理力争，加上当年突厥兴起时宇文泰曾帮过大忙，木杆可汗最后还是选择了北周。

有了突厥的支持，宇文护信心大增。

公元563年十一月，他决定兵分两路，起兵伐齐。

南路由柱国达奚武（西魏十二大将军之一，公元557年升任柱国大将军）率军三万攻打平阳（今山西临汾），随后继续东进，攻打晋阳；

北路由柱国杨忠（西魏十二大将军之一，公元558年升任柱国大将军）率军十万，在塞北与突厥会合后，再挥师南下与南路军在晋阳会师。

听到要让自己统领十万大军，杨忠豪气万丈地拒绝了：一万足矣！

他的理由是从北路出兵，道路艰险，粮草运输困难，兵马多了反而会增加困难。

宇文护同意了。

事实上，这个安排是大有问题的，杨忠所率的北周军只有一万人，即使加上达奚武的三万人也只有四万人，其余都依赖突厥人。突厥人是否肯出力不说，即使攻下了晋阳，恐怕受益最多的也是突厥人。

杨忠率大将李穆、杨纂、田弘等人，领兵一万，从北路进军，途径故乡武川（当时属于北齐）时，他特意回到自己阔别四十多年的老家，拜祭祖先，大宴将士。

当年身无分文的穷小伙儿，如今已是手握重兵的大柱国，睹物思人，抚今追昔，杨忠不由得心潮澎湃，激动不已。

接着他继续率军东进，一路所向披靡，连克二十多城，在恒州（今山西大同）

与突厥木杆、地头（木杆之弟）、步离（木杆之侄）三可汗率领的十万步骑合兵一处，随后长驱直入，杀向晋阳。

高湛虽然荒淫，但并不糊涂。他知道晋阳是高家的老巢所在，其重要性非同一般，连忙倍道兼程从邺城赶往晋阳。

在他进入晋阳城的第二天，北周和突厥的联军就赶到了城下。

时值隆冬，大雪纷飞，高湛登上城楼，向北眺望，只见白茫茫的大地上，全是黑压压的突厥骑兵，一眼望不到头。

闪耀的甲胄，如林的刀矛，猎猎的战旗，震天的呐喊……

地上一片雪白，高湛的脸一片苍白，头脑一片空白。

北周人真的打过来了。

这不是梦，这一切真的是真的。

就如人往往是到了自助餐厅才觉得自己胃小，到了夜场才发现自己胸小一样，高湛是到了战场才知道自己胆小。

他心乱如麻，心惊胆战。产生的第一个念头就是逃跑，这里实在太危险了，便打算带着宫人，向东撤到冀州去避难。

关键时刻，皇帝临阵脱逃怎么行？

赵郡王高睿（高欢弟高琛之子，时任尚书令）和河间王高孝琬（高澄的第三子，也是嫡长子）赶紧拦住了高湛。

两人声泪俱下地说了一大堆励志的话：态度决定一切，没有任何借口，心动不如行动，谁动了我的奶酪，把信带给加西亚，生子当如孙仲谋，嫁人就嫁灰太狼……

在他们苦口婆心的劝说下，高湛不得不放弃了逃跑的念头，随后他任命堂兄高睿为总指挥，时任并州刺史的表兄段韶为副总指挥，率军抵御周突联军。

北齐军在段韶的率领下严阵以待，阵容非常整齐。

突厥人当年曾经被高洋打败过，对北齐军的强悍心有余悸，这次是听北周使节说北齐内部混乱、不堪一击才来浑水摸鱼的，现在他们发现完全不是这么回事，感觉自己被忽悠了，便开始埋怨起北周人来。

木杆可汗阴沉着脸，对杨忠说，今齐人眼中亦有铁，何可当邪——齐军眼中都散发出铁一样的光芒，怎么可以抵挡？

杨忠不愿放弃，依然竭力劝说突厥三个可汗。

然而他劝木杆时，木杆像根木杆，毫无反应；劝地头时，地头低头，毫无反应；劝步离时，步离不理，毫无反应！

杨忠只得苦笑。

突厥人貌合神离且心无斗志，达奚武的南路军又失期未至，加上大雪封路，粮草供应不上，北周军一时陷入了困境。

一心想建功立业的杨忠当然不可能就此退兵。

于是他破釜沉舟，亲自率军前往晋阳城下挑战。

北齐诸将纷纷要求出城迎战。

老谋深算的段韶却不同意：如今天寒地冻，敌军在野外又冷又饿，坚持不了多久。我们只需以逸待劳，定能取胜！

过了很久，看见敌军开始骚动，段韶下令，打开城门，精锐尽出，扑向城外的周突联军。

北齐军刚出城，突厥人就望风而逃，逃到了西山（今太原西山）。

杨忠气得眼睛都绿了，把皇帝宝贵的贞操都献出去了，花了这么昂贵的天价出场费，请来的寄以厚望的明星外援，却不肯上场比赛而坐在了看台上？

无奈，他只得指挥自己的部下迎战。

然而此时的北周军早已饥寒交迫，冻得手脚都僵硬了，饿得手脚都不听使唤了，怎么可能敌得过士气正盛的北齐军？

很快，北周军就被打得落花流水，溃不成军。

眼见大势已去，杨忠只得下令撤兵，率残部经夏州（今陕西靖边）逃回北周国内。

突厥人也仓皇向北逃窜。

段韶则率军乘胜追击。

这一战，突厥人损失惨重，由于天气寒冷，大雪封山，缺乏草料，其战马大多冻病而死，最后突厥人只能把长矛截短作为拐杖，勉强撑着逃到了长城以北。

而北齐虽然获胜，损失也不小，晋阳以北七百余里，都被野蛮的突厥人洗劫一空，人畜无遗。

看到这里，各位一定和回军路上的杨忠一样，心里有个难解的疑问：南路的达奚武为什么没能如期赶到晋阳呢？

因为达奚武在平阳受到了北齐大将斛律光的顽强阻击，根本无法前进一步。

当时电话网络都没有，通信基本都靠走，所以信息不灵，对于杨忠败退的消息，达奚武毫不知情。

于是，斛律光写了一封信给达奚武：鸿鹤已翔于寥廓，罗者犹视于沮泽——鸿雁已经在高空翱翔，张网的还在观察着沼泽地的动静！

达奚武见信后心领神会，立即撤兵。

斛律光在后面穷追不舍，一直追到北周境内，俘获两千余人，凯旋而归。

随后他回到晋阳，面见皇帝。

高湛和斛律光是儿女亲家（斛律光的二女儿嫁给了太子高纬），因此两人关系颇为亲密，见到斛律光归来，高湛就好像在婆家受到欺负的小媳妇终于盼来了自己的父母一样，忍不住抱着他的头痛哭不已，眼泪哗哗地流个不停——足可以浇五亩地或者冲二十五个厕所。

虽然此次凭借段韶和斛律光两大名将击退了北周军，但此次北周的入侵还是给高湛留下了严重的心理阴影——北周军队竟然攻到了晋阳城下，这是东西分裂三十年来从来没发生的事！

之前每年冬天，作为天然国境线的黄河结冰，北周生怕北齐军过河攻击，就专门派人凿冰；从现在开始，情况开始反了过来，轮到北齐军在每年冬天凿冰了。

斛律光对国家的局势感到忧心忡忡：前人栽树，后人砍树。以前我们常有吞并关陇的志向，如今到了这样的地步，皇帝却依然沉迷于声色犬马！

窝里横窝外尿

不过高湛虽然沉迷于声色，贪图享乐，但不得不说，他多少还是做了一点正事的。

比如齐律的制定。

这事其实很早就开始了，高洋即位初年，励精图治，决定以东魏的"麟趾格"为基础，重新制定更为规范完备的法律。只不过由于当时国家多事，没有来得及完成，后期高洋又变得喜怒无常，杀人无度，皇帝自己都带头不守法度，制定法律的事当然也就无法进行，被无限期地搁置下来了。

高湛即位后，命赵郡王高睿领衔，负责组织人手把此事继续下去，在公元564年三月终于全部完成，并正式颁布实施。

这部齐律包括《律》十二篇，《令》四十卷，刑名则分为五种，死、流、刑、鞭、杖，每种又根据犯罪的轻重划分为不同的档次。

齐律在中国法律史上意义十分重大，它后来成为隋唐法律的蓝本，其中所列的重罪十条，又被称为十恶，因规定绝不赦免，便演变成了后来"十恶不赦"这一说法。

除此以外，高湛还对北魏孝文帝时就实行的均田制进行了修订，使之更加符合当时的国情，也更加完备，在一定程度上，促进了社会经济的发展。

不过，瑜不掩瑕，正如猪八戒的皮肤再白也掩盖不了面孔的猥琐，潘金莲的长相再美也洗白不了她远扬的臭名，高湛的这些功绩再大也抵消不了他犯下的错误。

事实上，在这段时间，高湛还在做着另一件事——杀自己人，清除异己。

最先倒霉的是彭城王高浟（读yōu）。

他死得非常离奇，可以说超出了所有奇幻玄幻魔幻科幻小说的想象。

高浟是高欢的第五子，大尔朱氏所生，从小就聪明过人，成年后外放沧州、定州等地担任刺史，政绩斐然，尤其善于断案，因此威望极高，很得民心。

后来他调入京城，先后担任司空、尚书令、太师、录尚书事等要职。

按照史书的记载，高浟是这么死的：

大盗田子礼诈称是皇帝的使者，跑到高浟的住处，把他劫持，用刀逼着他去皇宫称帝，高浟不愧是国家的好领导，他坚贞不屈，宁死不从，于是被田子礼残忍地杀害。

这实在太不可思议了。

一个强盗，不远万里只身来到京城，毫无利己的动机，毫无职业的操守，不去抢劫钱财，而要莫名其妙地拥戴别人做皇帝，这是一种什么样的精神？

这是一种不正常的精神。

或者说，田子礼有精神病。

事实当然不可能是这样。

正如除非有抽水机在工作，否则水只会从山顶往山下流而不会从山下往山上流一样，田子礼也肯定有人指使，才会做出这样不合逻辑的事。

幕后黑手很可能就是高湛——因为高浟名动天下，对皇位极有威胁。

高浟死后不久，天上出现了异象——白虹贯日，高湛又想到了杀人以应天象。

这次，他把矛头对准了高演的儿子乐陵王高百年。

对高百年，高湛一直很不放心，毕竟他曾经当过太子。

冬眠的种子，只要有合适的机会，依然可能会重新发芽；曾经的太子，只要有合适的机会，依然可能会东山再起。

高湛决心要除掉高百年这一隐患。

不过高百年地位尊崇，而且在高演临死前，高湛曾经答应一定会善待他。

要杀他，总要找个理由先。

于是出现了下面的一幕。

高百年的老师贾德胄教他写了几个"敕"字，随后向高湛告发——敕书、敕令都是皇帝才能写，高百年写这个"敕"字，岂不是意味着他想当皇帝？

可怜高百年一个九岁的小屁孩儿，怎么可能知道这些名堂？

得到贾德胄的举报后，高湛马上召来高百年，让其当堂书写"敕"字，果然与贾德胄送来的笔迹十分相似。

证据确凿，高湛大怒，随后命左右拿着棍棒对高百年就是一顿乱打，打得高百年奄奄一息，只是不停地求饶：叔叔饶命，我愿意给您做奴！

高湛越听越烦，干脆下令斩杀高百年，把尸体扔进水池，染得池水一片血红。

可叹高演给他儿子起名叫百年，却只活了八年！

高百年死后，他的老婆——十四岁的王妃斛律氏（斛律光的大女儿）也绝食而死。

对自己的家里人，高湛就是这样绝情，这样冷血，充满霸气，是个暴力主义者。

但对外，他非常怯懦，非常怕事，充满奴气，是个逃避主义者。

他不想打仗，也没什么雄心壮志，他只想安安稳稳地过舒服日子，轻轻松松地享受荣华富贵。

然而人往往事与愿违。

我希望想买什么就买什么，可现实却是能买什么就买什么。

高湛希望太平的时间要多久就有多久，可现实却是能太平几天就是几天——因为宇文护一心想置他于死地。

晋阳一战才过去不到半年，高湛就听到了他最不希望听到的消息——北周准备联合突厥，再次进攻北齐。

高湛慌了，慌乱之中，他找到了一根救命稻草——宇文护的母亲阎氏。

原来，当初宇文泰去关中的时候，最初并没有带任何家眷，站稳脚跟后才把宇文护、贺兰祥等子侄接到了关中，可是后来由于东西魏分裂，交通阻断，宇文泰的嫂子阎氏（宇文护之母）、妹妹宇文氏（宇文邕的姑母）等人都留在了晋阳，被发配在中山宫当奴仆。

宇文护是个孝子，当政以后，多次秘密派人到北齐寻访母亲，却毫无音讯，每次都无功而返。

高湛决定给宇文护送上阎氏这份大礼，向他求和。

为表示诚意，高湛先派人把周皇姑（周武帝宇文邕的姑母）送到北周，并且承诺只要两国和好，他就立刻让阎氏回国与宇文护团聚。

和周皇姑一起去见宇文护的还有一封信，信是北齐的文人以阎氏的名义写的，写得十分悲情。

限于篇幅，这里只摘录其中的一小段：禽兽草木，母子相依。吾有何罪，与汝分隔！假汝贵极公王，富过山海，有一老母，八十之年，飘在千里，死亡旦夕，不得一朝暂见，不得一日同处，寒不得汝衣，饥不得汝食，汝虽穷荣极盛，光耀世间，汝何用为？——禽兽草木，母子相依。我有何罪，与你分离！你如今贵极王公，富过山海，你的老母，已经八十岁了，却飘然千里，死亡旦夕，不得一朝相见，不得一日同处，冷得不到你的衣服，饿得不到你的食品，你虽穷荣极盛，光耀世间，对我又有什么用处！

想到三十五年没有联系的母亲终于有了音讯，看到如此感人的文字，一向冷酷无情的宇文护也难以抑制自己激动的心情，一滴久违的眼泪从他的脸上滑落。

是的，对他来说，地位、权力、钱财、美女，他一样都不缺，但在他看来，无论他有多么成功，如果没有母亲在身旁，自己的生命就好像中国没有钓鱼岛一样——是不完整的。

夜深人静的时候，对母亲的思念常在他脑海涌动，摇曳着他心底的疼痛。

他连忙给高湛回了一封信，表示同意与北齐和好，希望能尽快把其母送回。

双方就这样书信往来，一次又一次。

要不要把阎氏送回北周？

高湛心里非常矛盾。

有时他觉得把阎氏留在北齐做人质更好，有时他觉得应该尽快把阎氏送过去，生怕八十岁的阎氏万一死在了北齐会惹恼宇文护……

他派人前往北方边境，征求表哥段韶的意见。

段韶的看法是：周人反复无常，不讲信义。宇文护既然为他母亲请和，怎么连一个正规的使臣都不派呢？如果仅凭几封书信，就把其母放回去，只怕会被周人看轻。不如等两国正式签订了和约，再放人为好。

概括起来八个字：阎氏很贵，不能免费。

但高湛没有听段韶的话——他征求意见的目的，其实只是希望听到自己想听的话而已。

犹豫再三，他还是把阎氏送回了北周。

他太渴望和平了，他觉得自己帮了宇文护这个大忙，宇文护应该多少会有感激之情，至少应该不会在短时间内攻击自己了，他又可以放飞心情，尽情玩乐了。

然而，他错了。

在政治上，把和平的希望寄托在对方的感激之情上，就如把发家致富的希望寄托在别人的施舍上一样——实在是太不靠谱了。

现实给了高湛当头一棒。

仅仅一个多月后，宇文护就率军打过来了。

到底怎么回事呢？

事情的经过是这样的：

阎氏回到长安后，得到了满朝文武的盛大欢迎，周武帝宇文邕专门为此大赦天下。

阎氏的待遇之高，史书上用了这样一句话来说明：凡所资奉，穷极华盛。荣贵之极，振古未闻。

然而一个接着一个的庆祝活动还没过完，突厥木杆可汗的使者就来了，催促宇文护按照之前的协定，发兵攻齐。

宇文护并不想在此时出兵，毕竟高湛刚给自己送了份大礼，但如果得罪了突厥人，万一他们转而帮助北齐，那麻烦可就大了。

两相比较，失信北齐事小，得罪突厥事大，对宇文护来说，这个选择一点也不难做。

兰陵王入阵曲

公元 564 年十月，宇文护征集了府兵二十四军、禁卫军以及秦、陇、巴、蜀等全国各地方部队，总计二十万人，兵分三路，大举出兵伐齐。

中路军由宇文护的表弟、柱国尉迟迥担任主帅，率齐国公宇文宪（宇文泰第五子）、柱国达奚武、柱国王雄等人，统精兵十万，直趋洛阳。

南路以江陵防主（江陵军区司令）、大将军权景宣为主帅，率荆州军从襄阳出发，进攻北齐豫州郡城悬瓠（今河南汝南）。

北路的统帅是邵州（治今山西垣曲）刺史杨檦（读 biǎo），率军攻打轵关（今河南济源）。

宇文护的意图很明显，以中路军作为主攻方向，南北两路作为偏师，牵制洛阳附近的北齐各州郡，防止他们增援洛阳。

宇文护自己则坐镇弘农（今河南灵宝）担任总指挥。

除此以外，宇文护还命柱国杨忠兵出沃野（今内蒙古五原），接应突厥南下。

这次，宇文护出动了几乎倾国之兵，使出了几乎全部本钱，投下了几乎最大赌注，他要以泰山压顶之势，水库决堤之猛，牛刀杀鸡之快，一鼓作气，荡平北齐！

北周三路大军命运各不相同。

北路的杨檦是个老将，二十多年来一直在边境镇守，与北齐军经常交战，从未失利过，因此非常轻敌，这次他兵出轵关，一路孤军深入，没想到却中了北齐太尉娄睿（娄昭君之侄）的埋伏，全军覆没，自己也兵败投降。

南路的权景宣进展顺利，没过多久就攻下了悬瓠。

而作为主力的中路军，则在尉迟迥的指挥下一路势如破竹，很快把洛阳城围得水泄不通，同时筑土山，挖地道，百道攻城。

宇文宪、达奚武、王雄等人率军驻在邙山，与尉迟迥成掎角之势，随时准备阻击北齐援军。

听说洛阳告急，高湛不敢怠慢，马上派出两位大将率军前往救援，一位是大将军斛律光，另一位则是大名鼎鼎的兰陵王高肃。

高肃，又名孝瓘，字长恭，通常以字相称，是高澄的第四子。

他的身世扑朔迷离，生母是谁，我们至今不得而知。

他有兄弟六人，其余五人的母亲是谁，在史书中都有明确记载，唯有高长恭的生母连个姓氏都没留下——无论北齐书还是北史都这么说，兰陵王长恭不得母氏姓。

老五高延宗的生母陈氏出身极为卑微，为"广阳王妓也"，但史书依然记载了其姓氏，可见高长恭生母的身份可能更为低贱，甚至连官妓都不如。

也许正是这尴尬的身世，加上父亲的早逝，使他形成了和高家其他人截然不同的低调内敛的性格。

高长恭是史上著名的帅哥，怎么个帅法呢？

这么说吧，随你什么版本的中国古代四大美男、十大美男的排名，如果少了高长恭，那就和世界名校排名少了哈佛、世界富豪排名少了比尔·盖茨、通俗历史类作者排名少了云淡心远一样——绝对是没人信的。

关于他的外表，《北齐书》《北史》等正史中的描述都是"貌柔心壮，音容兼美"，突出了"柔"和"美"，这两个字在当今似乎更适合形容美女；

《兰陵忠武王碑》中说他"风调开爽，器彩韶澈"；

《旧唐书·音乐志》中说他"才武而面美"；

《隋唐嘉话》中则说他是"白类美妇人"。

在我的想象中，高长恭长得似乎是这个样子的：瓜子脸（当然也有可能是鹅蛋脸），大眼睛，长睫毛，鼻梁挺拔，朱唇皓齿，皮肤白皙，面容清秀，身材高挑，玉洁冰清，花一般娇，粉一般嫩，超凡脱俗，宛若不食人间烟火的仙子。

至于淹死几条鱼、羞死几朵花、摔死几只大雁，对他来说，完全是小菜一碟。

但外表并不能代表内在。

水，看起来柔弱无比，却有着摧毁一切的力量；钻石，看起来像玻璃一样脆弱，却有着比钢铁还坚硬的硬度；高长恭，看起来阴柔得甚至有些娘，却有着一颗无比阳刚、无比铁血、无比 Man 的内心。

他熟读兵书，他精于骑射，他胆略过人，他壮志凌云，他渴望在战场上建功立业！

机会终于来了。

在公元 564 年正月对北周突厥联军的晋阳一战中，二十四岁的高长恭身先士卒，骁勇无比，一时大放异彩，战后他被叔叔高湛提拔为并州刺史，从此开始独当一面，成为北齐军界的后起之秀，并且与段韶、斛律光两位久经沙场的宿将一起，被合称为"北齐三杰"。

这次，高长恭又被高湛委以重任，和斛律光一起率军五万，前往援救洛阳。

然而到了洛阳外围，他们就感觉到了问题的严重性。

北周军有十万人之多，比北齐援军整整多出一倍，在敌方早已做好迎战准备且敌众我寡——敌我比例是 2∶1 的情况下贸然发动攻击，除非是 2∶1 的谐音。

因此斛律光不敢轻举妄动，只能与北周军远远地对峙，以寻找战机。

时间一天天地过去，形势对北齐越来越不利。

斛律光焦急万分却束手无策。

高湛更是忧心如焚。

何以解忧？唯有段韶。

他向留守晋阳的段韶问计：我想让你去洛阳解围，但这边要防备北面的突厥人，也离不开你，你看如何是好？——言下之意，要是你可以分成两半使就好了。

段韶的态度很明确：北虏（突厥人）疥癣之患，西陵（北周人）乃腹心之病，请奉诏南行！——突厥人只是来抢劫，要的是我们的钱；北周人却是想灭国，要的是我们的命。当然是援救洛阳更重要！

听了这番话后，高湛也不再犹豫，马上命段韶先率精骑一千火速南下，驰援洛阳，自己则率大军随后出发。

五天后，段韶与斛律光、高长恭两军会合，随即渡过黄河。

由于连日来雾气弥漫，能见度极低，北周军对北齐军的到来竟然完全不知。

过河后，段韶率帐下三百名骑兵和诸将一起登上邙山，观察形势，在太和谷遇见了北周军。

一场大战一触即发。

在段韶的指挥下，北齐军悉数上了邙山，段韶自领左军，高长恭坐镇中军，斛律光为右军，在山上摆好阵势，严阵以待。

北周军则在宇文宪、达奚武、王雄的率领下在山下与北齐军对峙。

段韶对北周军大声说道，宇文护才得其母，却不思报恩，反来进犯，得了便宜不卖乖，是何道理？

宇文宪等人一时无言以对，只好厚着脸皮说，这是上天派我们来，有什么可说的！

段韶的回答掷地有声：天道赏善罚恶，上天是派你们送死来的！

宇文宪自觉理亏，便不再废话，一声令下，北周军像潮水一样涌向邙山。

山地作战适合步兵，因此北周军以步兵在前，骑兵在后，向山上仰攻。

段韶佯装不敌，且战且退，把北周军引向预先设好埋伏的有利地形。

北周军前面的步兵又要爬山，又要攻击，很快就累得气喘吁吁，手也酸了，腿也软了，呼吸也急了，步法也乱了，队形也散了……

看到北周军进了埋伏圈，段韶下令所有骑兵全部下马步战，向敌军发起猛攻。

北齐军地利占优，体力也占优，如山洪暴发般势不可当。

北周军的步兵哪里抵挡得住？

他们纷纷败退，后面的骑兵也被裹挟着一起后退，乱成一团，很快就全线溃败，被杀死的、掉下山谷摔死的不计其数。

更精彩的一幕发生在洛阳城外！

洛阳已被尉迟迥率领的北周军围困一个月之久，形势岌岌可危。

守军几乎已经绝望。

突然，他们看见了让他们永远无法忘怀的一个画面：

一员骁将，头戴铁面，身披重甲，一马当先冲入围城的北周军中，紧随其后是五百铁骑，所到之处如入无人之境，硬是杀出了一条血路，一直杀到洛阳城下，让城中守军派人接应。

守军有些犹豫，没有立刻同意。

因为这些人全是重甲骑兵，从头武装到脚，只露出一双眼睛，根本看不出他们是什么人。

万一这是北周军的阴谋呢？

大批北周军随即从四面向这五百铁骑涌来。

形势万分危急！

千钧一发之际，这名将领摘下了自己的头盔，抬起了自己的头。

在血雨腥风的战场上，在战火纷飞的硝烟中，在紧张到爆的空气里——一张白皙清秀、柔美绝伦的脸，露了出来。

这是怎样的一种惊艳？

犹如茫茫沙漠中碧绿的湖水出现在眼前，也像漫漫长夜里璀璨的烟花照亮了天空。抬头一看百媚生，宛若天仙下凡尘……

那种独一无二的美让守军一下子认出了他。

兰陵王！

援军来了！

兰陵王来了！

洛阳城沸腾了！

守军士气大振，但由于北周军近在咫尺，他们没敢打开城门，而是派出大批弓箭手从城头坠绳而下，不停地向周军放箭，支援高长恭和他麾下的五百勇士。

北周军终于支持不住，开始后退。

看见形势有利，高长恭把手一挥，再次率军突入敌阵，洛阳守军也随后杀出，合兵一处，北周军阵脚大乱。

此时，宇文宪等人在邙山大败的消息传来，北周军无心恋战，很快就解围退走。

高长恭率军乘胜追击，斩获甚多。

战场的形势错综复杂，在段韶和高长恭高歌猛进的时候，北齐军的另一名主将斛律光却陷入了险境。

他的对手是五十八岁的北周老将王雄。

王雄是当年的西魏十二大将军之一，和杨忠、达奚武等人齐名，战斗经验十分丰富。

他集中自己的优势兵力，率军猛冲斛律光的军阵，斛律光的部队被冲散了，马槊也不知哪儿去了，身边只剩一名亲兵，手中只剩下一支箭，只好仓皇败逃。

王雄手提长矛紧追不舍，眼看就要追上斛律光了——两人相距只有一丈远。

看到自己胜券在握，王雄有点得意忘形，对斛律光说，我不杀你，要生擒你见天子！

斛律光没有答话，他只是憋气，憋气，憋气，并且坚持不放屁，然后猛回头使出必杀技——射出了他手中唯一的一支箭。

一箭致命！

不偏不倚，正中王雄的额头。

王雄也是个硬汉，他强忍疼痛，掉转马头，勉强抱着马脖子，策马飞奔，到了北周军大营门口，他终于支持不住，一头栽下马来，气绝身亡。

这一战，北周军大败，连退三十余里，从邙山到谷水（洛河的支流，绕洛阳城而过），全是北周军丢弃的兵器辎重。

二十一岁的宇文宪年轻气盛，不甘心失败，他收集残兵，安抚部下，准备明日再战，达奚武提醒他说，军心已散，难以再战，如果现在不撤，到了明天，恐怕想走也走不了了。请殿下考虑一下将士们的生命！

宇文宪沉默了，显然如今大势已去，连达奚武这样身经百战的老将都已失去斗志，何况普通士兵呢？

他只好长叹一声，下令拔营退兵。

临走前，他狠狠地发誓说，我一定会回来的！

那锐利的目光足以击落一只正在飞舞的苍蝇。

北周三路大军，北路和中路都失败了，南路的权景宣孤悬敌后，自然也不敢再战，慌忙放弃悬瓠，撤回国内。

邙山大捷之后没几天，高湛也到了洛阳，听到胜利的消息，他非常兴奋，立即加封段韶为太宰，斛律光为太尉，高长恭为尚书令。

尘沙起兮铁蹄扬，破敌胆兮兰陵王！

这一战让高长恭名声大噪，他的如花美貌，他的英勇无敌，他的飒爽英姿，被人们到处传颂，越传越神，越传越玄，一下子成了所有北齐人心中的偶像。

战后，能歌善舞的鲜卑将士们根据高长恭率领五百铁骑冲入敌阵、在洛阳城外脱下铁面的传奇情节，创作出了流传千古的舞曲《兰陵王入阵曲》——在悠扬的音乐声中，扮演兰陵王的演员头戴面具，模拟指挥、刺杀等各种动作，载歌载舞，潇洒自如……

此曲旋律流畅，动作优美，很快就红遍全国。隋朝时，它被列入宫廷舞曲，但由于中唐时的唐玄宗将其定为"非正声"，下诏禁演，以后它逐渐失传。

不过，虽然这一曲子不复存在，戴面具的表演形式却在之后的舞台上风行起来了，后来演变成了京剧中的脸谱。

讲到这里，同学们一定会感到遗憾，可惜《兰陵王入阵曲》听不到了。

非也。

在日本听得到。

正如佛教起源于印度却在本国衰亡而在中国发扬光大一样，此曲自唐初传入日本后，就极为风行，且长盛不衰，日本人对其十分珍视，每逢重大节日都要演奏，一直流传到现在。

再说北周大将杨忠奉命从沃野镇（今内蒙古五原）出发接应突厥，但没过多久，就遇到了麻烦——军粮供应不上，眼看就要断炊了。

但这难不倒杨忠。

他召集当地稽胡部落的酋长，要他们提供粮草。

这些酋长都找出种种借口，不肯答应。

这一切都在杨忠的预料之中，他对此早有安排——让部将王杰在会场外擂起了战鼓。

酋长们突然听见外面马蹄铮铮，鼓声阵阵，仿佛有千军万马正在赶来，顿时大惊，心跳得和外面的鼓声一样激烈。

杨忠却微微一笑：大家不必惊慌，这是大冢宰（宇文护）派来的援军前锋到了。大冢宰已经攻下了洛阳，准备与突厥联手，讨伐稽胡人中那些不听话的……

话还没说完，酋长们就已经改变了态度，纷纷表示：宁可自己吃草，也要让北周军吃饱。

很快他们就送来了大批军粮。

随后，杨忠准备继续进军和突厥人会合，此时却从后方传来了北周军在邙山战败，宇文护命令撤兵的消息，他只得无功而返。

而突厥人这边呢，这次倒也配合北周出兵了，知道并州的段韶不好惹，因此他们转而向东攻打幽州（治所今天津蓟县），但在那里他们遇到了另一个强劲的对手——北齐幽州刺史斛律羡（斛律光的二弟），结果他们又一次被揍得鼻青脸肿，只能垂头丧气地退回老家。

至此，宇文护的计划彻底破产。

这次的失败让宇文护颜面扫地，毕竟这是自东西魏分裂三十年来的几次战争中，他们下本钱最大，也是败得最惨的一次。

迫于舆论压力，宇文护也不得不放低身段，向皇帝宇文邕请罪。

宇文邕当然不可能惩罚他，反而找出种种理由，为他开脱：此次失利，完全不是大冢宰您的问题，要怪就怪天气太坏、雾气太大、空气太差、北齐人运气太好、将领们暮气太重、突厥人出力太少……

但无论如何，此次空前的惨败对宇文护的威信影响很大。

药品好不好，不能看广告，要看疗效；食品好不好，不能看外表，要看味道；股票好不好，不能看介绍，要看年报。

同样，一个领导好不好，也不能看他吹出的牛逼，要看他做出的成绩。

这场失利之后，人们也难免会对宇文护的能力感到怀疑，他这个人的水平真的足以担负起北周这样一个大国的领袖职责吗？

奇人祖珽

东边日出西边雨。

西边的宇文护心情郁闷，压力重重；与此同时，东边的高湛却感到神清气爽，浑身轻松，他知道这一战让北周大伤元气，几年内是不可能卷土重来了，他又可以尽情地享受生活了。

外面春光灿烂，宫中美女做伴，高湛的心情无比愉快。

然而没过几个月，他就做了件让人大跌眼镜的事——他把皇位传给了太子高纬，自己摇身一变，成了太上皇。

此事的总策划是祖珽。

祖珽出身官宦世家——范阳祖氏，和东晋名将祖逖、南朝数学家祖冲之是同宗，其父祖莹，是北魏著名的才子，三字经里"莹八岁，能咏诗"说的就是他。

和父亲一样，祖珽也很有才华，不仅写得一手好文章，而且多才多艺，音乐、美术、占卜、医术，无一不通。

不过与此相对应的是，他不仅性格放荡不羁，而且品德败坏，贪污、受贿、嫖娼、赌博、偷盗，五毒俱全。

他有一句名言：丈夫一生不负身——大丈夫一生，最重要的是不能亏待身体。上半身必须吃尽各种风味的美食，下半身必须玩够各种口味的美女。

他是这么说的，也是这么做的。

他年轻时经常和陈元康、穆子容（就是被高洋用木棍插入肛门而死的那位）等一帮浪荡子弟混在一起，到处喝花酒，嫖女人，左拥右抱，日理万"鸡"，生活极其糜烂。

在女人身上，他出手非常大方，不仅自己玩，而且还秉承"己所欲，施于人"的儒家思想和"助人为乐"的精神，请朋友们和他一起玩。

参军元景献的老婆出身高贵，是东魏孝静帝的表姐，他居然花了一大笔钱，把她请到自己的家里，让她陪自己的朋友们轮流困觉。

祖珽最喜欢的情人可以用一句话来形容：远超苏小小，领先李师师，赛过陈圆圆。

谁这么牛？

说出来吓你一跳。

他的情人是一个六十岁的老寡妇王氏。

其实这句话完整来说应该是这样的：远超苏小小——年龄，领先李师师——腰围，赛过陈圆圆——体重。

祖珽的品位就是这么与众不同。

他经常恬不知耻地当着众人的面和王老太太调情，而且一口一个小娘子，十分肉麻。

他的狐朋狗友都忍不住要嘲笑他：卿哪得如此诡异，老马十岁，犹号骝驹；

一妻耳顺，尚称娘子。

祖珽每天吃喝玩乐，花钱如流水，钱从哪儿来呢？

他自有其生财之道。

他曾经在高欢手下担任仓曹参军，主管仓库，油水很大，便经常利用职务之便，与同伙一起偷卖军粮，后来不慎被抓了现行，伶牙俐齿的祖珽把责任全部推给同伙，居然骗过了高欢，被当场释放。

然而祖珽事后却厚颜无耻地到处宣扬：丞相真是英明啊。不过，这事的确是我做的。

除此以外，祖珽还有一个极其下三滥的爱好——偷。

胶州刺史司马世云在家里请客，酒足饭饱，大家正准备回家，仆人突然发现席上少了两个铜碟（铜做的盘子），赶紧汇报给主人。估计司马世云是个小气鬼，接报后马上命人对宾客搜身，结果在祖珽身上找到了。

祖珽呢，却依然是面不改色心不跳，眼睛不眨还带着笑。

还有更丢人现眼的。

高欢宴请僚属，席间发现少了个黄金做的酒杯。少就少了吧，高欢没当回事。但主持宴会的窦泰（高欢的连襟）不干了，非要让所有的客人都摘下帽子，结果赫然发现，祖珽的发髻上金光闪闪！

头上戴着个杯具，眼看祖珽就要"杯具"了！

然而却没有。

高欢只是一笑了之。

毕竟祖珽是个人才啊。

话说有一次高欢当着大家的面说了三十六件事，说完就走了，临行前他让祖珽写成奏折。写好后给高欢过目，竟然发现一件也没遗漏。

祖珽超强的记忆力，让高欢和所有人都叹为观止。

但后来发生的一件事，终于让爱才如命的高欢也对他忍无可忍了。

这次是祖珽伪造高欢的命令，企图骗取三千石（约三十万斤）粮食。没想到被人识破，阴谋败露，而且证据确凿，无可抵赖。

三千石可不是个小数目。这回高欢也火了，把他抽了二百鞭子，戴上脚镣，发配到兵器坊做苦力。

幸亏祖珽的老朋友陈元康非常仗义，他竭力向高欢求情，并推荐祖珽戴罪立功，撰写"定国寺碑"。

祖珽过人的才华让他转危为安，他的文章写得非常出色，高欢极其满意，便再一次赦免了他。

陈元康帮了祖珽的大忙，可惜他播下的是恩德，收获的却是缺德。

高澄遇刺时，陈元康奋不顾身挺身护主，受了重伤，临死前他向祖珽口授遗嘱，就是谁欠了我多少钱之类的，让他转告其家人。

然而，让祖珽这样的人知道钱的去向，相当于请色狼去照顾独居的美女，其结果可想而知。

祖珽当然是私自讨回欠款据为己有。

之后，祖珽又屡次犯事，偷书、受贿、贪污……有两次甚至要被司法部门处以死刑，不过皇帝高洋看重他的才气，每次都赦免了他。

这段时间他的经历是这样的：起用、犯罪、查办、撤职、再起用、再犯法、再查办、再撤职……

他的仕途就像一个钟摆——起起落落，循环往复，却总是停留在原地。

而高洋虽然常让他撰写诏书，但对他的态度极为轻蔑，对他的称呼只有一个字"贼"！

祖珽这个人虽然无德无品无耻，却有自尊有理想有抱负，对这样的现状当然不满意，便决定为自己找一个靠山。

他选中了长广王高湛。

高湛喜欢附庸风雅，以文艺青年自居。

于是祖珽用胡桃油画了一幅画（这可以证明油画艺术起源于我国吗），进献给高湛。

高湛非常喜欢，爱不释手。

随后，祖珽继续投其所好，对高湛说，殿下有非常骨法，我曾经梦见殿下乘龙上天。

这可谓是挠到了高湛身上最痒的地方，让高湛感到无比的舒服。

加之祖珽向来以善卜而知名于世，他这句话相当于球王马拉多纳评判一个人足球踢得好一样的权威，高湛怎能不开心呢？

兴奋的高湛当场就许下了承诺：若如你所言，定会让你大富大贵。

高湛没有食言，他一称帝，便立即提拔祖珽担任中书侍郎，跟随在他的左右。

每逢宴会，高湛总是让祖珽弹琵琶，和士开跳胡舞，祖珽和和士开组成的"祖和"组合成了高湛的御用歌舞组合。

作为皇帝的宠臣，祖珽并不满足，他的目标是宰相，为此他还想建一个大功——拥立之功。

他私下对和士开说，君之宠幸，振古无比。不过一旦陛下归天，你怎么才能保全自己？

这是所有自己不能成龙成凤而只能攀龙附凤的人都担心的问题，和士开当然也不例外。

他连忙向祖珽请教。

祖珽笑着提出了解决方案：你只要劝说皇帝，让他禅位给太子，这样太子必然对你感恩戴德，你也必能永保富贵。

但和士开依然觉得有点为难：皇帝肯这么做吗？

祖珽对此却胸有成竹：你只要提醒陛下，为什么文襄（高澄）、文宣（高洋）、孝昭（高演）三个人的儿子都没有做成皇帝？只有太子早日即位，定下名分，地位才会稳固。你在私下劝说，我再找机会上表，此事肯定成功。

和士开深以为然，便找机会和高湛委婉地说了这件事。

高湛心动了。

正好天上出现了彗星，这在当时是除旧布新之象，祖珽趁机上书，力劝皇帝禅位。

高湛同意了。

公元 565 年四月，十岁的太子高纬正式登基，二十九岁的高湛成了太上皇。

当然实权仍然掌握在高湛的手里。

第十二章　美男成了同性恋

陈文帝和侯安都

趁着这段时间北齐和北周没什么大事，让我们把眼光投向南方的陈朝。

前面说过，陈文帝陈蒨即位以后，很快就击败了王琳，收复了郢州、湘州等地，接着又害死了陈霸先唯一的儿子陈昌，巩固了自己的地位。

与死于非命的陈昌相比，和他一起被扣在北周的另一名陈朝皇室成员安成王陈顼的命运就好多了——陈蒨对他的态度截然不同。

因为他是陈蒨唯一的弟弟。

经过谈判，最终陈蒨以割让黔中（今重庆彭水）、鲁山（今湖北汉阳东）二地为代价，从北周手里换回了陈顼一家。

陈顼一回来，就大受重用，先后出任侍中、中书监、扬州刺史、尚书令等要职，成为陈蒨的左膀右臂。

然而此时的江南虽然表面上已归于统一，但实际上内部并不稳固。

由于梁末天下大乱，中央政府瘫痪，各地的豪强趁机应时而起，纷纷割据一方，他们时降时叛，对朝廷的命令也阳奉阴违，仿佛一个个独立王国。

攘外必先安内。陈朝刚建立的时候忙于抵御外敌，对他们只能以笼络为主。

安外后必攘内。外患消除以后，对这些不听话的家伙，陈蒨当然不可能继续容忍下去。

他派大将侯安都、吴明彻、章昭达等人分路出兵，用了几年时间，终于彻底平定了豫章（今江西南昌）的熊昙朗、东阳（今浙江东阳）的留异、晋安（今福建福州）的陈宝应、临川（今江西抚州）的周迪等各地的割据势力。

经历了十几年的战乱，江南终于迎来了久违的和平。

但陈蒨还有一个心病，那就是功高震主的侯安都。

此时，侯安都担任侍中、征北大将军、北徐州刺史，将相兼于一身，重兵握于一手，是当时除皇帝外最有权势的人物。

无论是显赫的战绩，还是彪悍的战力，侯安都都是当之无愧的第一武臣。

无论是出众的能力，还是过人的魄力，侯安都都是当之无愧的第一能臣。

无论是极深的资历，还是强大的势力，侯安都都是当之无愧的第一重臣。

无论是陈朝的建立，还是陈蒨的称帝，侯安都都是当之无愧的第一功臣。

这样的一个人，陈蒨怎么能放心得下？

尤其让陈蒨不舒服的，是侯安都的骄横跋扈，傲慢无礼。

有一次，侯安都和皇帝陈蒨出去郊游时在一起喝酒，他眯着眼睛，腆着肚子，张着双腿，身体斜靠在椅背上，得意扬扬地问陈蒨：你觉得现在的日子比起做临川王的时候，哪个更爽啊？

陈蒨心中不爽，只好顾左右而言他：这个嘛，呵呵呵呵……

侯安都没有听到他满意的回答，便又再问了一遍同样的问题。

陈蒨非常尴尬，很想找个地缝钻进去，可是没有找到，只好继续装糊涂：那什么，哈哈哈哈……

侯安都却依然不肯罢休，依然一遍遍不停地追问。

被逼无奈，陈蒨只好言不由衷地说：此虽天命，亦明公之力。

侯安都大笑不已。

随后他又提出一个很过分的要求，明天要借皇宫一用，在宫里宴请宾客。

陈蒨表面上虽然答应了，心里却很不是滋味。

第二天，侯安都大大咧咧地坐在皇宫里陈蒨的御座上，坦然自得地接受客人的祝贺，俨然是皇宫的主人。

看到这样的一幕，陈蒨终于再也无法忍受了——我是你的皇帝，不是你的小弟。你是我的臣子，不是我的老子。既然你摆不清自己的位置，那我就只能帮你在棺材里找个位置！

公元563年五月，陈蒨下旨调侯安都为都督江吴二州诸军事、征南大将军、江州刺史。

毫无防备的侯安都入宫谢恩，却在宴席上被抓，第二天即被赐死。他的罪名很老套，几乎比钻石还要"恒久远，永流传"——和七百年之前的韩信、七百年之后的岳飞几乎完全一样：谋反。

当然，侯安都自身也有很大的问题，倘若他不是如此居功自傲，不知进退，肆无忌惮，也许他本来完全可以善终。

但话又说回来，如果不自傲，知进退，有忌惮，那就不是侯安都了。

因为他的性格一向就是如此，敢于怒斥自己的领导陈霸先，敢于违背太后的旨意让皇族旁支陈蒨登基，敢于冒天下之大不韪对前任皇帝的儿子陈昌痛下杀手……

对于韩信来说，是成也萧何，败也萧何；对于2012年欧洲杯的意大利队来说，是成也巴神，败也巴神；对于侯安都来说，是成也性格，败也性格。

侯安都就这样糊里糊涂地死了，不过陈蒨还算厚道，并没有株连他的家人。

侯安都的被杀并没有在陈朝国内引起什么波澜。

因为陈蒨颇有威望，很得民心。

他曾跟随叔叔陈霸先一起艰难创业，深知百姓疾苦，故而性格节俭，注重农桑，兴修水利，轻徭薄赋，励精图治，勤于政事。夜里如有急报，他都要求把更签扔到石头上，以使他惊醒，及时处理。

在他和群臣的努力下，此时的陈朝政治日益清明，经济逐步恢复，百姓的生活也慢慢好起来了。

然而，好花不常开，好皇帝不常在。

公元566年四月，在位还不到七年的陈蒨得了重病，行将不治，由于担心年仅十三岁的太子陈伯宗难堪大任，他试探性地对其弟尚书令陈顼说，今三方鼎峙，四海事重，宜须长君。我要把帝位传给你。

陈顼不傻，当然是坚决推辞。

陈蒨又把尚书仆射到仲举、五兵尚书孔奂、中书舍人刘师知等亲信重臣叫到病榻旁，同他们商议改立陈顼为储君。

孔奂流着眼泪保证说，安成王若有废立之心，臣等必不敢闻诏。

到仲举、刘师知也表示了相同的态度。

陈蒨放心了。

几天后，陈蒨病逝，时年四十五岁，死后谥文帝，庙号世祖。

史书上对陈蒨的评价相当不错——他被认为是南朝少有的明君之一。

他继承前人的是一个外有强敌内有叛乱的烂摊子，留给后人的是一个外部安定内部稳定的好局面。

他不仅是个称职的开创之君，还是个优秀的守成之君。

也许有人要问，既然陈蒨如此有能力，为什么知名度如此之低？

我的回答是这样的：

如果一个人的胃很好，甜酸苦辣都能接受，他根本就感觉不到胃的存在；但如果一个人的胃不好——老是泛酸水，还痛，他一定会强烈感到胃的存在。

也许，陈蒨就是那个功能良好的胃，所以很容易被人们忽略。

却说陈蒨死后，太子陈伯宗即位，是为陈废帝。

皇叔陈顼则被加封为司徒、录尚书、都督中外诸军事，入驻尚书省，主持朝政。

废帝年幼且懦弱，陈顼大权独揽，一手遮天，颇有篡权夺位之势。

深受先帝陈蒨信任、受命与陈顼一同辅政的到仲举、刘师知等人对这种情况极为忧虑，经过一番商量，他们出手了——派通事舍人殷不佞假传太后的旨意，想把陈顼调出尚书省。

不得不说，这样的做法，和如今农村集市地摊上卖的各种文物差不多——造假水平低劣到无以言表，当然骗不了陈顼和他的手下。

陈顼的谋士毛喜说，这很可能不是太后的意思。大王不可轻举妄动。如果离开尚书省就会受制于人，步三国曹爽的后尘！

统领禁军的大将吴明彻也表示赞同。

随后陈顼马上派毛喜入宫向太后和废帝求证，当即戳穿了谎言。

假传圣旨，证据确凿，陈顼当机立断，马上把刘师知下狱赐死，到仲举则被贬职。

美男将军韩子高

这起事件还牵扯到了一个传奇人物——著名的大帅哥韩子高。

韩子高，原名韩蛮子，会稽山阴（今浙江绍兴）人，据说他家里穷到了极点，长得却帅到了极点，《陈书》对他外表的描述是：容貌美丽，状似妇人。

乱世人生如浮萍，风吹雨打任飘零。年幼的韩蛮子跟着一批难民流落到了京城建康。后来侯景覆灭，十六岁的他准备返回老家山阴，在途中碰到了时任吴兴太守的陈蒨。

这次偶然的相遇改变了韩蛮子的人生。

陈蒨非常喜欢这个花季美少年，对他说，你长得真够漂亮，如果还想活得漂亮，就跟着我吧。

韩蛮子欣然答应。

陈蒨把他的名字改为韩子高，让他跟随在自己身边。

韩子高颇有胆略，又善于骑射，后来逐渐成长为陈蒨的心腹爱将。

陈蒨即位后，韩子高又率军与侯安都等人一起率军平叛，立下了不少战功。

公元565年，韩子高升任右卫将军，负责镇守京城建康，地位举足轻重。

出于对陈顼专权的不满，韩子高也参与了刘师知、到仲举等人的谋划，虽然暂时没有被发现，但他心里很是惶恐。

陈顼对韩子高其实早有猜忌之心，但鉴于他手中握有重兵，因此不仅没有动他，反而对他赏赐丰厚，以打消他的戒心。

韩子高果然放松了警惕。

一段时间后，看到时机成熟，陈顼果断行动，他以开会的名义把韩子高和到仲举两人召到尚书省，当场抓捕并马上下狱赐死，死时韩子高年仅三十岁。

在后来的野史中，韩子高这个英气逼人的青年骁将却变成了阴气逼人的美貌男宠，明代传奇小说《艳异编》、杂剧《男皇后》以及现在不少网络小说，都乐此不疲地大讲他和陈蒨的不伦之恋。

金戈铁马建功业，却被说成同性恋。可叹韩子高一世英名，后人记住的却只是一个艳名！

看起来，无论是古代的某些杂剧，还是现在的某些电视剧，很多都有这样的特点——别的都可以当真，就是涉及历史的不能当真。胡编无极限，乱造无底线，瞎搞无下限！

也许，在将来的戏里，春申君会变成王昭君，李莲英会变成穆桂英，秦叔宝会变成韦小宝……

只有想不出，没有拍不出。

华皎叛陈

扯远了，回到正题。

兔死狐悲，韩子高的死让湘州（治所今湖南长沙）刺史华皎感到心惊肉跳。

华皎，晋陵暨阳（今江苏江阴）人，和韩子高一样，他也是陈蒨的心腹爱将。由于当初陈蒨曾计划以湘州为基地，进军荆州和巴蜀，因此华皎的手下兵多将广，武器精良。

听到韩子高等一批前朝旧臣被清洗的消息，他坐卧不宁，想来想去，干脆起了反意。

华皎人如其名，又滑又狡。正所谓狡兔三窟，他同时做了三件事：一面上表请求去广州这个远离中央的偏远地方任职，以麻痹陈顼；一面缮甲聚徒，准备起兵；一面又遣使到长安和江陵，暗中与北周和后梁接触。

此时，陈顼早已获得了华皎手下将领任忠的密报，因此虽然假装答应他调任广州的要求，却一直没下正式的诏书。

华皎心中更加不安。

公元 567 年六月，陈顼先发制人，命大将吴明彻为新任湘州刺史，率水军三万，溯江西进；大将淳于量率水军五万紧随其后；又派司空徐度率军从陆路攻打湘州。

华皎慌忙向北周求救。

群臣大多认为不应出兵，毕竟与陈朝多年来一直友好相处，两国签有互不侵犯的盟约，不应背信弃义。

但宇文护不同意。

这几年他与北齐多次作战，连吃败仗，颜面尽失。就和很多人打麻将手气不顺时就要换个座位方向一样，感觉手气不顺的宇文护也想换个进攻方向，以挽回自己的颜面。

因此他力排众议，答应了华皎的请求。

他以卫国公宇文直（宇文泰第六子，宇文邕同母弟）为主帅，督领大将军权景宣、元定等人率军火速南下，支援华皎。

后梁方面，此时萧詧已死，继任的是其子萧岿，他也派大将王操率军两万与华皎所部会合。

宇文直命元定率步骑走陆路包围郢州，自己则与权景宣、王操等人率水军和华皎组成联军，从巴陵（今湖南岳阳）顺流而下，军势极盛。

联军在沌口（今湖北汉阳东南）与吴明彻等人率领的陈军相遇，一场大战就此爆发。

吴明彻先派出大批敢死队驾驶小船骚扰联军，联军主帅宇文直连忙下令部下用拍竿（古代水战利器，大约相当于投石机）回击，这些小船纷纷被击沉，船上的人纷纷跳水逃命，初战告捷，宇文直心中大喜。

然而联军的石头也已消耗殆尽。

此时，吴明彻突然指挥陈军的主力大舰用拍竿发起大规模攻击，而联军的船只由于没有了石头，拍竿成了摆设，毫无还手之力，大多被陈军的拍竿击破船舱，纷纷沉没。

宇文直不甘心失败，又用小船装载干柴，点燃后趁着风势冲向陈军，没想到风向突变，这些火船又被风吹了回来，反而焚毁了大量联军战船。

联军乱成一团。

吴明彻率军趁势掩杀。

最终这一战联军大败，几乎全军覆没，只有宇文直、华皎等少数人乘小船狼狈逃回了江陵。

如此一来，正在陆上围攻郢州的元定所部一下子成了孤军，他不敢恋战，慌忙向西撤退，然而此时巴陵、长沙等地都已被乘虚而入的陈将徐度等人占领，元定前有阻截，后有追兵，像一只进入老鼠笼的老鼠一样逃无可逃，只好束手就擒。

陈军乘胜西进，郢州刺史程灵洗率军攻克北周的沔州（今湖北汉川），湘州刺史吴明彻率军夺取了后梁的河东郡（今湖北松滋一带），随后进逼后梁国都江陵，并引水灌城，日夜攻打。

后梁国主萧岿临阵脱逃，逃到了纪南（今湖北江陵北）。

江陵危在旦夕。

幸亏北周大将军田弘率领北周军日夜苦战，才最终击退了陈军，后梁这个傀儡政权才得以继续苟延残喘下去。

在平定华皎叛乱、击败周梁联军后，陈顼在陈朝国内的地位已经无人可以撼动。

公元569年正月，陈顼把废帝陈伯宗改封为临海王，自己称帝，是为陈宣帝。

陈伯宗的命运和几乎所有被称为废帝的人一样——一年后他就死了，死时年仅十七岁。

至于其死因，所有人都知道，但所有的史书都没说，就和《皇帝的新装》这个故事一样——我不是小孩，所以我当然也不会说。

后人有诗叹陈伯宗曰：懦弱愚蒙空握权，被人玩弄掌心间。终究一日人翻手，稀里糊涂下九泉。

经历了两三年的动荡后，陈朝终于恢复了太平。

第十三章　奶娘掌后宫，瞎子当宰相

高湛之死

南方无事，让我们把视线转回到北齐。

却说高湛虽然传位给了太子高纬，实际上退而不休，仍然是事实上的皇帝。

他沉迷于酒色，把政事都委托给了自己的好友——不学无术的和士开。

河间王高孝琬对此十分不满。

他是高澄的第三子，却是唯一的嫡子，因此向来心高气傲，十分自负。

他虽然身居尚书令的高位，却因受到和士开的排挤而没有任何实权，一直以天下为己任的他感到报国无门，怀才不遇，有志不能伸，心情非常郁闷，便在家里仿照和士开的样子，扎了个草人，每天对着草人射箭，以发泄心中的不满。

这事不知怎么让和士开知道了，和士开恨得咬牙切齿——北齐潮流，浩浩荡荡。顺我者昌，逆我者亡。你敢射仿我的草人，我就要杀你的本人！

他拉上祖珽一起去高湛那里诋毁高孝琬，说他心怀怨恨，每天在家里向草人射箭，那个草人就是太上皇您；还说现在民间流传有一首民谣"河南种谷河北生，白杨树上金鸡鸣"，河南河北意为河间，金鸡鸣意为做皇帝（按古礼，皇帝大赦天下要树立金鸡形的仪仗），您可不能不防这个河间王啊！

高孝琬是高澄的嫡长子，高澄是高欢的嫡长子。要说做皇帝，高孝琬不是有资格，而是最有资格！

和士开暗枪，例无虚发。这两条罪状，无论哪一条都能置高孝琬于死地！

这还不算，正如赵高可以逆天地指鹿为马一样，和士开也逆天地把高孝琬在晋阳一战中的勇敢表现变成了他的罪状。

当时高孝琬曾拦住高湛进谏，阻止他逃跑。后来打仗时，他又亲自率军冲锋，为了显示自己的勇敢无畏，他还把头盔摔在地上，说，我又不是老太婆，用得着这个东西吗？

和士开说，高孝琬口中说的老太婆就是在影射高湛——因为当时高湛正戴着头盔呢。

听了和士开的话，高湛非常恼火，对高孝琬起了杀心。

正好高孝琬得到了一个宝贝——佛牙，晚上还会发光，高湛听说了，就向他要，高孝琬坚决不承认自己有这个东西，高湛便派人搜查，结果在他家中搜到了军旗（䋠幡），军旗又不是军棋，在家里放这个，那不是要造反吗？

高湛下令把高孝琬收监。

墙倒众人推，高孝琬有个不受宠的小妾向高湛告发：高孝琬经常对着太上皇的画像哭。

高湛大怒，对着我的像哭那是咒我死啊！

他让人用鞭子猛抽高孝琬。

高孝琬知道其实画像上的人物是父亲高澄，但他根本无法证明。

因为高澄和高湛是兄弟，长得自然很相像——更何况，中国古代的人物画技术相当差劲，不信你看，现在流传下来的每个皇帝的画像都差不多，除了名字不一样，长得都一样，无论汉武帝、魏武帝还是晋武帝，一律高额头，高鼻子，大耳朵，大胡子，好像都是同一家整容医院的同一个整容医生整出来的一样。

所以高孝琬根本不可能自证清白，只好大叫：叔叔饶命！

高湛骂道：谁是你的叔叔！

高孝琬大声回答，臣神武皇帝嫡孙，文襄皇帝嫡子，魏孝静皇帝外甥，何为不得呼叔！

人在屋檐下，不得不低头，高孝琬不但不弯腰低头，竟然还傲气十足地挺着脖子昂起头，自然只有头破血流一个结果。

高湛更加恼火，让人往死里打他，最终高孝琬两腿被打断，当场死亡。

高孝琬死后不久，祖珽也倒了霉。

这段时间，随着职位的不断上升，祖珽的自信心急剧膨胀，他想要排挤掉侍中和士开、尚书令赵彦深等人，自己当宰相，而且是唯一的宰相。

他写了和士开等人的罪状，让好友黄门侍郎刘逖去皇帝那里告发。

刘逖哪里敢啊，拖着没办，事情拖而未决，往往容易被别人察觉。

时间一长，这事就被和士开知道了。

和士开赶紧到高湛那里告状。

高湛把祖珽叫来责问：为什么要诋毁我的士开？

祖珽这回豁出去了，他大声说，和士开等人玩弄权势、卖官鬻爵，如果陛下再不处理，大齐的天下就不长久了！

高湛火了：你这是诽谤我！

祖珽也不让步，两个人你来我往争辩了起来。

祖珽口才极佳，一大串的排比句如黄河泛滥一发不可收拾，高湛哪里辩得过他？

但有句话是这么说的，小孩子千万不能和父母争辩，因为争输了会被骂，争赢了就会挨打——所谓父为子纲，君为臣纲，大臣就相当于皇帝的儿子，因此这句话也适合于君臣之间。

我小时候没有听过这句话，所以老是挨打，挨打次数比洗澡的次数还要多。

祖珽估计也没有听说过这句话，所以也挨了打——高湛气急败坏，拔出佩刀用刀环猛击祖珽，又让左右狠狠打他。

看到小命即将不保，祖珽也急了，他赶紧说，不杀臣，陛下得名；杀臣，臣得名。别杀臣，臣为陛下炼金丹。

大概祖珽炼金丹水平挺高，高湛被这句话打动了，再想想他毕竟对自己有功，便打算放了他。

眼看祖珽就要逃过一劫。

没想到祖珽临走时，又多说了一句话：陛下有一范增却不能用。

这句话又再次惹恼了高湛：你自比范增，难道我是项羽吗？

祖珽嘴上依然不依不饶：项羽一介平民五年就成了霸业。陛下您不过凭借父兄的功劳，坐享其成而已，怎么能小看项羽？至于我，不要说范增，连张良也比不了我。张良作为太子师傅靠着商山四皓才保下了太子，我仅凭一片忠心就让太子平稳登上了帝位。区区张良，何足挂齿！

高湛更怒了，他让人用泥土塞住祖珽的嘴巴，倔强的祖珽一边吐土一边骂，越骂越来劲。

高湛让人把他狠狠打了两百鞭子，流放到光州（今山东莱州），囚禁在地牢里。

地牢里暗无天日，为了读书，祖珽点燃芫菁子（一种中药材）当蜡烛照明，结果眼睛被熏瞎了，从此双目失明。

不过祖珽虽然什么也看不见，却依然看得很远；虽然永远失去了视力，却依然没有失去信心。

他发誓一定要东山再起，他也相信自己一定会东山再起。

因为他觉得小皇帝高纬一定不会忘记自己的拥戴之功，只要他能亲政，自己就一定会被重新起用。

问题是，才三十多岁的高湛怎么可能会放弃权力？

除非他死了。

可能吗？

可能。

这一天很快就来了。

其实由于纵欲过度，高湛的身体状况一直都不好，经常出现各种幻觉，幸亏精通医术的尚书左仆射徐之才给他开方服药，才一次次地转危为安。

但后来和士开看到徐之才越来越得宠，竟然醋意大发，鼓动高湛把徐之才外放为兖州刺史，调离了京城。

公元 568 年十月，高湛又发病了，他急忙派人火速召徐之才前来诊治，但已经来不及了。远水解不了近渴，等徐之才从几百里外的兖州匆匆赶回京城的时候，黄花菜都凉了，不，是高湛的尸体都凉了——死了整整一天了。

临死前，高湛紧紧握着好友和士开的手，把后事都托付给了他：勿负我也！

和士开含着泪回答，请您放心（我一定会好好照顾你老婆的）——当然括号内的话，他是在心里说的。

高湛的时代就这样结束了。

他掌权的八年，是北齐由盛转衰的八年，东西魏分裂三十年以来，之前北齐（东魏）一直保持着对北周（西魏）的优势。但在高湛在位的时候，情势发生了根本性的转变，宇文护两次伐齐，虽然都以失败告终，但此后北周已经完全占据了主动，北齐只有被动挨打的份儿。

有一阵电视剧《陆贞传奇》热播，"男猪脚"高湛也成了家喻户晓的人物，得知我在写这段历史后，身边总有人会问我，高湛到底是个怎样的人？

我总要反问，你说的是历史上的高湛，还是《陆贞传奇》里的高湛？

因为，在《陆贞传奇》里，高湛毫无疑问是一个有德有才有情有义的四有好人；而历史上的高湛，却毫无疑问是一个无德无才无情无义的无耻之徒。

在几个先后登上帝位的兄弟中，高湛估计是最差的。

和高澄相比，他有高澄一样的淫乱，却没有高澄一半的英明；和高洋比，他有高洋一样的残暴，却没有高洋一半的胆略；和高演比，他有高演一样的帅气，却没有高演一半的仁厚。

唐初名臣魏徵对高湛的评价是：武成即位，雅道陵迟，昭、襄之风，濣焉已坠。

高湛死后，谥武成帝，庙号世祖。

女侍中陆令萱

十三岁的皇帝高纬正式亲政，是为北齐后主。

高纬这人性格懦弱，但在杀人方面一点也不弱。

定州刺史高济是高欢的第十二子，娄昭君所生，高湛的同母弟。听说高湛死了，他对左右说，按照顺序，也该轮到我了吧——他五个嫡兄，除了老八高淯早死外，其余四人高澄、高洋、高演、高湛都相继执掌了最高权力。

这话不知怎么传到了高纬耳朵里，他没有片刻犹豫，马上派人到定州把高济杀了。

但高纬毕竟年幼，对治国毫无经验，他亲政后，便按照父亲的遗命，把朝政全部委托给了和士开。

和士开的权力更大了，由于少了高湛这个二百五十瓦的电灯泡，他和胡太后偷起欢来越来越没有顾忌，关系也从地下转为了半公开。

疾恶如仇的赵郡王高睿看不过去了，他联络了冯翊王高润（高欢第十四子）、领军娄定远（娄昭君的侄子）、尚书仆射元文遥等王公大臣，在朝会上公然向胡太后发难，要求把和士开调出朝廷。

每一个女人都不愿意和自己的男人两地分居，胡太后当然也是这样。

她坚决不同意高睿的请求，而高睿等人也坚决不让步。见群情汹汹，最后胡太后也只好以武成帝高湛丧事尚未办完为借口，要求大家搁置争议，总算把这事暂时给压了下来。

随后，和士开使了一招缓兵之计，让皇帝下诏任命自己为兖州刺史，等丧葬完毕就出发，以放松高睿等人的警惕。

没想到弄巧成拙，丧事办完后，高睿立即催促和士开马上离京，并且让掌管禁军的娄定远阻止和士开入宫。

但和士开毕竟是和士开，怎么可能坐以待毙？

他给娄定远送上大量的金钱、美女，得到了进宫面见太后和皇帝的机会。

进宫以后，和士开放手一搏，他让皇帝下令把娄定远调出任青州刺史，同时颁下诏书斥责高睿，说他有不臣之罪——反对和士开就是反对皇帝他妈的男人，反对皇帝他妈的男人就是反对皇帝他妈，反对皇帝他妈就是反对皇帝，反对皇帝，那不是造反是什么？

形势急转直下。

但倔强的高睿还不愿放弃，第二天他抱着必死的决心，又再次入宫进谏，

211

胡太后当然还是不同意。

高睿只得怏怏返回，刚出宫门就被捕，随后享受到了皇族的特供——被"大齐皇室成员、王侯将相专用侩子手"刘桃枝杀于华林园。

挫败了高睿等人的图谋后，和士开更加不可一世。

与此同时，北齐政坛一股新的力量也开始崛起。

这些人都是后主高纬身边的亲信，包括他的奶妈陆令萱、陆令萱之子穆提婆、侍卫韩长鸾、高阿那肱等人。

陆令萱的丈夫因谋反被杀，她被籍没入宫，却因缘际会成了高纬的奶娘。此人特别善于阿谀奉承，因而深得胡太后和高纬的欢心，高纬亲政后封她为女侍中。

必须说明的是，虽然按当时官制，侍中相当于宰相，但女侍中并非女宰相，只是对高位贵族女性的一种封号，相当于外庭二品官。

为了巩固自己的地位，陆令萱可谓煞费苦心。

话说斛律皇后有个婢女叫穆黄花，不知怎么被高纬看中了，成了高纬的小三，小三总是希望被扶正，穆黄花也不例外。

然而当时门第森严，皇帝的妃子必须出身高门，像当今的胡太后就出身于大族安定胡氏，是北魏宣武灵皇后（孝明帝时的胡太后）的从孙女。

可穆黄花出身却极为低贱，其母是婢女，她是婢二代，至于其父是谁？那是"告示贴在楼顶上"——只有天知道，连她母亲也不知道。

她和高纬，一个是婢女的私生女，一个是皇室的嫡长子；一个是出身于粪缸的蛆，一个是出身于皇宫的龙。门第差距这么大，她怎么可能被扶正？

其他婢女还耻笑她：有多大屁股用多大尿布，有多大胸脯用多大胸罩，不要自不量力！

穆黄花很苦恼。

精明的陆令萱从这里看到了商机。

她认穆黄花为养女，这样穆黄花就有了贵族身份——女侍中之女，后面的一切当然都好办了。

穆黄花被高纬册封为弘德夫人，成了正式的妃嫔。

偷情人终成眷属，高纬和穆黄花对陆令萱自然感激涕零。

为了进一步拉近与穆黄花的关系，陆令萱还做出了一个创造性的举动。

一般人都是让养女改成自己儿子的姓氏，她却让自己儿子改成了养女的姓氏，从此她的儿子骆提婆就变成了穆提婆。

对有奶便是娘的奶娘陆令萱来说，所谓"行不更名坐不改姓"就是个屁。为了自己的地位，即使让儿子改性她也在所不惜，何况只是改姓！

陆令萱之子穆提婆和高纬从小就同饮一人奶，关系自然亲如兄弟，高纬亲政后，穆提婆被封为武卫大将军。

得到高纬宠爱的还有韩长鸾和高阿那肱。

韩长鸾出身鲜卑勋贵，祖父韩贤是高欢的心腹爱将，战死于洛阳，他本人很早就在宫中担任侍卫，是高纬的好友，后被提拔为侍中、领军将军。

高阿那肱也曾在东宫服侍高纬多年，后任武卫将军。

陆令萱、韩长鸾、高阿那肱、穆提婆……

一个对后来的北齐有深远影响的恩幸集团就此登上了历史舞台。

然而恩幸集团毕竟根基浅，因此他们只能选择与和士开合作，且唯和士开马首是瞻。

不久，祖珽也回来了。

高纬一直记着祖珽的恩德，他即位后很快就赦免了祖珽，任命他为海州（今江苏连云港）刺史。

祖珽对此当然不满足，他就如光棍渴望老婆一样无比渴望重回中央，因此他又写信给陆令萱的弟弟，主动向陆令萱示好。

陆令萱心动了，她对祖珽的足智多谋早有耳闻，很想把祖珽拉过来，作为自己的帮手。

但这先要过和士开这一关。

和士开和祖珽以前虽然有过矛盾，但时过境迁，他早已经释然：如今祖珽是个瞎子，连一只蚊子都奈何不了，怎么可能奈何得了自己？

所以他也愿意摒弃前嫌。

于是祖珽如愿以偿，再次回到了京城，官复原职，担任秘书监。

正如数控系统的引入可以大大提高机床的加工能力一样，祖珽的加入也大大增强了和士开等人的政治斗争能力。尚书令赵彦深、尚书仆射胡长仁（胡太后之兄）、侍中胡长粲（胡太后族兄）等与和士开持不同政见的人都先后被排挤出了中央，出任地方刺史。

从此，和士开更是权倾天下，甚至还享受到了封王的特殊待遇——被封为淮阳王。

随着和士开的权力不断突破人臣的极限，拍他马屁的无耻官吏也在不断突破人类的底线。

在讲下面这个故事之前，我必须先做如下声明：

以下内容可能令人恶心，慎入！观看与否请自行斟酌，看后如有任何不适与本人无关。

有一次和士开病了，医生给他开出的方子是黄龙汤（陈年粪便的大粪汤），和士开面有难色。

此时旁边正好有个官员，他的心情却很激动。

在他的眼里，那根本不是大粪汤，而是打分汤，这是充分表现自己，让领导给自己打高分的好机会。

他毫不犹豫地对和士开说，请让我为大王先尝尝看。

随后他一口气喝了一碗，喝完了还意犹未尽地咂吧咂吧嘴，说道，这东西一点也不难吃，就是味道有点独特（除了这个好像也没别的形容词了）。大王，您吃吃看？

唉，人倒霉至极的时候，请客别人都避之不及；富贵至极的时候，连吃屎都有人陪——当时的世道就是这么混蛋。

有了这个孝子贤孙做榜样，和士开也鼓起勇气喝下了一碗黄龙汤，病很快就好了。

这个吃屎的官员后来得到了火箭般的提拔，他逢人就自豪地说，吃得臭中臭，方为人上人啊。

宜阳汾北之战

就在朝中一片乌烟瘴气的时候，齐、周两国的边境线上也再度燃起了烽烟。

战事爆发的地点是在洛阳以西的小城宜阳（今河南宜阳）。

自从东西魏分裂以来，洛阳就成了双方争夺的焦点，几次大战都在这里展开。双方对洛阳都十分重视，北齐在洛阳设置洛州，重兵布防；北周则在洛阳附近的重镇函谷关（今河南灵宝）设立了中州，贺若敦（隋朝名将贺若弼之父）、韩雄（隋朝名将韩擒虎之父）等名将都曾先后出任中州刺史。

虽然气氛一直都很紧张，但自从公元564年第二次邙山之战后，整整五年，双方一直相安无事。

公元569年八月，北周孔城（今河南伊川西南）发生内乱，叛军杀了守将，投降北齐。

平衡就此被打破。

宇文护一声令下，齐国公宇文宪、柱国李穆立即率军杀向河南。

宇文宪没有去打自己失去的孔城，而是把进攻矛头指向了北齐控制的宜阳。

他在宜阳的外围修筑了五座城堡，断绝了宜阳的粮道，随后把宜阳团团围住。

宜阳虽然不大，战略地位却十分重要。北齐方面不敢怠慢，赶紧派斛律光率步骑三万前往救援。

斛律光一出，谁也挡不住！

他先是击败了前来阻截的周将宇文粲、梁士彦等人，随后在宜阳城外又屡破周军，之后又修筑了两座城堡，打通了宜阳和洛阳之间的粮道。

在和周军相持了三个月后，斛律光出人意料地率军北撤，宇文宪率军五万紧紧追击，没想到斛律光却杀了个回马枪，大败周军，俘虏周将宇文英。

宇文宪不肯服输，又与斛律光再次交手，结果再次大败，周将梁景兴被杀。

宇文宪不敢再纠缠下去，便回军继续围攻宜阳，斛律光也随之率军南下，与宇文宪继续对峙。

宇文宪知道对方来者不善，不再轻易出战；斛律光找不到对方的破绽，也只能望敌兴叹。

转眼半年多过去了，双方一直就这样僵持着：宇文宪始终没有能攻下宜阳，斛律光也始终没有能解宜阳之围。

宜阳战事的久拖未决引起了北周勋州（治玉壁，位于今山西稷山）刺史韦孝宽的思考：双方这样重兵争夺宜阳到底有多大的意义？万一斛律光采用避实击虚之策，放弃宜阳，转而北上攻打汾河以北地区，自己如何抵挡得了？

这样一想，他出了一身冷汗，赶紧画了地形图，派使者去长安，向宇文护请求在华谷（今山西稷山西北）、长秋（今山西新绛西北）二地筑城，以防备斛律光袭击汾北。

这就叫居安思危。

这就叫未雨绸缪。

可惜不是每个人都有韦孝宽这样的战略眼光，有些人总是只顾眼前，不看未来，不见棺材不掉泪，不撞南墙不后退，不查到自己不交税。

比如宇文护。

他对此不屑一顾，断然拒绝了韦孝宽的请求：汾北筑城，派谁去守呢？

韦孝宽的担心很快就变成了现实。

公元569年十二月，斛律光果然率军五万北上，在汾河以北修筑了华谷（今山西稷山化峪镇一带）、龙门（今山西河津西北）二城，随后又进逼定阳（今山西吉县）。

之后他又一口气修筑了平陇等十三座城堡，一下子为北齐拓地五百里。

斛律光在汾北大展拳脚，韦孝宽为什么不管？

不是他不想管，而是他有心无力，他手下只有几千人，守玉壁虽然够了，但要与动辄步骑三五万的斛律光野战，就有些力不从心了。

他和斛律光有过一段有趣的对话。

在玉壁城下，斛律光笑着对韦孝宽说，宜阳一城，久劳征战。今已舍彼，欲丁汾北取偿，幸勿怪也。

就像明明看出对手是妖怪，却因唐僧阻拦而被妖怪得手的孙悟空一样，韦孝宽心里十分郁闷，也十分无奈，当然他嘴上是不会服软的，也笑着回答，宜阳，是你的要冲；汾北，乃我之所弃。我弃你取，算什么补偿！

这当然不是韦孝宽的心里话，他时刻想着要收复失地。

一个多月后，经过精心准备，他联合了柱国辛威，率军一万余人进逼平陇，斛律光从容接战。

两大绝世名将的对决就此展开。

两人的风格完全不同，一个狡如狐，一个猛如虎；一个是和风细雨暗藏杀机，一个是暴风骤雨摧枯拉朽；一个是以柔克刚擅长四两拨千斤，一个是硬桥硬马横扫千军如卷席……

狐虎之战最终以虎的完胜而告终。

这一战，周军大败，韦孝宽率军退回玉壁，向宇文护求援。

这是两大名将唯一的一次正面交锋。

但将军决战岂止在战场？

他们的较量还将继续下去。

汾北告急，宇文护连忙命宇文宪火速北上救援汾北，自己也率大军东出，驻屯在同州（今陕西大荔），以为声援。

宇文宪没有走常规路线一路北上，而是绕道西北方，出人意料地从龙门渡口（今陕西韩城北）东渡黄河，一下子绕过了斛律光重兵把守的华谷，绕到了北齐军主力的侧后方，随后乘虚而入，如入无人之境，一口气夺取了汾北的五座城堡。

此时正在华谷的斛律光就像押错了考题的学生一样措手不及，只能眼睁睁看着宇文宪把自己新筑的城堡夷为平地。

面对宇文宪咄咄逼人的攻势，北齐方面毫不示弱，马上派出段韶、高长恭两大名将率军前来增援，很快就到了柏谷（今山西新绛西南）。

柏谷城全是用石头所筑，坚固异常又高达千仞，诸将都认为难以攻取。

然而段韶却微微一笑：头上长角的动物一般都是吃草的，看起来难办的事其实往往并不难办。此城地势虽高，面积却不大。只需用火弩射之，一天即可将其烧毁。

随后他下令攻击，果然如他所料，没费什么劲就攻下了柏谷，随后北齐军乘胜向定阳进军。

此时宇文宪早已在定阳的外围筑好了城堡，又挖了一道很长的战壕，做好了迎战的准备。

宇文宪亲自督战，北周军依靠这条壕沟顽强防守，段韶、高长恭率领的北齐大军虽然全力猛攻却依然无法突破，最后只得退军。

汾北战事暂时告一段落，河南一带却突然再起波澜。

趁着北齐军主力都被吸引在汾北、河南空虚之际，另一路北周军在陈国公宇文纯（宇文泰第九子）的率领下，在河南发动了凌厉的攻势，战果极为辉煌——一下子攻克了宜阳等九座城池。

北齐三杰对此岂能置之不理？

很快他们就做出了反应——斛律光率军五万前往宜阳，段韶和高长恭则再次兵出汾北。他们的意图非常明显：不仅要拿下宜阳，取回自己的本金，还要在汾北拿到日息五分的高利贷利息。让你偷鸡不成蚀把米，不，是偷鸡不成蚀头牛！

对北齐军的这一手，宇文护也不是没有防备。他早就让参军郭荣在姚襄城南、定阳城西筑起了一座新城，又挖出壕沟，重兵把守，阻截了段韶的前进道路。

没想到段韶却绕过了郭荣新城，兵锋直指河东重镇姚襄城。

姚襄城是十六国时期羌人首领姚襄所筑，位于今山西吉县西南黄河壶口瀑布附近，西临黄河，地势险峻，易守难攻。

但所有的难都是相对的。

再好看的衣服穿在奇丑无比的人身上都不好看，再难攻的城池落到老谋深算的段韶手里都不难攻。

他派人偷偷潜入城内与守军联络，里应外合，没费吹灰之力就攻下了姚襄城。

随后段韶向西迂回，包围了定阳。

北周定阳守将是汾州刺史杨敷，他一面率军固守，一面向宇文宪求救。

宇文宪急忙前往援救，却遭到了北齐军的顽强阻击，无法前进。

定阳就这样成了一座孤城。

杨敷亲当矢石，拼命死守，然而毕竟众寡悬殊，一个月后，他还是陷入了绝境——外城被攻破，粮食也濒临断绝。

就在北齐军胜利在望的时候，总指挥段韶却病倒了。

在病床上，他强撑病体，对高长恭面授机宜：定阳守军内无粮草外无救兵，只有突围一条路可走。此城三面都被深涧环绕，要突围只有东面一条路可走。所以你只要在那里设下埋伏，必能活捉杨敷。

高长恭依计而行。

段韶的预测就像我对老婆许下的诺言一样——从不落空，当天夜里杨敷果然很配合地从东面这条路突围而出，钻进了北齐军设下的埋伏圈，杨敷全军覆没，自己也成了俘虏。

被押送到邺城的杨敷坚贞不屈，拒绝了北齐人的劝降，忧愤而死。

顺便说一句，杨敷出身于弘农杨氏，是杨愔的族侄，他的儿子就是后来大名鼎鼎的隋朝名将杨素。

在段韶高歌猛进的同时，南路的斛律光打得也很顺利，他与北周军在宜阳城外多次交战，连战连捷，连续攻取了北周军四个城堡，凯旋而归。

旷日持久的宜阳、汾北之战就此结束。

打网球时很管用的一条战术就是要利用球场的长度和宽度，一会儿打对方网前，一会儿拉对方底线，一会儿攻对方左边，一会儿吊对方右路，通过大范围的调度转移，让对方手忙脚乱，顾此失彼。

这一战周齐双方的战术也是这样，在近两年的时间里，在七百里的战线上，一会儿北齐趁北周军主力都在宜阳时攻汾北，一会儿北周趁北齐军齐聚汾北时打宜阳，双方大范围的来回扯动，令人眼花缭乱，目不暇接。

最终双方互有得失，北周军虽然取得了宜阳这一河南重镇，却丢失了汾北的大片土地，两相比较，略居下风。

　　而北齐军的损失更多是在战场外：北齐三杰中资历最老、处事最稳重的段韶在汾北前线得了重病，回到晋阳后不久就去世了。

　　段韶忠亮仁厚，智勇兼备，在长达四十年的戎马生涯里，历事高家三代七主，对国家一片忠心，对自己毫无野心，战场上让人放心，做事情本分小心，是北齐军界当之无愧的核心。

　　段韶的死，让风雨飘摇的北齐帝国失去了一个强有力的支撑，抵御外敌的所有压力压在了斛律光和高长恭两人的身上。

　　但斛律光和皇帝高纬之间产生了裂痕。

　　事情的经过是这样的：

　　斛律光率军从河南前线班师回朝，在距离首都邺城还有很远的时候，后主高纬就下达了圣旨，要求部队立即解散。

　　这让一向爱兵如子的斛律光非常寒心，皇帝连一点慰劳都没有，出生入死的将士们怎么能接受？

　　于是，他没有听从命令，而是一面写了奏折向高纬请赏，一面让大军继续向邺城开进，直到邺城的郊外才停了下来。

　　得知斛律光率军逼近邺城，高纬大吃一惊，难道你想实行兵谏？

　　他慌忙按照斛律光的上表要求，派使臣到军中宣旨嘉奖。

　　斛律光这才让大军解散，回到各自的驻地。

　　他为自己的子弟兵挣到了该得的赏赐，却从此在高纬心里埋下了猜忌的种子。

和士开的末路

　　高纬开始对自己的岳父感到烦心，但不久就发生了一件更让他烦心的事。

　　这事与他的弟弟琅玡王高俨有关。

　　高俨是高湛的第三子，高纬的同母弟，比高纬小两岁，自幼聪明过人，处事果断，深得高湛和胡后的喜欢，甚至他们还有过废掉高纬立他为太子的念头，只是后来因种种原因没有实行。

　　爱子做不了皇帝，高湛就想尽办法补偿他，很早就封了他侍中、中书监、京畿大都督、领军大将军、御史中丞、司徒、尚书令、大将军、录尚书事、大司马等一大堆头衔——如果把这些头衔都印在常规大小的名片上的话，没有80万倍以上的电子显微镜就根本不可能看清楚！

　　高湛对高俨极为宠爱，吃穿用的全都和太子高纬一样，所有开支全由国库提供。有一次高俨在太子宫里看到了冰镇的李子，回来就大发雷霆：为什么我哥哥那里有，我这里没有！

自负的高俨对哥哥高纬嗤之以鼻：哥哥懦弱，怎么能镇得住左右？

高湛死后，和士开、穆提婆等人把持朝政，高俨对此极为不满，上朝时碰到和士开都对他怒目而视，如果那眼光是箭的话，和士开的身体恐怕早就成了仙人球！

和士开对他极为忌恨。

在和士开的运作下，高纬颁下命令，让高俨出居北宫，五天才能进宫一次，剥夺了他住在宫中随时可以面见太后的权力；接着又给他加封了一个太保的虚职，却免除了他除京畿大都督和御史中丞以外的一切兼职。

这还不算，和士开还打算把高俨调出京城，夺去他的兵权，彻底让他赋闲。

年少气盛的高俨怎么可能咽得下这口气？

在治书侍御史王子宜、中常侍刘辟强等几位亲信的劝说下，高俨决心杀掉和士开。

但和士开权倾天下，党羽众多，要杀掉他几乎是个不可能完成的任务。

一筹莫展之际，高俨想到了一个人——侍中冯子琮。

冯子琮是胡太后的妹夫，也是高俨的姨父，向来以足智多谋而著称。

作为外戚集团的一员，冯子琮对和士开的专权早就十分不满，因此与高俨一拍即合。

在冯子琮的策划下，一个完备的方案很快就定下来了。

公元571年七月，高俨动手了，他让手下的御史王子宜上表弹劾和士开，请求将其收监，随后冯子琮把它混在一大堆文件里让高纬批阅。

高纬会怎么批复呢？

先看个真实的故事。

我家楼下有个笨小孩，每次考试从来不看考题内容，总是以不变应万变，选择题一律写C，判断题一律写错，填空题计算题一律不做，所以他的成绩是这样的——100分的试卷从来没有高于15分。

如果治国水平也以满分100为标准的话，高纬的分数肯定也在15分以下，因为他批阅奏章的方式和我楼下那个笨小孩一模一样，也是从来不看内容的。

所以他面对姨父送来的一大堆奏章，看也没看就全部龙飞凤舞地签上了"准奏"这两个字。

拿到了皇帝亲笔签字的文件，高俨立即行动，命领军将军库狄伏连捉拿和士开。

虽然这文件手续齐全，但库狄伏连对此还是将信将疑，感个冒还得先打喷嚏呢，腹个泻还得先肚子咕咕叫呢，抓和士开这么大的事，之前怎么会一点预兆都没有？

这完全不符合逻辑啊！

兹事体大，库狄伏连留了个心眼，他决定再请示一遍皇帝。

但他级别不够，没有资格直接接触皇帝，只能请侍中代为转达，于是他找到了冯子琮——这一切都在冯子琮的预料之中。

冯子琮装模作样地看了一遍文件，对他说，皇上御笔钦批，又是琅玡王领的命令，哪里还需要复奏？

这句话彻底打消了库狄伏连的怀疑，于是他按照高俨的指示，当天夜里就在宫门外埋伏了五十名武士。

第二天一早，和士开照例要上朝，刚到宫门就被库狄伏连抓获，送到了御史台。

御史台是高俨这个御史中丞的地盘，高俨一声令下，和士开人头落地。

当时一般人被斩首时都会大叫"再过二十年，老子又是一条好汉"，但和士开的遗言与此有所不同，据说他临死前，对着高俨大声喊叫的竟然是"再过二十年，老子还要 × 你妈"！

盲人宰相

杀掉了自己的仇人和士开，高俨对此心满意足，但老谋深算的冯子琮知道，这事非同小可，矫诏杀了皇帝的宠臣、太后的情人，如果就此收手，所有参与者都会死无葬身之地！

于是，他鼓动高俨一不做，二不休，干脆杀进皇宫，废掉无能的高纬，自己做皇帝！

一席话说得高俨热血沸腾，马上就率他统领的京畿兵三千人杀向皇宫。

冯子琮则若无其事地回到了高纬的身边。

糊涂的高纬对这一切浑然不知，直到听见宫门外大声喧哗，才知道出了大事。

他派刘桃枝前去召高俨入宫，然而高俨不但不听，反而扣留了刘桃枝。

无奈，高纬又让冯子琮去做高俨的工作。

高俨依然不答应。

他对着宫里大声说道，和士开罪该万死，因此臣矫诏诛之。皇兄要杀臣，臣不敢逃罪。若放臣，只需遣姊姊来迎臣，臣即入见。

按照高家人的称呼，姊姊指的是乳母陆令萱。

高俨早就盘算好了，只要陆令萱一出宫，马上就杀了她。

陆令萱最擅长的就是揣摩人的心思，当然知道高俨的用意，她吓得慌忙躲到高纬背后，浑身战栗，隔着五百米远都能听见她牙齿打架的声音。

看到乳母这副可怜样，高纬实在是不忍心让她出去，便派韩长鸾再去召高俨。

也不知韩长鸾说了什么，高俨竟然被说动了，但最后还是被其心腹刘辟强拉住了：不杀穆提婆母子，殿下千万不能进宫。

就这样，双方在皇宫的内外僵持着——也不知高俨怎么想的，现在又停在宫外不动了，年少的他不知道，政变这事就好比过山车，没到终点绝不能停，一旦停下必出大事故！

这时，正好有两个人从此路过——广宁王高孝珩（高澄次子）和安德王高延宗（高澄第五子）。

高延宗这人很值得一讲。

他是个大胖子，北齐书称他"坐则仰，偃则伏"——坐着像躺着，躺着像趴着，怎么看都是圆滚滚的一坨肉，或者可以这么说，无论他是坐还是躺，也无论是俯视图、正视图、侧视图还是剖面图，你看到的都是一个标准的圆形。

这个胖孩子小时候特别受高洋的宠爱，他居然敢骑在从来都是骑在别人身上拉屎拉尿的高洋身上往其肚脐眼上拉尿，而高洋不但不生气，反而还很享受地说，可怜只有此一个。

后来高延宗被外放为定州刺史，在那里这个被宠坏的问题少年干出了很多挑战人类道德底线的坏事，比如：自己在楼上大便让人在楼下用嘴接着；把猪食和人粪混在一起给左右吃……

高演听说后，派人把他狠狠地揍了一百三十杖。但他这人信奉的是"生命不息，胡闹不止"，因此还是毫不悔改，高湛上台后，又把他打了一顿，还杀了他九个亲随，他这才稍微收敛了一些。

兰陵王邙山大捷，高家上下所有人都佩服得五体投地，只有高延宗不服气地说，四哥非大丈夫！如果换成是我，肯定要乘胜追击直捣长安！——当然，没人相信他的话，除非他能穿越到十三年后。

高孝琬死的时候，高延宗仿照高湛的样子扎了个草人，一边用鞭子抽一边骂，何故杀我兄！

结果这事被高湛知道了，高延宗又一次被打了个半死，伤痕面积覆盖了

80%的丰乳和90%的肥臀。

从这里我们可以看出胖子的优越性——抗击打能力特别强，如果高延宗没有那二十五厘米厚的皮下脂肪做缓冲的话，估计早就死好几次了。

这个打不死的小胖，现在的职位是司徒。

高延宗问高俨：你们为什么不攻进去？

高俨没吭声，旁边的刘辟强回答，人少。

高延宗唯恐天下不乱，怂恿高俨说，当年孝昭帝搞政变的时候，才只有八十人，现在你们有几千人，怎么还好意思说人少？

但高俨还在犹豫。

此时的高纬则是慌得手足无措，六神无主。

不知谁给他出了个主意，让他去找母亲胡太后帮忙，毕竟他和高俨都是胡太后的亲生儿子。

高纬泣不成声地对胡太后说，有缘的话，还有可能再见母亲；无缘的话，今天就永别了。

看见儿子如此可怜，胡太后也动了恻隐之心，她给高纬出了个主意：快去找你的丈人斛律光吧。

高纬如梦初醒。

是啊，在如今的北齐国内，斛律光有非同一般的影响力，有举世无双的号召力，有无人可比的威慑力，只要他肯出力，对付高俨不费吹灰之力。

高纬急忙派人去找斛律光。

正如两个学生有了矛盾总是要请老师主持公道一样，就在高纬的使者刚踏进斛律光家门的时候，高俨派出的使者也到了。

听说自己痛恨已久的和士开被高俨杀掉了，斛律光抚掌大笑：龙子所为，果然不同凡响！

就和"中国好声音"初赛时的选手一样，说完了感想，接下来就该做出选择了。

二选一，帮高纬还是高俨？

在斛律光看来，这根本不用选择。斛律家的人对自己的皇帝一向是绝对忠心绝对服从绝对盲从的，皇帝说向东绝不往西，皇帝说立正绝不稍息，皇帝说憋气绝不呼吸，为皇帝就算粉身碎骨也在所不惜。

所以，在他的眼里，高俨就是做得再对，敢与皇帝作对就是不对；高纬就是做得再不对，他是皇帝就没有任何不对。

因此他听到高纬的召唤，马上就跟着使者进宫去了，一进门就看见高纬正慌慌张张地给卫士们下命令，让他们出宫作战。

斛律光对高纬说，小儿辈弄兵，一交手就乱。有什么好打的？陛下您只要亲自去千秋门，我保证琅玡王必不敢动。

随后他大步走在前面开路，其余众人护卫着胆战心惊的高纬向千秋门行进。

到了千秋门，斛律光大喊一声：天子来了！

看见斛律光铁塔般的身影，听见斛律光雷鸣般的声音，高俨的部下就像赌徒看见警察、麻雀听见枪声一样，纷纷作鸟兽散，很快就消失殆尽。

千秋门外只剩下一个呆若木鸡的高俨。

高纬在桥上招呼高俨进宫，然而高俨依然站在那里一动不动。

斛律光对高俨说，天子的弟弟杀一个人，有什么好担心的！

随后他走过去拉着高俨的手，把他拖到了高纬的面前。

此时的高俨就像一条被冲到岸上的鱼——只知道艰难地张着嘴，却一句话也说不出来，斛律光代他向高纬求情：琅玡王年少，肠肥脑满（脑满肠肥的成语就是这么来的），容易冲动，行为轻率，请陛下恕其罪！

斛律光这么一说，高纬自然要给面子，于是他上前拔出高俨的佩刀，用刀环在其头上乱打了一通，随后就放了他。

但高俨的手下就没这么幸运了，库狄伏连、王子宜、刘辟强等人都被斩首肢解，暴尸街头示众。

和士开死了，最难受的毫无疑问是他多年的情人胡太后，她不停地质问高俨：你为什么要这样做？

高俨只得推卸责任：这都是冯子琮教我的。

对于重色轻亲戚的胡太后来说，情夫的生命重如泰山，妹夫的生命轻如鸿毛。听了高俨的话，她马上派人到冯子琮的办公室，用弓弦绞死了妹夫冯子琮，算是为情夫报了仇。

至此，此次政变的参与者几乎被一网打尽，除了高俨。

高俨也成了惊弓之鸟，他从此一直躲在太后的宫里不敢出门，为了怕有人下毒，每次吃饭，他都要让母亲胡太后先尝。

但他的对手会这样放过他吗？

当然不会。

此次差点被杀的陆令萱早已把高俨当成了眼中钉肉中刺喉咙里卡的鱼骨头，必欲除之而后快，因此多次劝说高纬：琅玡王聪明雄勇，观其相貌，绝非人臣。陛下应该早做打算。

其他的党羽也纷纷劝说高纬杀掉高俨。

但高纬还在犹豫，并不是他不想杀高俨，而是他怕承担杀弟的罪名。

睡不着，吃安定。想不清，找祖珽。

高纬秘密地把瞎子祖珽召进了宫。

祖珽没有正面回答，而是举了两个例子：西周时周公杀了弟弟管叔，春秋时鲁国的季友杀了哥哥庆父——这两人虽然杀了自己的亲兄弟，但是为国除害，依然受到大家的赞颂。

这一席话彻底打消了高纬的顾虑。

在祖珽的策划下，除掉高俨的计划很快就定下来了。

农历九月，秋高气爽，是打猎的好季节。

这天，高纬很诚恳地对母亲胡太后说，我想明天早上和高俨一起出去打猎。

看着儿子殷切的目光，胡太后实在不好意思拒绝，便答应了。

第二天一早，天还没亮，高纬就让人去召高俨，高俨心中不安，不肯去，陆令萱在旁边苦口婆心地劝他：你哥哥叫你，你娘也同意了，你怎么可以不去呢？

无奈，高俨只得跟着出了太后寝宫，然而他刚出门，就被刘桃枝按住双手反绑了起来。

高俨慌忙大叫，我要见娘，我要见哥哥！

刘桃枝怕惊动了太后，便马上从高俨衣袖上扯下一块布塞在他嘴里，接着又掀起他的长袍蒙住了头，把他扛在身上，到了大明宫才将其放下，此时高俨已经鼻血满面，刘桃枝将其杀死，用草席一裹，就地埋掉。

高俨死时年仅十四岁。

之后不久，胡太后也和高纬闹掰了。

和士开死后，信奉万乐淫为首的胡太后寂寞难耐，又与和尚昙献搞上了，别的和尚甚至戏称昙献为太上皇。

高纬对此也略有耳闻，但他并不相信，直到发生了一件事。

这一天，高纬在太后宫里看见了两个极为漂亮的小尼姑，高纬一下子心动了，心动不如马上行动，于是他按捺不住，当场就要临幸。

眼看一幕"一龙二凤，颠鸾倒凤"的香艳场面就要发生……

然而却没有。

不是因为高纬不行，而是他空有精良的武器和娴熟的技艺，却没有用武之地。

因为那两个所谓的小尼姑竟然是男人。

没有得到满足的满腔欲火一下子变成了满腔怒火，高纬下令彻查此事，很快就查明了真相，于是，昙献和那帮假尼姑全部被处死，随后高纬又把胡太后幽禁在北宫，禁止任何亲属前去探望。

不过母子毕竟是母子，过了一段时间，高纬还是把胡太后迎了回来。

但正如一张纸揉皱了无论怎样抹平也不可能恢复原状一样，两人之间的关系经过这番波折无论怎么修复也不可能跟以前一样亲密无间了——即使胡太后为儿子做了好吃的，高纬也不敢尝。

胡太后失宠后，陆令萱更受高纬的信任，祖珽趁机吹捧她说，陆太姬不是一般人，除了女娲，历史上没有哪个女人能比得上她——其实我觉得应该改几个字更合适：要论无耻，陆令萱不是一般人，除了祖珽，历史上没有哪个人能比得上她。

祖珽如此卖力吹捧，陆令萱自然要投桃报李，于是她也吹捧祖珽是国师、国宝，在她的鼎力支持下，祖珽终于实现了自己的夙愿——被加封为侍中，不久又转为尚书左仆射，成为中国历史上唯一一个盲人宰相。

第十四章　西边日出东边雨

宇文护血溅宫廷

就在祖珽拜相的同时，西边的北周政坛也发生了一次大地震。

一转眼，北周皇帝宇文邕已经登基整整十二年了，然而这些年大权一直掌握在大冢宰宇文护的手里，他只能说些不痛不痒的废话，签点不明不白的文件，干点不三不四的事情，面对不闻不问的朝政，做个不折不扣的傀儡。

当然这些年，他也并非一无所获，比如说结了婚，迎娶了皇后阿史那氏。

阿史那氏是突厥木杆皇后之女，这门婚事是当年宇文护伐齐时为了向突厥借兵而许下的。公元565年，宇文护派陈国公宇文纯（宇文泰第九子）、神武公窦毅（宇文泰女婿，唐太宗李世民的外祖父）等人前往突厥迎亲。

不料突厥人是个势利眼，眼看北周两次败给了北齐，又想悔婚，竟然扣留了宇文纯等人。直到三年后因连日大雨，恐遭天谴，才同意把女儿送到北周。

公元568年三月，阿史那氏到达长安，被宇文邕立为皇后。

当然，结婚只是宇文邕皇帝生涯里的一个小插曲，这些年他主要的精力都用来和庾信、王褒等南朝来的文人一起做些和政治无关的闲情雅事，比如琴棋书画、诗词歌赋、花鸟虫鱼，这其中他最喜欢的是下棋——不是围棋，而是他自创的象戏，有人说这是中国象棋的前身。

宇文邕对象戏极为痴迷，还专门写了一本书《象经》，在朝堂上教大臣下棋，当起了专业的象戏老师。

宇文邕的种种表现让宇文护认定，这个人不过是个百无一用的书呆子，胆小怕事的老好人，玩物丧志的公子哥，胸无大志的窝囊废。

如果说宇文邕刚上台的时候，他对这个结论还有所怀疑的话，现在他已经确信无疑。

路遥知马力，日久见人心，十二年了，还不久吗？还不够看透一个人的内心吗？

但宇文邕还是看错了。

虽然表面上看起来，宇文邕无心国事，软弱可欺，但实际上，这一切都只是为了迷惑宇文护。

真正的宇文邕和这些年表现出来的宇文邕完全是个反义词。

宇文邕一直在等待时机。

这一等，就是十二个春夏秋冬。

这一等，他就从风华正茂的十八岁青年到了胡子拉碴儿的三十岁大叔。

这些年，他每天都战战兢兢，唯唯诺诺，说着违心的话，干着违心的事。

没有人知道他的内心世界。

除了他自己。

他的外表是糊涂得没心没肺，内心却是痛苦得撕心裂肺；

他的外表是绵羊，逆来顺受任人宰割，内心却是雄狮，无坚不摧舍我其谁；

他的外表是湖水，平静得没有一丝波澜，内心却是火山，时时都渴望一飞冲天。

这样的日子，如果是一般人，恐怕早就得了精神分裂症。

但宇文邕不是一般人，他的信念是：受不了气，成不了器。随着时间的推移，他的斗志越发坚定，思想越发成熟，他潜心钻研下棋，也许就是为了锻炼自己的谋略。

现在，他觉得除掉宇文护的时机已经成熟。

因为这些年，他看到：

在国际上，宇文护穷兵黩武，三次攻齐，都损兵折将无功而返；联合后梁伐陈，也以失败告终。从一个失败走向另一个失败，这一连串的失败让宇文护的威望不断下降。

在内政上，宇文护的表现也乏善可陈，他的家人和下属大多倚仗他的权势，为所欲为，贪婪残忍，搞得民怨沸腾。

更重要的是，宇文护这些年来专横跋扈，手段狠辣，树敌很多，朝中大臣、军中将领对宇文护心怀不满的不在少数。

经过深思熟虑，宇文邕终于下定了决心——除掉宇文护！

但宇文邕不过是个空头皇帝，几乎所有大臣都听命于宇文护，军队更是直接掌握在宇文护的手里，除了身边的几个太监，宇文邕几乎谁也指挥不动。

　　凭宇文邕的实力，要真刀真枪地和宇文护斗，就好像让回收破烂的去回收神舟号飞船一样，几乎完全没有可能。

　　只有一个办法，那就是偷袭。

　　宇文邕经常和仅有的几个亲信卫国公宇文直、右侍上士宇文孝伯（宇文泰族侄宇文深之子）、右宫伯中大夫宇文神举（宇文邕族兄）、内史下大夫王轨等人秘密商量此事。

　　宇文直是宇文泰第六子，宇文邕的同母弟，他本来也已投靠宇文护，还被任命为南征伐陈的主帅，但沌口一战，宇文直惨败于陈军，令宇文护大为光火，遂把宇文直免职。

　　宇文直一向野心勃勃，哪里接受得了这样的处理？

　　一怒之下，他转而投向宇文邕。

　　经过一段时间的谋划，方案终于定下来了。

　　公元 572 年三月十八日，宇文护从同州（今陕西大荔，宇文护的府邸安在同州）回到长安，宇文邕在宫中迎接他，随后和他一起去拜见皇太后。

　　途中，宇文邕诚恳地对宇文护说，太后年事已高，却酷爱喝酒，以致喜怒无常。我跟她说了很多次，她都不听，兄长您今天帮我劝劝她吧。

　　随后宇文邕从怀中拿出早已准备好的《酒诰》（儒家经典《尚书》中的一篇关于禁酒的文章），交给宇文护：请以此谏太后。

　　这种举手之劳的小事，宇文护自然不假思索就答应了。

　　两人来到太后的住处，参见完毕，宇文护打开文章，一字一句地读了起来，宇文邕则手拿玉笏（皇帝日常所持的玉制手板）恭恭敬敬地站在他身后。

　　宇文护已经五十八岁了，眼睛有些老花，看字有些吃力，但他还是努力地辨认着每一个字，读得很认真、很投入。

　　面前坐着的是老迈的太后，背后站着的是老实的堂弟，周围还有几个低着头毕恭毕敬的太监、宫女，这一切都是如此熟悉，和平常很多时候一样。

　　在皇宫，宇文护就和在自己的家里一样放松。

　　灾难总是在人完全没有警惕的时候来的。

　　对宇文护来说，也是这样。

　　他突然感到头上被重重地打了一下，便再也支撑不住自己的身体，重重地倒在了地上。

　　他感觉自己好像坐在以 500rpm 的速度旋转的陀螺上，四周的景物都绕着自己转个不停，眼前还有无数个大大小小的星星在闪烁着金光……

　　他看到了宇文邕扬起的手臂，看到了断成两截的玉笏，他知道一定是宇文邕在背后把玉笏砸在了自己的头上。

他想大喊，却发不出声音；他想站起来，腿脚却不听使唤……

他听见太后的惊叫，听见宫女们的尖叫，听见宇文邕的大声呼叫——他在呼叫太监何泉的名字，然后他看见小太监何泉慌慌张张地走了过来，哆哆嗦嗦地拿着御刀，晃晃悠悠地砍向了自己。

第一次砍人的小太监就像第一次的男人那样紧张无比，连砍数刀都没有砍中。

他不由得笑了，这一笑，他突然感觉好像有了力气，便挣扎着爬了起来。

但他突然发现从门后冲出了一个满脸杀气的人，是卫国公宇文直！

他手里挥着的是一把闪着寒光的刀！

完了！

宇文护闭上了眼睛。

等他再次睁开眼睛的时候，他发现他的身体已经离自己几米远了，他已经身首异处！

接下去的事情，他就什么也不知道了。

因为他死了。

这个连杀三个皇帝的史上第一屠龙刀就这样离开了人世。

宇文护的悲剧其实是必然的。因为任何一个像他这样只会玩弄权术，缺乏足够真才实学而又摆不正自己位置的人也许可以得志于一时，但肯定难以长久。

不管是在古代，还是在现在。

出来混总是要还的，玩火者往往为火所伤，耍蛇者往往为蛇所咬，屠龙者也难免为龙所屠——就像宇文护这样。

宇文护死后，宇文邕马上下令拘捕宇文护的儿子和主要党羽，这些人毫无防备，全都束手就擒，当天就被全部诛杀。

北周从此进入了宇文邕时代。

他忍了十二年，等了十二年，却只用了短短的一天，就彻底解决了宇文护这个在北周一手遮天达十五年之久的权臣。

忍、等、狠、准，这就是宇文邕的风格。

宇文护死了，大冢宰的位置由谁来继承？

宇文直自认为居功至伟，在所必得。

他素来忌恨宇文宪，便极力怂恿宇文邕杀掉宇文宪——理由是宇文宪深得宇文护的器重。

宇文邕没有同意，一方面，他知道宇文宪是自己几个兄弟中最出色的人才，这些年周齐两国多次交战，虽然北周屡次失败，但宇文宪还是表现出了名将的素质，他作风顽强，善打逆风战，在和北齐三杰的对抗中不落下风；另一方面，宇文宪虽然和宇文护走得很近，但他利用这个特殊身份，屡屡居中协调皇帝和宇文护之间的关系，对宇文邕帮助很大。

因此，宇文邕不但没有杀宇文宪，反而任命他为大冢宰（当然这个大冢宰的权力和宇文护是不能比的），宇文直则被任命为大司徒。

宇文直很失望，又提出让自己改任掌握兵权的大司马，但宇文邕依然没有同意。

准备拜堂，却成了伴娘，宇文直的感觉就像数九寒天被淋了一桶冰水一样——从头凉到脚。

斛律光冤案

亲政后的宇文邕励精图治，北周的国势蒸蒸日上。

与此同时，北齐方面却在自毁长城——战功卓著的大将军斛律光以谋反罪被诛杀了。

毫无疑问这是一起冤案。正如提到岳飞被杀，我们就会想到秦桧一样，斛律光的死，祖珽脱不了干系。

祖珽当上尚书右仆射后，很快就成了尚书省的核心人物，权倾朝野，朝中的一切大事都由他说了算。

曾经鄙视他的人，如今都仰视他；曾经欺负他的人，如今都依附他；曾经反对过他的人，如今都反过来求他。

祖珽的感觉很好。

但斛律光的感觉很不好。

他虽然官居左丞相，但当时这只是个荣誉职务，实权都在祖珽控制的尚书省，以前其他人执掌尚书省的时候，遇到重大的事情都会和斛律光商量。但祖珽这个人权力欲极强又自视甚高，所以无论什么事情都自己决定，从来都不通过斛律光，也不通知斛律光。

左丞相这个职位一下子变得有名无实，这种情况就好像本来每天都和老婆卿卿我我，现在却连老婆的手都不能碰的那种有名无实的老公一样——任谁都无法接受。

斛律光对祖珽极为不满。

他性格孤傲耿直，因此毫不掩饰自己对祖珽的反感，每次远远地看见祖珽，他都忍不住要对左右说，这个小人又在想什么阴谋诡计！

有一次斛律光坐在朝堂办公，祖珽骑马从他门前走过，连个招呼也没打，（其实这倒不能全怪祖珽，他是个瞎子，估计根本就不知道斛律光在那里），斛律光又极为恼火：这个小人竟敢这样对我！

祖珽虽然什么都看不见，心里可什么都明白。斛律光对他的态度，他当然感觉得到。

为了进一步验证自己的判断，祖珽买通了斛律光家的家奴，问他：相王（斛律光官拜左丞相，爵位是咸阳王，所以被称为相王）好像不太喜欢我，是吗？

家奴回答，自从您上台以来，相王经常唉声叹气，还说"盲人掌国，国必破矣"。

祖珽倒吸了一口凉气，看来斛律光和自己势不两立，绝无和好的可能。只要他活着，对自己就是最大的威胁。

祖珽暗暗下了决心：有他没我，有我没他！

和斛律光矛盾极深的还有陆令萱的儿子穆提婆。

穆提婆为了和斛律光拉关系，想娶其庶女为妻，但眼光极高的斛律光怎么可能看得上这个既非豪门大族出身，又非功臣勋贵之后，本人又不学无术的暴发户？

于是他一口回绝，那种口气就和赵太爷回绝阿Q一样——无比轻蔑。

穆提婆心里很受伤。

后来皇帝高纬赐给穆提婆一块晋阳附近的土地，又是斛律光在朝堂上公开反对，理由是这地方是饲养战马的，如果给了私人会影响军务。结果硬是把这事给搅黄了。

穆提婆对斛律光恨之入骨。

因此祖珽找到他的时候，两人一拍即合，一个"倒斛"同盟就此形成。

然而要扳倒斛律光谈何容易？

斛律家族树大根深，出将入相的斛律光自然不必说；他弟弟斛律羡也非常了得，多年来一直担任幽州刺史，坐镇北方边境，屡次击败突厥人，威名远扬，被突厥人称为南可汗；斛律光的长子斛律武都，此时则担任梁、兖二州刺史。

除此以外，斛律家一门有一个皇后、两个太子妃、三个公主，是北齐除了皇族以外，当之无愧的第一家族。

斛律家的势力如此之大，祖珽要想和他们斗，看起来似乎有点飞蛾撞飞机的味道——自不量力，太自不量力了。

然而祖珽却不这么想，他认为，斛律家的势力太大，这正是斛律光最大的弱点！

事实上，皇帝高纬对斛律光早就有了戒心。

上次斛律光为了士兵的赏赐，兵逼邺城的事在高纬的心里就留下了很深的阴影；而高俨政变时，斛律光一露面，对方数千人就望风而逃，更让他见识到了斛律光无人可比的威望。

至于斛律后呢，也不知是遗传了父亲马面彪身的长相，还是遗传了父亲刚烈火暴的脾气，反正和高纬的关系不怎么好，说到底，这不仅是个包办婚姻，还是个政治婚姻。

总之，高纬对斛律光，只有害怕猜忌恨，根本就没有感情感恩爱。

祖珽想要利用的就是这一点。

而正在祖珽穷尽精力费尽心思绞尽脑汁，想要暗算斛律光却一时不得要领的时候，有人却先于他出手了！

这个人是北周勋州刺史韦孝宽。

韦孝宽在汾北一战败给斛律光之后，便时刻想着要报一箭之仇，然而他知道要在正面战场上击败斛律光绝非易事，便打定主意准备在斛律光背后捅刀子。

这一年多来，他一直像猎人寻找猎物一样睁大了眼睛，耐心地寻找着机会。

擅长用间的他在北齐国内有一个完善的情报网。当年他手下有一员将领叛逃到了北齐，韦孝宽动用他潜伏在北齐各地的特工，没过几天，这个叛徒的头就被送到了他的桌上。

韦孝宽对北齐各方面的动向了如指掌，有关斛律光和祖珽不和的消息当然瞒不过他。

正如一触到春雨，春笋就会马上在竹林里冒出来一样，一看到这个消息，灵感就马上在韦孝宽的脑子里冒了出来。

公元 572 年五月，在北齐首都邺城，突然传唱开了两首童谣，一首是：百升飞上天，明月照长安。另一首是：高山不推自崩，槲木不扶自举。

毫无疑问，这是韦孝宽的杰作。

这两首童谣很快就传遍了千家万户，也传到了耳目众多的祖珽那里。

祖珽笑了——他知道，自己的机会来了，斛律光的末日到了。

为了确保万无一失，祖珽觉得还应该把女侍中陆令萱拉下水，于是又做了一首童谣：盲老公背受大斧，饶舌老母不得语。

这首童谣也迅速流传开了。

随后，祖珽让自己的小舅子郑道盖把这些传言向皇帝奏报。

十七岁的高纬对这些东西不是很懂，便让人把祖珽和陆令萱两人叫过来，问他们：你们听过这几首童谣吗？

祖珽和陆令萱都表示确有其事。

祖珽还进一步解释：百升为一斛，明月是斛律光的字，高山指的是皇帝的姓氏，槲木音同是斛律，盲老公指的是臣，饶舌老母似乎说的是女侍中陆太姬。

这一解释，高纬就是再不明白，现在也明白了，前两首童谣的意思是斛律家要取代高家，后一首童谣意为祖珽和陆令萱要倒霉。

随后，祖珽继续说道，斛律累世大将，明月（斛律光的字）声震关西，丰乐（斛律羡的字）威行突厥，女为皇后，男尚公主，谣言可畏，谣言可畏啊……

听了这番话，高纬更慌了，只觉得四肢无力，五脏俱焚，六神无主，七慌八乱，心像乱跳的球一样把胸腔撞得很疼，过了很久他才回过神来，对祖珽说，这事太大了，容我考虑一下。

等祖珽等人走后，他又与另一名亲信韩长鸾商量。

韩长鸾出身将门，和斛律光关系还不错，他当场表态说这不可能，斛律光绝不会谋反。

韩长鸾的话给高纬吃了一颗定心丸，于是这事就暂时搁置了下来。

侥幸逃过一劫的斛律光对此一无所知，他依然是忧国忧民，我行我素，快人快语，直来直去，想到什么就说什么，看不惯什么就说什么。

在国内外敌人都把矛头指向他的关键时刻，他却把矛头又指向了宫里的太监：现在军中缺衣少粮，朝廷对太监却赏赐无度，是何道理！

太监们都很生气，他们纷纷在高纬面前说斛律光的坏话。

高纬的心又开始动摇了。

几天后，看到没有任何动静，祖珽也急了，他再次进宫找到皇帝。

高纬如实相告：这个事嘛，我本来想按照您的意思办，可是韩长鸾认为不妥，所以呢，就拖下来了……

这时，旁边的另一个宠臣何洪珍插话了：既然皇帝您有这个意思，却拖着不行动，万一泄露出去，那可就麻烦了。

这句话让高纬吓出了一身冷汗，连连说道，你讲得对。

但他还是没敢马上行动。

祖珽再次无功而返，回去后他马上又使出了两招，一是让斛律武都小妾的哥哥告斛律光图谋不轨，二是让太史启奏将星太盛，不除恐有灾祸。

这两招，一个着眼于现实，另一个着眼于天意，招招都击中了高纬的要害！

然而高纬还在犹豫。

但祖珽知道现在火候已经差不多了——水温已达九十九摄氏度，只需再加一把火，水就会沸腾了！

他使出了自己的撒手锏。

斛律光府上的参军（相当于秘书）封士让上了一道密折。

这道密折，先是旧事重提，说一年前斛律光西征回来，皇帝敕令解散部队，他不仅不听命令反而兵逼邺城，当时就是想造反的，只是因条件不成熟才停止了。

接着又说，斛律光家里藏有大规模杀伤性武器——无数弓弩铠甲，而且还经常暗地和斛律羡、斛律武都联络，图谋不轨。

密折上的最后一句话像匕首一样锐利：若不早图，恐事不可测！

封士让是和斛律光朝夕相处的亲近下属，他说的话就和捉奸在床一样让人不能不信，彻底打消了高纬的疑虑。

高纬终于相信了，对何洪珍说，我以前就怀疑斛律光要造反，现在看来，果然如此！

但他还是不敢随便抓捕斛律光，毕竟他武艺高强，家中奴仆众多，而且封士让说他家里还有武器。

怎么办？

还是那句话，想不清，找祖珽。

祖珽对此早已胸有成竹：陛下只需派人送给他一匹好马，请他明天和陛下一起游东山。斛律光必然会入宫谢恩，到时我们就在宫中动手。

高纬依计而行。

如祖珽所料，丝毫没感到任何异常的斛律光果然糊里糊涂地进宫了。

刚到凉风堂，他就感到一股凉风袭来——埋伏在暗处的刘桃枝突然从后面猛扑上来。

虽然遭到突袭，但身手不凡的斛律光依然像泰山一样岿然不动。

他转过头来——御用杀手刘桃枝满脸杀气的脸出现在他面前。

斛律光当即明白，皇帝要对自己下毒手了——这个他呕心沥血想要效忠的皇帝，这个他出生入死想要保护的皇帝，竟然要杀自己了。

一向忠心耿耿的他一下子就感觉失去了人生的意义。

他的人未死，但他的心已死。

他呆呆地站在那里，像一只失去动力的船，他的头脑一片空白，眼睛一片茫然，手也无力地垂了下来。

他没有再反抗——如果反抗的话恐怕十个刘桃枝也不是对手。

他只是喃喃地说道，刘桃枝你怎么老是干这种事？

刘桃枝和三个武士用弓弦勒紧了斛律光的脖子。

斛律光用生命中最后的力气，说出了生命中最后的一句话：我不负国家。

随后，一口鲜血从他口中喷溅而出，斛律光气绝身亡，时年五十八岁。

他至死都没有倒下。

而地上遗留的血迹，无论后来怎么擦怎么洗都无法去掉。

自古红颜多薄命，从来名将少善终。斛律光，这个在战场上战无不胜的一代名将，这个对皇帝忠心不二的一代忠臣，就这样死在了自己人的手里。

当然，他的悲剧也有他自己的原因，他性情太刚、太烈、太直、太傲、太急、太躁；只会做事，不会做人；只会搞业务，不会搞人际关系；只会建功立业，不会见风使舵。

在古代中国，尤其是古代中国的官场，这样的人，往往会难有好的下场。

斛律光就是这样的例子。

但我依然敬重他，"我不负国家"，这句遗言就是对他一生最好的评价。

之后，高纬立即诛杀了斛律光在京城的两个儿子，接着派人到兖州杀了斛律武都，随后又命中领军贺拔伏恩前往幽州抓捕斛律羡，以洛州刺史独孤永业为新任幽州刺史。

独孤永业怕斛律羡抗命，带领大军紧随在贺拔伏恩之后。

但独孤永业显然是多虑了，斛律家的人绝对不会反抗皇帝的诏命。

贺拔伏恩到幽州后，手握重兵的斛律羡没有做任何抵抗，就含泪被擒，随后和五个儿子一起被杀。

至此，斛律家全族被灭，只有斛律光的幼子年方数岁，得以幸免。

据说，斛律光之父斛律金临死前，曾经嘱咐自己的儿子说，古来外戚，无不倾灭。女若有宠，诸贵人妒；女若无宠，天子嫌之。我家只以立勋抱忠致富贵，岂藉女也？

"立勋抱忠"四个字，斛律光和斛律羡都做到了。

满门忠烈，却遭到满门抄斩的下场，这怎能不让人扼腕叹息！

斛律光死得到底有多冤呢？

郎中邢祖信奉命去斛律光府上抄家，传说中的无数弓弩铠甲不见踪影，却只找到了十五张弓，一百支宴会玩乐用的箭，皇帝赏赐的长矛两支。

祖珽不甘心，厉声问道，还有什么？

邢祖信平静回答：哦，好像二十根枣木棍。如果家里奴仆与他人争斗，不管是非曲直，都要被斛律光先打一百棍。

祖珽感觉有些难堪，便小声说，朝廷已经定罪了，先生你就不必为他辩解了。

邢祖信慷慨地说，贤宰相尚死，我何惜此生！

无愁天子

斛律光被冤杀，最高兴的是北周国主宇文邕，他下令大赦天下。

同样高兴的还有祖珽，现在朝中再也没有人敢对他指手画脚了。

从此，他军政一把抓，成为北齐帝国最有权势的人，皇帝高纬经常和他在御榻上讨论国事，委任之重，群臣莫比。

其实，高纬宠幸祖珽还有一个不为人知的理由，那就是高纬性格极为腼腆，甚至不敢与人对视，因此群臣奏事都不准抬头。而祖珽是个瞎子，什么都看不见，高纬在他面前感到无比自在——他可以一边讲话，一边挖鼻孔或者抠脚丫子，怎么舒服怎么干，那种感觉，要多爽有多爽。

这段时间，高纬还干了一件事——重新立后。

斛律光以谋反罪被诛，斛律后自然要废掉，立谁为后呢？

竞争者有两个，胡昭仪和穆夫人（穆黄花）。

胡昭仪背后的支持者是胡太后。

她是太后的亲侄女，长得非常漂亮。前段时间胡太后和高纬搞得不太愉快，为了讨好儿子，她特意把侄女送到了宫中，封为昭仪。

而穆黄花的支持者自然是其养母陆令萱。

她的优势是为高纬生下了第一个儿子高恒，不过按当时的制度，必须是皇后生的才能算嫡子，才有可能做太子。但这难不倒精明的陆令萱，她把高恒送给斛律后抚养，成为斛律后的养子，这样高恒就顺理成章地成了太子。

胡昭仪和穆黄花在胡太后和陆令萱的暗中支持下，谁都不肯让步。

新箍马桶三日香，由于胡昭仪入宫不久，正得高纬的宠爱，笑到了最后——她成了新的皇后。

但陆令萱岂肯就此罢休，于是她安排了一场秀。

她用最奢华的衣服和饰品把穆黄花打扮一新，让她坐在精心设计的帐子里。

随后对高纬说，给陛下介绍一个圣女——是圣洁的圣，不是剩下的剩。

好色的高纬急忙前去观看。

但见房间里香气缭绕，烟雾袅袅，宛如人间仙境。当中的帐子里坐着一个风情万种、朦朦胧胧的美女，宛如神仙姐姐。

高纬色心大动，走近一看，原来这个神仙姐姐不是别人，正是穆黄花。

在这样的气氛下，他再也按捺不住，当场就和穆黄花亲热起来。

陆令萱趁机说，这样的人不做皇后，还有谁配当？

高纬正在兴头上，当然是连连点头：嗯，嗯……

他没有食言，很快，他就有了两个皇后——穆黄花被立为右皇后，胡皇后成了左皇后。

但陆令萱还不满足——养女虽然做了皇后，却只是二分之一，她要的是全部！

这很难，但难不倒陆令萱。

有一次，她故意在胡太后面前装作不经意地说：这算什么亲侄女？竟然说出这样的话！

胡太后很奇怪，问她到底是什么事。

陆令萱连忙摇头：这事不能说。

每个人都有好奇心，而且越是遮遮掩掩的东西，往往越是让人好奇，比如女人穿得如果若隐若现的，男人会觉得很性感，勾人心魄——真要一丝不挂，反而失去了神秘感，吸引力也大大下降。

现在陆令萱这样遮遮掩掩，话里的意思却若隐若现，当然勾起了胡太后的好奇心。

于是，胡太后一再逼问。

陆令萱这才吞吞吐吐地说：胡皇后对皇帝说，说……

胡太后急了：说什么？

陆令萱：胡皇后说，胡皇后说，太后行多非法，不足为训。

胡太后当场就火了。

就好像三十岁以上的老女人最忌讳别人说她老、癌症病人最忌讳别人说他是癌症病人一样，不守妇道的胡太后最忌讳的就是别人说她不守妇道。

盛怒之下，她马上把胡皇后叫来，当场剃去她的头发，把她送回了家。

就这样，穆黄花成了高纬唯一的正牌皇后。

不得不说，陆令萱是真正的宫斗高手，不要说像鞭炮一样一点就爆的胡太后，就是传说中的甄嬛，也不一定是她的对手。

作为皇后的母亲（穆黄花是不认自己的生母的，其生母想见她她都不肯见），陆令萱的权势更大了，其子穆提婆也更受重用，被加封为侍中、城阳王。

此外，恩幸集团的另两个头目高阿那肱和韩长鸾也分别担任了录尚书事和领军大将军这样的要职，他们两人和穆提婆被合称为三贵。

这三个人都是无德无能无耻之徒。详细点说就是：采花行，才华不行；品酒行，品德不行；打呼噜行，打仗不行；祸国殃民行，治国安民不行。

其中韩长鸾尤为仇视汉人，在和汉人大臣说话时往往瞪眼挥拳，像要吃人一样，动辄破口大骂：汉狗大不可耐，唯须杀之！

而皇帝高纬呢，除了对治国毫无兴趣外，对其他的很多东西都极有兴趣——文章诗词、琴棋书画、吹拉弹唱、斗鸡走狗、吃喝玩乐，他全都十分在行。

他喜欢文学，于是祖珽投其所好，奏请设立了文林馆（相当于后世的翰林院），延揽了一大批文人才子，著名的有博陵人李德林（隋朝名臣，《北齐书》作者李百药之父）、琅玡人颜之推（《颜氏家训》作者）、河东人薛道衡、范阳人卢思道等。

他还精通音律，善弹琵琶，曾经自己作词作曲，创作了一首《无愁曲》，经常在宫中自弹自唱，并让数百人为其担任和声，场面极为宏大。百姓都称高纬为无愁天子。

但真的是无愁吗？

非也——此时的北齐帝国早已经是危机四伏了。

先看一下当时的周边局势。

北面的突厥正处在鼎盛时期，此时木杆可汗已死，其弟库头继承了汗位，是为佗钵可汗。当时北周与突厥交好，每年都要给突厥数万匹丝缎，而北齐也怕突厥人入侵，无数次送去大量礼品，吃的喝的穿的用的，应有尽有。

佗钵极为骄横，经常对下属说：有南面这两个孝顺的儿子，我怎么会贫穷呢？

不过，突厥人再怎么凶悍，要的也只是财物而已，但西面的北周和南面的陈朝要的可就远远不止于此。

北周武帝宇文邕志气高远，早有统一北方之意。

陈宣帝陈顼也雄心勃勃，一心想要北伐，收复南朝原有的土地。

第十五章　兰陵王英雄末路

猛将萧摩诃

陈顼这个人在历史上名气不大，不过有一件事倒是不得不提——他是中国历史上儿子最多的皇帝，总共生了四十二个儿子，一举扭转了陈家香火不旺、人口凋零的局面。

当然，作为一个有野心的男人，除了在生儿子上创造别人难以超越的纪录，他更渴望在事业上创造别人难以超越的纪录。

相比之前的梁朝，陈朝的版图要小很多——失去了西面的益州、荆州，北面的江淮地区，因此无论是陈蒨还是陈顼，都时刻想着要收复失地。

该西进还是北伐？

西进，陈顼也曾经做过努力——攻打过荆州，但最终无功而返。如今北周宇文邕刚亲政不久，政治清明，国势正盛，西进，显然难度很大。

北面呢，曾经强大的北齐，经过高湛、高纬父子两代人的努力破坏，如今早已今非昔比——当年高洋在的时候是可劲儿欺人，现在是人尽可欺；高洋在的时候，是别人根本不敢侵犯他，现在是高纬根本不敢冒犯别人。

陈顼开始谋划北伐。

正在这时，北周的使臣到了——宇文邕派大臣杜杲出使陈国，要求联合伐齐。

自负的陈顼要求北周割让樊（今湖北襄阳）、邓（河南邓州）二州，杜杲当然不肯答应，周陈联手的计划就此胎死腹中。

公元573年三月，陈顼出手了——他任命大将吴明彻为主帅，统兵十万，渡江北上，大举伐齐。

江淮一带原本就是南朝旧土，加之北齐在此地的赋税很高，很不得人心，因此陈朝大军进展顺利，连战连捷。

告急文书接连不断地传到北齐国都邺城。

高纬急忙召集群臣商议。

派谁去援救呢？

司空赵彦深和秘书监源文宗等人都认为应该委派王琳，理由很充足，王琳在南方作战多年，威名远扬，有很大的影响力和威慑力，而且他和陈氏向为死敌，绝对值得信任——王琳自从被陈文帝击败投奔北齐以来，只在寿阳短暂镇守了一段时间，就被召到邺城，一直赋闲在家。

但韩长鸾、高阿那肱等人坚决不同意，他们一向反对汉人统兵，而王琳不仅是汉人，而且是外人，他们怎么可能愿意让这样的人率军出征？

争论了整整十天，最后高纬总算做出了决策，派大将尉破胡、长孙洪略为主帅，率军救援淮南，王琳则作为顾问随军同行。

王琳认为陈军屡战屡胜，气势正盛，劝尉破胡不要急于出战，但尉破胡根本听不进去。

尉破胡的自信是有底气的，他手下有名为"苍头""犀角""大力"的多支特种部队，这些部队全都由体重九十公斤以上、抓举两百公斤以上、挺举两百五十公斤以上的大力士组成，战斗力极强。

除此以外，他手下还有个超级狙击手——一名西域胡人。

此人箭无虚发，百发百中，江湖人称"贱无敌"——对不起，是"箭无敌"。

这个"箭无敌"果然不负尉破胡所望，战斗刚一开始，他就大显身手，陈军的多名将领都被其一箭封喉。

吴明彻对此极为头痛，他叫来了勇将萧摩诃：只要能杀掉这个人，你就和关羽齐名了！

萧摩诃很爽快地答应了：告诉我他长什么样，我一定取他性命！

于是吴明彻让人指认"箭无敌"给萧摩诃看，又为他斟满一杯酒。

萧摩诃举起酒杯，一饮而尽。

随后翻身上马，手提大槊，单骑冲向敌阵。

北齐军早已摆好阵势，严阵以待，"箭无敌"也躲在人群之中，搭箭上弦，瞄准，拉弓，一气呵成……

就在他的箭将要出弦之际，萧摩诃从腰间拔出一支铁铣（铁制的短矛），挥手就投。

一道白光闪过！

铁铣正中"箭无敌"的额头，贯穿了他的头颅，他没吭一声，就倒地毙命。

随后萧摩诃继续冲锋。

齐军中十余名大力士慌忙出阵阻拦。

但仅仅几秒钟之后，这些人全都已经横尸于地。

至于他们是怎么死的，谁都没看清。

萧摩诃那如天外来客一样的神勇，让所有的北齐军都感到心惊胆战，魂飞魄散。

吴明彻乘机率军猛攻，此时北齐军早已心无斗志，怎么可能抵挡得住？

最终北齐军大败，主将长孙洪略战死，尉破胡、王琳只身逃走。

陈军乘胜扩大战果，势如破竹，先后攻占了石梁城（今安徽大长）、庐江（今安徽庐江）、历阳（今安徽和县）、合肥（今安徽合肥）、东关（今安徽含山）、蕲城（今安徽宿州）、谯郡（今安徽蒙城）、秦州（江苏六合）等大片地区。

随后，陈军继续北进，所向披靡。

世间已无兰陵王

看到这里，各位一定有个疑问，南边战事吃紧，齐军节节败退，北齐三杰中唯一硕果仅存的高长恭为什么不出山呢？

因为他不愿意出山，也因为皇帝高纬不愿意让他出山。

按照《北齐书》的记载，这一切都缘于一句对话。

后主高纬即位后，有一次和高长恭在一起闲聊，有意无意地聊到了邙山之战。他说，入阵太深，失利悔无所及——你深入敌阵，万一发生意外，岂不是追悔莫及？

高长恭不假思索地回答，家事亲切，不觉遂然——家事亲切，所以不知不觉就冲进去了。

听到"家事"这两个字，高纬的脸色马上就变了——你把国事当成自己的家事，大齐帝国到底是你家的还是我家的？

高长恭的脸色也变了——他知道在皇帝的心目中，自己已经从铺路石变成了绊脚石。

之后，为了避祸，一向廉洁的他也开始贪污受贿，聚敛财物。

他的亲信部属尉相愿问他，大王您受朝廷重托，却为何如此贪财？

高长恭沉默不语。

尉相愿接着问道，是否因威名太重，想以此自污？

高长恭点了点头。

尉相愿为他分析说，这样不妥啊，如果朝廷想要治您的罪，您这么做，不正好授人以柄吗？

这句话开启了高长恭悲伤的阀门，眼泪忍不住夺眶而出——生在这样一个时代，身在这样一个家族，面对这样一个皇帝，处在这样一个局面，为了自保而被迫干着这样一种自己最不齿、最不屑的事，他该有多么痛苦，多么委屈，多么难受！

他泪如雨下，泪流满面。

他心如刀绞，心乱如麻。

过了很久，他才稍微平静了一点，问道，您说，我该如何是好？

尉相愿让他从此称病不出，不要再过问任何时事。

高长恭同意了。

但他很快发现自己无法做到这一点，就像他无法做到选择自己的出身一样——对国家的责任，对家族的责任，让他根本不忍心置身事外。

他依然留在了军中，然而他的心境和以前已大不相同——从前那个在战场上一往无前的他，现在经常一筹莫展。他的脚步像绑着铅块一样不再轻快，他的眼神像蒙着水汽一样不再清澈，他的心情像布满着乌云一样不再明朗，他的动作像背负着重物一样不再从容。

老战友斛律光的无端被杀更让他感到心绪不宁，坐卧不安。

这次陈军北伐，齐军连战失利，高长恭的心情非常矛盾，一方面他渴望朝廷再次起用他，让他驰骋沙场，为国建功；另一方面却又担心朝廷再次起用他，因为他知道，功劳越大，他的处境就越危险，离死亡就越近。

忧郁、犹豫、担心、纠结、彷徨、不舍、不甘、无奈、无助，百感交集，各种心绪交织在一起，让他说出了这样一句让人痛彻心扉的话：我去年面肿，今何不发？

从此他有了病也不再治，任其自生自灭。

公元 573 年五月，高长恭最担心的事终于发生了——高纬派人给他送来了一瓶鸩酒。

高长恭苦笑着对他心爱的妻子郑氏说，我忠心为国，何辜于天，而遭鸩也！

郑氏还不愿意放弃，劝他去求皇帝：何不求见天颜？

早已心灰意冷的高长恭长长地叹了口气：天颜哪里可见！

随后，他举起酒杯，一饮而尽。

窗外，春色正好，百花盛开。

临死前，高长恭烧掉了价值千金的债券，别人欠他的债务，从此一笔勾销。他，从来就不是贪财的人。

他性情宽厚，气量很大。

当年在地方上任职时，参军阳士深曾经诬告过他，导致他被免职。几年后高长恭率军出征，阳士深恰好在他手下。由于害怕高长恭报复他，阳士深一直都心惊胆战，高长恭看出了他的心事，对他再三解释，我绝无此意。

然而阳士深还是不相信，后来实在没办法，高长恭只得让人打了他二十下，算是报复。

阳士深这才放下心来。

还有一次，高长恭入朝议事。出来的时候，他发现，他带来的一大帮随从全都不见了。但他对此毫不在意，就自己一个人步行回家，对这些随从全都不予责罚。

他爱兵如子，与士卒同甘共苦。即使是一个水果，也总是与部下分享，因此深受将士们爱戴。

他不好女色。在邙山一战，他立下了奇功，为表彰他，高湛赏给他二十个美女，他却只是象征性地领走了一人。

他用情专一，和王妃郑氏感情甚笃，从来没传出过任何绯闻。

他单纯善良，他责任心强，他富有爱心……

无论是外表还是内心，他都是一个几乎完美的人，完美得几乎不食人间烟火的人，完美得几乎没有任何缺点的人。

然而，作为一个皇室贵胄，一个统兵大将，一个战功卓著、威震天下的人，在皇帝看来，没有缺点，就是他最大的缺点。

正是他的完美，酿成了他的人生悲剧。

也正是他的完美，成就了他的千古英名。

在中国历史上，出身高贵的王子很多，玉树临风的帅哥很多，英勇善战的名将很多，品行高尚的好人很多，用情至专的情圣很多，但既出身高贵又玉树临风还英勇善战且品行高尚更用情至专的，也许只有高长恭一个。

千古江山，美男无觅，兰陵王处。

舞榭歌台，传奇总被，雨打风吹去。

斜阳草树，邺城废都，人道长恭曾住。

想当年，铁面铁甲，单骑入阵如虎。

志比天高，命如纸薄，一生未遇明主。

千百年后，望中犹记，英雄入末路。

怎堪回首，那年五月，一杯鸩酒之苦？

凭谁问，忠勇事国，何罪之有？

胡汉相争

高长恭的死，意味着曾经多次击败敌军、挽救国家的北齐三杰已经成为历史。如今，还有谁能支撑起北齐这个庞大却又摇摇欲坠的帝国？

高纬和他的宠臣们没有精力去考虑这个问题，因为他们现在正忙着内讧。

祖珽和陆令萱等人又产生了不可调和的矛盾。

祖珽虽然品德不怎么样，但他毕竟还是个有理想有抱负有能力有才干的人，他一直都渴望着干一番事业。如今得到高纬的重用，有了表现的舞台，他就开始放开手脚大干起来。

他上台以来，重用崔季舒（就是帮高澄拉皮条的那个）、封孝琰（东魏开国元勋封隆之的侄子）、刘逖等汉人文臣，罢免了一大批不称职的小人，同时对前些年混乱的制度进行了大刀阔斧的整治，朝政为之一振，他的表现也得到了汉族士人的交口称赞。

封孝琰更是不加掩饰地当众夸奖祖珽：公是衣冠宰相，异于他人。

在祖珽的主导下，汉官的势力迅速扩大，这难免引起了向来敌视汉人的陆令萱、韩长鸾等人的强烈不满。

祖珽当然也意识到了这一点，但这次他不准备让步，他打算与陆令萱正式决裂！

为了增加自己的力量，他引后党为援，胡太后的两个哥哥胡君瑜和胡君璧都受到了他的重用，胡君瑜被提拔为侍中、领军，胡君璧则被任命为御史中丞。

随后他又授意自己的手下，弹劾主书王子冲。

而王子冲的后台就是穆提婆，毫无疑问，祖珽的最终目标就是穆提婆和其母陆令萱！

他自信满满，决心把陆令萱等人赶下台，就像一年前除掉斛律光一样。

然而，陆令萱可不是只会武术不懂权术的斛律光，虽然她治国的水平比祖珽差了一个光年的距离，但玩弄权术的水平绝不在祖珽之下！

面对咄咄逼人、步步紧逼的祖珽，陆令萱毫不示弱，开始奋起反击。

奶娘在高纬心目中的分量，就如奶水在婴儿心目中的分量一样——是高于一切的。因此，毫无悬念的，高纬选择了支持陆令萱。

有了高纬的支持，陆令萱连连得手——胡君瑜被降职为金紫光禄大夫，解除领军职务，胡君璧则被外放到梁州，王子冲的事情自然也不了了之。

陆令萱当然不可能就此罢休，她又发动宫中的太监们不停地在高纬面前诋毁祖珽。

众口铄金，三人成虎，伯奇掇蜂贤父逐，曾参杀人慈母疑，在身边人长时间众口一词的密集轰炸后，高纬对祖珽也越来越看不顺眼了。

这一天，他问陆令萱：你觉得祖珽这个人怎么样？

陆令萱却不回答——吊胃口，这是她最擅长的。

高纬一遍遍地再三追问。

陆令萱突然跪倒在地，连连磕头：老婢该死！老婢本来以为祖珽博学多才，所以才举荐他。现在看来，这人是个奸臣。老婢荐人不当，实在该死！

陆令萱的话让高纬下了罢免祖珽的决心。

他让韩长鸾调查祖珽。

韩长鸾向来敌视汉人，让他干这事，相当于让一个吃货去当美食记者——动力十足。很快，他就查出了祖珽伪造敕令骗取赏赐（祖珽还是改不了贪财的毛病啊）等十余件不法之事，并且提出了他的处理意见：论罪当诛！

不过高纬想到自己曾许诺过祖珽死罪不杀，所以否决了韩长鸾的意见：不行啊！我答应过不杀他的！

韩长鸾退而求其次，又提出了新的建议：这样吧，免去祖珽朝中一切职务，贬为北徐州（治所今山东临沂）刺史。

高纬想都没想就同意了——他这人做事从来就不用脑子，一直到他生命的尽头，他的脑子都还是全新的，连包装都没拆开过。

其实只要稍微想一想就知道，韩长鸾的这个提议里面，大有文章。

究竟有什么文章？

我这里就不回答了，大家自己去想吧。

谁要是想不出来的，看到后面你就知道了。

再说祖珽。

费尽心机得到的权力转眼就没了，祖珽哪里甘心，更何况，前一阵子皇帝对他还目光温柔有如山楂树之恋，现在怎么会突然把他扫地出门有如强台风之烈？

他坚决请求入宫面见皇帝。

掌管禁军的韩长鸾当然坚决不许，派人把他推出去。

祖珽要无赖，坐在地上坚决不肯走。

然而，在韩长鸾面前要无赖，就相当于在太监面前要性感一样——除了丢人现眼，什么也得不到。

韩长鸾把祖珽大骂了一顿，随后让几个士兵抓住他的手脚，像屠夫拎着待宰的嗷嗷叫的猪猡一样，强行把他拖了出去。

随着祖珽的失势，汉官集团也遭到了灭顶之灾。

事情的经过是这样的：

高纬打算去晋阳，国子祭酒（相当于国家最高学府的校长）张雕联络了一批汉人文官，联名上书说，如今陈军北侵，淮南战事正紧，皇帝在这个时候北巡，会让人误解为害怕敌军，影响士气。

这可让韩长鸾抓到了把柄，他对高纬说，这些汉官联名上书，这是结党啊，干脆杀了他们！

高纬对韩长鸾向来是言听计从，想都没想就同意了。

于是，韩长鸾借机把张雕以及崔季舒、封孝琰、刘逖等汉人官员全部诛杀。

至此，以祖珽为首的汉官集团被一网打尽，以陆令萱、韩长鸾为首的恩幸集团彻底掌控了局势。

现在的北齐帝国朝廷中，有德有才的忠臣——比如斛律光、高长恭，没了；

有才无德的能臣——比如祖珽、崔季舒，也没了；

朝中留下的，只有那些无德无才的佞臣——比如陆令萱、穆提婆、韩长鸾、高阿那肱……

这样的国家，不灭亡还有天理吗？

王琳传奇

事实上，就是在这段时间，陈朝大军在吴明彻的率领下继续攻城略地，如入无人之境，仅仅几个月的时间就占领了江淮之间的几乎全部土地。

只有淮南重镇寿阳暂时还在北齐的手里。

北齐寿阳守将正是当年陈霸先的老对手王琳，他是在尉破胡兵败后，临危受命，奉命防守寿阳的。

吴明彻趁王琳立足未稳，四面猛攻，很快就攻下了寿阳外城。

王琳则退守内城，坚守待援。

高纬派大将皮景和率数十万大军前往救援。然而皮景和畏惧陈军的声势，行军速度比每秒120帧的慢动作还要慢，拖拖拉拉，磨磨叽叽，到了淮河北岸，他就驻军不进了。

高纬屡屡派人催促，他才勉强渡过了淮河，但到了离寿阳还有三十里地的时候，他又停下来了。

此时，王琳困守孤城已经三个月之久，几乎已经弹尽粮绝。

而陈军由于久攻不下，士卒疲惫，加之北齐援军逼近，将领们害怕被北齐军内外夹击，纷纷要求撤军。

吴明彻却不以为然：敌援军人数虽多，却结营不进，自挫其锋。我料其必不敢战，不足为患。

他没有退兵，而是引淝水灌城，又调动全部兵力，日夜急攻。

寿阳城内的王琳看见援军逗留不进，恨得手痒，急得心焦，气得肝颤，却毫无办法。

几天后，他终于支持不住，城陷被俘。

听说寿阳陷落，皮景和吓破了胆，就像负责在远处望风的小偷看见同伙被抓一样，他慌忙撒开腿向北逃窜，丢下了大批粮草辎重。

搞笑的是，皮景和逃回京城后，居然得到了高纬的赏赐，理由是全军而还，没有损失兵马。

有功必杀，有过必奖，高纬的想法，也许只有单细胞生物才可能理解。

再看王琳。

陈军中有不少将士曾是王琳的旧部（当初王琳失败后他们大多归顺了陈朝），看到十三年未见的旧主，看到当年崇拜的偶像，他们都唏嘘不已，泪流不止，争先恐后地安慰王琳，争先恐后地给王琳送礼，争先恐后地为王琳向吴明彻求情。

看上去，这哪里像被抓的俘虏，简直像来视察的国家首脑！

本来，吴明彻打算把王琳等人押送到建康，现在，他却改变了主意。

王琳绝不能留！

这个人的魅力太大了，只要他振臂一呼，就一定会有千万人追随他，就像后世的拿破仑只身一人从流放地回到法国，马上就有千万人追随他一样！

于是，他派人追上了已经在路上的王琳，于寿阳城外二十里，将其斩首。

围观者哭声如雷。

有人带着酒肉前来祭奠，收其血而去。

江淮之间的田夫野老，闻之无不痛哭。

王琳被杀后，他的首级被送到了建康，悬于闹市示众。他的老部下朱玚不忍心看旧主的头颅在外面风吹日晒雨淋，便冒死上书，请求将旧主下葬。

陈顼被其忠义所感动，答应了他的要求。

朱玚随后将王琳的头颅送到寿阳，埋葬在八公山，下葬时前来祭拜的故旧有数千人之多。

之后，朱玚又偷偷来到了北齐国都邺城。他觉得，王琳是为北齐而死的，他要为王琳讨回荣誉。

经过朱玚不懈的努力，他最终如愿以偿——北齐朝廷追赠王琳为都督十五州诸军事、扬州刺史、侍中、录尚书事，谥忠武王。

寿阳的五个义士把王琳的灵柩送到了邺城，王琳在北齐又得到了一个备极哀荣的葬礼。

这一切很让人奇怪。王琳，一个失败者，甚至某种程度上也可以说是一个叛国者，怎么会有这么多的粉丝？

很简单，因为他是王琳——一个天生让人着迷的人，一个天生充满个人魅力的人。

活着，有人愿意为他出生入死；死了，依然有人愿意为他出生入死。

也许他曾经落寞，也许他曾经落魄，但他从不寂寞。

也许有人不认识他，也许有人还会敌视他，但没有人会小视他。

他失败了，却赢得了别人的敬重！

第十六章　已报周师入晋阳

国色天香冯小怜

寿阳陷落的消息传到邺城时，高纬正和穆提婆、韩长鸾等人玩握槊，穆、韩两人对此毫不在意，仿佛只是吃烧饼时掉了一粒芝麻一样，轻描淡写地说，寿阳本来就是他们的，随他拿走好了。

高纬的情绪倒是有些低落，穆提婆劝他说，假使国家尽失黄河以南，犹可做一龟兹国（古代西域国名，今新疆阿克苏一带）。人生苦短，应及时行乐，何必为此忧愁！

听了穆提婆的话，高纬一下子释然了，继续和他们开心地玩了起来。

而陈军在攻克寿阳之后，又继续北进，很快攻占了北齐的南徐州（今安徽凤阳）、济阴（今山东定陶）等地，把领土扩展到了淮河以北。

陈军的一支先头部队来到了北徐州（今山东临沂）。

北徐州守将不是别人，正是被贬到此地不久的祖珽。

此时祖珽面临的形势万分危急——城外百姓纷纷倒戈，城内士兵不多且尚未来得及集结，当然他更指望不上朝廷的救援，因为韩长鸾之所以要把他派到北徐州，正是为了借陈人之手除掉他！

沧海横流方显英雄本色，紧急关头方显祖珽奇谋。

他下令打开城门，士兵全都待在屋内，街上禁止任何人出入。

陈军到达城下的时候，意外发现这是一座空城。他们此刻的感觉就和现在我们收到中奖短信时是一样一样的：这是不是个骗局？

正当他们举棋不定犹豫不决的时候，祖珽突然命令部下大声鼓噪，陈军主将大惊失色：果然里面有埋伏！

于是他慌忙下令退兵。

往回走了几十里后，陈军主将才勉强回过神来，他不甘心就这样白跑一趟无功而返，便抱着试试看的心情，又率军回到了北徐州城下。

此时祖珽早已率部在城外列好阵势，他披挂整齐，一马当先，频频向陈军弯弓射箭，陈军前面的兵士纷纷倒下——虽然祖珽什么也看不见，可是他有常人难以企及的听力！

陈军主将此前听说祖珽是个瞎子，以为是个可以轻松拿下的软柿子，现在看祖珽那个矫健的样子，威猛得像头狮子，哪里有一点点盲人的影子？

这他妈到底是盲人还是神人？

未及交战，陈军主将就心生怯意，相持一段时间后，他就退兵了。

盲人上演空城计，击退敌军解危机。

善于创造奇迹的祖珽又创造了一个奇迹！

但这也是他创造的最后一个奇迹，因为之后没过多久，他就死在了北徐州。

有人把祖珽称之为千古第一两面人。

心怀大志，才华横溢，文武双全，谋略过人，善于治国是他的一面；

品行低下，卑鄙无耻，偷窃成性，贪财好物，陷害忠良是他的另一面。

有时他的表现像个力挽狂澜的英雄，更多的时候却是奸诈下作的小人；

有时他的表现像个为国尽忠的忠臣，更多的时候却是危害国家的奸人；

有时他的表现像个直言劝谏的直臣，更多的时候却是曲意逢迎的佞人。

他是中国历史上唯一的一个盲人宰相，然而却从来没有人把身残志坚、自强不息这样的褒义词加在他身上！

在中国历史上，他不是最坏的宰相，也不是最有名的宰相，但他是反差最大、矛盾最多、令人最不可思议的宰相。

他是北齐这个独一无二的奇葩王朝中产生的一朵独一无二的奇葩！

祖珽死去的消息，就如一根鸡毛落到水面上一样，在北齐朝廷中没有引起一丝波澜，高纬和他的宠臣们依然在醉生梦死。

小顽童高纬喜欢玩各种稀奇古怪的游戏，比如扮成士兵打仗，扮成商人卖货，甚至扮成乞丐讨饭……

时间长了，所有的游戏都玩腻了，没头脑高纬现在成了不高兴，不高兴的原因是没有新奇好玩的游戏玩。

南阳王高绰的到来，给他带来了新的乐趣。

高绰是高纬的哥哥，比高纬早生了几个时辰。可惜他虽然没有输在时间上，却输在了输卵管上——他的母亲不是皇后，所以帝位也就轮不到他。

长大后他被外放，担任定州刺史。

这家伙天性凶残，在定州几年间干的坏事，比西门庆一辈子干的房事还多。

举个例子吧，他爱养一种体形很大的波斯狗。一次他在大街上遛狗，看见有个抱婴儿的女人，他竟然把婴儿抢过来喂狗，女人大哭，他又让狗去咬女人。这狗可能是只母狗，也可能是吃饱了，所以它对那女人没有兴趣。高绰又让人把孩子的血涂在女人身上，再让狗去扑咬……

由于民愤实在太大，高纬下令把他免职，并将其抓到了京城。不过高纬并没有处罚他，而是给他出了一个题目：你觉得什么游戏最好玩？

这个问题对于高绰，套用一句广告语就是"so easy"！

他不假思索地说，把很多蝎子放在盆里，再往盆里放一只猴子，那个很好玩。

高纬一听，兴趣马上就来了，他立刻让人去抓蝎子，一晚上抓了两三升，然后让一个宫女脱光衣服躺到澡盆里，把蝎子放进去，顿时蝎子群起而蛰之，宫女惨叫连连……

周围的人都感觉毛骨悚然，高纬却觉得兴致盎然，对高绰说，这么好玩的事，你怎么不早说？

从此，高绰成了指导高纬玩耍的高参，两人整天在一起疯玩。高纬的心情那个爽啊，套用一句广告语，就是"妈妈再也不用担心我的学习了"——不对，是"妈妈再也不用担心我的游戏了"。

不过，时间长了，就如人老在同一个馆子里吃饭迟早会吃腻一样，高绰对高纬的吸引力也慢慢下降了。

也不知高绰什么地方得罪了韩长鸾，韩长鸾对高绰意见很大，诬告其谋反，还说这是大罪，罪不容赦。

在高纬的心目中，哥们儿韩长鸾显然要比哥哥高绰重要得多，他毫不犹豫地听从了韩长鸾的意见。

估计这段时间受了高绰的熏陶，高纬在处死高绰的时候，很有高绰的风格——他让胡人大力士和高绰玩游戏，一不小心把高绰给掐死了。

当然，除了玩游戏，高纬更喜欢玩女人。

穆黄花当上皇后没多久就失宠了，高纬移情别恋，喜欢上了曹昭仪，陆令萱护养女心切，便使了手段，将曹诬杀。

但天下美女何其多，野火烧不尽，春风吹又生，杀了曹昭仪，还有后来人。

曹昭仪死后，董昭仪、彭夫人、毛夫人、王夫人、李夫人等一大堆妃嫔先后得宠，穆黄花却越来越被疏远，远得连高倍望远镜都看不清了。

为了争宠，穆黄花一咬牙，使出了一剂猛药——把自己的婢女冯小怜献给了高纬。

猛药就是猛药，效果那是出奇得好——董昭仪等一帮从前的宠妃失宠了。

可是副作用也出奇得大——穆黄花更失宠了。

之后高纬只宠爱冯小怜一人。

冯小怜不仅长得千娇百媚，国色天香，而且善弹琵琶，能歌善舞。

第一次看见冯小怜，高纬的心就像风浪里的小船，晃荡不已。

这是他从未有过的感觉。

从此，高纬从一个滥情的色狼变成了专一的情圣。

从此，高纬与冯小怜坐则同席，出则并马，誓同生死。

沉浸在温柔乡里的高纬把朝政都交给了陆令萱、穆提婆、韩长鸾、高阿那肱等人，这些人大多不学无术，政事自然搞得是一团糟，按照《北齐书》的说法就是"乱政害人，难以备载"。

高纬穷奢极欲，一掷千金，据说仅为穆后采购一条裙子就花费了三万匹锦缎。宫殿也是修了没多久就推倒重来，一修再修，极尽奢华。

对手下，他出手也极为大方，外姓封王者数以百计，开府千余人，仪同无数。到后来，甚至连狗、马、斗鸡等他喜欢的宠物也都有开府、仪同之类的封号，每月都有俸禄——长见识了吧，不要以为狗官仅仅是骂人的词语，历史上还真的有真的狗官，嘿嘿！

到了后来，国库空虚，卖官也就成了常事，担任地方官的大多是富商大贾，他们为了收回投资，全都竞相贪纵，搞得民不聊生。

周武帝灭佛

也许有人要问了，这几年北齐如此混乱，一直有心伐齐的北周皇帝宇文邕为什么一直都没有动手呢？

因为宇文邕现在正在厉行改革，整顿内政，革除宇文护时代的积弊，为伐齐做准备。

公元572年十月，宇文邕亲政后不久，就下令"江陵所获俘虏充官口者，悉免为民"，后来他又多次下诏要求释放奴隶，赦为良民。此举改变了自东汉末年以来豪门大族大肆蓄奴的传统，意义十分重大，其对国家的好处也显而易见——既增加了户口，又改善了财政。

宇文邕崇尚节俭，为此他特意颁布诏书，提倡百姓在婚嫁祭祀等活动中不得铺张浪费。同时他以身作则，身上只穿粗布衣服，晚上只盖粗布被子，后宫嫔妃只有十余人。

他发现行宫上善殿过于华丽，便马上下令将其烧掉。这么做看起来似乎有些过分（唉，就算不住人，开个帝宫 KTV，生意也肯定好啊），但对当时奢靡的社会风气显然有着巨大的震慑作用。

在军事上，宇文邕对府兵制进行了完善。原先府兵中的几大柱国都自成体系，现在宇文邕把府兵中的军士改称为侍官，统归皇帝直接统辖。为了扩大兵源，他鼓励百姓从军，广募汉人入伍，免除其赋役，从此汉人开始成为府兵中的主体，兵农合一的制度也逐渐形成。

这期间，宇文邕还干了一件大事——灭佛。

南北朝时佛教极为兴盛，北魏末年，据说有寺院三万多所，僧尼二百多万人。到了北齐、北周并立的时期，佛教的势头就更大了。北齐的高洋笃信佛法，为此甚至还取缔道教，强迫道士剃度为和尚；北周的奠基人宇文泰以及后来掌握朝政的宇文护也都是虔诚的佛教徒。

当时的北周境内，寺庙林立，佛像成群，僧侣们广占良田，隐瞒丁口，蓄养奴婢，而且不交赋税，既与国家争利，也与国家争人，极大地影响了财政收入，也极大地妨碍了经济发展。

宇文邕本人尊崇儒学，对佛教不感兴趣，为了增强国力，扩大财源和兵源，他把矛头对准了佛教，他想要的是：求兵于僧众之间，取地于塔庙之下。

他做事稳健，从来不打无准备之仗，在灭佛措施发动之前，先做足了理论文章。

公元 573 年十二月，他亲自召集知名的儒生、道士、僧侣，在朝堂上辩论三教优劣，最后他利用皇帝的权威，强迫确定了三教的次序：儒学为首，道教次之，佛教最末。

公元 574 年五月，他又再次召集儒、释、道三家进行辩论，被他寄予厚望的道教界首席谈判代表道士张宾，显然辜负了他的信任，在与佛教界首席谈判代表高僧智炫的辩论中，处于明显下风，连连败退。

宇文邕心里那个气啊，恨不得把张宾那不中用的破嘴给撕成菊花。最后他只得亲自上阵，帮道教拉偏架，洋洋洒洒地列举了三大理由五大根据十大原因，指责佛教不净。

智炫没有辩解——估计也辩解不了，只好反唇相讥：内什么，内什么——道教更加不净！

场面陷入了僵局。

本来宇文邕只想罢斥佛教，现在看到僧侣们以道教为要挟，阻止对佛教的指责，一下子就有了新的念头：既然你说道教更加不净，那就让你们两家同归于尽！

于是，他下诏禁止佛、道两教，经、像全部捣毁，所有和尚、道士都强制还俗为民，寺庙当做住宅卖了，寺院财产，悉数入官，寺院奴婢，全部释放。

当然，宇文邕灭佛也遇到了很大的阻力，名僧慧远就曾赤裸裸地威胁他：地狱不分贵贱，陛下你难道不怕下地狱吗？

然而宇文邕对此嗤之以鼻——他根本就不信佛，用地狱来威胁他，就好比用不准结婚来威胁一个太监一样，注定是毫无作用的。

这就是在中国佛教史上著名的"三武一宗灭佛"之一的"北周武帝灭佛"。

通过这次灭佛，宇文邕为政府增加了大量的财富，获得了大量的人口，大大增强了北周的实力。

这几年的北周，还有两件事也不得不提。

一件是卫王宇文直的叛乱。

由于没有得到他心仪的大冢宰职务，宇文直一直心怀怨恨，公元574年六月，趁宇文邕去外地视察，一向胆大包天的他干脆在长安起兵造反，没想到他心比天高，造反的水平却比癞蛤蟆跳高的水平还低——仅仅一天就被辅佐太子的右宫正尉迟运（尉迟迥之侄）平定，之后他被废为庶人，不久被杀。

另一件是在当时看来是挺一般的平常事，但对中国历史的影响是非同一般的——没有这件事，也许根本就不会有后来的隋朝！

什么事呢？

太子宇文赟的婚事。

公元573年九月，宇文邕为十五岁的太子宇文赟纳随国公杨坚之女——十三岁的杨丽华为太子妃。

杨坚是杨忠的长子，公元568年杨忠去世后，他继承了随国公的爵位。

按照正史的说法，此人的相貌极为奇特，具体来说就是：

龙颔——下巴往前突出，无论是挂个奶瓶醋瓶酱油瓶，还是吊点鸡蛋鸭蛋蛇皮袋，都非常好使；

额上有五柱入顶——额头上有五个隆起部分直到头顶；

目光外射——目光像刀子一样犀利，使人不寒而栗；

有文在手曰"王"——手纹像"王"字（我也特意看了一下自己的手纹，发现居然是个"爪"字，怪不得我那么喜欢啃鸡爪、猪爪还有自己的手指，天意啊）；

长上短下——上身长，下身短，蹲着和站着差不多高，蹲坑方便的时候特方便。

这副尊容，按现在的审美标准只有两个字，怪、丑——如果上"非诚勿扰"这类的婚恋节目，估计一上台肯定24盏灯全灭。

但在当时，他的长相却被认为是奇伟，据说宇文泰看到年幼的杨坚就情不自禁地称赞道，此儿风骨，非世间人。

杨忠的老战友独孤信也觉得杨坚仪表非凡，极为欣赏，把自己的小女儿独孤伽罗嫁给了他。

作为官二代，杨坚很早就出仕了，先后担任散骑常侍、小宫伯、隋州刺史等职。

宇文护专权的时候，曾经想重用杨坚，父亲杨忠告诫他说，两姑之间难为妇，汝其勿往！——两个婆婆之间最难做媳妇了，你千万别去！

这句话说明了杨忠非比寻常的政治头脑。

的确，当时皇帝宇文邕和权臣宇文护貌似亲密无间，实则矛盾重重，形势复杂，前景未明，在这种情况下处事，就如同大雾天在高速公路上行车一样——必须足够小心，切勿和其他车辆靠得太近，否则极容易发生意外。

杨坚听从了父亲的建议，婉言拒绝了宇文护的拉拢，如履薄冰地在宇文邕和宇文护之间保持着足够的安全距离。

宇文护对杨坚这种态度自然是不满意的，难免要给他小鞋穿，不过凭借小心谨慎的作风，凭借父亲关系网的保护，杨坚总算平平安安地挨到了宇文护倒台的一天。

杨坚如今的职位是大将军。

他的事业才刚刚开始，现在让我们继续把目光投向宇文邕。

更请君王猎一围

经过三年的励精图治，北周的国势日渐强盛，宇文邕开始有了对北齐用兵的想法。

公元575年三月，勋州刺史韦孝宽上疏，献上了著名的《平齐三策》。

上策是：我军主力出轵关（今河南济源），同时广州（治所今河南鲁山）部队从三鸦（今河南鲁山西南）出兵，山南（嵩山以南）部队沿黄河而下，北面遣军截断并州（今山西太原）、晋州（今山西临汾）之间的交通，百道俱进，直趋北齐国都邺城，必能一举成功。

中策是：联合陈国，不断骚扰对方，等对方疲敝后再大举进攻。

下策是：表面结好，养精蓄锐，等待时机。

三策中的上策自然是韦孝宽心目中的上策。

他主张主力部队从黄河以北出兵，一改当年宇文泰、宇文护主攻洛阳的传统攻齐路线，充分反映了其独到的战略眼光。

韦孝宽的《平齐三策》让宇文邕坚定了伐齐的决心。

为此，他做了充分的准备。

他多次和齐王宇文宪、内史大夫王谊秘密商议伐齐之事，同时派纳言卢韫去安州（今湖北安陆）听取安州总管于翼的意见。

于翼是北周开国元勋于谨的次子，也是宇文邕的姐夫（其妻是宇文泰之女平原公主），他提出的建议是：将欲取之，必先予之。将欲攻之，必先缓之。我们可以在边境上减少兵力，缓解双方的敌对紧张状态，让对方失去警惕，然后攻其无备，一击致命。

宇文邕依计而行。

同时，他又派遣使者出使北齐，一方面是主动示好，以进一步麻痹对方；另一方面则借机搜集敌方情报。

一切准备妥当后，宇文邕开始行动了。

公元 576 年七月二十五日，他正式下诏，宣布伐齐。

这次他动员了整整十八万兵力，兵分六路，六箭齐发。

主力部队由皇帝宇文邕亲自挂帅，率军六万，出潼关，直扑洛阳。

这六万人分为前后六军：

陈王宇文纯（宇文泰第九子）、荥阳公司马消难（高欢的老朋友司马子如之子，后因受到高洋猜忌，于公元 558 年叛逃至了北周）、郑国公达奚震（达奚武之子）为前三军总管，越王宇文盛（宇文泰第十子）、周昌公侯莫陈琼（侯莫陈崇之弟）、赵王宇文招（宇文泰第七子）为后三军主管。

另外的五路是：

齐王宇文宪率军二万进军黎阳（今河南浚县）；

常山公于翼率军二万进军汝（今河南汝南）、陈（今河南淮阳）；

梁国公侯莫陈芮（侯莫陈崇之子）率军二万出太行道（太行八径之一，今河南沁阳西北）；

申国公李穆率军三万进军轵关（今河南济源）；

随国公杨坚率水军三万从渭河转入黄河，顺流而下。

从这里可以看出，此时北周关陇集团的新生代已经全面接班，各支部队的主帅，除了老将李穆外，其他大多是太子党，要么是宇文邕的兄弟，要么是当年六柱国十二大将军的子侄——小子我不得不感叹，南北朝真是个拼爹的时代，即使是英明的宇文邕当政也不例外，在那个时候，天将降大任于斯人也，必先看其出身，看其出身，看其出身……

对宇文邕这次的部署，也有人提出了不同意见——当然不是反对太子党掌握部队，而是觉得进军路线不对。

大臣宇文弼、赵熲（读jiǒng）、鲍宏等人认为北齐在洛阳布有重兵，难以攻下，而且洛阳地处四战之地，即使攻下了也不容易守住，不如从北路河东一带进军，经平阳（今山西临汾），直取晋阳。

宇文邕没有听从——他做出的决定，从来都十分坚定，绝不会轻易否定。

出兵前，他下了一条命令：禁止砍伐树木，践踏庄稼，违者，斩！

一路上，周军军纪严明，秋毫无犯。

周军的开局非常顺利，宇文宪攻占了武济（今河南孟津），进围洛口（今河南巩义东北），并纵火焚烧了浮桥，这样洛阳和黄河以北之间的交通只剩下了河桥。

于翼、李穆等人也是连战连捷。

宇文邕则率周军主力，很快攻取了河阴大城。

河阴大城地处黄河南岸，是北齐为防守河桥而设置的河桥三城之一——另两座为河桥北面的北中城，以及建于河中沙洲上的中潬城。

宇文邕随后又乘胜攻打中潬城，然而在这里，他却遭到了顽强的抵抗。

驻守中潬城的是北齐永桥大都督傅伏，他倚仗地利，率部死守。

只要北周军开始攻城，城上就滚木齐下、滚油齐泼、礌石如雨、火箭如蝗，甚至有时还动用了生化武器——粪水。

北周军日夜围攻了二十多天，死伤惨重，却始终无法攻进中潬城。

屹立在黄河中流的中潬城，成了北周军无法摧毁的中流砥柱！

由于在中潬城受阻，宇文邕不得不转变进攻方向，掉头攻打洛阳西北的金墉城。

金墉城守将是北齐洛州刺史独孤永业，宇文邕亲自指挥攻城，却依然无法攻克。

随着时间的推移，宇文邕的心情也越来越着急。

此时传来了他最不愿意听到的消息，北齐右丞相高阿那肱率领的北齐援军已经到了黄河北岸的河阳！

宇文邕急火攻心，竟然病倒了。

本来就是战事遇挫，士气低落。现在敌援军来了，自己又病了，这仗再打下去还有胜算吗？

考虑再三，宇文邕决定退兵。

宇文宪、李穆、于翼、杨坚、侯莫陈芮等其他五路周军也随之退兵，攻占的三十余座城池也不得不全部放弃。

声势浩大的第一次伐齐就这样草草收场。

踌躇满志而来，垂头丧气而返，对着香炉打喷嚏——碰了一鼻子灰，宇文邕的心情就和第一次对心仪的女生表白却反遭羞辱的男生一样失望。

但他并没有失去信心——他相信自己一定会成功，就像他相信太阳一定会再次升起一样。

对于挫折，他从来只把它当成命运对他的雕琢，而不会把它当成命运对他的刁难。无论遇到多大的挫折，他都不会改变自己的目标。

公元576年九月，经过一年的休整，宇文邕决心再次伐齐，他的目标还是跟上次一样，那就是灭掉北齐，统一北方！

目标是不能轻易调整的，否则你就会变成不知去哪里的迷路者；但路线是必须根据实际随时修正的，否则你就是撞了十次墙也不掉头的二货。

有了上次进攻洛阳的失败教训，这次，宇文邕决定接受宇文弼等人的意见，改变进军路线。

在战前的会议上，他对诸将说，晋州（治所平阳，今山西临汾）乃敌方要地，今往攻之，敌必来援。我严阵以待，攻之必克。然后我军乘胜东进，定能一举荡平齐国！

没想到将领们的态度却并不积极——毕竟，现在距离去年的失利，满打满算也才勉强一年！就是流个产，刮个宫，你也得起码要休养个两三年才能再次受孕，何况经历了这么严重的失败！

宇文邕的话却非常坚决，掷地有声：如今齐国朝廷昏乱，国家大事如同儿戏。此乃天赐良机。天与不取，将来必会后悔！我意已决！凡有阻挠者，军法从事！

公元576年十月，宇文邕再次御驾亲征，出兵东伐。

这次的部署是这样的：宇文邕自领中军，以越王宇文盛、杞国公宇文亮（宇文导之子）、随国公杨坚为右军主帅，以谯王宇文俭、广化公丘崇等为左军主帅，齐王宇文宪、陈王宇文纯则统领前军。

北周军一路势如破竹，很快就到了平阳城外。

宇文邕用兵稳健，他先分派诸将据守各处关隘，阻击北齐援军，自己则亲临平阳城下督阵，指挥攻城。

北齐守将海昌王尉相贵一面据城死守，一面不断派出使者，向正在晋阳的皇帝高纬告急，请求援兵。

然而时间一天天地过去，使者一个个地出去，援军却迟迟没有到来。

眼看着：援军远在天边，敌军近在眼前；援军遥遥无期，敌军一望无际；援军久呼不应，敌军攻势强硬……

困守孤城的北齐守军逐渐失去了耐心，失去了信心，也失去了忠心——行台左丞侯子钦和晋州刺史崔景嵩先后向周军投诚，接应北周军攻入了城内。

平阳就此落入了北周之手，包括主将尉相贵在内的守军八千人全部被俘。

但有一个问题，不仅仅是尉相贵，就连宇文邕也百思不得其解——高纬和北齐军主力所在的晋阳，距离平阳不过才五百里，骑兵不到三天就能抵达，这么长时间过去了，援军，高纬派出的援军到哪里去了呢？

这些天，高纬正陪着他心爱的冯小怜，在晋阳城郊外的天池打猎。

白天打猎物，晚上抱尤物；白天在山中看着一座座高峰突起，晚上在宫中享受着一阵阵高潮迭起，这样的日子，令高纬心旷神怡，心满意足，心中颇有那种"人生如此，夫复何求"的感慨。

快乐的时间总是过得特别快，一晃很多天过去了。

这段时间，从平阳来的使者一个接一个地过来，告急文书一份接一份地送来，但高纬一份也没有见到——全被在外面护驾的右丞相高阿那肱挡住了。

在高阿那肱的眼里，再大的事情也比不上领导的心情，让皇帝开心是他职业生涯的第一准则（这也是所有马屁精共同的第一准则），因此他不以为然地对使者说，边境冲突，乃是常事。如今皇帝兴致正高，怎么可以扫他的兴呢？

使者急得直跳脚，他却坐太师椅上悠闲地跷着双脚：对不起皇帝正忙请勿打搅。

就这样，时间一天接一天地过去，使者一个接一个地过来，直到有一天，最后一个使者带来了一个石破天惊的消息：平阳已陷！

平阳落入北周手中，这是北齐立国以来从来没有的事！

这下高阿那肱不敢再怠慢了，慌忙向高纬汇报。

听到这个消息，高纬也急了——平阳是晋阳的门户，平阳失守，晋阳就危急了！

一定要把平阳夺回来！

他连忙下令立即返回晋阳，集结部队，反攻平阳。

意想不到的情况出现了。

冯小怜不同意。

她玩得意犹未尽，不肯就这么回去，便拉着高纬的手撒娇说，陛下，别这

260

么急嘛，陪我再杀一围，好伐啦？

在高纬的眼里，冯小怜就是他的一切，其他所有的一切和他的小怜相比就像萤火虫和皓月相比一样——是那么的微不足道。他的心声正如那首歌所说的：我愿意为你，被放逐到天际……我什么都愿意，什么都愿意，为你……

为了冯小怜，他什么都愿意。

他当然不会拒绝冯小怜的请求，就像鱼不会拒绝水、向日葵不会拒绝阳光一样。

于是，他把所有的一切都抛到脑后，陪着他的小怜继续兴致勃勃地打猎，直到尽兴为止。

这就是唐朝诗人李商隐那句著名的"晋阳已陷休回顾，更请君王猎一围"的由来，不过他老人家似乎远不如我老人家严谨——其实这里错了一个字，应该改成"平阳已陷休回顾，更请君王猎一围"才符合史实。

高纬在这边卿卿我我，宇文邕的动作却是迅疾如火。

占领平阳后，他马上派宇文宪继续北上，很快又攻占了洪洞（今山西洪洞）、永安（今山西霍州）等地，后来幸亏有北齐守军焚毁了通向晋阳的桥梁，这才勉强止住了北周军的攻势。

此时，高纬总算回到了晋阳，在晋祠大集诸军，随后他带着冯小怜，率军南下，与宇文宪对峙。

然而宇文宪却神不知鬼不觉地撤军了——因为他接到了宇文邕退兵的指令。

处事稳健的宇文邕觉得北齐军新到，气焰正盛，决定避其锋芒。

他任命大将梁士彦为晋州刺史，率军一万留守平阳，自己准备率大军返回北周。

大将宇文忻（宇文贵之子）极力劝谏，齐国主暗臣愚，士无斗志，即使有百万之众，又有什么可怕的！

宇文邕不停地点头：你说的不错。

然而他却并没有听从宇文忻的意见，还是撤军了，不过，他留了一手——让宇文宪率军六万驻守在涑川（今山西闻喜一带），遥为平阳声援。

宇文邕的举动让人难以理解。

关键时刻，他怎么就怯战了呢？难道他和某些公共场所的摄像头一样——每到关键时刻就要失灵？

非也。

毕竟北齐立国二十多年，历来猛人辈出，在双方的战事中，北周几乎从来没占过多少便宜。

也许一向处事稳健的宇文邕是在试探——让梁士彦作为诱饵，试探北齐军的实力。如果高纬一下子把平阳攻破了，那说明你雄风犹在，我就到此为止；如果你久攻不下，那就对不起了，我大军马上卷土重来，给你致命的一击！

自作孽，不可活

公元576年十一月四日，北齐大军推进到平阳，随即把平阳城围得水泄不通，日夜不停地攻打。

在北齐军的猛烈攻击下，平阳城上的城楼都被摧毁，城墙也损毁严重，残存的城墙只有七八尺高——跟一般男人的平均身高差不多，爬上去比大学生爬学校围墙要轻松得多，因此北齐军经常登城与北周军短兵相接。

形势万分危急！

梁士彦慷慨激昂地对将士们说，死在今日，吾为尔先——看来今天要战死在这里了，让我来做你们的表率吧！

他身先士卒，一直战斗在和北齐军作战的第一线。

在主帅的激励下，北周军士气大振，无不以一当百，一次次地击退了北齐军的进攻。

北齐军伤亡惨重，不得不暂时停止了进攻。

梁士彦乘机发动城中所有的男女老少一起上阵，连夜修理遭毁坏的城墙，很快就整修完成。

久攻不下的北齐军又开始挖掘地道，这一招果然奏效，由于地基塌陷，城墙一下子被撕开了一个宽达十余米的大口子，北齐军顿时像水库堤坝崩塌时的洪水一样势不可当地涌了过来……

梁士彦率军死守在缺口处，然而他拼尽全力，还是难以挡住越来越多的北齐军。

就在他感到无力回天的时候，怪事发生了！

北齐军的进攻竟然停止了！

实在是难以置信！比公狗长出鹿茸、母鸡挤出牛奶还令人难以置信！

为什么？

梁士彦百思不得其解。

其实，不光是他，所有的北齐军也都难以理解。

因为他们接到了一个奇怪的命令：暂缓攻城！

这个命令是皇帝高纬下的，他想让他心爱的冯小怜来亲眼观摩北齐大军攻进平阳城——这样的机会可是难得遇见的，小怜一定从来没看过，她一定会很开心，一定会觉得大开眼界。

美女都是注重形象的，冯小怜也不例外。

为了光鲜靓丽地出现在大众面前，她精心化妆，梳头，画眉，搽粉，涂胭脂，抹口红，戴首饰，穿齐P小短裙，一心一意，一板一眼，一丝不苟，一个时辰过去了……

终于，她打扮好了，风情万种仪态万方地出现在平阳城外。

然而让她大失所望的是：期待中的北齐军破城而入的精彩场面，却并没有出现在她的视网膜上。

其实这是必然的。

因为这不是演习，更不是演戏，而是生死攸关、分秒必争的战场；这也不是按了暂停键一切就会停止的DVD，你暂停了，敌方可不会暂停！

所以等冯小怜款款而来的时候，北周军早已用木栅堵住了城墙的缺口！

北齐军就这样失去了宝贵的破城机会！

高纬心里很难受，不是为没有攻进平阳而难受，而是为让小怜白跑了一趟而难受。

不过他很快就找到了补偿的机会，因为冯小怜又有了新的主意——她听说平阳城西面的巨石上，有古代圣人的遗迹，想到那边去玩。

高纬当然满口答应。

可是，去那里要经过一座桥，而这桥离平阳城太近，在北周守军弓箭的射程范围内，一不小心就会导致美女变成野兽——被射成刺猬。

好男人不会让心爱的女人受一点点伤，更不会让心爱的女人冒一点点险，于是好男人高纬命士兵在远离平阳城的地方另造一座新桥。

然而造桥需要木料，战场上哪来那么多木头？

对高纬来说，这个问题一点也不难——常言道，拆东墙，补西墙，拿老爹的钱去补贴娘。我拆了自己的攻城器械，不就有木头了吗？

桥终于修好了，高纬和冯小怜兴致勃勃地前去参观，可过桥时，桥居然坏了，两人折腾了很久也无法过河，只好悻悻而归。

再一次让爱妃败了兴，高纬更加感到过意不去，为了防止小怜那像水晶一样纯洁而又脆弱的心灵碎成玻璃渣子，他决定加封冯小怜为左皇后，并马上派人回晋阳，去取皇后的衣服。

胜利在望却下令停止进攻，攻势正盛却下令拆除攻城器械——高纬的御驾亲征，不但没起任何作用，反而起了反作用；不但没有鼓舞士气，反而大大降低了士气。

北齐军全都心无斗志。

就这样，在高纬的无私帮助下，梁士彦创造了奇迹——整整一个月过去了，平阳城依然牢牢地掌握在北周军的手里！

高纬不愧是无愁天子，他一点也不担心，一点也不着急，因为他觉得平阳迟早会攻下来的——这只是时间问题。

问题是这不是在做 SPA，可以随时让老板加钟。

他已经没有时间了。

因为宇文邕又回来了！

公元 576 年十一月二十二日，宇文邕又再次下令集结部队，随后率军渡过黄河，与宇文宪会合，浩浩荡荡杀向平阳。

十二月六日，宇文邕率北周大军在平阳城外摆开阵势，部队长达二十余里。

宇文邕亲自骑马检阅部队，所到之处，都亲热地叫着将士们的名字，逐一勉励他们，看见皇帝对自己如此重视，如此热情，将士们全都心怀感激，热血沸腾。

而高纬除了留部分军队继续围城以外，也亲率北齐大军，列阵与北周军对峙。

两军之间隔了一条很深的壕沟——这条沟是北齐军为了阻止北周军的救援而挖的，位于平阳城南，并且和汾河贯通。

这条壕沟成了北周军进军的最大障碍。

然而高纬居然下令把壕沟填平了！

自己挖坑自己填，这怎么可能呢？

但有高纬这个活宝在，再荒唐的事都有可能。

他天生就有化平淡为狗血、化狗血为笑话的天赋，谁也别想知道他会干什么，因为连他自己也不知道他在干什么。

事情的经过是这样的：

高纬在阵前问宠臣高阿那肱，你说咱们是打呢，还是不打？

高阿那肱这个人在欢场上是勇猛如虎，在战场上却是胆小如鼠，他回答说，别看我们人多，其实真正能打的不过十万，而且还有三分之一有伤病。过去神武皇帝（高欢）打玉壁，敌方援军来了就撤了，咱们的水平比得上神武皇帝吗？所以我的意见是，咱们别打了，退保高梁桥（在今山西临汾东北）。

但另一名宠臣安徒生，不对，是安吐根，却强烈要求出战：一小撮贼人，怕什么！我要把他们都扔到汾河里去喂王八！

安吐根这么一说，旁边有的太监们也兴奋起来了，一个个全都摆出那种没上过床却精通床上功夫七十二式的架势，纷纷怂恿高纬：他是天子，陛下也是

264

天子。他能远道而来，咱们为什么要守着壕沟示弱呢？

高纬感觉自己浑身的血都变成了鸡血，这鸡血还像醉鬼肚子里的酒气一样不停地往上涌，让他头脑热得不行，体温估计有四十二度。

高烧之下，他的话显得豪气干云：东风吹，战鼓擂，都是皇帝到底谁怕谁？宇文邕，就是菜，我让他看看我的厉害！

接着他又厉声训斥高阿那肱：你一个有种的大男人，居然还不如太监这些没种的东西，我看你以后不要叫高阿那肱了，叫高阿那公公好了。

随后他马上下令把壕沟填平，全军出动，向北周军发起进攻。

宇文邕对此求之不得，亲自指挥部队迎战。

此时，细心的随从发现宇文邕的坐骑是一匹极普通的战马，且经连日奔波，已十分疲乏，便请他换一匹好马再出战。

没想到宇文邕却厉声拒绝：不！我怎么可以和将士们骑不一样的马呢？

有这样一个甘愿与士卒同甘共苦的皇帝做表率，将士们的士气怎么可能不高呢？

与他形成鲜明对比的是他的同行——另一个皇帝高纬。

高纬和冯小怜、穆提婆等人骑着马，远远地在后方观战。

战场上的血腥场面让冯小怜脆弱的心灵受到了极大的冲击。

冯小怜习惯于玉体横陈，现在周围却是血肉横飞；冯小怜喜欢莺歌燕舞，现在周围却是刀光剑影；冯小怜习惯于娇喘连连，现在周围却是杀声震天。

这一切怎能不让她心惊胆战！

两军接触才几秒钟的工夫，看见北齐军的左翼稍微有一点点后撤，冯小怜就花容失色，用手捂住了眼睛，惊叫不已：矮油！我军败了！

从来没上过战场的穆提婆也吓坏了，大叫：陛下快走！陛下快走！

高纬这人的性格有点像豆腐。

豆腐，本身没有任何味道，和火腿在一起会吸收火腿的香味，和咸菜在一起会吸收咸菜的咸味；高纬呢，本身没有任何主见，和鼓动他出战的太监在一起他就想战，现在和鼓动他出逃的冯小怜、穆提婆在一起，他当然就毫不犹豫地想逃。

他拨转马头，赶紧带着冯小怜等人仓皇向晋阳方向逃窜。

北齐大将奚长乐慌忙追了上来，苦口婆心地劝说高纬，打仗的时候，进进退退都是常事，如今我军阵容齐整，并未落下风。陛下您怎么能就这样走了呢？请您赶快回去，以安定军心。

武卫将军张常山也赶了过来：陛下别走！刚才退下的部队，现在又集结好了，很完整，没有任何损失。不信，您可以派太监回去看。

听了他们的话，高纬这个墙头草又决定回去了：是啊，又没败，逃什么！

小子我看史书看到这里，不由得想到了一句话——愚者千虑，亦有一得，高纬总算误打误撞地做了一件正确的事。

但再看下去，小子我却想到了另一句话——烂泥扶不上墙，高纬做不对事。

高纬最终还是没回战场。

把高纬从正确道路拉回到错误路上的是在"全球智商比傻榜上"排名比高纬还高的穆提婆。

关键时刻，穆提婆紧紧地拉住了高纬的胳膊：陛下，您别相信他们说的话！快走！再不走可就来不及了！

在高纬心中，穆提婆的话一句顶别人一万句，于是，他不再迟疑，慌忙带着冯小怜等人向晋阳方向逃窜。

其实在这之前，北齐军真的没败——安德王高延宗统领的右军甚至占了上风。

但在这之后，北齐军真的败了——将士们全都没有了战意，连皇帝都逃了，我们为什么还要为他卖命？

失去了斗志的北齐军，就如失去了桥墩支撑的桥梁一样——顷刻间就垮了，他们全都四散奔逃，军资甲仗扔得到处都是。

北周军乘胜追击。

北齐军伤亡惨重，被杀的就有万余人，被俘的和逃亡的就更多了，只有高延宗临危不乱，率自己所部全军而还。

高纬一行一口气逃到了洪洞（今山西洪洞），这才稍微松了口气，停下来喘一喘气。

爱美的冯小怜则赶紧拿出镜子，开始整理自己被风吹乱的头发，补上被汗水化掉的妆容。

这时，她仿佛听见后面一片嘈杂，似乎有人在叫：周军来了！

冯小怜吓得魂飞魄散，赶紧拉着高纬继续往回逃。

又走了一段路，他们碰到了奉高纬命令回去拿皇后礼服的人。

对现在的高纬来说，全世界所有的东西他都可以放弃，但对冯小怜的承诺，他却绝不会放弃——即使是在狼狈不堪的逃亡路上。

他让冯小怜换上皇后服，举行了简单的皇后加冕仪式，兑现了自己的承诺。

随后他们又继续北逃，马不停蹄地逃回了晋阳。

镜头转到平阳。

北齐军全都退走了，经历了一个多月艰苦卓绝的战斗，梁士彦终于迎来了胜利的曙光，他摸着刚进城的皇帝宇文邕的胡须，激动万分，泪如雨下：臣差点见不到陛下了！

是的，他不能不感到后怕，如果不是对手高纬太过昏庸，平阳城估计早就易手了，他的军功章里，至少有高纬的一半！

看着这个满脸疲惫满眼血丝满身伤痕却依然满腔热情的爱将，宇文邕也满怀感动，禁不住热泪盈眶。

接下去宇文邕面临着一个新的选择：是见好就收还是继续进军？

他很矛盾，一方面他很想乘胜前进，直捣晋阳；另一方面他也知道，在经过连续两次长途奔袭后，将士们都已经十分劳累，连杀鸡的力气都快没了，何况要杀敌呢……

想来想去，他还是决定撤军。

就在他准备回军时，梁士彦拦住了他的战马，极力劝谏：齐军遭此大败，必然军心浮动。现在进军，定能成功。机不可失。千里马常有，这么好的机会不常有！

听了他的话，宇文邕改变了主意，他紧紧地握住梁士彦的手：好，听你的。就这么办！麻烦你帮我继续守住晋州！

随后他下令改变方向，继续北上。

然而很多将领却不愿意，依然请求撤军。

宇文邕厉声说道，卿等若疑，朕就独往！

这句话一出，就如猛虎一出，森林里所有的动物都不敢作声一样，所有的将领都没人敢再说一个不字。

北齐军主力在平阳失败后，高阿那肱收集残兵，将其分为两路，一路由他自己统率驻于高壁（今山西灵石东南），另一路则守卫洛女砦（今山西灵石南）。

但这些败兵早已成了惊弓之鸟，听说宇文邕大军要来，相距还有好几十里呢，高阿那肱就赶紧脚底抹油，溜之大吉；洛女砦也很快被宇文宪攻克。

随后宇文邕继续进军，北齐介休守将韩建业不战而降。

再看高纬。

高纬一路狂奔，跑回了晋阳。但他还是惊恐万分，惶惶不可终日，接下去怎么办？

他召集群臣商议对策。

群臣纷纷表态，决心要背城死战，以安社稷。

听完了大家的建议，高纬表示很不满意，然后说出了他的主意——让安德王高延宗、广宁王高孝珩两个堂兄留守晋阳，自己则去北朔州（今山西朔州），一旦晋阳有失，他就可以随时移民，逃往突厥。

此言一出，举座哗然——在国家生死存亡的关键时刻，在最需要皇帝来鼓舞大家的时候，皇帝居然要逃到国外去？

群臣纷纷表示反对：要保住国家，保住祖宗基业，保住江山社稷，陛下您就千万不能走！

但从来都没有主见的高纬，这回却是极有主见：保国关我屁事，保命才是大事。不行，我一定要走！

接着他唱了起来：大河向东流，天上的星星参北斗！说走咱就走，你有我有全都有。路见不平不要吼，该出走时就出走……

第二天，他就偷偷地派人把母亲胡太后、太子高恒等人送往北朔州。

随后，他又召见高延宗，任命他为相国、并州刺史，总领山西兵马，全权负责晋阳防务，对他说，这里就交给老兄你了，我要走了。

高延宗声泪俱下，极力劝阻：陛下您千万别走，我为您死战，一定能击退敌军，保住晋阳的！

高纬不为所动，现在要让他改变主意，比让地球改变转动方向还要难。

高延宗还想再说，穆提婆在旁边冷冷地说道，天子已经决定了，王爷你不要阻拦！

当天夜里，高纬就不告而别，带着一帮亲信斩门而出，准备北上投靠突厥。

但显然大家对离乡背井去鸟不拉屎的戈壁滩吃西北风根本不感兴趣，因此没走多远，随从们就纷纷逃散。眼看着自己就要变成真的孤家寡人了，在下属的劝说下，高纬无奈只得改变了路线，掉头南下，前往邺城。

此时他的身边只剩下高阿那肱、高孝珩等数十人。

穆提婆却不见了。

回到邺城后，高纬才知道穆提婆一出城就跑向了周军营地，投降了周军，被宇文邕封为柱国、宜州刺史。

爱得越深，伤得越深，恨得也越深。贪官背叛爱他的小三，小三会举报他；穆提婆背叛亲如兄弟的高纬，高纬当然也要报复他。

在无法报复穆提婆本人的情况下，他把怒气全部发泄在其家人身上，连奶娘之情也顾不上了——陆令萱被逼自杀，其家属则全部被诛。

穆提婆的投敌对北齐军的士气影响极大，连高纬最信任的宠臣都投降了，其他人还有什么顾虑？

宇文邕乘机下诏，敦促北齐将领以穆提婆为榜样，放弃抵抗，弃暗投明。

北齐各地的文臣武将纷纷响应号召，投降周军，其中包括深受高纬信赖的中领军贺拔伏恩。

很快北周大军就逼近了晋阳。

高延宗毫不畏惧，立即紧锣密鼓地组织防守。

然而此时高纬早已失去了人心，晋阳城内的军民都不愿再为他卖命。

留在晋阳的将帅唐邕、莫多娄敬显（莫多娄贷文之子）、段畅等人找到了高延宗。

唐邕的资格很老，高洋在位的时候他就深受重用，一直执掌外兵（北齐设外兵、骑兵二省，分掌兵马），是高洋最倚重的心腹爱将之一。高演、高湛执政时期，他依然地位很高，先后担任侍中、尚书令等多个要职，然而高纬上台后，他受到了高阿那肱等人的排挤，郁郁不得志。

唐邕等人对高延宗说，您如果不做天子，我们不能为您效命。

在这个时候当皇帝，好处是没有的，责任是大大的，就好像高纬吃了大餐却让他去付账、高纬干了坏事却让他去挨打一样，完全是赔本的生意。

但此时高延宗已经别无选择，无论是为了国家，还是为了高家，他都必须答应。

公元 576 年十二月十四日，高延宗在晋阳称帝，改元德昌。

刚一即位，他马上就把府库里的钱财和后宫的美女全部拿出来，赏赐将士们。

随后他又亲自接见守城将士，每见一人就握着对方的手，言语十分真挚，讲到动情处甚至涕泪横流，尤其值得一提的是，他称呼自己的不是朕，而是我高延宗。

高延宗的表现让大家非常感动，将士们士气大振，连城内的妇女儿童也拿着砖头石块自愿加入了守城的行列。

十二月十五日，也就是高延宗称帝仅仅一天之后，宇文邕就率领北周大军抵达了晋阳城下。

十六日，宇文邕亲自指挥，北周军从东南西北四个方向同时开始攻城。

北周军的军服、旗帜全都是黑色，此刻晋阳城的四周全是黑压压的一片，遮天蔽日日也暗，黑云压城城欲摧，令人不寒而栗。

高延宗任命莫多娄敬显等人守南门，段畅等人守东门，自己则亲自守北门——因为攻北门的敌将是北周最能打的宇文宪。

大胖子高延宗手提大槊，四处督战，劲捷若飞，所向无前，在他的激励下，北齐军斗志昂扬，一次又一次地击退了宇文宪一次猛过一次的疯狂进攻。

然而，老公再猛，如果老婆不行，肯定是无法怀孕的；高延宗再猛，如果搭档不行，晋阳城也是难以守住的。

　　问题出在了搭档身上——负责防守东门的段畅眼见北周军势大，于黄昏时分，打开城门投降了周军。

　　城门洞开，北周军蜂拥而至，纷纷冲进城去。

　　这其中包括身先士卒的皇帝宇文邕，他的心情非常振奋：晋阳，这个北齐的别都，这个高欢苦心孤诣营造的根据地，马上就要被自己踩在脚下了！

　　但他高兴得太早了，就如2005年冠军杯决赛3:0领先时的AC米兰球员一样。

　　仅仅几分钟后，形势就发生了惊天逆转。

　　这场大逆转的主角是高延宗。

　　听说东门失守，高延宗没有惊慌，而是马上率军从北面赶来增援，此时莫多娄敬显也率军从南面赶了过来。

　　在高延宗和莫多娄敬显的合力夹击下，北周军前锋抵挡不住，败退下来。一时间前面的人急着往后逃，后面的人急着往前冲，两股人流撞在了一起，各不相让，顿时乱成一团，狭窄的道路很快就被堵得水泄不通。

　　高延宗趁势率领北齐军从后面追杀。

　　众多的北周军此时全都挤在了一起，挤得犹如上班高峰期的上海地铁，挤得水桶腰都成了水蛇腰，挤得脚都站不稳，挤得悬浮在空中，挤得动都动不了，哪里还有什么还手之力。

　　就这样，率先冲进城内的几千名北周军，除了少数逃出外，其余几乎全被北齐军杀光屠尽。

　　宇文邕的命运又是怎样的呢？

　　宇文邕几乎陷入了绝境。

　　他的左右随从不是被杀了，就是跑散了，而他的后面就是如潮水一般涌来的北齐军，有好几次他都差点被齐军的长矛刺中。

　　几分钟前，他还意气风发，现在却感觉心脏病要发；几分钟前，他还兴奋得想飞，现在却是魄散魂飞；几分钟前，他还以为这是他人生最得意之时，现在却觉得人生进入了倒计时……

　　他几乎已经失去了信心：我命休矣！

　　然而，在中国历史上，只有在床上当场累死的皇帝，从来没有在战场上被当场打死的皇帝，宇文邕当然也不例外。

　　救他的是北齐降将贺拔伏恩和皮子信。

　　两人对晋阳的地形了如指掌，一前一后保护着他从小路躲过了北齐军的追杀，偷偷逃到了城门口。

城门还开着——因为门下积尸太多，城门根本就关不上。

贺拔伏恩护卫着宇文邕冲了出去。

回到北周军大营的时候，已是四更天（凌晨1—3点）了，刚刚侥幸逃得一命，又冷又饿的宇文邕没有顾得上休息，便马上召集众将，商议对策。

时值腊月，天寒地冻，经过数月连续作战的北周军早已十分疲劳，现在又遭遇了这样一次惨败，将领们大多产生了畏难情绪，纷纷建议撤军。

大将宇文忻不同意，他慷慨激昂地说，昨日只是因将士轻敌，稍有不利，何足为怀！大丈夫当死中求生，败中取胜！如今破竹之势已成，怎么可以弃之而去！

齐王宇文宪和大将王谊也极力赞成宇文忻的意见。

宇文邕没有表态。

刚刚投降的段畅也发言了，他说城内兵力其实非常有限，高延宗现在只不过是乌龟垫床脚——硬撑而已。

如果说宇文邕此前心中有些迷茫的话，那么宇文忻说的相当于路灯，让宇文邕看到了眼前的道路；而段畅的话则是太阳，彻底赶跑了他心中所有的迷雾。

他不再有任何迟疑，马上下令集结部队。

黎明时分，一夜没睡的宇文邕精神抖擞，再次亲临一线，指挥部队攻城。

让他感到无比惊讶的是，这次的进攻极其顺利，几乎可以说是不费吹灰之力。

到底是怎么回事？

事情是这样的：

取得了一场久违的胜利，一场酣畅淋漓的胜利，压抑已久的北齐军就如刚出狱的流氓看到刚出浴的美女一样兴奋不已，全都聚在一起饮酒庆祝，一个个喝得烂醉如泥。

只有高延宗还保持着清醒的头脑，竭力劝说他们保持警惕——毕竟北周军随时可能卷土重来，但此时狂欢中的将士们哪里听得进去？

高延宗以为宇文邕已经被乱军所杀，派人在尸体中寻找长须者（大胡子是宇文邕的标志，就像大耳朵是刘备的标志一样），却没有找到。

这一切让他忧心忡忡，却毫无办法——现在的他就像一个墓地管理员，虽然下面有不少人，可是却没一个会按照他的话去做。

仅仅几个时辰以后，他最担心的事发生了，北周军再次猛攻，但此时北齐军不是醉了，就是睡了，哪里有什么还手的能力？

很快，北周军就占领了整个晋阳城。

高延宗独木难支，力屈被擒，唐邕等人也兵败投降，只有莫多娄敬显单骑逃出，奔邺城而去。

对战败的对手，宇文邕表示出了他的尊重，看见被五花大绑的高延宗，他立刻翻身下马，要和他握手。

没想高延宗却毫不领情，朝他翻了个白眼：我是死人手，怎能和你相握！

宇文邕却微微一笑：我们是两国的天子，没有任何私怨。我只是为了百姓而来，你不必这样抗拒。

随后他亲自为高延宗解开绳索，整理衣帽，对他礼遇甚厚。

镜头转到邺城。

莫多娄敬显带来了晋阳失陷的消息，整个邺城顿时陷入了巨大的恐慌之中。

就连无愁天子高纬现在也开始愁起来了。

怎么办？

广宁王高孝珩建议：陛下可以派瀛州刺史（治所今河北河间）任城王高湝（高欢第十子，小尔朱氏所生）率军出土门关（位于今河北鹿泉），扬言攻晋阳；洛州（治所今河南洛阳）刺史独孤永业率军出潼关，扬言打长安；臣则愿率京畿兵北上，迎战从晋阳南下的北周军。咱们三路并进，敌人一定难以兼顾，必然会退兵。

平心而论，这个围魏救赵的主意还是有一定可行性的。

北周军精锐大多被宇文邕带到了东边，长安空虚，而坐镇洛阳的独孤永业手中握有重兵，只要他率军西进，宇文邕一定会有所顾忌；而高湝的出兵也会起到一定的牵制作用。如此一来，邺城还是有可能守住的。

高纬会同意吗？

你看电视里的《动物世界》，看到过有羚羊敢主动进攻狮子的吗？

如果没有，那早已吓破胆的高纬当然也不会敢主动进攻北周。

他理所当然地一口回绝了高孝珩的提议。

高孝珩非常失望，只得退而求其次，提出让高纬把宫里的所有珍宝全部拿出来赏给将士，以激励士气。

这不是要高纬的心头肉吗？

他当然又拒绝了。

可是，大敌当前，国难当头，作为一国之君，你总不能什么都不干吧。

侍中斛律孝卿觉得皇帝应该亲自出面讲个话，开一个动员大会，鼓舞一下士气。

这个既不花钱，也不花力气，如果再不答应，高纬都不好意思了。

于是，他同意了。

斛律孝卿替高纬捉刀，撰写了一篇发言稿，叮嘱他说，一定要慷慨激昂，声情并茂，必要时也可以流下眼泪，这样才能打动人心。

一切安排妥当。

这一天，全军将士齐集于演武场上，动员大会开始了。

在雷鸣般的掌声中，高纬鼓足了勇气，走上了主席台，准备讲话。

但他向来腼腆，平时都不敢与大臣对视，面对这样的大场面，他紧张得浑身冒汗，两腿发颤，心惊胆战……

一紧张，他就忘词了，站在台上，张着嘴巴，窘迫得不知说什么好。

不说就不说吧，可是他竟然大笑起来，哈哈哈哈哈哈哈哈……

为什么会笑呢？

没人知道。

连他自己也不知道。

他做事情从来都是这样，没有理由，只有梦游；没有原因，只有没肺没心。

看到皇帝大笑，站在高纬左右、早已习惯了时刻和领导保持一致的高阿那肱、韩长鸾等人也跟着大笑起来。

将士们笑不起来，他们只觉得窝心，只觉得恶心，只觉得寒心。

指望跟着这样一个连话都不会说的弱智皇帝会有前途，还不如指望一头猪会得诺贝尔奖更可靠些。

动员会是彻底地演砸了，在大臣们的帮助下，高纬后来又想了个补救的法子——给大家升官。

对官位，高纬倒是一点也不吝啬，反正不花什么成本，就是弄张纸刻个章——一时间，太宰、太师、大司马、大将军等各种官职到处都是，每个职务都有无数的人。

不过，物以稀为贵，官帽一多就不值钱，谁也不稀罕——什么狗屁太师，换不到一斤螺蛳。什么狗屁大将军，还不如一两野山菌。

与高纬形成鲜明对比的是他的对手宇文邕。

占领晋阳后，宇文邕立即把宫中的所有珍宝以及两千名美女全部拿出来赐给将士，同时对有战功者加官晋爵。

跟着这样的领导，既有美好的前途，也有美妙的钱途，甚至还有美丽的女人，你说，北周的将士们精神怎么会不振奋，士气怎么会不高涨！

几天后，宇文邕任命陈王宇文纯为并州总管，留守晋阳，自己则率军东进，十万雄师出太行，向邺城进发。

临行前，宇文邕问高延宗取邺城的策略。

高延宗不肯回答，连连推托：这不是亡国之臣该讲的。

然而宇文邕却不肯罢休，再三追问。

被逼无奈，最后高延宗只得说，如果是任城王（高湝）守城，我无法预知；如果是今主（高纬）亲守，陛下兵不血刃。

事态的发展印证了高延宗的判断。

得知北周军即将到来的消息，高纬无奈再次召集群臣商议对策。

朔州行台高劢（读 mài，高岳之子，他是前几天从北朔州送胡太后、太子高恒等人来邺城的）出了个主意：请陛下把五品以上官员的家属都安置在三台，作为人质，如果不能取胜，就把三台烧掉。这些人顾念家属，必会死战。且我军之前多次失利，敌军必然会小看我，这次我们背城血战，定能破敌……

高纬早已经吓破了胆，只要一听到要作战，就要打寒战，高劢说什么死战，血战，这怎么行？

不能让高劢再说下去了，要不他就得换内裤了。

高纬赶紧打断高劢的话：这个办法不行，各位爱卿，你们看看，有没有和平一点的办法？孙子说，不战而胜，善之善者也。不劳而获，好之好者也。

这可能吗？

别说，还真有人想出了办法。

有人说：望气者言，当有革易——革新易主。

高纬一听开心了，这个主意好！

黄金，在平时是个宝，在你落水的时候就是个负担；情人，在平时是个宝，在逼你结婚的时候就是个麻烦；皇位，在平时是个宝，在国家面临危难的时候就是个累赘。

他早就想卸掉这个累赘了，便当即决定马上禅位给太子高恒。

公元 577 年正月初一，八岁的高恒正式登基，二十二岁的高纬成了太上皇。

高纬的举动让邺城的所有文武官员彻底丧失了信心。

在这样生死存亡的关键时刻，不想着怎么迎敌，却干这种禅让的事，岂不是啤酒灌在屁眼里——完全不对路？

一个八岁的小屁孩，能做到不尿床就不错了，怎么可能指望他领导我们战胜敌人？

司徒莫多娄敬显、领军大将军尉相愿等人决定发动政变——他们谋划在千秋门埋下伏兵，杀死高阿那肱等人，立广宁王高孝珩为帝。

然而事有不巧，偏偏高阿那肱那天没走这条路，政变计划因此失败。

高孝珩焦急万分，干脆在朝堂上直接向堂弟高纬请求把兵权授给他，让他率军迎战周军。

但高纬依然不肯，头摇得像吃了摇头丸一样。

高孝珩火了，忍不住大声咆哮，朝廷不愿让我掌兵，难道是怕我造反吗？都到这时候了，你怎么还如此猜忌！

对领导大发雷霆，当然不会有好结果。

小子我当年就这么做过，得到的是一个字：滚！

高孝珩得到的也和我一样——被赶出京城，出任沧州刺史。

因为高阿那肱、韩长鸾等人怕他留在京城会造反。

深得人心的高孝珩不在了，邺城的人心也更加涣散了。

高纬派长乐王尉世辩（尉景的孙子）北上侦察敌情，刚到滏口（今河北邯郸峰峰矿区），远远看见一群乌鸦飞起，尉世辩以为是北周军来了，当即魂飞魄散，头也不回地逃回邺城。

听了尉世辩的汇报，高纬更加惊慌失措。

有人提议：太上皇可以离开京城，到黄河以南去募兵，如果不成，也方便投奔陈国。

这主意正中高纬下怀，他马上让人把太皇太后胡氏、皇太后穆氏等后妃送到了济州（治所今山东茌平），随后又把小皇帝高恒送走，此时北周军已经到了邺城郊外，高纬慌忙带着高阿那肱、韩长鸾等百余名亲信向东出逃。

临走前，高纬派武卫大将军慕容三藏（慕容绍宗之子）留守邺城。

然而，皇帝都走了，人心都散了，一盘散沙的邺城怎么可能守得住？

不到一天时间，不费一点力气，北周军就顺利攻进了邺城，北齐的王公大臣就像学校开学报名一样争先恐后地赶来投降。

只有慕容三藏依然率部死战，最后终因寡不敌众力尽被俘，宇文邕赞其忠义，亲自接见，还封其为仪同大将军。

得到特殊礼遇的还有北齐原中书侍郎李德林，宇文邕特意派人把他召入宫中，不仅向他虚心请教，还动情地说，平齐的唯一好处，就是得到了你。

随后宇文邕又下诏为斛律光平反，追赠其为上柱国、崇国公，还感慨地说：这个人如果还在，朕怎么可能会来到邺城！

再看高纬。

他一路狂奔，逃到了济州，在这里，他灵机一动，又有了新的主意——干脆，把皇位让给在瀛州（今河北河间）的任城王高湝吧，从今往后，高湝就是大齐国的法人代表，所有债权债务都归他管，跟我们父子俩不搭界！这样一来，周军就是要算账，也应该会到河北找高湝去，放过我高纬这个普通百姓了吧！

想出了这个自认为是调虎离山金蝉脱壳、实际上却是自欺欺人掩耳盗铃的妙计，高纬很兴奋，他马上派侍中斛律孝卿带着禅位诏书去瀛州。

然而，不是所有牛奶都叫特仑苏，不是所有人都和高纬一样傻，至少斛律孝卿不是——他马上就去了邺城，向北周投诚。

以为皇位这个烫手山芋交出去了，高纬的心定了一些，随后他让高阿那肱留守济州，自己则带着冯小怜、穆皇后和前任小皇帝高恒等数十人继续南逃。

高阿那肱还会为高纬效忠吗？

会，就不是高阿那肱了。

高纬刚走，他马上就和北周军联络，约定要活捉高纬，随后他不断地向高纬汇报各种假消息。

"千山鸟飞绝，万径人踪灭，北周追军还远着呢"；

"枯藤老树昏鸦，断桥残雪人家，我已经烧断了桥梁"；

"山重水复已无路，我已经切断了道路"；

"但使龙城飞将在，不教胡马度阴山，有我阿那肱在，太上皇，您就放心吧"……

欺骗没脑子的高纬，比切片面包还容易得多。

听了高阿那肱的话，高纬还真的就放下心来了，居然在青州（今山东青州）定定心心地停了下来，吃吃饭，喝喝酒，吹吹牛，打打牌，洗洗澡，睡睡觉，抱抱小怜，放松放松心情……

这一放松，几天就过去了。

这一放松，机会就失去了。

这一放松，末日就来到了。

公元577年正月二十五日，北周军在高阿那肱的指引下，杀到了青州城外。

高纬大吃一惊，慌忙用袋子装满了金子绑在马鞍上，带着冯小怜等人（不要笑，其实现在很多男人都和他一样，把钱和女人看得高于一切），仓皇出逃，但哪里还来得及？

没逃出多远，他们就被北周大将尉迟勤追上，一行人全部落网，被押送回了邺城。

皇帝高纬成了北周的阶下囚，北齐各地的反应又会是怎样的呢？

坐镇洛阳的洛州刺史独孤永业能征惯战，麾下有精兵三万人，在听说平阳陷落的消息后，他曾主动给高纬上书要求出兵，攻击长安，但他的奏折如石沉大海一般杳无音讯。后来得知晋阳和邺城都已落入北周的手里，他知道大势已去，便派人向宇文邕请降。

洛阳是北魏故都，从宇文泰到宇文邕，宇文家族花了几十年时间、付出了无数的努力，却始终无法得到，如今不费一兵一卒就到手了，宇文邕怎能不喜出望外！

他马上封独孤永业为上柱国、应国公。

河北的情况则大不相同。

瀛州刺史任城王高湝和刚上任的沧州刺史广宁王高孝珩两人在信都（今河北冀州）会师，共谋匡复。

宇文邕派齐王宇文宪为主帅、随国公杨坚为副帅率军征讨，高湝、高孝珩毫不畏惧，在信都城外摆下阵势，准备迎敌。

然而，一座房子再坚固，如果底下的地基出现了松动，这房子是必倒无疑；高湝和高孝珩再厉害，如果底下的士兵没有了斗志，他们也必败无疑。

两军刚一开战，高湝手下的大将尉相愿就临阵投降周军，高湝大怒，马上下令把尉相愿的家人全部杀掉。

第二天再战，早就心无战意的北齐军一触即溃，一泻千里，一败涂地，一战就全军覆没，高湝、高孝珩全都被俘。

宇文宪对高湝非常敬重，握着他的手说，任城王啊，你何苦要这样呢！

高湝的回答可谓大义凛然，下官我是神武皇帝之子，兄弟十五人，如今只有我独存。生逢社稷倾覆，我就是战死也无憾！

对高孝珩，宇文宪也很礼遇，还亲自为他包扎伤口。

高孝珩仰天长叹，从神武皇帝后，我的父辈和兄弟，无一人活到四十岁，这就是命啊！皇帝无独见之明，宰相非柱石之寄。只恨我没有机会率领部队，施展自己的抱负！

高湝和高孝珩一向被寄予厚望，他们的失败，而且是像西瓜遇到西瓜刀一样干脆利落毫无还手之力的失败，对北齐人的震慑力，绝不亚于"二战"时的两颗原子弹！

北齐各地的守将终于彻底失去了信心，纷纷上表投降。

当然也有例外。

原北齐北朔州（今山西朔州）长史赵穆等人迎立范阳王高绍义（高洋第三子）为主，拉起了复齐的大旗，一时间声势浩大，但没过多久，就被北周大将宇文神举平定，高绍义逃往突厥。

至此，除了营州（今辽宁朝阳）刺史高宝宁和东雍州（今山西新绛）行台傅伏还没有降服外，北齐的各个州郡全部纳入了北周的版图，北周一下子增加了 50 个州、162 郡、380 县的土地和 303 万户的人口。

高宝宁颇有勇略，加之地处偏远，北周多次征讨都奈何不了他，一直到公元 583 年，才被隋文帝杨坚击败。

傅伏也一直坚守孤城，拒不降周。

公元 577 年三月，宇文邕率军从邺城返回长安，再次派高阿那肱等北齐降将一百余人前去招降。

傅伏这才知道高纬已经被俘，他知道此时再做抵抗已经毫无意义，无奈只得出城投降。

两年前，傅伏死守中潭城，几乎是以一己之力击败了北周的倾国之兵，让宇文邕印象极深，所以他亲自接见傅伏：你为何不早降！

傅伏的回答掷地有声，臣三代皆为齐臣，没能殉国，愧对祖先！

宇文邕对他大加赞扬，为臣当如此。

接着他又问，当初你守河阴，得到了什么赏赐？

傅伏答道，授特进、永昌郡公。

宇文邕转过头来对身边的高纬说，我准备了三年去攻打河阴，正是因为傅伏的顽强防守才不得已退兵的。这么大的功劳，你的赏赐，何其薄也！

是啊，刘桃枝这样的奴才都封了王，而功勋卓著的傅伏却只被封了个郡公，的确让人寒心。

北齐并非没有人才，只是，像傅伏这样德才兼备的能人，只有忠勇，不被重用；而朝堂之上，则全是像穆提婆、高阿那肱这样德才皆无的小人，只见重臣，不见忠臣。

这，也许是北齐灭亡的重要原因。

公元 577 年四月，宇文邕回到长安，在太庙举行了隆重的献俘仪式，高纬和他手下的王公大臣们，按照职位大小，一个个低着头，夹着腿，憋着屁，依次上台示众，围观的人全都高举拳头，群情激奋。

那情形，很像“文革”时期的批斗大会。

随后，宇文邕摆下庆功宴，大宴群臣，命高纬跳舞助兴。

高纬向来害羞，现在要在大庭广众之下跳舞，真是难为他了——眼也不知往哪儿看，手也不知往哪儿放，腿也不知往哪儿搁，只好像被拎着脖子的鸡一样胡踢乱蹬，那动作不刚不柔不硬不软疲而不举举而不坚坚而不挺挺而不久，无比窘迫无比尴尬，北周的群臣看了都哈哈大笑。

看到自己的君主如此受辱，高延宗悲痛不已，甚至几次想要自杀，都被周围的婢女劝住了。

之后，宇文邕册封高纬为温国公，其余诸王也都各有封号。

但这会是他们最终的结局吗？

当然是——不可能的。

仅仅半年以后，有人诬告穆提婆和高纬合谋造反，宇文邕马上下令赐死高纬和所有北齐皇族。

命令下来，高家人纷纷大呼冤枉，只有高延宗一言不发，以椒塞口而死——当然，这个椒，不是辣椒，而是一种毒药。

但宇文邕比起后来的杨坚似乎还是要仁慈一些，他并没有斩尽杀绝。

高纬的弟弟高仁英是白痴，高仁雅是哑巴，两人被免去一死，流放到蜀地——充分体现了宇文邕对残疾人的关爱；高演的儿子高彦理则因为其女入了太子宫而被赦免。

幸运的还有高孝珩，也不知他和阎王爷有什么特殊关系，居然在这之前几天病死了，算是得到了善终。

诞生了无数帅哥美女奇人奇事英雄淫雄的北齐高家，从此彻底消失在了历史的长河之中。

还有两个女人的命运也不得不提。

一个是高纬的生母胡太后，按照野史的说法，北齐灭亡后，她和自己的儿媳穆黄花两人流落到了长安，由于一无资金二无贷款，只好自带设备谋发展——当起了妓女，还打出了皇后的金字招牌：两个黄鹂鸣翠柳，两个皇后上青楼。胡皇后、穆皇后，给你皇帝般的感受！

皇后当妓女，可想而知有多么轰动，可想而知生意有多兴隆，一时间胡太后的妓院门庭若市，应接不暇。

据说，累并快乐着的胡太后还大肆宣扬：当皇后哪有当妓女舒服！

但这也许只是杜撰。

正史中对胡太后后来的记载十分简单：齐亡入周，恣行奸秽。

另一个是冯小怜。

高纬到长安后，对宇文邕只提了一个要求：陛下，请您把小怜赐给我吧！

宇文邕很爽快地答应了：朕心怀天下，怎么会在乎区区一个女人？

冯小怜就这样回到了高纬的身边。

然而好景不长，不久高纬就被处死，冯小怜被转赐给了代王宇文达（宇文泰第十一子）。

按照周书的记载，宇文达"雅好节俭，食无兼膳，侍姬不过数人"，是个不爱财不好色的道德模范，估计宇文邕之所以把冯小怜赏给他，就是为了让大家看看，身为宗室亲王的宇文达有多么不沉溺女色，以便树立宇文家族的良好形象。

然而宇文达的表现却让宇文邕失望了——他没能抵挡住尤物炮弹的袭击。

一见楚楚可怜的冯小怜，宇文达就觉得我见犹怜，彻底被迷住了，从此跟她时刻腻在一起，对她极为宠爱。

但冯小怜还是忘不了高纬，有一次弹琵琶时弦断了，她触景生情，马上作诗一首：虽蒙今日宠，犹忆昔时怜。欲知心断绝，应看胶上弦。

冯小怜的得宠让代王妃李氏受到了冷落，李氏对冯小怜恨之入骨。

几年后，杨坚代周，宇文达被杀，冯小怜又再次失去了主人。

在大臣李询（李穆的侄子）的强烈要求下，杨坚把冯小怜赐给了他。

然而，李询的目的不是抱小怜，而是报复小怜；不是想让小怜出台，而是想为妹妹出气。

因为他正是冯小怜的情敌——代王妃李氏的哥哥。

李询让冯小怜穿着粗布衣服干粗活——春米，没过多久，又逼她自杀。

一代美女就这样香消玉殒。

第十七章　乘势而起，一飞冲天

英年早逝宇文邕

让我们把视线重新转回到宇文邕身上。

从公元 576 年十月到 577 年正月，仅仅花了三个多月的时间，宇文邕就灭掉了北齐，活捉了高纬，完成了统一北方的夙愿，创造了彪炳史册的鸿业。

男儿只手把吴钩，收取北齐五十州。

这是何等的丰功伟绩！

但他并不满足，他想要的是：北平突厥，南定江南，一统天下，名垂万世！

平定北齐后，他马上就下诏把北齐境内所有的杂户（附庸于豪门的奴隶）释放为平民，此举既增加了人口、提高了财政收入，又获得了底层百姓的支持。

接着，他又在北齐境内一些比较大的州郡如洛州、幽州、青州、定州、徐州、豫州、南兖州、北朔州等地设立总管府（管辖附近多个州郡的军政事务），相州、并州这两个关键地区，还置有宫室和六府官。

随后，他又派齐王宇文宪等人率军平定了稽胡的叛乱。

宇文邕的这一系列举措让原北齐境内保持了稳定，实现了平稳过渡。

但这一切让陈国皇帝陈顼非常不爽。

他本来想坐观成败，等周齐两家斗得两败俱伤的时候再出兵，然后以最小的代价获取最大的好处。没想到高纬这家伙实在是太不成器、太不争气，这么大一个国家居然三个月就咽了气。

设想中的坐山观虎斗，竟然变成了现实中的坐山观虎吃肉！

现在看着北周轻而易举就占了北齐，就如同看着情敌轻而易举就把自己心仪的女子搞上手一样，让他怎能不眼红！

妒火中烧的他下决心要分一杯羹——夺取徐州、兖州等北齐黄河以南的土地。

五兵尚书毛喜、中书舍人蔡景历等人认为，如今北周刚吞并齐国，气焰正盛，难与争锋，劝他不要出兵。

但此时的陈顼就和刚被横刀夺爱、冲冠一怒为红颜的男人一样——精虫上脑，热血沸腾，根本听不进任何意见。

他不但不听从他们的建议，还把蔡景历给免职。

公元 577 年十月，陈顼派大将吴明彻再次挂帅，率军北征。

吴明彻不愧是百战名将，连战连捷，多次击败北周徐州总管梁士彦。无奈，梁士彦只得退守徐州城，被吴明彻团团围住。

随后吴明彻又引清水（又名泗水，当时是淮河的支流）灌城，环列舟舰，四面攻打。

正如守株待兔是小子我这个懒人的强项一样，守城待援是梁士彦的强项（别忘了两年前他是怎样守平阳的），吴明彻指挥陈军连续攻打了三个多月，依然毫无进展。

宇文邕派上大将军王轨率军救援徐州。

王轨做事很鬼，他没有按常规直扑徐州，而是偷偷率军占领了清口（今江苏淮安码头镇，当时位于泗水和淮河的交汇处），在那里打下木桩，又用铁链连接数百个车轮，沉于水中，准备截断陈军船只的退路。

很快，这个消息就传到了徐州城外的陈军军中。

猛将萧摩诃赶紧向主帅吴明彻进言：趁现在水路未断，贼势不坚，让我去攻击他们，否则就来不及了！

这些年一连串的胜利让吴明彻越来越骄傲，他不但不听，还勃然大怒：冲锋陷阵，是将军你的事；长算远略，是老夫我的事！

言下之意是：你算哪根葱啊，要你来指导我！

他依然下令继续猛攻徐州城——他自负地认为，他一定能在几天以内攻下徐州，就像他几年前攻寿阳一样。

但过去的成功经验，不一定能指导现在的实践，比如正是因为迷信过去的成功经验，才造就了如今诺基亚的失败。

吴明彻也是这样。

这次，他失算了。

十天后，徐州城依然没有攻下，而清水河口却已经被王轨彻底阻断，敌方的援军还在不断地到来！

陈军的形势万分危急，而吴明彻此时又得了重病，无奈只得决定撤军。

可是，怎样才能安全撤退呢？

萧摩诃建议说，目前的形势，要走水路回去，简直比大象穿过针眼还难，基本没有可能。末将愿意率领几千名铁骑护送您，必定使您平安回到京城。

然而吴明彻却拒绝了他的好意：我军多为步兵，大部队要想撤军，只能走水路才有可能。我身为总督，怎么可以抛下他们不管呢？老弟你可以率骑兵先撤，不要管我！

随后，吴明彻下令掘开清水上游的堰坝，水位顿时暴涨，随后他率陈军主力坐船趁水势退军，想凭借着高水位，越过北周军在清口的封锁线。

然而他再一次失算了。

到了清水河口，他的船队依然被沉于河底的车轮卡住而搁浅，进退不得。

王轨乘机率军掩杀。

此时，陈军的船只好像被捆住手脚的螃蟹一样根本无法动弹，成了活靶子，完全没有任何还手之力。

北周军轻而易举地俘虏了几乎全部陈军将士，主帅吴明彻也不例外。

吴明彻后来被送到长安，被封为怀德公、大将军，不久他就忧愤而死。

萧摩诃、任忠、周罗睺等人则率少数骑兵走陆路安全撤回江南。

得到前线失利的消息后，陈顼立即做了两件事。

一是任命大将淳于量为大都督，率军守卫淮南，以防备北周的进攻。

二是马上重新起用蔡景历，并且向毛喜道歉：事实证明，你说的话是对的。

不得不说，陈顼那种领导的胸怀还是有的。

然而，陈顼再怎么道歉，过去的历史都无法再重来，失去的一切也无法再回来。清口一战，让陈军偷鸡不着又蚀米，赔了将领又折兵，损失了大量精锐部队，从此，北强南弱的格局更加明显，双方实力的天平更加倾斜，陈国的局势已经岌岌可危。

陈顼开始睡不着觉了。

但宇文邕并没有乘胜攻打江南，而是把目光投向了塞北。

塞北现在不太平。

原北齐范阳王高绍义逃到突厥后，如今在突厥支持下悍然称帝，还和原北齐营州刺史高宝宁相勾结，屡次骚扰北周帝国的北方边境。

宇文邕下决心要彻底清除后患。

公元578年五月二十三日，宇文邕亲自率军北上，准备兵分五路，讨伐突厥。

然而刚出发不久，宇文邕就突然得了重病，只得下令撤兵。

在回到长安的当天，他就离开了人世，年仅三十六岁。

宇文邕死得真不是时候，否则，几乎可以肯定的是，"平突厥，定江南，一二年间，必使天下一统"（引自《周书》），如此一来，他在历史上的地位和知名度和现在相比就会有天壤之别。

毫无疑问，宇文邕是一个杰出的皇帝。

具体来说就是：

痛到肠断他忍得住——他能忍常人所不能忍。宇文护专权，他两个兄长都死于其手下，他心中的痛苦可想而知，但由于时机不成熟，他忍住了，而且一忍就是十二年。

机会没到他等得了——他有足够的耐心。为了把权力从宇文护手中夺回来，他等了十二年；为了准备伐齐，他等了三年。

做事之前他想得密——他从不打无准备之仗，无论是政变，还是灭佛，抑或是伐齐，他都是经过了精心周密的准备后，才付诸行动。

想好之后他断得快——他果断明决，只要做出了决定，就绝不迟疑。

喜到意满能定得住——他时刻都保持着冷静的头脑，即使取得了灭齐这样巨大的战果，也依然是这样。

然而，上苍给了宇文邕作为一代英主的一切素质，却没有给他足够的时间，在他即将大功告成的时候，一切都戛然而止。

功亏一篑身先死，长使英雄泪满襟。

坑爹极品宇文赟

宇文邕死后，被追谥为武帝，庙号高祖，二十岁的太子宇文赟即位，是为北周宣帝。

对父亲的死，宇文赟不仅毫不伤心，还破口大骂，死得太晚了！

宇文赟为何要出此言？

说来话长。

宇文赟是宇文邕的长子，母亲李氏，从小就顽劣异常。

宇文邕是个典型的狼爸，信奉的是棍棒教育法，只要宇文赟稍有过错，就动辄对他拳脚相加，宇文赟经常被打得体无完肤，浑身姹紫嫣红，分外妖娆。

总之，只要宇文邕一发火，就要让儿子"轻解罗裳，露出屁股沟"，随后一顿猛揍，直打得他"伤疤无计可消除，才下眉头，却上鼻头"。

望子成龙的宇文邕还特意派自己最信任的老朋友宇文孝伯和尉迟运两人分

别担任左右宫正（太子的老师），专门负责辅导太子，命令他们把宇文赟的一切言行都记录下来，随时向他汇报。

出于害怕，宇文赟只得稍微收敛一点，不过，背地里他依然本性不改，一有机会就偷偷和郑译等一帮宠臣在一起胡闹。

郑译，出身于官宦世家荥阳郑氏，由于他和宇文泰的正妻元氏有些亲戚关系，所以从小就经常出入宫中，和宇文家的人很熟，后来他被任命为太子宫尹（太子的师友之官，位在宫正之下），两人臭味相投，成了最亲密的朋友。

为了锻炼儿子的能力，宇文邕曾派宇文赟担任主帅，率内史中大夫王轨、左宫正宇文孝伯等人一起征讨吐谷浑，此战虽然取得了胜利，但主要是王轨、宇文孝伯等人的功劳。而宇文赟呢，不但没什么建树，反而和郑译等人干了不少坏事。

究竟干了什么坏事呢？

不知道。

史书上只是说，帝在军中，颇有失德——反正这事太缺德了，缺德缺得都不好意思说了。各位就发挥你的想象吧，尽可能地往下流的地方想，越下流也许越是正解！

回到长安后，出于责任，王轨和宇文孝伯向宇文邕告了一状，宇文邕大怒，把宇文赟狠狠地揍了一顿，同时又免去了郑译的官职，将其赶出了皇宫。

宇文赟对王轨等人恨之入骨，对郑译却更加信任，不久他又想办法把郑译重新召到了宫中。

经过这样一件事后，宇文邕对宇文赟就更不放心了，他经常向宇文孝伯打听儿子的情况。

宇文孝伯却总是说，太子害怕陛下的天威，所以没犯什么错误。

但王轨还是认为宇文赟难以为一国之主。

有一次，在和宇文邕一起喝酒时，他假借着酒意，摸着宇文邕的大胡子说：好可爱的老头子，可惜继承人太弱了！

宇文邕是个明白人，当然知道他的意思。

于是他又找到了宇文孝伯，责怪他说，你老是说太子没什么过失，到底有没有骗我啊？

宇文孝伯回答道，太子的确有一些不对之处，但即使我说了，陛下您也不可能忍痛割爱，所以我就不说了，唯有尽力辅佐太子而已。

宇文邕陷入了沉思。

是的，宇文赟的确不才，可是他的次子汉王宇文赞更不成器，其余的儿子都还小，巧妇难为无米之炊，废了宇文赟，他又能立谁为太子呢？

打牌的时候，如果你手里只抓到了一把坏牌，除了把这样的牌打好，你别无选择。

现在，宇文邕手里也只有这样一个不太上路的太子，除了把这个太子培养好，他也别无选择。

打牌，也许你还可以期待下一局的好牌。

但人生只有一次，没有重来的可能。

这就是人生的残酷。

想了很久之后，宇文邕才对宇文孝伯说，太子的事，朕全部委托给你了！你一定要把他教育好！

他能做的，只能是：用最好的老师辅导儿子，用最严格的要求督促儿子，用最严厉的手段惩罚儿子，至于能否有好的结果，他只能交给上天了。

但显然，上天没有眷顾他。

宇文赟称得上是坑爹高手，败家圣手。

刚一即位，他就显出了他的淫雄本色——把父亲后宫中的女人全部纳为己有。

接着他举起了屠刀，第一个目标对准的是自己的五叔齐王宇文宪。

宇文宪战功赫赫，威望极高，在诸王中，年龄又是最长，宇文赟对他非常忌恨。

叔夺侄位的多了，北齐的高演、南陈的陈顼，都是现成的例子。他觉得，宇文宪就是一座随时可能喷发的活火山，随时可能吞噬自己和自己的皇位。

因此，他决定先发制人，除掉宇文宪。

他先找到了自己的老师宇文孝伯：如果你帮我出个主意把齐王干掉，他的位子就归你啦。

宇文孝伯吓了一跳，连忙叩头劝谏，齐王是陛下的叔父，功高德茂，社稷重臣。陛下您怎么可以有这样的想法？

宇文赟碰了一鼻子灰，气呼呼地走了，从此他彻底疏远了宇文孝伯。

随后他转而与自己的心腹郑译、于智（于谨第五子）等人谋划，很快就有了主意。

他派人召宇文宪等诸王入宫，进宫后，又宣宇文宪单独觐见。

宇文宪刚一进去，就被早已埋伏在此的武士抓住，五花大绑，押到宇文赟面前。

于智当场告发宇文宪谋反。

宇文宪目光如炬，与于智争辩起来。

于智本来就没什么证据，哪里辩得过宇文宪，理屈词穷之下，只好把话挑明：现在这样的形势，你说得再多，就算把嘴唇说成兔唇，又有什么用呢？

宇文宪自知不免，只好把手里的笏板怒掷于地上，长叹道，死生有命，我岂是贪生怕死之辈！遗憾的是我无法为老母亲尽孝了。

随后他被当场缢死，时年三十五岁。

这一天，距离宇文邕去世只有短短二十一天。

对他曾严加管教的父亲死了，对他有严重威胁的五叔死了，宇文赟的心里有如囚犯出监狱、妓女被赎身一样的轻松，现在他再也不用看别人的脸色，想怎么干就怎么干！

他的执政风格归纳起来就是两个字：折腾。

无休止地折腾，朝令夕改地折腾，生命不息，折腾不止。

一开始，他认为父亲执行的法律《刑书要制》太过严格，便马上将其废除，还多次实行大赦，这些措施理所当然地得到了全国广大犯罪分子的热烈欢迎，纷纷以实际行动来表达对新政策的拥护之情，一时间犯罪率强势攀升，连连涨停。

所以，没过多久，他又觉得这样不行，便重新制定了一部《刑经圣制》，比以前的法律更严厉、更苛刻，只要小有过失，就动辄杀戮，搞得百姓人人自危。

他还改革了官制，设置了四辅臣（大致相当于四个副总理）——以大冢宰越王宇文盛为大前疑，相州总管蜀国公尉迟迥为大右弼，申国公李穆为大左辅，大司马随国公杨坚为大后承。

这些名字到底是什么意思？

为什么叫大前疑不叫大前门，叫大右弼不叫大诱惑，叫大后承不叫大后轮？

我不知道，估计连宇文赟也不知道，但他觉得这些名字有什么意思不重要，重要的是要酷，要有个性，要前无古人后无来者（这点他的确做到了），就好像前些年，很多小孩都喜欢写没人看得懂的火星文一样。

对当年在父亲面前说他坏话的王轨等人，他当然不可能会放过。

即位不久，他就派人到徐州杀掉了刚刚击败了陈军立下大功的王轨。

随后，宇文孝伯、宇文神举等人也都被赐死，另一位当年曾辅导过宇文赟的师傅尉迟纲则忧惧而死。

宇文赟和他父亲宇文邕完全是一对负相关的反比例函数——凡是宇文邕喜欢的，他一定是讨厌的；凡是宇文邕讨厌的，他一定是喜欢的。

宇文邕生活俭朴，他崇尚奢华；

宇文邕不好女色，他极其好色，并且搜罗了大量的美女到后宫，整天沉迷于酒色，经常十天半月都不上朝。

公元 579 年二月，当了仅仅半年多皇帝的宇文赟又一次心血来潮，把帝位传给了年仅七岁的太子宇文衍，是为北周静帝，宇文赟自己则称为天元皇帝，所居住的地方称为天台。

他不再和以前的皇帝一样自称为朕，而是自称为天（在小子我的印象中，狂妄到称自己为天的人，只有两个，一个是我们隔壁村上的精神病人阿晕，另一个就是宇文赟）。

他出门时的仪仗比以前要多出一倍，群臣要到天台来朝见他，必须先吃素三天，再洗澡一天才行。

他诏令天下，除他以外，都不准用"天""高""上""大"四个字，所有名字中有这四个敏感字的都必须改掉。比如说，"天上人间"夜总会这名字不能叫了，改叫"底下人间"；"高大威猛"这个词不能用了，改成"长胖威猛"……

他还规定，除了宫中的女人，其他所有女人一律不得化妆，眉不准画，粉不准抹，胭脂更不准擦。

他每天游戏无常，出入不节，有时凌晨出门，半夜回来；有时半夜出去，凌晨回来，搞得下属苦不堪言。

除了原先的皇后杨丽华外，他又一下子立了三个皇后，朱氏（名叫朱满月，江南人，宇文衍的生母）为天皇后，宠妃元氏（名叫元乐尚，开府元晟之女）为天左皇后，陈氏（名叫陈月仪，大将军陈山提之女）为天右皇后。

他对自己的五个叔叔非常猜忌，这年五月，他终于彻底解除了他们的权力，把他们分封到各地去安度晚年。

赵王宇文招被封到了襄国（今河北邢台），陈王宇文纯被封到了济南（今山东济南），越王宇文盛被封到了武当（今湖北丹江口），代王宇文达被封到了上党（今山西长治），滕王宇文逌被封到了新野（今河南新野）。

就这样，五王都被赶出了京城。

宇文赟自剪羽翼，他的岳父杨坚（其实现在应该叫首席岳父了）则成为最大的受益者——他取代了越王宇文盛，被任命为大前疑，成为四辅官之首。

当然，宇文赟也还是干了一点正事的。

他任命郧国公韦孝宽为行军元帅，率杞国公宇文亮、上柱国梁士彦等人率大军南征，很快就攻占了寿阳（今安徽寿县）、广陵（江苏扬州）等地。

眼见周军来势汹汹，一年前刚刚遭到重创的陈军不敢应战，慌忙把淮南各州郡的部队和百姓都撤到了江南，在沿江一带布置防务，从此长江以北的土地尽归于北周。

然而，就在周军得胜班师的时候，军中的副统帅杞国公宇文亮却突然反了。

事情的原因是这样的：

宇文亮之子宇文温的老婆尉迟繁炽是尉迟迥的孙女，当时才十五岁，长得极为美艳，有一次作为宗室贵妇进宫做客，正好被宇文赟看见，惊为天人。

好钢要用在刀刃上，好酒要用在国宴上，好女人当然要用在皇帝身上！

宇文赟没有一丝犹豫，当场就强奸了她。

得知这个消息，宇文亮大为愤慨——我为你奋勇杀敌，你污辱我的儿媳，为这样混蛋的皇帝卖命实在是太没道理！

一怒之下，他决定夺取主帅韦孝宽的兵权，起兵造反。

然而由于消息泄露，韦孝宽提前做了防备，很快宇文亮就兵败被杀。

随后宇文赟马上诛杀了宇文温，并把尉迟繁炽纳入后宫，不久就封为皇后。

就如刘备有五虎上将一样，他现在有五凤天后——杨丽华为天元大皇后，朱氏为天大皇后，陈氏为天中大皇后，元氏为天右大皇后，尉迟氏为天左大皇后。

贵为五皇后之首的杨丽华温文尔雅，举止得体，加上性格大度，从不嫉妒，在宫中很受爱戴。

眼看着丈夫宇文赟性格越来越乖张，行事越来越荒唐，对人越来越暴虐，她忍不住要加以劝谏，后来终于惹毛了宇文赟。

宇文赟勃然大怒，杨丽华却依然不让步。

失去理智的宇文赟扬言要赐死她。

关键时刻，杨坚在宫中布下的耳目发挥了作用，这个消息很快传到了他的府邸，独孤伽罗马上进宫，为女儿苦苦求情，不停地赔礼，不停地磕头，一直磕到头破血流，杨丽华这才免于一死。

但杨丽华之后还是屡次进谏，终于再次触怒了宇文赟，宇文赟恶狠狠地对杨丽华说，我一定要族灭你家！

随后他让人把杨坚召来，对左右说，如果看到他脸色变了，就杀掉他。

杨坚到后，宇文赟对他大发雷霆，火大得像个火焰喷射器一样。

但杨坚神色自若，平静得像深不见底的井水一样。

火焰喷射器喷出的火焰再大，再猛，遇到井水也会立刻熄灭，泛不起一丝浪花。

苏轼曾说过，天下有大勇者，猝然临之而不惊，无故加之而不怒。

毫无疑问，杨坚就是这样的有大勇者。

面对无懈可击的杨坚，宇文赟找不到杀他的理由，最后只好放过了他。

但这件事让杨坚嗅到了危险的味道，他开始为自己寻找后路。

他找到了宇文赟最信任的人——郑译。

郑译和杨坚曾经是同学，宇文赟即位后，杨坚便暗暗和他倾心结交，想在皇帝的身边安排一个自己的耳目，而郑译也想在外臣中找一个盟友，两人一拍即合，各取所需，关系好得就如互补型的夫妻一样。

杨坚偷偷对郑译说，我想出外任职，你帮我争取一下。

郑译自然是满口答应。

很快，杨坚就如愿以偿——公元580年五月五日，他被任命为扬州总管，只是由于突然得了足疾，因此才暂时留在了长安。

正是这次似乎看起来有些偶然的足疾，彻底改变了杨坚的生命轨迹，也改变了中国历史的轨迹！

几天后的五月十日，宇文赟出巡，到了天兴宫（长安郊外的一处行宫），第二天却突然得了重病，连忙返回皇宫。

身体这个东西，谁用谁知道，他知道自己快不行了，便急忙让人把自己的三个宠臣——郑译、刘昉和颜之仪召进卧室，要他们起草遗诏，托付后事。

和郑译一样，刘昉也是官宦子弟，也是宇文赟做太子时的旧友，也善于察言观色，也很受宇文赟的宠爱，如今担任小御正。

颜之仪也是宇文赟在当太子时的旧人，一直担任宇文赟的侍读，现在的职务是御正中大夫。

御正中大夫和小御正的职责主要是起草诏令。

然而等他们三个人赶到的时候，宇文赟已经说不出话了。

遗诏该怎么写？

继承人是没有问题的——宇文赟早就把帝位传给了太子宇文衍。

现在的问题是，宇文衍才八岁，该让谁来辅政呢？

他们自己当然是不行的，他们只是皇帝的宠臣，完全依附于皇帝，没有威望，没有战功，没有资历，让他们来辅政，就仿佛一家公司的老板死了，就让他的宠物狗来接管公司一样的荒谬。

那么，辅政大臣这个超级大奖，会落到哪个幸运儿的头上呢？

决定权就在他们三人的手中，爱谁谁，写谁就是谁。

郑译马上就想到了杨坚，杨坚不仅战功赫赫，而且位高权重，最重要的是他还是当朝国丈，继任小皇帝的外公——虽然只是名义上的。

当然最最重要的是，他认为杨坚是自己人。

自己人，这三个字，在中国古代，常常是决定一个人仕途升迁的第一要素。

杨坚建隋

郑译把他的想法一说，刘昉当即表示赞成。

随后两人又联络了御史大夫柳裘、内史大夫韦鼎（读 pì）、御正下士皇甫绩，一起找到了杨坚。

杨坚却坚决不肯接受——幸福来得太过突然，总是让人难以相信，到底是躺着也中奖，还是躺着也中枪，他一时难以贸然确定。

柳裘忙说，时不可再，机不可失。天与不取，反受其咎。随国公您要早定大计！

刘昉则更急：你如果肯干，就马上答应；否则，我就自己干了！

杨坚被说动了——是啊，这么百年难遇千载难逢一万年苦苦修行修来的好机会，他怎么能错过呢？

如果错过了，他一定会像《大话西游》里的至尊宝一样后悔莫及：曾经有一个大好的机会放在我面前，我没有珍惜，等我失去的时候我才后悔莫及，人世间最痛苦的事莫过于此。如果上天能够给我一个再来一次的机会，我会说三个字，我愿意……

扯远了，回到正题。

之后，杨坚便跟着他们一起进宫，对外宣称是去探望天元皇帝的病情。

当天，宇文赟就去世了，年仅二十二岁。

刘昉、郑译等人封锁了消息，秘不发丧。

随后，他们以宇文赟的名义起草了诏书，任命杨坚为总知兵马事（大致相当于三军总司令），让颜之仪一起署名。

颜之仪坚决不肯，他厉声说道：先帝驾崩，嗣子年幼，担当顾命重任的应该是宗室亲王，怎么可以把权柄给外人呢？我宁可死，也不能对不起先帝！

见他意见如此坚决，刘昉也就跟懒得跟他多费口舌，找人代签了事。

就这样，杨坚掌握了京城所有禁卫军的指挥权。

接下来，杨坚把目标瞄准了对自己潜在威胁最大的五个人，也就是宇文赟的五个叔叔：赵王宇文招、陈王宇文纯、越王宇文盛、代王宇文达、滕王宇文逌。这五人既是皇族，又年富力强，有很大的号召力，一旦他们在外拥兵作乱，那麻烦可就大了。

经过仔细考虑，他决定把他们全都召到京城来，便仍然以宇文赟的名义下诏，以赵王的女儿千金公主即将远嫁突厥（这是前一年就定下来的）为名，请五王回京观礼。

这理由合情合理，五王毫不怀疑就回来了。

杨坚面临的另一个关键问题是他的官职。

刘昉等人提出的方案是，让杨坚做大冢宰，刘昉任小冢宰，郑译为大司马。

自宇文护死后，大冢宰一职的权力就大不如前，而刘昉、郑译一个想当自己的副手，一个想掌握兵权，这不是想架空自己吗？

这样的安排，杨坚当然是不满意的。

怎么办？

为他解决这个难题的是时任御正下大夫的李德林。

自从宇文邕死后，李德林就从国宝级的贤人，变成了垃圾级的闲人，一直郁郁不得志。

而杨坚却在刚得到要自己辅政的消息后，第一时间就找到了李德林：朝廷赐令我总掌国事，责任重大，您一定要帮我。

李德林怀才等遇多年，如今终于遇到了一展才华的机会，仿佛被困浅滩的鲸鱼一下子看见了通向大海的入口，他激动万分，当即答应：愿以死奉公！

现在，杨坚遇到了麻烦，自然要听李德林的意见。

李德林说，要想让大家心服，您的职务必须是大丞相、假黄钺、都督中外诸军事，缺一不可！至于，刘昉、郑译，一个做丞相府长史，一个做丞相府司马！

杨坚遂依此而行。

刘昉、郑译当然是不乐意的，本来他们想和杨坚平起平坐，现在呢，却只能帮人家打工。然而如今杨坚已掌握兵权，羽翼已丰，相比之下，他们实力有限，根本不具备和杨坚抗衡的能力。

愿望很牛逼，现实很苦逼。对杨坚的决定，他们除了接受、忍受、承受、逆来顺受，剩下的也就只能是怪自己自作自受！

一切安排妥当后，公元580年五月二十三日，杨坚才正式为宇文赟发丧，随后，按照所谓的遗诏，杨坚被任命为假黄钺、左丞相，汉王宇文赞（宇文邕的次子）则被任命为右丞相，当然他这个右丞相，只是挂名而已。

六月初，宇文招等五王相继回到了长安，然而此时杨坚早已控制了局势，生米早已煮成熟饭，不，已经煮成爆米花了。

他们心中再不甘，也只能无奈地接受杨坚的安排；也只能执手相看泪眼，竟无语凝噎；也只能无奈地叹息：一抔之土未干，六尺之孤何托。试看今日之域中，竟是谁家之天下！

真正让杨坚担心的是各地的诸侯，尤其是时任相州总管的蜀国公尉迟迥。

尉迟迥是北周创始人宇文泰的外甥，时年已经六十五岁，无论资历、名望还是战功，比起杨坚，都是有过之而无不及，而其实力更是不容小觑——他占有相州、冀州、瀛州、沧州等河北九个州，加上其侄子青州总管尉迟勤所统的青州、齐州等五个州，几乎相当于原先的大半个北齐！

杨坚把他当作心腹大患，他下令征召尉迟迥入朝，同时任命老将韦孝宽为新任相州总管接替他。

尉迟迥对杨坚本来就不服气，觉得这家伙除了下巴长度以外，几乎没有那一项能超得过自己。现在杨坚又要夺他的权，他当然不可能接受，便决心造反，不过表面上他依然不动声色，还派部将贺兰贵去迎接韦孝宽。

尉迟迥打算把韦孝宽诱骗到邺城，第一选择是拉拢他，即使万一拉拢不成，便杀了他，绝不能让他被杨坚所用。

在朝歌（今河南淇县），贺兰贵接到了韦孝宽，一番交谈下来，韦孝宽察觉到了异样，便想办法把贺兰贵打发走，又故意称病，放慢了前进的速度，同时派人去邺城打探消息。

几天后，韦孝宽又碰到了他的侄子韦艺，韦艺时任魏郡太守，是尉迟迥的铁杆心腹，也是奉命前来接他的。

韦孝宽向他打探情况，开始韦艺还想骗他，但在韦孝宽面前要花招，就仿佛是用草绳拉飞机一样——完全是徒劳，最后韦艺只好如实相告。

韦孝宽闻讯大惊，连忙带着韦艺返回长安，每到一个驿站，就将驿站所有的马匹带走，并且吩咐说，蜀国公的人马上就到，请准备好酒好菜，一定要好好伺候，不醉不休，否则军法从事。

果然，他们前脚刚走，尉迟迥就派大将梁子康带着数百名骑兵追来了。然而每到一个驿站，他们就被拉住了：您要不喝酒，就没当我是朋友！喝少了还不行：喝酒就得醉，要不主人多惭愧！

盛情难却，梁子康再急也只能陪他们喝几盅，等好不容易喝完了，又找不到可以替换的马，只能骑着疲惫不堪的马继续赶路。

人是醉的，马是累的，虽然当时没有查酒驾的，但想要跑快也是不可能的，要追上韦孝宽更是做梦也别想的。

就这样，韦孝宽平安地回到了长安。

现在，尉迟迥的阴谋算是彻底暴露了，于是他马上杀了杨坚派来的使节，联合自己的侄子青州总管尉迟勤，奉赵王宇文招的小儿子为主（其实这是尉迟迥的一大败笔，为什么？自己想），正式起兵造反。

杨坚马上派韦孝宽为行军元帅，率大将梁士彦、宇文忻、崔弘度、杨素、宇文述、李询等人前往讨伐。

一波未平，一波又起，没过多久，郧州（治所今湖北郧县）总管司马消难和益州总管王谦也先后起兵，响应尉迟迥。

杨坚连忙分派柱国王谊和梁睿前去讨伐。

三方叛乱，四面受敌，刚刚掌权的杨坚面临着巨大的危机。

杨坚现在最担心的是并州总管李穆。

七十一岁的李穆是此时硕果仅存的北周开国元勋，资历比尉迟迥还老，地位则和杨坚、尉迟迥相当（三人都是四辅臣之一），他控制下的并州又是兵精粮足，其实力和影响力远远超过司马消难和王谦。

李穆的态度至关重要，就像两个男人追求同一个女人，丈母娘的态度至关重要一样——她支持谁，谁就更有胜算。

杨坚派心腹柳裘和李穆之子李浑前去安抚李穆。

同一时间，尉迟迥也派了使者去晋阳拉拢他。

李穆坚定地选择了站在杨坚一边，他毫不犹豫地把尉迟迥的使者抓了起来送到长安。

不仅如此，他还给杨坚送去了一个熨斗和一条十三环金带，熨斗意味着熨平天下，十三环金带是天子才能使用的器物，其意义不言自明。

李穆的表态让杨坚松了一口气。

然而，很快他就得到了一个让他更加不安的消息，军中有人向他报告说，梁士彦、宇文忻、崔弘度三人可能与尉迟迥暗中有往来，军中人心不稳。

杨坚急忙召集下属商议，打算另派将领替代三人。

李德林提出了反对意见：不可。目前情况未明，人心未定，如果您这样做，摆明了就是不信任他们，也许他们就真的会叛逃到尉迟迥那边。如果您把他们抓起来，前线就会人人自危。况且临阵易将，向来就是兵家大忌。在我看来，您不如派一位心腹去军中担任监军，监控他们的一举一动。

杨坚这才恍然大悟：如果不是你提醒，差点坏了大事！

可是，派谁去当这个监军呢？

杨坚先后找到了刘昉和郑译。

两人都推辞了。

刘昉的理由很充足：我从来没打过仗，胆子又小，看见只蟑螂，就得连做三个月噩梦，这要是上了战场，自己吓死了是小事，耽误了丞相您的大事，我就是在九泉之下也难以安心啊……

郑译的理由也很充分：我母亲年纪大了，身体又各种不好，心脏病糖尿病哮喘病关节病妇科病，前列腺也有问题，内什么，父母在，不远游，树欲静而风不止，子欲养而亲不待……

杨坚很失望，这两个靠马屁起家的人，关键时刻就是个屁。

正在他犯愁之际，丞相府司录（相府负责书写公文的僚属）高颎站了出来：我愿意去。

高颎的父亲本是独孤信的下属，独孤信死后，他们一家和杨坚妻子独孤伽罗依然有往来，所以杨坚对高颎的才干十分了解，他受命辅政后便马上延揽此前默默无闻的高颎，任命他为相府司录。

疾风知劲草，危难见人心，关键时刻，高颎的挺身而出，让他彻底赢得了杨坚的信任。

随后高颎派人告知他母亲，自己连家也没回就出发了，日夜兼行，很快就赶到了前线。

此时，韦孝宽的大军正驻扎在武陟（今河南武陟）沁水（黄河的支流）的西岸，尉迟迥之子尉迟惇率领的叛军则在沁水东岸，时值汛季，沁水暴涨，两军谁也无法过河，只好隔河对峙。

高颎到达后，经过和韦孝宽的商议，北周军开始在河上架浮桥，准备强渡沁水。

尉迟惇则在上游放下火筏，顺流而下，想要以此烧毁施工中的浮桥。

然而高颎早有防备，他在浮桥前面的河道里修筑了很多土堆，挡住了所有的火筏。

浮桥终于顺利建成，北周军随即开始渡河。

尉迟惇下令让部队稍稍后退，打算"半渡而击之"——等对方部队过河到一半时再进行攻击。

然而尉迟惇万万没有想到，他这一退，却被韦孝宽找到了可乘之机。

给阿基米德一个支点，他就能撬动地球；给韦孝宽一丝机会，他就能扭转乾坤！

在对方后退的短暂时间里，韦孝宽命令部队擂鼓奋进，以最快的速度冲过浮桥，没等叛军重新布好阵，北周军的前锋部队就已经如潮水一般冲到了他们的面前。

叛军猝不及防，很快被分割成几段，首尾不能相顾，乱作一团。

与此同时，对岸的高颎则指挥北周军后续部队继续全速前进，没过多久就全军过了河。

随后高颎一把火烧掉了浮桥。

失去了退路的北周军只能奋勇向前，全力拼杀，叛军很快就被冲得七零八落，溃不成军。

　　最终叛军全军溃散，尉迟惇单骑逃回邺城。

　　随后，韦孝宽乘胜东进，直趋邺城。

　　尉迟迥没有固守城池，而是出人意料地选择了主动出击。

　　他亲自出马，带着自己的两个儿子尉迟惇、尉迟佑和麾下十三万大军倾巢而出，背城列阵，迎战韦孝宽。

　　尉迟勤也从青州赶来助战。

　　尉迟迥全身披挂，骑着白马，手持大槊，出现在叛军的最前面，银髯飘飘，目光炯炯，英姿勃勃，威风凛凛，风华虽不正茂，风采依然还在。

　　他的身后是一万名头戴绿帽（这个让人难以理解，难道他们的老婆都有内什么遇）、身穿锦袄的精锐，这些人都是他从关中带来的，战斗力极强，个个都能以一当十，号称黄龙兵（这个名字，让我想起当年和士开喝过的黄龙汤）。

　　一场大战就此爆发。

　　尉迟迥是百战老将，向来以骁勇闻名，如今虽然已经年过花甲，但仍然身先士卒，一马当先，率先冲入敌阵。

　　他麾下的黄龙兵则紧随其后。

　　北周军一时抵挡不住如此凌厉的攻势，连连败退。

　　关键时刻，北周大将宇文忻站了出来，正是他的举动，彻底扭转了战局。

　　宇文忻的观察能力和那些星探一样——极为敏锐。

　　不同的是，星探善于在千万人中找到最有潜质的美女，他擅长在千军万马中找到对方最最致命的漏洞。

　　他发现的漏洞其实和尉迟迥没有多大关系——是在叛军侧后方看热闹的数万名邺城百姓。

　　为什么战场上居然有这么多百姓呢？

　　只要想想每次街头打架都会有很多看热闹的人，你就应该晓得，这一点也不奇怪。

　　百姓们以为离得远远的，又只是围观，只看看不说话，应该很安全。

　　然而他们错了。

　　宇文忻竟然命令部下向他们放箭。

　　这些百姓哪里想到会有这样的危险？

　　他们顿时一哄而散，四散奔逃，践踏声、惨叫声不绝于耳。

　　宇文忻乘机命人四处大喊：贼军败了！

听到这样的话，看到那些仓皇败退的人，北周军以为敌人的后军真的败了，于是士气复振。

叛军看到后方一片混乱，也同样以为自己的后军遭到了袭击，顿时丧失了斗志——快逃，再不逃，后路就要被切断了！

满血复活的北周军vs只想逃命的叛军，结果自然是毫无悬念——叛军大败，尉迟迥率残兵退守邺城。

但兵败如山倒，在这种情况下，邺城怎么可能守得住？

很快，北周军就破城而入，尉迟迥登上城楼，射死数人后，无奈拔剑自刎。

尉迟迥的叛乱就此被平定，从他起兵到败亡，只有短短六十八天。

这一战，也是韦孝宽一生的最后一战，三个多月后，他就与世长辞，享年七十二岁。

韦孝宽不愧为绝世名将。

玉璧一战，让一代枭雄高欢饮恨而死，让他名震天下；

他用反间计除掉劲敌斛律光，为周武帝宇文邕灭齐扫除了障碍；

他提出的《平齐三策》，为统一北方指明了方向；

他率军平定尉迟迥，为隋朝的建立、汉族的复兴奠定了基础……

可以毫不夸张地说，韦孝宽，他改变了历史的走向！

这一战以后，杨坚下令把邺城焚毁。

邺城，这座在魏晋南北朝风云一时的著名古都，从此彻底湮没在了荒草之中。

两个月后，郧州的司马消难和益州的王谦也先后被北周军击败，司马消难投奔陈朝，王谦兵败被杀，一起被杀的，还有他的下属，当年北齐的宠臣高阿那肱。

在平叛的同时，杨坚还干了不少事情。

这年六月，他派汝南公宇文神庆、司卫上士长孙晟等人护送千金公主到突厥完婚，与突厥交好，并通过贿赂佗钵可汗，把高绍义抓了回来，流放到蜀地。

这段时间，他与以五王为代表的北周宗室亲王的矛盾也趋于白热化。

宇文氏皇族对杨坚的专权极为不满，杨坚对此也心知肚明，五王到长安没几天，他就给他们来了个下马威——杀掉了毕王宇文贤。

宇文贤是北周明帝宇文毓之子，时任雍州牧，京城长安就在其管辖之下，他年轻气盛，对杨坚很不服气。

很快，有人告发宇文贤密谋造反，杨坚马上把宇文贤及其儿子斩首。

显然，杨坚的目标是杀鸡儆猴——五王，你们给我老实点。

但无论如何，赵陈越代滕这五王的存在，让杨坚一直感到如芒刺在背，他时刻都在想着这五个人：赵陈越代滕，早晨越蛋疼，造成越蛋疼，造成要蛋疼，蛋疼要趁早……

他越想越蛋疼，越想越难受。

他觉得五王就像五个潜伏在自己身体里的恶性肿瘤，随时都可能会爆发并置自己于死地。

他下定决心要铲除这五个毒瘤，尽快，马上，立刻，right now，at once……

于是，便有了下面这个故事。

公元580年七月，赵王宇文招想暗杀杨坚，在家中埋伏了武士，邀请杨坚赴宴。杨坚生怕对方在食物中下毒，特意带着酒菜前往。

到了宇文招家里，杨坚的随从都被挡在外面，只有他的堂弟杨弘和大将军元胄两人陪他进去。

宇文招对杨坚非常亲热，亲自用佩刀切瓜，再用刀插着瓜，一直送到杨坚口中（有基情？），想借机刺杀杨坚。

元胄警惕性很高，察觉到了宇文招的阴谋，连忙对杨坚说，相府有事，您该回去了！

杨坚没听他的话。

宇文招厉声呵斥元胄：我和丞相有要事相商，你在这干什么？还不退下，一边凉快去。

但元胄没理他，而是持刀站在杨坚身边护卫。

有元胄在旁边护着，宇文招觉得自己用佩刀刺杀杨坚是不可能了，便假装酒喝多了要出去呕吐，想到后面去叫伏兵。

但元胄拦住了他，坚决不让他走。

宇文招急了，又说自己口渴，叫元胄去给他倒水，想以此支开元胄。

但元胄理都不理他，站在那儿不动。

场面异常尴尬，异常紧张。

这时，滕王宇文逌来了，杨坚起身到门口去迎接，元胄悄悄对他说，情况不对，快走！

杨坚还是没走，依旧返回屋内坐下。

过了一段时间，元胄听到身后传来武士穿戴盔甲的声音，也不管杨坚同意不同意，强行把杨坚拉起来就往外跑。

宇文招连忙起来追赶，却被元胄用身体把大门堵得严严实实（这家伙一定是个胖子，如果生活在现代，去踢足球的话，肯定是世界第一门将），根本无法出去，只能在那里干瞪眼。

　　杨坚就这样侥幸逃过了一劫。

　　几天后，杨坚就以谋反的罪名杀掉了赵王宇文招和越王宇文盛及其全家。

　　这件事在《隋书·高祖纪》《周书·宇文招传》《隋书·元胄传》以及《资治通鉴》中均有记载，然而却破绽百出，让人觉得如果相信实在是有辱智商。

　　为什么这件事中出现的是赵王和滕王，杀的却是赵王和越王？

　　宇文招有那么傻吗？——明明埋伏了人，还要靠自己出去叫，就不能发个指令比如摔杯为号什么的？元胄一个人堵在门口，他就老老实实地看着杨坚走？家里埋伏了这么多人是干什么的？……

　　这哪里像是那个久经沙场的宇文招，根本就是我们村那个三十岁还尿床的傻蛋！

　　杨坚会这么毫无防备没心没肺吗？——宇文招要杀他，谁都看得出来，他怎么就看不出来？

　　这哪里是杨坚，根本就是唐僧！

　　这件事的真相到底是什么？

　　我不知道。

　　我只知道结果是：坚诬招与越王盛谋反，皆杀之，及其诸子。

　　这个"诬"字，也许说明了一切。

　　三个月后，杨坚又先后杀掉了其余的三王——陈王宇文纯、代王宇文达、滕王宇文逌以及他们所有的儿子。

　　至此，五王全部被族灭，叛乱全部被平定，北周国内再也没有人能和杨坚相抗衡了，也再也没有人敢和杨坚相抗衡了。

　　公元580年十二月，杨坚被加封为隋王，赞拜不名，入朝不趋，加九锡。

　　公元581年二月十四日，四十一岁的杨坚接受北周静帝宇文衍的禅让，正式即位称帝，国号隋，改元开皇，是为隋文帝。

　　八个月前，杨坚还是个受人摆布的臣子，八个月后，他成了主宰世界的天子；

　　八个月前，他还战战兢兢如履薄冰随时有生命危险，八个月后，他一言九鼎至高无上手中有权力无限！

　　人生就是这样，充满了无穷的变数，无尽的可能。

　　你永远不知道，明天会发生什么。你永远不知道，明天你会遇见谁。你永远不知道，明天你的命运会发生怎样的转折。

　　命运是最厉害的魔术师，往往会在不经意间彻底改变一个人的一生，把绝望变成希望，把暗淡变成辉煌。

　　就像杨坚一样。

大柄若在手，清风满天下。

杨坚刚一上台，就给北方大地带来了两股清风：

一是恢复汉姓。杨坚被封隋王的时候，他就以北周静帝的名义下令，所有在宇文泰时期改鲜卑姓氏的人一律恢复汉姓。

二是恢复汉制。杨坚登基的当天，他就废除了北周的官制，改从汉、魏旧制。大冢宰、大前疑之类的称号彻底退出了历史舞台，三师（太师、太傅、太保）、三公（太尉、司徒、司空）则重新出现在大家面前。

此外，杨坚还设置了尚书、门下、内史、秘书、内侍五省，其中前三省尤为重要，内史省负责起草诏令，门下省负责封驳审议，尚书省则负责执行，尚书省又下设吏、礼、兵、工、都官、度支六部，这就是在中国历史上影响极为深远的三省六部制。

可以说，正是杨坚，这个自西晋灭亡近三百年来，第一个掌握北中国最高权力的汉人，带来了汉民族的全面复兴，带来了汉文化的全面复兴！

在隋朝建立仅仅半个月后，杨坚接受内史监虞庆则的建议，把北周皇族的男丁全部诛杀，退位的北周静帝宇文衍也在不久后遇害。

至此，宇文泰所有的子孙，甚至包括宇文宗族的所有子孙，全都不复存在，无一幸免。

可怜宇文泰、宇文邕殚精竭虑建功立业，为子孙留下了这么大的家业，导致的结局却是全族被诛灭！

即位后的杨坚重用高颎、苏威等贤臣，励精图治，整个国家一片欣欣向荣。

正当杨坚聚精会神搞建设、一心一意谋发展的时候，北方边境开始不太平了。

从公元581年十二月开始，突厥沙钵略可汗多次率军入侵。

隋军奋起反击，屡次击退突厥的进攻。

与此同时，杨坚采纳长孙晟"远交而近攻，离强而合弱"的策略，离间突厥各部的关系，使沙钵略和其他各部的首领之间离心离德，自相残杀，最终使突厥分裂为东西两个集团。

公元584年九月，内外交困的沙钵略可汗被迫向隋朝求和，其妻千金公主（宇文招之女）也要求改姓杨，认杨坚为父。

杨坚同意了，改封千金公主为大义公主（难道意思是她大义灭亲，居然认自己的杀父仇人为父）。

北边终于安宁了，杨坚开始把注意力转向南边。

南方的陈国这几年情况如何呢？

第十八章　玉树后庭花，花开不复久

玉树流光照后庭

陈国现任皇帝是陈叔宝。

陈叔宝是陈顼的长子，柳皇后所生，生得又早，母亲又好，根正苗红，名正言顺，因此很早就被立为太子。

不过，皇位对皇子的吸引力比灯光对飞蛾的吸引力还大。作为帝王中的生子冠军，陈顼有多达42个儿子，这么多人中间，难免会有觊觎皇位而铤而走险的人。

陈叔宝的即位过程非常惊险。

公元582年正月，五十三岁的陈顼得了重病，太子陈叔宝和兄弟们一起进宫陪护，老二始兴王陈叔陵故意对典药吏（管药的官员）说，切药刀太钝，要磨快一点！

典药吏有点没弄明白：切药草，又不是切切糕，用得着磨那么快吗？

所以他虽然满口答应，事实上却只是敷衍而已，并没有照办。

三天后，陈顼去世，死后谥宣帝，庙号高宗。

就在陈顼遗体入殓、陈叔宝趴在地上痛哭的时候，旁边的陈叔陵突然抽出早已藏在袖子里的切药刀，狠狠地向陈叔宝的脖子上砍去。

然而这把比猪八戒的反应还要迟钝的钝刀，切断直径0.1厘米的药草还可以勉强将就，要切断陈叔宝直径15厘米的脖子，其难度系数远远大于蚍蜉撼大树。

因此这一刀只是让陈叔宝受了点轻伤，不过吓得倒是不轻——吓得晕了过去。

陈叔陵这个二皇子还真是够二，他又举起刀再砍，柳皇后护子心切，慌忙过来抵挡，也被他砍了几下。

这时其他人也反应过来了，陈叔宝的奶娘吴氏拉住了陈叔陵的手臂，老四长沙王陈叔坚掐住了他的脖子，随后夺下他手中的刀，用他的衣袖将他绑在了柱子上。

这时，陈叔宝已经醒了过来，他惊魂未定，仓皇逃离现场，陈叔坚赶紧追上去询问他怎么处置陈叔陵。

陈叔陵趁机挣脱，逃回自己的府邸。

随后他一不做，二不休，干脆宣布起兵反叛，但没有人响应——要有人响应就怪了。

叛乱很快就被萧摩诃平定，陈叔陵被杀。

如果要评选中国历史上最脑残的政变者，陈叔陵名列三鼎甲，可以说毫无争议。

经历了这场风波后，陈叔宝终于顺利登上了皇位，史称陈后主。

他即位的时候，隋朝已经占领了长江以北的所有土地，无论是领土、人口还是国力、军力都占有压倒性的优势，随时可能发兵南下，陈国的局势已经岌岌可危。

但陈后主对此毫不关心。

什么国家安危，社稷存亡？

这些东西，关心他干什么呢？

八月桂花开，躲也躲不开。听天由命好了。

他关心的只有两个字——享受，他觉得，如果当了皇帝不尽情享受，就像有了用不完的钱却舍不得花一样，完全是冤大头。

百姓，他没兴趣；性，他很有兴趣。

天下，他没兴趣；裙下，他很有兴趣。

他的后宫佳丽无数，除了皇后沈氏以外，还有张贵妃、孔贵嫔、龚贵嫔、王美人、李美人、张淑媛、薛淑媛、袁昭仪、何婕妤、江修容等一大帮美女，其中最得宠的是张贵妃。

张贵妃名叫张丽华，本是龚贵嫔的婢女，她发长七尺，眉目如画，肌肤如雪；顾盼之间，光彩夺目；远远望去，宛若仙子。更难得的是，她生性聪慧，举止娴雅，是个气质美女，陈后主对她一见倾心，非常宠幸，还生下了皇子陈深。

陈后主在宫中修建了临春、结绮、望仙三座楼阁，楼阁高达数十丈，连绵数十间，以黄金、玉石、翡翠、珍珠为装饰，其窗户、栏杆、门槛、梁栋等处全部是用名贵的檀木、沉木所制成。微风吹过则香飘数里，朝日初照则灿烂无比，可谓是极尽奢华。

陈后主自己住在临春阁，张丽华住在结绮阁，孔、龚二贵嫔住在望仙阁，三阁之间都有通道相通。

不过陈后主可不是那种没文化的土豪，他是个才子，酷爱文学，爱屋及乌，他的用人标准也是"唯文才是举"，谁的诗词、文章写得好，谁的官就当得大。比如当时最著名的文学家江总，就被他提拔为宰相（尚书令），另一位文人孔范则被任命为都官尚书。

江总、孔范等人虽然文采出众，可是对治国却一窍不通，让他们担当宰辅的重任，就好像因为一个人床上功夫出众就让他去研发导弹一样，完全是驴唇不对马嘴。

陈后主最喜欢干的事情是把江总、孔范等一帮文人叫到宫中，把这些人称为狎客（后来狎客成了嫖客的代名词），再叫上自己的嫔妃、女学士（他把后宫中有文才的宫人封为女学士），男男女女一大帮人，一起饮酒作乐，一起吟诗作赋，一起开文学沙龙，互相赠答，然后选择其中特别艳丽的作品，谱上曲调，让宫女们演唱，经常通宵达旦，乐此不疲。

那场面，特别热闹，特别风骚，特别红楼梦，特别才子佳人，而且特别有品味，比海天盛筵要高雅得多了。

喝着美酒，搂着美人，看着美景，作着美文，听着美曲，陈后主的心里别提有多美了。

著名的艳曲《玉树后庭花》就产生在这样的场合：丽宇芳林对高阁，新装艳质本倾城。映户凝娇乍不进，出帷含态笑相迎。妖姬脸似花含露，玉树流光照后庭。

这首《玉树后庭花》是陈后主的代表作，也被后人视为亡国之音的代表作。

陈后主处理政事的方法也与众不同，他懒得上朝，大臣们有事启奏，都由两个太监送到宫中，陈后主则醉卧美人膝，与宠妃共掌天下权——他通常都是让张丽华坐在他怀中，和她一起批注，共决天下大事。

张丽华因此权倾天下。官员们不管犯了什么事，只要能找到张丽华，再大的问题都不是问题。

除了张丽华，孔贵嫔也很得宠，孔范和她结为兄妹，在孔贵嫔的帮助下，孔范成了陈后主最信任的朝臣之一。

孔范虽然手无缚鸡之力，却自诩为文武全才，目空一切，对陈后主说，外间诸将，都是行伍出身，只有匹夫之勇；深谋远虑的事，岂是他们所知道的！

陈后主对孔范言听计从，于是对将领们更不信任，稍有失误，就夺去他们的兵权，把他们的部曲分给孔范等文人，甚至连大将任忠也未能幸免。

将领们都怨声载道。

就仿佛屎壳郎做领导，身边一定少不了大粪一样，陈后主这样的人当了皇帝，身边也一定少不了酷吏，中书舍人施文庆、沈客卿就是这样的人。

由于陈后主大兴土木，奢靡无度，搞得府库极度空虚，施文庆等人掘地三尺疯狂搜刮百姓，吃饭税、排泄税、呼吸税、放屁税，各种税费层出不穷，财政收入比常年多出数十倍，让陈后主非常满意，对施文庆也愈加宠爱。

百姓们怨声载道。

但陈后主对此充耳不闻，依然是醉生梦死。

一边是内忧外患，另一边是穷奢极欲，这样的日子就如一个负债累累的人却花钱如流水一样，显然是难以持久的。

这一天很快就来了。

大分裂时代的结束

在解决了突厥的问题后，杨坚开始把目光转向了陈国。

其实早在陈后主即位前夕，杨坚就曾派兵南下伐陈，但由于突厥的骚扰，只得被迫退兵，当然他肯定是不能这么实话实说的，就像有些男人晚上去了KTV，对老婆肯定是冠冕堂皇地说在加班一样。

杨坚给出的理由，也是一样的冠冕堂皇：陈宣帝去世了，礼不伐丧。

随后的几年，杨坚全力对付突厥，对陈国比较友好，还经常派使节去陈国访问。

杨坚给陈后主写信，用词都非常客气，署名每次都是"坚顿首"。

可是陈后主呢，看到别人谦虚就当别人心虚，看到别人示弱就以为别人真弱，看到别人客气就以为自己牛气。

有一次在给杨坚的回信里面，居然牛气冲天地说，想彼统内如宜，此宇宙清泰——想来你那里应该还过得去吧，我这里是又清净又太平。

这封信让杨坚很恼火。

什么叫"彼统内如宜，此宇宙清泰"！

我是如宜，你是清泰，如宜和清泰的区别相当于奥拓和奥迪的区别；我是统内，你是宇宙，统内和宇宙的区别更是比夏利和宾利的区别还要大得多！

你也太狂妄了！

杨坚把信展示给朝臣看。

大臣们群情激动，上柱国杨素更是马上跪倒请罪，君主受辱，罪在臣下。臣请命伐陈！

杨素出身于弘农杨氏，是原北周汾州刺史杨敷之子，周武帝宇文邕很欣赏他，他也屡立战功，后来杨坚执政后，他又投靠杨坚，深受重用。

对杨素的这次主动请缨，杨坚虽然没有当场表态，但心中却大加赞赏。

退朝后，杨坚向高颎请教平陈之策。

高颎的主意很损：南方的农作物比我们北方成熟得早，我们可以在他们的收获季节，征集少量部队，虚张声势扬言要大举进攻，他们必定会顾不上收割而屯兵防御，等他们的部队集结以后，我们便撤兵。这样几次以后，我们再集结部队的时候，他们就放松了警惕，我们正好乘虚而入，渡过长江！

接着高颎又说，江南土薄（地下水位高），所有财物都不放在地窖而放在茅屋里。如果我们暗中派人去放火，烧掉他们的仓库，他们再建，咱们再烧，这样不出几年，陈国的财力必定会被耗尽。

杨坚大喜：此计甚妙！

除了高颎，上柱国杨素、吴州（治所今江苏扬州）总管贺若弼等人也纷纷上书，为平陈献计献策。

积极求战的杨素被任命为信州（治所今重庆奉节）总管，准备伐陈事宜。

他奉命组建水军，开始大造舟舰——北方人不善水战，先进的战舰可以弥补这个短板。

他造的头号战舰名叫五牙，有五层，高达一百余尺，还配有六个大型拍竿，可容纳500人，算得上是当时的航母；二号战舰名叫黄龙，可容纳士兵100人，相当于现在的巡洋舰；除此以外，还有各种大小不一的其他战舰。

经过精心准备和周密策划，到了公元587年，杨坚觉得出兵江南、统一中国的时机已成熟。

当然在这之前，他先要解决掉自己的附庸国——后梁。

公元587年八月，杨坚征召后梁国主萧琮入朝，萧琮当然不敢反抗——在宗主国隋朝面前，自己就是生活不能自主的幼儿，只有做乖宝宝才有饭吃，否则就只有棍棒吃。

于是乖宝宝萧琮乖乖地带着文武百官二百多人到了长安。

随后杨坚派大将崔弘度率军进驻江陵，萧琮的叔叔萧岩等人带着江陵的皇族和百姓十万人投奔陈国。

后梁就此灭亡。

而陈后主接纳后梁叛臣的举动，也让杨坚有了攻陈的借口。

兵马未动，舆论先行。

公元588年三月，杨坚正式下诏伐陈，列举了陈后主二十条罪状，并抄写了三十万份，派间谍潜入江南，到处张贴散发。

一时间，陈国的大街小巷、车站码头、男女厕所，在各种办证刻章、招男女公关、重金代孕、无痛人流、老军医专治性病、求包养、求一夜情、求基友等小广告的旁边，赫然出现了无数画着陈后主头像的"陈主二十大罪"的宣传单。

不仔细看的话，很容易把陈后主看成是老军医什么的。

杨坚已经在明目张胆地磨刀霍霍，按说就是头猪，也该知道害怕了，但陈后主对此毫无反应。

倒不是他比猪还迟钝，而是他根本就啥都不知道，杨坚发的檄文、隋军的动向……所有影响他心情的坏消息都被他的宠臣中书舍人施文庆挡住了。

他就像一个得了幻想症的孩子，一天到晚沉浸在自己的桃花源里，与世隔绝，不知外面世界，今夕是何年。

在国家即将面临覆顶之灾的时候，他却在忙着干废立的事。

公元588年五月，他废掉了原先的太子陈胤，立爱妃张丽华所生的陈深为太子。

接下来，他还想再接再厉，废掉沈皇后，改立张丽华为皇后，然而他还没来得及动手，隋军就打过来了。

公元588年十月二十八日，杨坚发布了"打过长江去，统一全中国"的命令，兵分三路，南下伐陈。

西路军主帅清河公杨素率水军从永安（今重庆奉节）出发，顺江东下。

中路军主帅秦王杨俊（杨坚第三子），率军从襄阳（今湖北襄阳）出发，南下江汉。

东路军主帅晋王杨广（杨坚次子），率军从六合（今江苏六合）出发，目标直指建康。

三路大军总兵力达五十一万人，均受杨广节制，高颎则担任元帅长史（相当于参谋长），辅佐杨广。

隋军的战略意图是，杨素和杨俊两路先行发动进攻，吸引陈军主力西上增援，下游的杨广则相机渡江，突袭建康。

十二月，杨俊率十余万大军进驻汉口（今湖北汉口），陈军大将周罗睺在江夏（今湖北武昌）严阵以待，严密防备，杨俊根本找不到渡江的机会。

两军就这样隔江对峙。

打响攻陈第一枪的是杨素。

杨素率水军顺流而下，很快出了三峡，来到流头滩（今湖北宜昌西北），陈将戚昕率军防守其下游的狼尾滩，此处水流湍急，易守难攻。

杨素趁着夜色，率领水军突袭陈军战船，同时派出陆战队在南岸攻击陈军营垒，隋荆州刺史刘仁恩则从北岸攻击。

三箭齐发，声势浩大，陈军猝不及防，寡不敌众，顾此失彼，哪里抵挡得住！

最终陈军大败，主将戚昕狼狈逃走，部众大多被俘。

顺利突破狼尾滩后，杨素继续率军沿江东进，千帆竞发，百舸争流，他坐在大船之上，手持长髯，目视前方，仪表堂堂，威风凛凛，江边观看的陈国百姓不由得惊叹，真江神也！

长江中上游的陈军形势骤然吃紧，不断地向朝廷告急。

然而这些告急文书依然全部被中书舍人施文庆扣下了——马上就要过年了，就是得了癌症，医院过年都不动手术的，再急的事，也总得让皇帝开开心心过完年再说吧。

因此住在深宫的陈后主依然什么都不知道，还以为天下太平，国泰民安。

国家已经风雨飘摇，他依然在快活逍遥；江山已经危在旦夕，他依然在尽情嬉戏。

他不仅对隋军的大兵压境毫不设防，居然还下令把从江州（今江西九江）到南徐州（今江苏镇江）的所有战船都撤到京城建康。

长江下游的整个江面上，一条陈军的战船都没有。

这是搞的什么名堂呢？

难道陈后主要效仿诸葛亮的空城计，来一个空江计？

当然不是的。

陈后主哪有这样的头脑？

真正的原因是：

去年后梁十万军民叛逃到了陈国，陈后主想在明年正月里搞个盛大的阅兵式，向他们展示自己强大的实力，所以才把全部战船调到了建康。

这就跟现在某些人喜欢在网上炫富、秀恩爱、晒幸福，是一样的心理。

小子我在这里偷偷说一句，其实结局也差不多——陈后主刚展示完实力就亡了国，有些明星刚秀完恩爱就离了婚。

回到正题。

当然，陈国国内并不是所有人都像陈后主一样糊涂。

尚书仆射袁宪、大将萧摩诃、樊毅等人都认为这样不妥，他们联名上奏：现在形势紧张，京口（今江苏镇江）、采石（今安徽马鞍山西南）两地都是江防重地，必须加派精兵防守，这两处都至少要派两百艘战船在长江中来回巡查。

然而施文庆却对陈后主说，隋朝侵扰，这就和女人来大姨妈一样是很平常的事！有什么大惊小怪的。快过年了，这些船刚调回京城，又要把他们派出去，来回折腾，那不影响军心吗？不行。

陈后主听了连连点头：嗯。爱卿所言甚是。

于是此事就这样不了了之。

过了几天，看皇帝没有反应，袁宪等人急了，又联合群臣再次向陈后主请求。

施文庆还是极力反对：很快就要过年大阅兵了，把这么多的兵和船调走，那还阅个屁呀。

陈后主脑袋一拍，提出了一个折中的方案：离过年还有一段时间。不如这样，先把兵派过去，如果没事的话，到正月阅兵时再调回来。

施文庆还是不同意：这事传出去不是让人笑话吗，笑话我们军队少。

施文庆为什么这么反对派兵去增强采石和京口的防守呢？

其实是他是有私心的。

前段时间他刚被陈后主任命为湘州刺史，所以他想从建康带一批精锐部队去上任，当然不希望精兵被调走。

施文庆和宰相江总关系很好，因此江总也出来帮他说话。

江总的口才极佳，听了他的话后，陈后主不由得蠢血沸腾：是啊！怕个毛啊！王气在此！自立国以来，齐军三次来犯，周军也两次入侵，无不摧败。隋军又能有什么作为？

大敌当前，不做任何准备却居然指望王气，就和想发财不做任何努力却指望放屁放出几十万立方米天然气一样，实在是太不靠谱了。

不过，皇帝说的话，即使再不靠谱往往也有人附和。

听了陈后主的话，马屁精孔范也豪气万丈地说：长江天堑，敌军哪这么容易就打过来？这都是那些边将，立功心切，所以才谎报军情的。即使敌军真的渡江了，还有我这个天才呢，我只觉得浑身本事没地方用，憋着一肚子本事比憋尿还难受呢，隋军来了，正好让我发泄一下！

陈后主听了不由得大笑：那你就一泻千里吧，不，一飞冲天吧……

从此，他再也不做任何防备，每天依旧歌舞升平，葡萄美酒夜光杯，喝了一杯又一杯；倾国美女拥怀内，抱了一位又一位……

公元589年大年初一，就在陈国上下沉浸在节日的欢乐气氛中时，隋朝吴州总管贺若弼带着数万隋军从广陵（今江苏扬州）渡江了。

足智多谋的贺若弼为此早就做了充分的准备。

他不敢大意，因为镇守对岸京口的是经验丰富的陈国老将萧摩诃。

他暗中购买了大量船只，隐藏起来，同时故意把几十只破船，停在港湾内。

萧摩诃派人过江侦察，发现隋军的船只都是又小又破，于是萧摩诃放心了：靠这样的破船想过江，就跟靠风筝想上天一样完全是痴人说梦。

贺若弼又经常让大部队在江边集结，一时间，旌旗蔽日，锣鼓喧天，人喊马嘶。

萧摩诃赶紧加强防备：难道敌军有大动作？想渡江？

没想到隋军过一会儿就散去了，原来是在换防！

萧摩诃笑了：换个防弄这么大动静，贺若弼你改名叫贺装逼好了！

就这样，一次，两次，三次……无数次同样的事发生以后，萧摩诃也就逐步放松了警惕。

现在又正逢过年，萧摩诃回建康去参加新春庆典去了，其余的陈军也放松了准备，大家都忙着喝酒，庆祝新年。

陈军巡逻士兵发现对岸又在集结部队，不免冷笑一声：好你个贺装逼，过年也不忘装逼啊。

等到发现大量隋军船只鼓起风帆向江南驶来的时候，他才如梦方醒，赶紧回去报告。

但哪里还来得及？

还没等陈军做出任何反应，贺若弼已经率大批隋军精锐登陆江南，抢占了滩头阵地。

就在贺若弼过江的同一天半夜，隋朝庐州总管韩擒虎也率五百精兵从横江浦（今安徽和县东南）偷渡长江，神不知鬼不觉地到了江南的采石。

采石的陈军白天为庆祝新年喝了不少酒，这会儿都醉得不省人事，要么在打酒嗝，要么在打呼噜，哪里能打什么仗？

就这样，韩擒虎轻而易举地攻克了采石。

与此同时，隋军总指挥杨广也挥师南下，驻扎在与建康仅一江之隔的桃叶山（今南京浦口宝塔山）。

第二天，陈后主得知了隋军已过江的消息，顿时蒙了，就如正在 high 却突然遇到警察扫黄的嫖客一样惊慌失措。

他慌忙任命大将萧摩诃、樊毅、鲁广达三人为大都督，负责建康防务；大将樊猛则率水军防守白下城，防止杨广率领的隋军主力渡江。

萧摩诃主动请战，要求率军赶赴京口，迎击刚过江立足未稳的贺若弼。

陈后主坚决不答应——不行啊。你不在，我不安。你走了，谁来保护我？

也许正是陈后主的这个决定导致了京口的失陷。

贺若弼渡江后，就立即率军猛攻京口，陈军在守将黄恪的带领下苦苦坚守，但由于一直没有盼到援兵，在坚持了五天后被隋军攻破。

正月初六，贺若弼率部进驻京口，军纪严明，秋毫无犯，不拿百姓一针一线，只送爱心一片一片。

在京口稍作休整后，贺若弼分出少数兵力，占领曲阿（今江苏丹阳），以阻止敌方东面的援军，自己则亲率精锐直扑建康，一路势如破竹。

西面的韩擒虎也不甘示弱，正月初七，他率军进攻姑孰（今安徽当涂），仅仅用了半天时间，就攻下了这座重镇。

随后他率军东进，与贺若弼一东一西，对建康形成了夹击之势。

几天后，韩擒虎到达距离建康仅二十里的新林（今南京雨花台区西善桥），和另一名过江的隋军将领杜彦合军一处，共有两万人。

而贺若弼的进军速度则更快一筹，此时他已进至建康城东，占据了钟山（今南京紫金山）。

温室里长大的花朵经不起风霜，从小养尊处优的陈后主哪里见过这样的场面？

他束手无策，两眼无光，六神无主，只知道在那里哭，眼泪不停地流，身体不停地抖。

事实上，局势远没到不可收拾的地步。

当时建康城内陈军还有十余万人，而隋军贺若弼部只有八千人，韩擒虎部两万人，陈军在兵力上占有明显的优势。

萧摩诃极力请战：贺若弼孤军深入，营寨未坚，臣请求出兵突袭，定能一战破之。

陈后主还是不许：让我再想想吧。

刚从吴兴（今浙江湖州）赶来勤王的大将任忠则提出了不同的意见：陛下，咱们应该一方面固守台城，另一方面派水军切断采石和京口水路，断其粮道，时间一长，江南敌军必不战自乱。

陈后主还是在犹豫：让我再考虑考虑吧。

到了第二天，他突然做出了决定：老是这样拖着，真让人心烦，还是打一仗吧！

任忠苦苦劝谏，陛下，千万别轻率出战！

孔范却在旁边鼓动说，只要出战，我军必胜。我已经准备好为陛下刻石记功了。连颂词都想好了，壮哉，我大陈皇帝，文能提笔控萝莉，武能提枪讨贼逆。静能扮靓诱人妻，动能雷霆扫四方……

听了孔范的话，陈后主再也不犹豫了：孔爱卿说得对！

随后他拿出宫中的金银，分配给诸军，作为胜利后的奖赏，命令诸将出战。

公元 589 年正月二十日，十万陈军仓促出动，在白土冈（今南京城东的一处高地）以西摆出了长达二十里的一字长蛇阵，由南到北依次是鲁广达、任忠、樊毅、孔范、萧摩诃。

按照隋军指挥部战前的部署，贺若弼不能擅自出击，而应该要在钟山待命，等韩擒虎和隋军主力到来后再与陈军决战。

但立功心切的他实在是等不及了。

他觉得，陈军人数虽多，但其阵型，却像胖子身上的肉一样松，像流水账的文章一样散，像台风吹过的稻草堆一样乱，缺乏统一指挥，首尾不相顾，很容易被各个击破。

只要击垮了这支陈军主力，自己就可以赶在韩擒虎之前，率先攻入建康城，活捉陈后主，立下旷世奇功，赢得千古美名！

想到这里，他一声令下，亲自率八千将士冲下白土冈，直扑陈军最南面的鲁广达部。

贺若弼之所以选择鲁广达为突破口，是有原因的。

鲁广达的两个儿子此前已经投降了隋军，他认为鲁广达投鼠忌器，应该不会太卖力地抵抗。

然而出乎他意料的是，鲁广达率部死战，极为骁勇，连续四次击退了隋军的进攻。

隋军死伤惨重，却毫无进展。

在丢下了几百具尸体后，贺若弼只得点燃山下的灌木丛，在烟幕的掩护下仓皇撤退。

阵地上黑雾弥漫，黑烟蔽日，陈军根本看不清隋军的动向，便放弃了追击，抢着去割隋军的人头，好回去领赏。

一时间陈军乱作一团。

这一切当然逃不过贺若弼如手术刀一般犀利的眼睛。

机会来了。

他立即下令再次向陈军发起猛攻。

经过仔细的观察，这次他把进攻的矛头对准了孔范。

靠假发包装成满头秀发的秃头，遇到八级大风就会露出秃头的真相；靠吹牛包装成文武全才的孬种孔范，遇到敌军的进攻就显出了自己的孬种本色。

看到如狼似虎的隋军朝自己猛扑过来，孔范吓得魂飞魄散，慌忙拨转马头，狼狈逃跑。

主将不战而逃，部下哪里还有战意？

在隋军的猛烈冲击下，孔范的部队一触即溃，一败涂地。

兵败如山倒，山倒会波及周围，与孔范相邻的萧摩诃所部也受到了影响——被败兵和隋军冲乱，纷纷溃散。

萧摩诃虽然勇猛，但毕竟已年过半百，宝刀已老，人老力衰，就像六十岁的前拳击世界冠军肯定难敌正当盛年的亚洲冠军一样，英雄迟暮的老将萧摩诃这一战竟然被隋将员明生擒！

（《南史》说萧摩诃此战之所以大失水准，是因为陈后主和他的老婆私通，所以萧摩诃没有战意。但这和萧摩诃之前多次主动求战以及战后依然对陈后主十分忠心相矛盾，我个人认为并不十分可信，且此事在《陈书》中并未记载）

看到孔范和萧摩诃两军败了，其余的陈军也失去了斗志，全都四散奔逃。

只有鲁广达还在率部与贺若弼苦战不已。

败退下来的任忠立即逃入台城，谒见陈后主：陛下好自为之吧，臣已经无能为力了！

陈后主赶紧拿出两把黄金给他，让他重整败兵，做最后一搏。

任忠慷慨激昂地说，陛下放心，臣马上就去准备船只，一定拼死护送您去上游！

陈后主连忙让他出去布置，同时赶紧令宫女为自己准备行装。

然而，他等了很久，度秒如年，坐立不安，望眼欲穿，等来的却是隋将韩擒虎。

这是怎么回事呢？

就像我们村的任美丽一点也不美丽一样，任忠一点也不忠。

眼见大势已去，他马上产生了投降隋军的念头，之所以在第一时间就赶到宫中，他的目的就是稳住皇帝，让他老老实实地待在宫中，哪儿也不要去。

他要卖主求荣——把陈后主献给隋军，为新主立一件大功。

这份大礼该给谁呢？

任忠决定给韩擒虎。

因为他知道贺若弼此时还在与鲁广达苦战，一时半会儿到不了台城。

主意已定，他立即快马加鞭出了朱雀门，一路向南疾驰，在石子冈（今南京雨花台），他遇到了正率军从新林赶来的韩擒虎。

随后任忠充当带路党，领着隋军杀向建康。

守卫朱雀门的陈军本来还想抵抗，任忠对他们挥挥手说，老夫我都投降了，你们还起什么劲儿哪？

任忠在陈军中威望颇高，他这么一说，守军纷纷放下武器，作鸟兽散。

就这样，韩擒虎不费一兵一卒就进了朱雀门，随后他率两万隋军浩浩荡荡直奔台城。

听说隋军来了，台城内所有的文武百官就像遇到秋风的树叶一样很快就一哄而散，只有尚书仆射袁宪一人还陪在陈后主身边。

陈后主长叹一声：这样的局面，不仅是朕无德，也是江东衣冠道尽矣！

接着他拍拍屁股就想溜。

袁宪对他说，事已至此，陛下您还能躲到哪里去？不如正衣冠，坐正殿，像当年梁武帝接见侯景一样。虽然我们败局已定，但骨气不能丢，面子不能丢。

陈后主哪里肯听：你当我傻啊。要骨气就有可能断气，要面子就有可能失去命根子。隋军的刀枪可不长眼睛，我可是万金之躯，怎么能拿性命冒险啊？你别管我，我自有妙计。

随后他就飞快地跑了出去。

不多时，韩擒虎带着隋军进了台城，却根本找不到陈后主。

隋军拿着放大镜，仔仔细细认认真真来来回回搜索了十八趟，最后终于在一口枯井里发现了隐隐约约的人影。

有个隋军士兵大声询问：谁在下面？

没有声音。

他连问了几遍，下面都没有声音。

于是他恐吓说，不回答我们就扔石头了！

井下传来一个惊恐的声音：我是陈国皇帝，千万别这么做！

隋军抛下绳索，想把井下的人拉上来，没想到却沉重异常：这么重，怪不得皇帝要被称作万斤之躯！

等到拉上来一看，他们笑了——原来陈后主不是一个人在颤抖，里面有三个像调成震动的手机一样不停哆嗦的人：陈后主、张丽华和孔贵嫔！

这也许就是传说中的"在地愿为连理枝"？

陈后主就这样窝囊地成了隋军的阶下囚，在中国五千年历史上以这种可笑可耻的方式被抓的皇帝，他是绝无仅有的一个。

同一时间，鲁广达还在率部和贺若弼苦战，看到身边的部下越来越少，他流泪叹息道，我不能救国，负罪深矣！

随后在格杀了数名隋军士兵后，他力竭被擒。

贺若弼这才得以进入建康，接着他意气风发地烧掉北掖门，杀入台城，却发现韩擒虎早已擒获了陈后主。

自己辛辛苦苦，韩擒虎却轻轻松松；自己费了九牛二虎之力，韩擒虎却不费吹灰之力；自己踏破铁鞋无觅处，韩擒虎却得来全不费功夫；自己付出了这么大的代价好不容易娶来的新娘，韩擒虎却先他一步入了洞房！

这让贺若弼的心里怎能平衡！

他怒气冲天地和韩擒虎争了起来，最终两人大闹了一场，不欢而散。

两天后，晋王杨广和高颎等人率隋军主力进入了建康。

此时陈军大将周罗睺、陈慧纪等人还在长江中游的武昌与隋军杨俊、杨素等人相持，杨广命令陈后主写亲笔信招降他们。

周罗睺和诸将一起大哭了三天，然后解散部队，向隋军投降。

其余江南各州郡也都传檄而定。

至此，陈朝正式灭亡。

就像草枯了还会再青、花谢了还会再开、云散了还会再聚一样，分裂了近三百年的中国再次迎来了统一。

杨坚，就这样实现了几百年来无数英雄豪杰仁人志士梦寐以求却未能完成的梦想，成为西方人眼中最伟大的中国皇帝之一。

但我们也不能忘记，他只是跑了接力赛的最后一棒而已。